高等院校"十三五"工商管理规划教材

统计学基础

主编　魏庆华　魏晓颖
副主编　李红萍　陈程　陈军

Statistics Essentials

经济管理出版社
ECONOMY & MANAGEMENT PUBLISHING HOUSE

图书在版编目（CIP）数据

统计学基础/魏庆华，魏晓颖主编．—北京：经济管理出版社，2018.10
ISBN 978 - 7 - 5096 - 6095 - 9

Ⅰ．①统…　Ⅱ．①魏…②魏…　Ⅲ．①统计学—高等职业教育—教材　Ⅳ．①C8

中国版本图书馆 CIP 数据核字（2018）第 240742 号

组稿编辑：王光艳
责任编辑：李红贤
责任印制：司东翔
责任校对：赵天宇

出版发行：经济管理出版社
　　　　　（北京市海淀区北蜂窝 8 号中雅大厦 A 座 11 层　100038）
网　　　址：www. E - mp. com. cn
电　　　话：（010）51915602
印　　　刷：三河市延风印装有限公司
经　　　销：新华书店
开　　　本：787mm×1092mm/16
印　　　张：23
字　　　数：532 千字
版　　　次：2019 年 3 月第 1 版　　2019 年 3 月第 1 次印刷
书　　　号：ISBN 978 - 7 - 5096 - 6095 - 9
定　　　价：68.00 元

目　　录

第一章　导论 …………………………………………………………………… 1

第一节　统计的产生和发展 …………………………………………………… 1

一、统计的产生和发展 ……………………………………………………… 1

二、我国统计学的发展概况 ………………………………………………… 3

第二节　统计的研究对象和方法 ……………………………………………… 4

一、统计的含义 ……………………………………………………………… 4

二、统计学的研究对象 ……………………………………………………… 5

三、统计学的性质 …………………………………………………………… 5

四、统计的特点 ……………………………………………………………… 5

五、统计学的基本方法 ……………………………………………………… 7

六、统计学的理论和方法论基础 …………………………………………… 8

七、统计学的分科 …………………………………………………………… 9

第三节　统计活动过程和任务 ………………………………………………… 9

一、统计活动过程 …………………………………………………………… 9

二、统计的基本任务和作用 ………………………………………………… 10

三、统计的基本职能 ………………………………………………………… 11

第四节　统计学的基本概念 …………………………………………………… 12

一、统计总体和总体单位 …………………………………………………… 12

二、标志和标志表现 ………………………………………………………… 13

三、统计指标和统计指标体系 ……………………………………………… 15

四、变量和变量值 …………………………………………………………… 19

综合练习与训练 ………………………………………………………………… 20

第二章　统计调查 ……………………………………………………………… 25

第一节　统计调查的意义 ……………………………………………………… 25

一、统计调查的意义和要求 ………………………………………………… 25

二、统计调查的种类 ………………………………………………………… 26

第二节　统计调查的组织 ……………………………………………………… 27

　　　　一、普查 ·· 27

　　　　二、统计报表（制度） ···································· 30

　　　　三、重点调查 ·· 33

　　　　四、典型调查 ·· 34

　　　　五、抽样调查 ·· 35

　　第三节　统计调查方案 ·· 36

　　　　一、确定调查任务、调查目的和调查方式 ················ 36

　　　　二、确定调查对象、调查单位和填报单位 ················ 37

　　　　三、确定调查项目、拟定调查表 ························ 38

　　　　四、确定调查时间和调查期限 ·························· 39

　　　　五、调查工作的组织和实施中的其他问题 ················ 39

　　第四节　统计调查方法 ·· 40

　　　　一、直接观察法 ·· 40

　　　　二、访问法 ·· 40

　　　　三、报告法 ·· 41

　　　　四、问卷调查法 ·· 41

　　综合练习与训练 ·· 42

第三章　统计整理 ·· 50

　　第一节　统计整理的意义 ······································ 50

　　　　一、统计整理的意义 ······································ 50

　　　　二、统计整理的内容 ······································ 50

　　　　三、统计整理的步骤 ······································ 51

　　第二节　统计分组 ·· 51

　　　　一、统计分组的概念 ······································ 51

　　　　二、统计分组的作用 ······································ 52

　　　　三、统计分组的方法 ······································ 54

　　第三节　分配数列 ·· 57

　　　　一、分配数列的概念 ······································ 57

　　　　二、分配数列的种类 ······································ 57

　　　　三、变量数列的编制 ······································ 59

　　　　四、统计资料的汇总 ······································ 63

　　第四节　统计表和统计图 ······································ 64

　　　　一、统计表 ·· 64

　　　　二、统计图 ·· 68

　　综合练习与训练 ·· 69

　　统计整理分析方法应用实训 ···································· 75

第四章　综合指标 ·· 85

第一节　总量指标 ··· 85

一、总量指标的意义 ······································ 85

二、总量指标的种类 ······································ 86

三、总量指标的计算 ······································ 88

第二节　相对指标 ··· 89

一、相对指标的意义 ······································ 89

二、相对指标表现形式 ···································· 89

三、相对指标的种类及计算方法 ···························· 90

四、计算和运用相对指标应注意的问题 ······················ 95

第三节　平均指标 ··· 96

一、平均指标的意义和作用 ································ 96

二、平均指标的种类及计算分析 ···························· 97

三、平均数之间的关系 ···································· 112

四、应用平均指标需注意的问题 ···························· 113

第四节　标志变异指标 ······································ 114

一、标志变异指标的意义与作用 ···························· 114

二、标志变异指标的计算与分析 ···························· 115

三、是非标志的标准差 ···································· 121

综合练习与训练 ·· 123

第五章　动态数列 ·· 140

第一节　动态数列的意义和种类 ······························ 140

一、动态数列的意义 ······································ 140

二、动态数列的种类 ······································ 141

三、动态数列的编制原则 ·································· 143

第二节　动态数列的发展水平 ································ 144

一、发展水平和平均发展水平 ······························ 144

二、增长量 ·· 151

三、平均增长量 ··· 152

第三节　动态数列的速度指标 ································ 153

一、发展速度 ··· 153

二、增长速度 ··· 154

三、增长（减）1%的绝对值 ······························ 156

四、平均发展速度与平均增长速度 ·························· 156

第四节　动态数列的趋势分析 ································ 160

一、影响动态数列因素的分析 ································· 160

二、长期趋势的测定 ·· 162

三、季节变动的测定 ·· 169

综合练习与训练 ·· 170

第六章　统计指数 ·· 181

第一节　统计指数的意义 ···································· 181

一、统计指数的含义 ·· 181

二、统计指数在经济活动分析中的作用 ············· 181

三、统计指数的基本分类 ···································· 182

四、统计指数的性质 ·· 184

第二节　综合指数 ·· 184

一、综合指数的含义和编制的特点 ··················· 184

二、数量指标综合指数的编制方法 ··················· 185

三、质量指标综合指数的编制方法 ··················· 187

四、综合指数的编制原则与步骤 ······················ 188

第三节　平均指数 ·· 188

一、平均指数的涵义和编制特点 ······················ 188

二、加权算术平均指数 ······································· 189

三、调和平均指数的编制方法 ··························· 191

四、平均指数小结 ··· 192

第四节　指数体系和因素分析法 ························· 193

一、指数体系 ··· 193

二、因素分析法 ·· 194

综合练习与训练 ·· 203

第七章　抽样推断 ·· 212

第一节　抽样推断的意义 ···································· 212

一、抽样推断的含义 ·· 212

二、抽样推断的基本概念 ···································· 214

三、抽样推断的理论基础 ···································· 217

第二节　抽样误差 ·· 218

一、抽样误差的概念 ·· 218

二、抽样平均误差 ··· 219

三、影响抽样平均误差的因素 ··························· 223

四、抽样平均误差计算实例 ······························· 224

五、抽样极限误差 ··· 225

第三节　抽样估计·················228

一、抽样估计的特点·················228

二、抽样估计的优良标准·················228

三、参数估计的精度、置信度·················229

四、抽样估计方法·················230

第四节　必要样本单位数的确定·················235

一、样本单位数的确定·················235

二、影响样本单位数的因素·················237

第五节　抽样的组织形式·················238

一、简单随机抽样·················238

二、类型抽样·················240

三、等距抽样·················243

四、整群抽样·················244

综合练习与训练·················246

第八章　相关分析与回归分析·················254

第一节　相关分析·················254

一、相关关系的概念·················254

二、相关关系的特点·················255

三、相关关系的种类·················255

四、相关分析的内容和方法·················257

五、相关关系的判断·················258

第二节　回归分析·················261

一、回归分析的意义·················261

二、回归分析的特点·················261

三、回归分析的主要内容·················262

四、一元线性回归方程的拟合·················263

五、估计标准误差·················264

综合练习与训练·················265

实训——相关与回归分析在经济中的运用的实训·················273

第九章　统计综合分析·················275

第一节　统计综合分析的概念和种类·················275

一、统计综合分析的概念和特点·················275

二、统计综合分析的任务·················276

三、统计综合分析的形式·················277

第二节　统计综合分析的一般原则、程序和方法·················278

一、统计综合分析的一般原则 ································ 278

二、统计综合分析的一般程序 ································ 278

三、统计综合分析一般方法概述 ····························· 280

第三节 统计比较 ··· 282

一、统计比较的概念和作用 ·································· 282

二、统计比较的种类 ··· 283

三、统计比较标准 ··· 283

四、统计比较具体规则 ······································· 285

五、统计比较主要指标 ······································· 287

第四节 综合评价 ··· 288

一、综合评价概述 ··· 288

二、综合评价的步骤 ··· 288

三、评价指标体系的确定 ····································· 289

四、综合评价的主要方法 ····································· 290

第五节 统计分析报告 ··· 292

一、统计分析报告的概念、特点和分类 ······················ 292

二、统计分析报告的质量要求 ································ 293

三、统计分析报告的编写格式及应注意的问题 ················ 294

四、统计分析报告的表达 ····································· 297

五、统计分析报告例析 ······································· 299

综合练习与训练 ··· 333

第十章 Excel 在统计中的应用 ································· 337

第一节 Microsoft Excel 系统及其在统计中的功能 ·············· 337

一、Microsoft Excel 简介 ····································· 337

二、Excel 在统计中的功能 ···································· 337

第二节 Excel 在统计中的具体应用 ···························· 342

一、Excel 在统计图表中的应用 ······························ 342

二、Excel 在统计分析中的应用 ······························ 348

三、Excel 在动态数列中的应用 ······························ 349

四、Excel 在指数分析中的应用 ······························ 353

五、Excel 在抽样推断中的应用 ······························ 354

六、Excel 在相关与回归分析中的应用 ······················· 355

参考文献 ··· 359

第一章
导　论

第一节　统计的产生和发展

社会经济统计作为一种社会实践活动，已有几千年的历史，统计学作为这种社会实践活动的经验总结和理论概括，也有了四百多年的历史。回顾历史，对于我们学习理论和开展经济工作是十分必要和有益的。

一、统计的产生和发展

（一）统计实践活动的产生与发展

统计活动是适应国家管理、社会发展和经济核算的需要而逐步产生和发展起来的，有着悠久的历史。统计起源可追溯到原始社会末、奴隶社会的形成过程中。最早的统计活动从原始社会末期就有了，统计是人们简单计量狩猎品和采集野果数量的手段。我国《周易·系辞》中写道："上古结绳而治，后世圣人易之以书契。"这说明上古时代人们已有分类记数的概念和计数活动。人类简单的计数活动孕育着统计的萌芽。

在奴隶社会，国家由于赋税、徭役、征兵的需要，组织人口、土地、财富和军事等统计活动，统计得到了长足的发展，统计被认为是维护阶级统治、兴邦安国的重要工具。

据史料记载，我国早在父系氏族公社的伏羲时代，劳动人民就在长期土地测量、人口清点、牲畜和天象观测过程中，总结出了九九乘法口诀。到夏禹时代，人们已经能够运用"准绳"、"规矩"等工具进行实地测量，据《后汉书》记载："禹平水土，还为九州，今禹贡是也。"到了商代，人们已经能够对社会资源和劳动成果进行一般的算数计算了。西周时期，建立了统计报告制度，称日报为"日成"、月报为"月要"，年报为"岁会"。秦统一中国以后，建立了中央集权制国家，形成了从中央到地方比较完善的"上计"报告制度。在封建社会，中国的户籍统计和田亩统计已有很大发展，在统计方法、统计制度和统计组织等方面都在世界上居于先进水平。据《商君书》记载，我国在公元前三百多年前，在商鞅的调查研究思想中，已有了全国规模的人口调查登记制度和人口按年龄、职业的分组，已有了国民经济调查研究中的各种数量对比分析，把掌握反映基本国情国力的"十三数"定为富国强兵的重要手段。

在资本主义社会，由于生产力的巨大发展，生产日益社会化，统计在生产管理中得到了迅速发展。大多数国家建立了工业、商业、银行、保险和海关等专业统计和全国性的统计组织，并开展了大量统计活动。这时，统计实践为统计理论的产生提供了必要条件。

在国外，统计活动也有着悠久的历史，古希腊和古罗马时代就开始了人口和财产的统计实践。公元前 27 世纪，埃及为了建造金字塔和大型农业灌溉系统，曾进行全国人口和财产调查。大约公元前 6 世纪，古罗马帝国就以国势调查作为治理国家的手段，规定每五年进行一次人口、土地、牲畜和家奴的调查，并以财产总额作为划分贫富等级以及征丁课税的依据。

资本主义社会早期的统计活动，主要是针对赋税、征兵和宗教工作进行的，当时由于自然条件和封建社会割据的束缚，统计范围、统计制度和统计方法都是比较落后的。

(二) 统计理论的产生和发展

在资本主义统计实践活动发展到一定阶段时，人们开始逐步对统计活动进行理论研究，便产生了统计学。由于统计学者们所处的历史环境不同，对统计的认识和概括理论不同，因此产生了不同的统计学派和统计理论。

1. 国势学派或记述学派

国势学派或记述学派产生于 17 世纪的德国。创始人是海尔曼·康令（H. Conring，1606 ~ 1681），继承者主要有高特弗里特·阿亨华尔（G. Achenwall，1719 ~ 1772）和斯廖采尔（1735 ~ 1809）等。代表作是《近代欧洲各国国情学概论》，他们认为统计学就是对国家政治、经济和军事情况的记述。"统计学"一词就是从"国势学"变化而来的。但是这个学派始终没有把数量对比分析作为这门科学的基本特征。

2. 政治算术学派

政治算术学派起源于 17 世纪的英国。创始人是威廉·配第（W. Petty，1623 ~ 1687）。代表作是《政治算术》。该书运用了大量的数字，描述了英、法、荷三国的政治、军事和经济等方面的情况，首创了用数量对比的方法分析问题。所以，马克思评价他是"政治经济学之父"，在某种程度上也可以说是"统计学的创始人"。该学派一直未正式采用"统计学"这一科学命名，但它是统计学的正统。

3. 数理统计学派

数理统计学派产生于 19 世纪的比利时。创始人是阿道夫·凯特勒（A. Quetelet，1796 ~ 1874）。他对统计学最重要的贡献就是把概率论引入统计学，并对样本数据进行误差计算和分析，逐渐形成了数理统计学派。该学派认为统计学就是数理统计学，是现代应用数学的一个重要分支，是适用于研究自然现象和社会现象的方法体系。

4. 社会经济统计学派

社会经济统计学派产生于 20 世纪初的苏联。列宁最早使用社会经济统计学这一名称。在马克思、恩格斯统计思想影响下，在列宁、斯大林直接领导下，苏联统计学家联系苏联社会主义统计实践，逐步建立了社会经济统计学。主要代表人物是廖佐夫、斯特里科等。该学派主要观点认为，统计学是一门独立的实质性社会科学，研究大量的社会经济现象在具体时间、地点、条件下的规律性。

二、我国统计学的发展概况

在中华人民共和国成立以前，中国统计学主要受欧美统计学派及其理论的影响。存在社会统计学派，又称德国学派，以及数理统计学派，又称英美学派。20 世纪初，由林卓南和孟森翻译的日本横山雅南的《统计学》的两个译本是在中国出现最早的统计学书籍。1909 年，由沈秉诚编写的《统计学纲要》是中国人自己写的最早的统计学书籍。这些都属于社会统计学派。这些著作对我国早期统计学观点的形成和以后的发展都有影响。20世纪 20 年代以后，中国又陆续翻译了部分英美统计学的著作。这些著作都是英美统计学理论与观点发展变化过程的产物，基本上都是数理统计学派的观点，但内容和体系不尽相同。

在这一时期，中国统计学界观点的变化也是受欧美统计学发展变化影响的。在早期，中国的统计学派和数理统计学派虽存在争论，但矛盾并不显得很尖锐，相反，存在互相融合的趋势。在地位的变化过程中，与欧美统计学派一样，较早由社会统计学派的观点占优势。20 世纪 20 年代后，逐渐转化为数理统计学派的观点占优势。从统计学界的基本思想倾向上看，大部分人都认为统计学的基本内容是数学（主要指数理统计学）。

中华人民共和国成立以后，中国的统计学开始抛弃了欧美统计学说的理论和观点，完全吸收了苏联的统计理论和统计制度，认为统计学是一门独立的社会科学，它的对象是大量社会现象的数量方面，目的是找到社会发展规律在具体地点、时间、条件下的数量表现。方法上强调质与量的密切联系，强调辩证唯物论的运用，理论上强调历史唯物论的政治经济学的指导作用，把统计学和数理统计学的关系完全割裂开来，把作为社会科学的统计学看成是唯一的统计学，而数理统计学则属于数学的分支。

在 20 世纪 50 年代初至 70 年代末，中国的统计学界是按照统计学属于社会科学的观点来理解统计学，按照这一观点来进行研究、讲课和评定是非的。虽然在这 30 年间，在统计学的性质问题上也有过争论，但仅限于社会科学的范围之内。基本上是这两种观点：一种认为统计学是研究社会发展规律的实质性科学，或称规律派；另一种认为统计学是研究如何收集资料、整理资料和进行分析研究的科学方法，或称方法派。此外，还有一些人认为统计学既研究规律也研究方法，但这种看法实质上是倾向于方法派的。长期以来，规律派的观点左右着中国的统计学界，方法派与数理统计学派一样，都属于批判对象，不允许公开存在。

十一届三中全会以后，党中央拨乱反正，解放思想，过去被禁锢多年的思想逐渐活跃起来，统计学也获得了新的生命力。统计是针对统计学的性质、对象、体系等的各种观点如雨后春笋般地涌现出来的。综合各种观点，概括起来看，当时，中国在统计学是属于社会科学还是属于数学，是实质性科学还是方法科学上存在三种看法，即所谓规律派观点、数理统计学派观点和方法派观点。

自党的十一届三中全会以来，统计界解放思想，百家争鸣。在统计学的理论问题上的发展演变可归纳为三个阶段：第一阶段，我国统计理论界基本形成社会经济统计派与数理统计派对立的局面，他们各自主张本派的统计学为唯一的统计学。第二阶段，两门统计学彼此共存，但不相兼容，一门属于社会科学的社会经济统计学，另一门是属于应用数学分支的数理统计学。第三阶段，两门统计学开始相互兼容、相互利用，并且逐渐朝着互相结合、由二趋一的方向发展。当前，社会经济统计学与数理统计学的关系日益密切。今后，要把这两门学科的统计方法结合起来，形成既可用于社会现象又可用于自然现象及其他领域的基本理论和常用方法，逐步形成一个具有中国特色的统计学体系，在学科内容上向纵深发展，不断充实方法论的内容，这将具有重要的理论与实际意义。

第二节　统计的研究对象和方法

一、统计的含义

"统计"一词的起源已有很久的历史，它的含义也屡有变化。英语统计 Statistics 这个词的语源出自中世纪拉丁语 Status 和 Statista。Status 意思是各种现象的状态和状况，Statista 则表示通晓政治、熟悉各国国情者。根据这些语根组成的意大利语 Stato 表示国家的概念以及关于各国的国家结构和国情方面的知识总称。最早将"统计"一词作为学名的是18世纪德国哥丁根大学的阿亨华尔，他把国势学命名为 Statistik，即统计学。直到18世纪末，英语 Statiatics 才作为德文 Statistik 的译语传入英国，并赋予新的意义，即用数字表述事实。

在我国古代，"统计"一词多作为动词使用，其意义与"合计"、"总计"相同。现代意义的统计是在20世纪初传到中国来的。现在，"统计"一词可以有三种不同的含义，即统计工作、统计资料和统计学。

统计工作，即统计实践。它是对社会自然现象客观存在的现实数量方面进行收集、整理和分析的活动过程。社会经济统计工作则是收集、整理、分析和提供关于社会、政治、经济、文化等现象的数字资料工作的总称。

统计资料是指统计实践活动过程所取得的各项数字资料以及与之相关的其他实际资料的总称。统计资料包括观察、调查的原始资料和经过整理、加工的系统资料。

统计学是研究统计工作的理论与方法的一门方法论社会科学。

统计这三种含义的关系：统计资料是统计实践的成果；统计工作是统计实践活动；统计学是统计工作的理论概括，同时又反过来指导统计工作。因此，统计学与统计工作的关系是统计理论与统计实践的关系。

二、统计学的研究对象

统计学的研究对象是指统计研究所要认识的客体。只有明确了研究对象，才能根据它的性质、特点指出相应的研究方法，达到认识对象客体规律性的目的。社会经济统计学的研究对象是社会经济统计活动的规律和对社会经济现象总体数量方面，即以统计资料为依据具体说明社会经济现象总体的数量特征、数量关系及数量界限。

研究社会经济现象数量方面，具体地说就是用科学的方法去收集、整理、分析国民经济和社会发展的实际数据，并通过统计所特有的统计指标和指标体系，表明所研究现象的规模、水平、速度、比例和效益等，以具体反映社会经济发展规律在一定时间、地点、条件下的作用。

三、统计学的性质

社会经济统计学是一门认识社会经济现象总体的数量特征和数量关系及数量界限的方法论科学，它属于社会科学中的方法论和应用性的学科。对于这一学科性质，一方面要理解社会经济统计学是以社会经济现象的数量方面为研究对象，但学科的任务不在于具体探讨社会经济现象在一定时间、地点的数量表现，而在于对社会经济现象的调查研究提供理论、原则和方法。这里的方法论包括认识方法、工作方法以及组织方法等构成的方法体系。另一方面也要理解统计方法和研究对象有着密切的联系。社会经济统计的方法不是凭空产生的，它是从现实的社会经济现象各种数量关系中总结出来的。脱离了统计对象，统计方法便无从产生，它的正确与错误、有效与失效也无法加以验证。由于所反映的数量关系性质不同，有些统计方法只适用于社会现象，有些统计方法则仅是某些专业的专门方法等。

四、统计的特点

（一）数量性

社会经济统计的研究对象是社会经济现象的总体数量方面，包括数量的多少、现象之间的数量关系、质量互变的数量界限。统计是从数量方面入手认识现象的工具。可以这样说，没有数量就没有统计。统计的目的就是反映这些数量方面的现状和它们的发展变化过程。在研究过程中，必须把现象的质与量相统一，以定性认识为基础，然后再进行定量分析，只有这样，才能深入了解社会经济现象的发展变化及其规律性。因此，数量性就成为社会经济统计的基本特点。数量性特点具体包含三个方面的内容。

其一，数量特征。即社会经济现象的规模、大小、水平等。

其二，数量关系。即社会经济现象的内部结构、比例关系、相关关系等。

其三，数量界限。即引起社会经济现象质变的数量。例如，完成计划与未完成计划有质的差别，计划完成程度100%就是质与量互变的界限。又如，要统计国民生产总值，首先要确定国民生产总值的质，在认识国民生产总值的质的基础上，来统计国民生产总值的数量。

（二）总体性

社会经济统计是以社会经济现象总体的数量特征为自己的研究对象。这就是说，统计是从整体上反映和分析事物数量特征，而不是着眼于个别事物，因为事物的本质和发展规律只有从整体上观察，才能做出正确的判断。例如，要研究城市居民的消费水平，目的不在于了解个别户居民的消费状况，而是要反映全市各区、各部门居民消费水平的数量特征。但在进行研究时，不能离开对个体数量的认识，只有把大量的个体数量资料加以汇总，才能表现出总体的数量特征。统计研究现象总体的数量特征，可以反映社会经济现象的规律性在具体时间、地点、条件下的表现，有助于我们对客观现象性质的认识。

（三）社会性

社会经济统计的数量总是反映人们社会生产生活的条件、过程和结果。所有的统计数字总是与人们的利益有关，反映着人们之间的相互关系。社会经济统计研究就是通过数量特征和数量关系反映物质资料的占有关系、分配关系和交换关系，以及其他社会关系的特点和实质。例如，从发展中看国家、集体和个人的关系，从收入分配中看职工与农民的关系，从商品流通中看产、供、销的关系等。

（四）具体性

社会经济统计的认识对象是具体事物的数量，不是抽象的量。这是统计与数学的一个重要区别：数学所研究的量是脱离了具体对象的抽象的数量关系，统计所研究的量是具体事物在一定地点、条件下的数量表现，它总是和现象的性质密切结合在一起。而数学所研究的量是抽象的量，两者有着明显的区别，但统计方法中往往借鉴数学的方法。但是，社会经济统计毕竟是反映和研究社会经济现象量与量的关系的，因此，也要遵守数学原则，在许多方面使用数学方法，可以用数学模型表现事物之间量的关系，也可以应用高等数学方法进行统计分析等。

（五）客观性

统计资料是人们有意识地进行调查、整理、分析的结果，但在统计工作中必须遵循实事求是的原则，反映事物的本来面目，保证统计资料真实、可靠，维护统计资料的客观性。

五、统计学的基本方法

（一）大量观察法

大量观察法是指统计学研究社会经济现象和过程要从总体上加以考察，对现象总体中的全部或足够多数的单位进行观察、分析，以反映总体特征的一种统计方法。社会经济现象的总体是复杂的，是受多种因素影响的，而且总体各单位的特征和数量表现也有很大差异，不能抽取个别或少数单位进行观察，必须观察全部或足够多的调查单位，借以从中认识客观现象的总体情况。比如，早在 300 多年前，人口学家就从统计资料中发现男女婴儿出生的比例为 105∶100，这就是通过大量观察法，从偶然事件中发现的必然规律。

（二）综合分析法

所谓综合分析法也称综合指标法。所谓综合是指对于大量观察所获得的资料，运用各种综合指标以反映总体的一般数量特征。例如，对大量原始数据进行整理汇总，计算总量指标、相对指标、平均指标、变异指标等，测度现象在具体时间、地点、条件下能达到的规模、水平、比例和速度。所谓分析是指对综合指标进行分解和对比分析，以研究现象总体的差异和数量关系。它是统计分析的基本方法之一。包括应用统计分组法研究现象的不同类型，以及运用各种数量分析法如动态趋势分析法、因素影响分析法、相关与回归分析法等，研究现象的数量关系和变动趋势。

（三）统计分组法

统计分组法就是根据事物的特点和统计研究的目的，按照一定的标志，将所研究现象划分为不同类型组的一种统计方法。对于分析总体结构、分析现象间的依存关系、确定统计指标体系而言，没有统计分组是不可能做到的，这说明统计分组法在整个统计工作过程中是不可缺少的。

（四）归纳推断法

归纳推断法是指在统计研究中，由观察各单位的特征归纳得出关于总体的某种信息，从个别到一般、从具体事实到抽象概括的推理方法。通常我们所观察的只是部分或是有限单位，而所要判断的总体对象范围却是大量的，甚至是无限的。这样就产生根据局部的样本资料对全部总体数量特征所做判断的置信度问题。以一定的置信标准，根据样本数据来判断总体数量特征的归纳推断方法称为统计推断法。统计推断是逻辑归纳法在统计推理中的应用，所以也称为归纳推断法。它可以用于总体数量特征的估计，也可以用于对总体某些假设的检验。所以在统计研究中是一种基本方法，其应用范围很广泛。

（五）统计模型法

统计模型法是根据一定的社会经济理论和假定条件，用数学方程来模拟现实社会经济现象相互关系的一种研究方法。利用这种方法可以对社会经济现象和过程中存在的数量关系进行比较完整和近似的描述，从而简化客观存在的复杂的其他关系，以便于利用模型对社会经济现象的变化进行数量上的评估和预测。

在运用各种统计研究方法的时候，在调查方法上要注意把大量观察和典型调查结合起来，在分析方法上要注意把综合分析和具体情况分析结合起来，多种方法结合应用，可以提高认识能力，全面深入研究分析问题，更好地发挥统计认识社会有力武器的作用。

六、统计学的理论和方法论基础

社会经济统计学是一门社会科学，它是在社会经济现象质与量的密切联系中来研究其数量关系。它必须以马克思主义哲学和政治经济学作为自己的理论和方法论基础。

（一）马克思主义的历史唯物论、政治经济学和其他经济理论是社会经济统计学的理论基础

历史唯物论研究社会发展的一般规律，研究社会生活各方面的相互关系。统计学研究社会现象必须以历史唯物论所阐明的社会发展规律的理论为基础。政治经济学是研究人类社会中支配物质生活资料生产和交换规律的科学。统计学研究经济现象必须以政治经济学所阐明的关于社会经济发展规律，特别是社会主义有计划的市场经济理论为基础。统计指标和分组设置、计算方法和统计分析都必须以政治经济学所确定的经济范畴和经济理论为依据，然后才能进一步研究现象变动的数量关系。另外，对大量统计资料进行数量分析的结果也要用政治经济学的理论加以检验。

（二）马克思主义的唯物辩证法是社会经济统计学的方法论基础

社会经济统计学必须以唯物辩证法所阐明的认识客观事物发展变化的最根本方法为基础，根据研究对象的性质和特点，形成各种专门的统计方法。辩证唯物主义的基本观点，如一切从实际出发、理论联系实际、从质与量的密切联系中认识事物，都是统计研究的基本出发点和指南。特别要以质与量辩证统一关系的规律作为统计学最直接的方法论基础。

（三）数学是社会经济统计学的方法论基础

社会经济统计学又是研究数量关系的。统计对社会经济现象的数量描述和数量分析离不开数学。数学尤其是以概率论为基础的数理统计学是研究随机现象的数量关系和变化规律的科学，有些社会经济现象也具有随机性，因此，统计在进行社会经济统计研究时，也要尽量吸收数理统计合理、有用的东西，运用概率论所提供的理论和方法。

七、统计学的分科

（一）从统计方法的构成角度分

1. 描述统计学（descriptive statistics）

研究如何取得、整理和表现数据资料，进而通过综合、概括和分析反映客观现象的综合数量特征。包括数据的测定、收集和整理，数据的显示方法，数据分布特征的描述与分析方法等。

2. 推断统计学（inferential statistics）

研究如何根据样本数据去推断总体数量特征的方法，包括抽样估计、假设检验、方差分析及相关和回归分析等。

3. 描述统计学与推断统计学的关系

描述统计学是统计学的基础和统计研究工作的前提，推断统计学是现代统计学的核心和统计工作的关键。

（二）从统计方法的研究和角应用度分

1. 理论统计学（theoretical statistics）

利用数学原理研究统计学的一般理论和方法的统计学，如概率论与数理统计。

2. 应用统计学（applied statistics）

研究如何应用统计方法解决实际问题，大多是以数理统计为基础形成的边缘学科，如自然科学领域的生物统计学、社会科学领域的社会经济统计学等。

第三节 统计活动过程和任务

一、统计活动过程

（一）统计活动认识过程

社会经济统计作为一种认识活动，其认识过程可从两方面来理解。

一方面，从定性与定量的关系来看，统计活动是从定性认识到定量认识，再到定性与定量相结合的过程。例如，要了解工业生产的状况，必须先将工业生产的含义、工业生产单位的划分弄清楚并做出规定，然后才能进行统计调查；通过收集、整理反映工业生产状况的数据，就从定性认识过渡到定量认识；再经过对数据的分析，就从定性与定量结合上对工业生产状况达到完整的认识。

另一方面，从个体与总体的关系来看，统计认识过程是从对个体数量表现的认识过渡到对总体数量特征认识的过程。如上述工业生产调查，是从调查每一个工业生产单位着手的，然后把所有调查单位的资料结合起来，从而形成对整个工业生产状况的认识。

（二）统计活动的工作步骤

统计活动过程表现在工作步骤上，分为四个阶段：统计设计、统计调查、统计整理、统计分析与统计资料。

1. 统计设计

统计设计就是对统计工作的各个方面和各个环节进行通盘考虑和安排。其结果形成设计方案，如指标体系、分类目录、调查方案、整理方案及数字保管和提供制度等。这项工作是贯彻统计工作集中、统一原则的重要保证。它是科学有效地组织统计活动的前提。

2. 统计调查

统计调查就是根据统计方案的要求，采用科学的方法，有计划地开展调查，占有充分的和符合实际的统计资料。这是统计资料的收集阶段，它是整个统计活动的基础环节。

3. 统计整理

统计整理就是对调查阶段取得的各项资料进行加工、分组、综合汇总，使之条理化、系统化、科学化，便于进一步分析研究。它是统计活动的初步成果。

4. 统计分析

统计分析就是对经过加工汇总的资料加以分析研究，计算各项分析指标，以揭示现象的本质、发展趋势和比例关系，阐明现象和过程的特征和规律性，并作出科学的结论。它是统计研究的决定性阶段。

统计工作的各个阶段与统计认识过程是相对应的。统计设计阶段，是统计认识过程中以定性认识为基础，是从定性到定量过渡的准备阶段；统计调查和统计整理，是定量认识中从个体到总体的过渡；统计分析阶段是统计认识过程中的定性与定量相结合，从而更深入地认识社会总体现象的阶段。统计工作同其他认识活动一样是周而复始、螺旋上升的，新的一轮统计工作在前一轮的统计分析的基础之上又开始了。

二、统计的基本任务和作用

《中华人民共和国统计法》（以下简称《统计法》）第二条明确规定：统计工作的基本任务是对国民经济和社会发展情况进行统计调查、统计分析、提供统计资料、实行统计监督。

按照现代管理科学的理论，国家管理系统应由灵敏的信息系统、完备的咨询系统、科学的决策系统、高效的执行系统和严密的监督系统组成。统计部门作为国家系统的重要组成部分，在基本任务的指导下，究竟应该发挥哪些重要职能呢？1988年在全国统计工作会议上制定的《全国统计改革和统计现代化建设规划纲要》中指出："统计系统在国家管理系统中同时兼有信息、咨询、监督等三种职能。"并明确指出我国统计发展战略目标，是要建设全国强有力的、集中统一的具有信息、咨询、监督等多功能的现代化统计系统，充分有效地发挥统计的重要作用。具体作用如下。

（一）反馈信息

统计的信息职能，是指统计具有一整套科学统一的统计指标体系和统计调查方法，能够灵敏地、系统地为决策和管理采集、处理、传递、储存和提供大量综合反映客观事物总体数量特征的社会经济信息。统计信息是社会经济信息的主体，是国家决策和宏观管理所必需的基本依据。

（二）提供咨询

统计的咨询职能是指利用已经掌握的丰富的统计信息资源，运用科学的分析方法和先进的技术手段，深入开展综合分析和专题研究，为科学决策和管理提供咨询服务。咨询职能是由统计自身的特点所决定的。

（三）实施监督

统计的监督职能是指根据统计调查和统计分析，及时准确地从总体上反映经济、社会和科技的运行状态，并对其实行全面、系统的定量检查、监督和预警，以促使国民经济按照客观规律的要求持续、稳定、协调发展。统计监督在国家宏观调查与微观管理中的重要作用主要体现在两个方面：一是决策不断修正、不断调整的重要依据；二是判断和检验决策方案正确与否的重要尺度。在实施监督的形式上，概括起来主要有两种：一是对内实行统计报告制度，即根据统计调查和分析，客观如实地反映本地区、本部门、本单位经济、社会和科技发展中的情况和问题，监督检查国家政策、法律和计划的贯彻执行情况；二是对外推进统计信息社会化。由此可见，要建立健全国家的宏观调控体系，要保证国家决策、宏观管理和宏观监督真正建立在科学的基础上，就必须加强统计监督职能，发挥统计的监督作用。

（四）支持决策

为保证决策的现代化、民主化、科学化，统计部门利用已经收集、整理的信息资料进归纳、推理、评价和判断，并提出可供选择的咨询建议和决策方案。

三、统计的基本职能

（一）统计信息职能

统计信息职能是指统计具有信息服务的功能，也就是统计通过系统地收集、整理和分析统计资料，提供大量有价值的、以数量描述为基本特征的统计信息，为社会服务。

（二）统计咨询职能

统计咨询职能是指统计具有提供咨询建议和对策方案的服务功能，也就是指统计部门利用所掌握的大量统计信息资源，经过进一步的分析、综合、判断，为宏观和微观决策，为科学管理提供咨询建议和对策方案。统计咨询应更多地走向市场。

（三）统计监督职能

统计监督职能是指统计具有揭示社会经济运行中的偏差、促使社会经济运行不偏正常轨道的功能，也就是统计部门通过定量检查、经济监测、设置预警指标体系等手段，对社会经济实行有效的调控，以保证其正常运行。

统计信息职能是统计最基本的职能，是统计咨询职能和统计监督职能能够发挥作用的保证，反过来统计咨询职能和统计监督职能的强化又促进统计信息职能的强化。

第四节　统计学的基本概念

一、统计总体和总体单位

统计总体是由客观存在的、具有某种共同性质的许多个别事物组成的集合体，简称总体或母体。

例如，我们要研究全国的工业企业发展状况，所有的工业企业就是总体，而每个工业企业就是总体单位，都是生产经营单位，向社会提供工业产品或劳动服务。这些个别工业企业都是客观存在的，而且具有共同的性质，即它们都是工业企业。当我们要研究全国股份制企业发展状况时，总体就是所有的股份制企业，而每个股份制企业就是总体单位。这些个别企业的共同性有两个，即是企业，而且是股份制的企业。当我们要研究全国大型股份制企业发展状况时，总体就是所有的大型股份制企业，而每个大型股份制企业就是总体单位。

这些个别企业的共同性有三个：企业、大型企业，而且是股份制企业。由此可见：其一，构成总体的这些总体单位至少在某一方面性质相同，即总体具有同质性。同质性是构成统计总体的必要条件。其二，构成总体的这些总体单位除了至少在某一方面性质相同外，在其他方面也应存在差异，即总体具有变异性。变异性是统计研究的主要内容。其三，总体必须规定具体的时间和空间范围。例如，2000 年的人口普查，其总体是在 2000 年 11 月 1 日零时在中国国土上的常住中国公民。

总体单位按其单位数是否有限，分为有限总体和无限总体。有限总体是指总体中包括的单位数是可数的，社会经济统计中的总体多是有限总体，如全国人口数、工业企业数、商店数等。无限总体是指总体中包括的单位数是无限的，如研究某型号炮弹的射程，就是一个无限总体。对于无限总体，其总体单位数无法计算，在统计调查时就不能进行全面调查，只能进行非全面调查，即调查其中一小部分单位，据以推断总体。对于有限总体，则可以了解它的总量是多少，在统计调查时，既可以进行全面调查，也可以进行非全面调查。另外，随着研究内容的不同，总体又有变量总体和属性总体的区别。变量总体是用来反映数量标志的总体，如全国人口数；属性总体是用来反映品质标志的总体，如各工业企业的经济类型等。

综上所述，可见总体和总体范围的确定，取决于统计研究的目的要求。统计总体必须具备三个特性：第一，大量性。指统计总体是由许多单位组成的，仅仅由个别单位或为数极少的单位不足以构成总体。因为个别单位的数量表现可能是各异的，只对少数单位进行观察，其结果难以反映现象总体的一般特征，总体的综合数量特征是客观规律在一定条件下发生作用的结果，只有在大量事物的普遍联系中才能表现出来。第二，同质性。指总体中的各个单位在某个方面或几个方面具有共同的性质，这是构成总体的一个必要条件，也是它的重要特征之一。如果把不同性质的单位结合在一起，则根据缺乏同质性的总体得出的综合数量特征不仅没有意义，甚至会歪曲现象的真相。第三，变异性。指总体各个单位除了具有某种或某些共同的性质外，在其他方面各不相同，具有质的差别和量的差别，这种差别称为变异。正因为变异是普遍存在的，才有必要进行统计研究，它是统计的前提条件。总体中各个单位具有变异性的特点，是由于各种因素错综复杂作用的结果，所以有必要采用统计方法加以研究，才能表明总体的数量特征。

统计总体的三个特征缺一不可，必须同时具备这三个特征，才能形成统计总体，有了统计总体，才能进行一系列的统计计算和分析研究。

总体单位是构成总体的个别事物，简称单位，它是总体的基本单位。随着研究目的的不同，总体单位可以是人、物，也可以是企业、部门、机构、地域，甚至可以是状况、长度、时间等。例如，要研究全区的工业总产值，那么全区的工业企业是总体，每个工业企业是总体单位。如果研究粮食的亩产水平，那么播种面积（亩数）是总体，而每亩面积则是总体单位。

总体和总体单位的内容不是固定不变的，随着研究目的不同，它们是可以变换的。例如，某市的大型工业企业是一个总体，每个大型工业企业是总体单位，现在假设把研究领域扩大到该市全部工业企业，则除大型工业企业外，还有中型和小型工业企业等。这时，大型工业企业又变成全部工业企业这个新的总体中的一个总体单位了。

二、标志和标志表现

(一) 标志

统计标志也称标识，是指统计总体各单位所共同具有的属性或特征，它是说明总体单位属性或特征的名称。每个总体单位从不同角度考虑，都具有许多属性和特征。例如，教师作为总体单位，他们都具有性别、文化程度、职称、年龄、工龄、工资等属性和特征。高等院校作为总体单位，具有系别、专业、学生人数、教职工人数、规模等属性和特征。由此可见，所谓总体单位的属性和特征是就广泛意义而言的，有的是它的自然属性、社会属性，有的是指隶属组织关系或经济部门，有的则是指工作条件、生产成果、服务收入等。但它都从某一方面说明总体单位的性质。标志是一个重要概念，统计就是通过各个单位标志值的汇总综合得到所研究现象总体的数量特征。

可以看出，总体单位与标志的关系是十分明确的，如果没有标志就无法表现单位的特征；反过来，如果没有单位，标志也就失去意义，所以总体单位是标志的直接承担者，标志是依附于总体单位的。

标志通常分为品质标志和数量标志两种。品质标志表明单位质的属性方面的特征，如教师的性别、职称，高等院校的系别等。数量标志表明单位数量方面的特征，如教师的年龄、工资，高等院校的在校生人数等。

(二) 标志表现

标志表现又是一个重要的概念。它是标志特征在各单位的具体表现。任何一项统计工作，首先要掌握现象总体的各个单位在特定时间、地点、条件下实际发生的情况，因此标志的具体表现便是统计最关心的问题。如果说标志是统计所要调查的项目，那么标志表现则是调查所得的结果。总体单位是标志的承担者，而标志表现则是标志的实际体现者。

标志表现有品质标志表现和数量标志表现之分。前者只能用文字来表示，后者可以用数字来表示，标志的具体数值表现就是所谓标志值。例如，性别是品质标志，而标志表现则具体为男性或女性。学校类型是品质标志，其特征具体表现为财经类、医学类或理工类等，财经类、医学类或理工类都是品质标志表现等。又如工龄是数量标志，其标志表现为3年、8年、15年等。产量也是数量标志，其标志表现为50件、100件、1000件等。年龄是数量标志，具体表现为18岁、19岁、20岁等。数量标志表现是可以用数值来表现的，故又称为标志值。这些都体现了总体单位在具体时间、地点、条件下运作的结果。在一个总体的单位中，无论是品质标志或数量标志，它的具体表现如果在所有单位都是相同的，则就把这种标志称为不变标志。例如，在女学生总体中，每个单位在性别标志上都表现为女性，所以性别便是不变标志。在一个总体的每个单位中，当一个标志在各个单位的具体表现有可能不同时，这个标志便称为可变标志。例如，在女学生总体中，年龄这个标志在各个单位可能表现不同，所以年龄在这个总体中便是可变标志。可变标志的属性或特征由一种状态变到另一种状态，统计上称之为变异。所以可变标志也称为变异标志，变异在统计学中是一个重要的概念。正由于总体中某种现象在各单位之间存在变异，从而总体单位具有变异标志，才需要进行调查，并有各种统计方法。如果没有变异标志也就没有统计。例如，全市居民各户的生活消费水平存在着差异，而我们又需要了解这种差异，才要进行调查统计工作。如果各户生活消费水平都一样，也就没必要去统计，也不需要用统计的方法来测度消费水平的高低。因此，变异是普遍存在的，是统计的前提条件。

在数量标志中，不变的数量标志称为常量或参数，可变的数量标志称为变量。由于变量的函数仍为变量，所以由可变数量标志构成的各种指标也称为变量。变量的数值表现就是变量值，也就是可变的数量标志和统计指标的不同取值。上面关于数量的标志表现的举例就是。变量按其取值的连续性又分离散变量和连续变量两种。离散变量的取值可以按一定次序——一列举，通常取整数形式，可以用计数的方法取得，如学生数、设备台数、企业数等。连续变量的取值是连续不断的，相邻两值之间可以作无限分割，它必须用测量或度量的方法取得，如身高、体重、粮食亩产量等数值。

上面介绍了总体、总体单位、标志等概念，应该指出，总体、总体单位、标志的内容都是随着研究目的的变动而变动，不是固定不变的。例如，当我们研究某部门企业规模时，工人人数是标志；当研究该部门工人技术状况和劳动生产率水平时，工人人数则是总体单位数，每个工人则是总体单位。

三、统计指标和统计指标体系

(一) 统计指标的概念

统计指标是反映实际存在的社会经济现象总体某一综合数量特征的社会经济范畴。对统计指标的含义，一般有两种理解和两种使用方法。一种情况是把说明总体数量特征的名称称作统计指标。如全国总人口、国内生产总值等，这是统计指标的设计形态。我们在讨论统计理论和进行统计设计时所说的统计指标，就属于这一种。另一种是把指标名称和具体时间、地点的统计数值结合起来，称作统计指标。如 2007 年年末全国总人口为 132129万人，2007 年全年全社会固定资产投资 137239 亿元，这是统计指标的完成形态。在实际工作中对统计数据进行加工整理、分析研究时所说的统计指标是指后一种。

统计指标，就其完成形态而言，由以下要素构成。

1. 定性范围

定性范围包括指标名称和指标含义。指标含义要明确总体现象质的规定性，包括时间标准和空间标准。例如，上面讲到的总人口，其指标含义是在规定的时点，具有中华人民共和国国籍的，在国内一定区域居住一年以上的人口总和。指标含义比较复杂，指标名称是它的表现形式。

2. 定量方法

定量方法包括计量单位和计量方法，是指标含义的量化规范。例如，总人口的计量单位是一个人，全国总人口的计量方法是各地区人口数加上现役军人的人口数。

3. 指标数值

指标数值是指根据定性规范和定量方法，经过实际调查和数据处理所取得的具体时间、具体空间的统计数值。例如，上述 2007 年年末（即 12 月 31 日 24 时）全国总人口132129 万人（用万人为单位是为了使用时简化，统计表册上是以人为单位的）。统计指标的设计形态只包括定性范围和定量方法两个要素，不包括指标数值。

（二）统计指标的特点

1. 可量性

可量性是指客观存在的事物其大小、多少可以实际加以测度或计数。只有那种在性质上属于同类，而数量上又是可量的大量现象，才能成为统计指标反映的对象，不存在不能用数字表现的统计指标。统计指标是社会经济范畴，但并不是任何社会经济范畴都可以作为统计指标。因为不是所有的范畴都能够用数量来表现的。例如，所有制、生产关系、政治思想觉悟、艺术价值等，虽然都是重要的社会经济范畴，却因为它们不直接表现为数量，就不能称之为统计指标。

2. 总体性

总体性是指通过大量的观察以数字来研究社会经济现象的总体规律。统计指标既是同质总体大量个别单位的总计，又是个别单位标志值的差异综合。它作为总体的数量特征综合反映各单位的一般规模和水平。例如，以某地区的工业企业组成统计总体，经过调查汇总可以得到全地区的企业数、总产值、职工人数、劳动生产率、平均工资等指标，在这些指标中，企业规模差异、产量大小差异、工人的劳动效率以及工资水平的差异均不见了，显示的是该地区企业和生产的总规模以及生产效率和工资的一般水平。可见，统计指标的形成都必须经过从个别到一般的过程。

3. 具体性

统计指标不是抽象的概念和数字，它是对一定的具体的社会经济现象的量的反映。不存在脱离具体的具有实质内容的统计指标。统计指标的具体性有两个方面的含义：一是统计指标不是抽象的概念和数字，而是一定客观存在的具体社会经济现象的量的反映，是在质的基础上量的集合。这一点社会经济统计和数理统计、数学是有区别的。二是统计指标说明的是客观存在的已经发生的事实，它反映了社会经济现象在具体时间、地点和条件下的数量变化。这一点又和计划、预测指标相区别。

（三）统计指标的设计

1. 统计指标设计的原则和要求

统计指标的设计关系整个统计活动的全过程，不仅影响到调查、整理工作的难易、需要人力和经费的多少，甚至关系到整个统计活动的成败。例如，在人口统计中，如果将"育龄妇女生育状况"这个指标扩大为"妇女生育状况"就是不必要的，也是不妥当的。所以统计指标的设计必须遵循一些基本原则，符合基本要求。

第一，必须坚持需要与可能相结合的原则，或者说要有明确的目的性、适用性和可行性。所谓需要，在当前主要是满足社会主义现代化建设的需要，即为各级领导机关决策、计划、执行和监督所需要，为提供社会各界发展经济和文化事业，为广大人民群众知政参政所需要。所谓可能，即当前管理水平、统计机构的力量、经费来源等条件能达到的，既包括原始资料的收集，也包括数据的整理条件，如电子计算机等自动化数据处理条件。

第二，设计统计指标的定性范围和定量方法，必须以马克思主义理论以及与统计内容相应的社会科学理论为依据，使指标具有高度的科学性。例如，"工资总额"这个指标，是指各单位在一定时期内直接支付给本单位全部职工的劳动报酬总额。这便是依照工资是直接支付给职工全部劳动报酬这样的科学范畴设计的。

第三，统计指标必须是可量的。如果设计了一个所谓"指标"根本不能量化，那便不能统计调查，那么这个"指标"实际上是不能成立的。

第四，统计指标必须具有可比性。即横的方面在行业、地区以至在国际都可以比较；纵的方面则不同时期可以比较。因此，一方面应该注意到现代化的进程和国际上的惯例，另一方面还要注意到适当的稳定性。

2. 统计指标内容的设计

统计指标内容的设计，就是把统计指标的各项要素具体化。

第一，要确定统计指标的名称和含义。即统计指标的名称要确切，它的内含和外延要十分明确。例如，"工资总额"这一指标，要明确规定它是指企业、事业、机关在一定时期内直接支付给本单位职工的全部劳动报酬总额，要具体规定其计算口径，即职工的什么收入应该计算在内，什么收入不应计算在内。

第二，确定计量单位。应该根据需要与可能做出具体明确的规定。实物单位的优点是可以直接反映物品的使用价值或现象的具体内容。它的局限性在于不同实物的量无法汇总，如一个企业生产各种产品的总成果只能转化为货币价值的计量才能表达出来。实物计量随着科学的进步，度量衡计量工具的发展，其计量单位也在趋于现代化、标准化。我国已规定从1991年起使用以国际单位制为基础的计量单位制度。货币计量单位，有按现行价格计算与按不变价格计算两种。前者与实际收支相适应，收集资料方便，适用于研究产值水平、工资水平、成本水平等；后者需要通过计算以消除价格变动的影响，适用于不同时期的对比，用以研究现象的发展速度。时间单位适用于劳动力、设备等使用状况的计量，有时也用于生产成果的计量，如机械工业的定额工时产量。

第三，确定统计指标的计算方法。有些统计指标比较简单，在确定其概念含义之后，不需要再做详细具体的规定。这些统计指标的计算表现为点数、测量、登记和数据的汇总计算。有些综合性较强的统计指标，计算方法比较复杂，必须做出详尽的专门规定。对于相对指标、平均指标以及有些用于统计分析的指标（如综合经济效益）的计算，还需要确定适当的数学公式或数学模型。

（四）统计指标的种类

1. 按统计指标形成的基础不同，可分为基本指标和派生指标

基本指标是说明社会经济现象基本发展情况的统计指标，反映现象在一定时期内所达到的规模与水平，如某地区一定时期内的国内生产总值、进出口总额等。派生指标是由基本指标计算而得的指标，它包括相对指标、平均指标等。如某地区一定时期内的人均钢产量，某企业某年产值计划完成情况等。

2. 统计指标按其数值表现形式不同分为总量指标、相对指标和平均指标三种（内容详见第四章综合指标）；

3. 统计指标按所反映的数量特点不同，可分为数量指标和质量指标

凡是反映社会经济现象的总规模和总水平的指标称为数量指标，又称为总量指标。如人口总数、企业总数、国内生产总值、销售收入、资产总额、总成本、利润等都属于数量指标，它的表现形式为绝对数。凡是说明社会经济现象的相对水平或平均水平的指标称为质量指标，也称内含指标。如平均工资、劳动生产率、单位成本、单位产品原材料消耗量、利润率、人口死亡率等都属于质量指标，它的表现形式为相对数或平均数。质量指标是由数量指标派生出来的，经常用于反映现象间的内在联系，评价工作质量，说明现象发展的规律性。

4. 统计指标按其功能分为描述指标、评价指标和预警指标

描述指标，即对总体及其组成部分的规模水平和数量关系进行客观描述的统计指标。评价指标，是反映社会经济总体的结构、比例、速度以及利用状况和效益、效果的统计指标。预警指标是反映社会经济总体运行过程中的波动和态势，对不利于协调稳定增长或过冷过热现象的出现发出警报的统计指标。这三种指标各有不同的作用和功能，但又是相互联系的，构成一个统一的整体。

（五）指标与标志的关系

指标与标志之间既有区别又有密切的联系。

1. 指标与标志的主要区别

第一，指标是说明总体属性和特征的，而标志是说明总体单位属性和特征的。第二，标志有不能用数值表示的品质标志和能用数值表示的数量标志两种，而统计指标都是能用数值表示的。

2. 指标与标志的主要联系

第一，有许多统计指标的数值是从总体单位的数量标志值汇总而来的。例如，一个工业总公司的总产值是由所属各企业总产值汇总而来的，工资总额是各个职工的工资之和汇总。第二，指标与数量标志之间存在变换关系。由于研究目的的不同，原来的统计总体如果变成总体单位了，则相对应的统计指标也就变成数量标志了。反之亦然。

（六）统计指标体系

统计指标体系是指各种相互联系的指标群所构成的整体，用以说明所研究的社会经济现象各方面相互依存和相互制约的关系。一个统计指标只反映现象的某个特征，说明现象某一方面的情况，要客观、全面地反映现象各方面的联系，必须设立指标体系。例如，为了反映公司的经营状况，只设立利润这一指标是不够的，还必须设立由产量、产值、增加值、工人劳动生产率、职工人数、工资总额、利润、产值利税率、资金成本利润率等构成的指标体系，才能反映公司的经营全貌。又如，为了反映商品流转情况，必须设立由商品购进总额、商品销售总额、期末库存等构成的指标体系；再如，为了反映全国工业经济运

行情况，必须设立由产品销售收入、利润总额、税金总额、亏损企业亏损额、应收账款净额、产成品数量等构成的指标体系。统计指标体系大体可分为三大类。

1. 按指标体系所反映的现象内容的范围不同，可有宏观指标体系和微观指标体系

宏观指标体系是指由若干反映整个社会经济及其运行过程的总量和联系关系的统计指标组成的整体。微观指标体系是指由若干反映微观企事业组织社会经济活动总量和内部联系关系的统计指标组成的整体。

2. 按指标体系所反映的现象内容不同，可有国民经济指标体系、社会指标体系和科学技术指标体系

国民经济指标体系是由经济活动基本条件、部门经济活动、宏观经济运行和社会经济效益及影响四大门类的因素所组成，各门类又分不同的部门，它属于宏观指标体系，居于首要地位，是结构最多、层次最复杂的指标体系。社会指标体系包括社会生活环境、社会生活主体、社会物质生活、政治与社会活动和精神文化生活五大门类。各门类还可以继续分成大类、中类、小类或指标，它在整个经济、社会和科技统计指标体系中居于中心地位。科学技术指标体系也分成社会经济环境、科技投入、科技活动、科技产出、效益及影响五大门类。各门类又包括不同的内容。

3. 按指标体系的作用不同，可有基本指标体系和专题指标体系

基本指标体系是反映和研究国民经济和社会发展及其各个组成部分的状况的指标体系，它包括反映整个国民经济和社会发展的统计指标体系。专题指标体系是针对某一个经济或社会问题而制定的专项指标体系，如人民物质文化生活统计指标体系、经济效益统计指标体系等。

（七）建立指标体系的原则及指标体系设计的内容

要建立科学的指标体系，一般应遵循以下原则：要明确建立指标体系的目的；指标体系的内容能够全面、系统地反映现象的情况；指标体系内各个指标的设置要层次清楚、联系紧密；指标体系内各个指标的设置要切合实际，具有可操作性。

在具体设计指标体系时，主要包括以下内容：指标体系内应包括的指标，并明确其中的核心指标或主要指标；确定统计指标的名称、含义、空间、时间、计量单位、计算方法等。

四、变量和变量值

变量是指可变的数量标志。如何理解"可变"呢？例如，某班学生的数学成绩不可能都一样，那么，成绩这一数量标志就是一个变量。当研究的对象都是成绩为 80 分的学生时，成绩虽然也是数量标志，但是因为每个学生的成绩相同，所以，这里的成绩就不是变量。

变量的具体数值表现叫做变量值，又称标志值。例如，某公司职工的月工资有 820元、980 元、1030 元、1200 元等，820 元、980 元、1030 元、1200 元就是变量值。

变量按其取值的连续性与否分为离散型变量和连续型变量两种。离散型变量是指变量值只能是整数而不会出现小数，即当取小数的时候，变量就失去了经济含义。例如，各企业的职工人数、机器设备台数，其取值是不会有小数的，这类变量就属于离散型变量。离散型变量可以用计数的方法取得变量值。连续型变量是指变量在整数之间可以无限地取值，取整数和取小数都具有经济含义。例如，人的身高、体重、粮食亩产量、银行存款额，它们的取值可以是小数，取整数也有意义，这类变量属于连续型变量。连续型变量的取值要利用计量工具，通过测量或度量的方法取得。

综合练习与训练

一、填空题

1. 统计一词包含_____、_____和_____三种含义。

2. 统计研究对象是_____。

3. 一个完整的统计工作过程包括_____、_____、_____和_____阶段。

4. 统计指标反映的是_____的数量特征，数量标志反映的是_____的数量特征。

5. 在人口总体中，总体单位是"_____"，"文化程度"是_____标志，"年龄"是_____标志。

6. 要了解一个企业各种产品的销售情况，总体是_____，总体单位是_____。

7. 工厂机器设备的价值、职工的工资收入，属于_____，工厂机器设备的种类、职工的性别属于_____标志。

8. 一项完整的统计指标应该由_____、_____、_____、_____和_____等构成。

9. 统计职能是_____、_____和_____。

10. 统计研究的基本方法有_____、_____、_____、_____和_____。

11. 指标按所反映的数量特点不同分为_____和_____，前者用绝对数表示，后者用_____和_____表示。

12. 反映社会经济现象的相对水平或平均水平的指标称为_____指标。

二、单项选择题（在备选答案中有一个是正确的，将其选出并把标号填在题后的括号内）

1. 某市进行工业企业生产设备普查，总体单位是（   ）。
A. 工业企业全部生产设备   B. 工业企业每一台生产设备
C. 每个工业企业的生产设备   D. 每一个工业企业

2. 要观察 50 个工厂的职工工资水平情况，则统计总体是（   ）。
A. 50 个工厂   B. 50 个工厂的全部职工
C. 50 个工厂的全部工资   D. 50 个工厂每个职工的工资

3. 以"产品等级"来衡量某种产品的质量好坏，则该"产品等级"是（   ）。
A. 数量标志   B. 品质标志   C. 数量指标   D. 质量指标

4. 工业企业的设备台数、产品销售额是（   ）。
A. 连续型变量
B. 离散型变量
C. 前者是连续型变量，后者是离散型变量
D. 前者是离散型变量，后者是连续型变量

5. 几位学生的统计学成绩分别为 60 分、80 分、82 分，则"成绩"是（   ）。
A. 品质标志   B. 数量标志   C. 变量值   D. 数量指标

6. 指标是说明总体特征的，标志是说明总体单位特征的，所以（   ）。
A. 标志和指标之间的关系是固定不变的
B. 标志和指标之间的关系是可以变化的
C. 标志和指标都一定用数值表示
D. 只有指标才可以用数值表示

7. 在全国人口普查中（   ）。
A. 男性是品质标志   B. 身高是变量
C. 人口的平均寿命是数量标志   D. 全国的人口是统计指标

8. 下列指标中属于质量指标的是（   ）。
A. 总产值   B. 总成本   C. 单位产品成本   D. 职工人数

9. 了解某地区工业企业职工情况，属于统计指标的是（   ）。
A. 该地区工业企业每名职工的工龄   B. 该地区工业企业职工的文化程度
C. 该地区工业企业职工的工资总额   D. 该地区工业企业职工从事的工种

10. 社会经济统计学是一门（　　）。

A. 实质性社会科学　　　　　　　B. 应用性社会科学

C. 实质性自然科学　　　　　　　D. 应用性自然科学

11. 统计总体必须是（　　）。

A. 客观存在的

B. 主观臆想的

C. 有时是客观存在的，有时是主观臆想的

D. 以上三种都不对

12. 要了解某班 50 名学生的学习情况，则统计总体单位是（　　）。

A. 50 名学生　　　　　　　　　　B. 每一名学生

C. 50 名学生的学习成绩　　　　　D. 每名学生的学习成绩

13. 工业企业工人的技术等级分为一级、二级、三级、四级和五级，这里的"技术等级"是（　　）。

A. 数量标志　　　B. 品质标志　　　C. 数量指标　　　D. 质量指标

14. 职工人数是（　　）。

A. 离散变量　　　　　　　　　　B. 连续变量

C. 有时是离散变量，有时是连续变量　　D. 无法判断

15. 某学校在校生 2500 人，若要研究在校生规模大小，这里的"2500 人"是（　　）。

A. 指标　　　　B. 变量　　　　C. 标志　　　　D. 标志值

三、多项选择题（在备选答案中有两个或两个以上是正确的，将它们全都选出并把标号填在题后的括号内）

1. 要了解某地区全部成年人口的就业情况，那么（　　）。

A. 全部成年人口是研究的总体　　　B. 成年人口总数是统计指标

C. 成年人口就业率是统计标志　　　D. 反映个人特征的职业是数量指标

E. 某人职业是标志表现

2. 统计的特点可以概括为（　　）。

A. 客观性　　　B. 总体性　　　C. 数量性

D. 社会性　　　E. 具体性

3. 对某市工业企业生产进行调查，得到以下资料，指出其中的统计指标（　　）。

A. 某企业为亏损企业　　　　　　B. 实际产值 8000 万元

C. 职工总人数 100000 人　　　　D. 某企业职工人数 1000 人

E. 机器总台数 75000 台

4. 在工业企业调查中（　　　）。

A. 工业企业总数是统计总体　　　　B. 每一个工业企业是总体单位

C. 固定资产总额是统计指标　　　　D. 工业总产值是连续型变量

E. 职工人数是离散型变量

5. 下列变量中属于离散型变量的有（　　　）。

A. 机器台数　　　B. 职工人数　　　C. 粮食产量

D. 耕地面积　　　E. 电视机产量

6. 下列统计指标中属于质量指标的有（　　　）。

A. 工资总额　　　B. 单位产品成本　　　C. 产品销售单价

D. 人口密度　　　E. 合格品率

7. 下列各项中属于数量指标的有（　　　）。

A. 国民生产总值　B. 年平均库存额　　　C. 出生人口总数

D. 人均收入　　　E. 工业劳动生产率

8. 下列各项中属于数量标志的有（　　　）。

A. 经济类型　　　B. 职工人数　　　C. 月平均工资

D. 年工资总额　　　E. 产品合格率

四、判断题（把"√"或"×"填在题后的括号里）

1. 社会经济统计的研究对象是社会经济现象总体的各个方面。　　　　　（　　）

2. 品质标志表明单位属性方面的特征，其标志表现只能用文字来表现，所以品质标志不能转化为统计指标。　　　　　　　　　　　　　　　　　　　（　　）

3. 统计指标和数量标志都可以用数值表示，所以两者反映的内容是相同的。（　　）

4. 数量指标的表现形式是绝对数，质量指标的表现形式是相对数和平均数。（　　）

5. 因为统计指标都是用数值表示的，所以数量标志就是统计指标。　　　（　　）

五、简答题

1. 什么是统计？统计的含义有哪些？它们之间的关系如何？

2. 统计的研究对象是什么？统计的特点有哪些？

3. 统计的基本方法有哪些？

4. 什么是标志？标志是如何分类的？举例说明。

5. 什么是统计指标？它是如何分类的？

6. 统计指标和标志有何区别与联系？举例说明。

7. 试论总体和总体单位、指标和标志之间存在的变换关系。举例说明。

8. 什么是总体和总体单位？总体和总体单位的关系如何？

9. 统计学的理论基础和方法论基础有哪些？

10. 简述统计活动过程和统计工作的基本任务。

六、综合分析

1. 试对下列单位指出你所熟悉的统计总体，并指出其中的总体单位及各单位的标志（数量标志和品质标志各找出两个及两个以上）。

(1) 某机械厂　　(2) 某高等院校　　(3) 某医院　　(4) 某商业公司

(5) 某银行　　　(6) 某建筑公司

2. 指出下列统计总体中的总体单位及各单位的标志并区分标志的种类。

(1) 大学生　　(2) 大学教师　　(3) 纺织厂工人　　(4) 房屋建筑物

(5) 灯泡　　　(6) 汽车　　　(7) 银行　　　　(8) 商店

(9) 某地区工业企业　　　(10) 某停车场

3. 试指出所在班级学生学习成绩差异的原因标志，并区分其数量标志和品质标志。

4. 试指出下列标志的种类。

(1) 教育水平　　(2) 全部新生婴儿　(3) 专业技术职务　(4) 工种

(5) 轮胎寿命　　(6) 企业的经济类型　(7) 产品等级　　　(8) 人口出生率

(9) 地形条件　　(10) 气候条件　　　(11) 就业人数　　　(12) 行业

(13) 职业　　　(14) 职工人数　　　(15) 产值　　　　　(16) 平均价格

5. 指出下列指标的种类（主要是数量指标、质量指标、实物指标、价值指标）。

(1) 建筑面积　　　(2) 就业人数　　(3) 利润总额　　　(4) 耕地面积

(5) 出生人数　　　(6) 国内生产总值　(7) 固定资产价值　(8) 设备数量

(9) 人均钢铁产量　(10) 煤炭产量　　(11) 商品库存总值　(12) 旅游人数

(13) 出勤率　　　(14) 市场占有率　(15) 平均成绩　　　(16) 人均居住面积

第二章
统计调查

第一节　统计调查的意义

一、统计调查的意义和要求

统计调查，就是按照统计研究的目的和要求，采用科学的方法，有组织、有计划、系统地向调查对象搜集某种客观事物实际资料的工作过程。例如，要研究国民经济的发展情况，就要搜集构成国民经济的各个行业、各个部门、各个要素的实际资料；要研究某个企业的生产情况，就要搜集反映该企业生产情况的有关实际资料。

统计调查的基本任务是按照所确定的指标体系，通过具体的调查，取得反映社会经济现象总体、全部或部分单位数字资料为主体的信息。这些信息是各单位有关标志的标志表现，是尚待整理、进行系统化的原始资料，或有过初步整理，必须进行进一步系统化的次级资料。可以认为，搜集大量的、以数字资料为主体的信息是统计调查不同于一般社会调查的主要特征。

统计工作的各个环节是紧密衔接、相互依存的。统计调查作为统计工作的基础环节，在调查过程中所得到的原始资料，其质量直接影响最终成果的质量。搜集来的资料好比是构成未来统计大厦的基础，为使大厦坚实牢固，基础必须是坚实而高质量的。如果在搜集原始资料时出现差错，又不能及时加以更正，那么以后无论怎样认真地去整理这些资料，这些纰漏都将影响最后结论的正确性和可靠性。搜集的实际资料包括原始资料和次级资料。所谓原始资料，是指那些反映总体单位特征的、尚未进行加工整理的资料。次级资料是指已经经过一定的加工整理，在一定程度上能够说明总体特征的统计资料。由于次级资料都是从原始资料整理而来的，所以，统计调查的基本任务，主要是准确、及时、全面、系统地搜集与统计研究任务有关的原始资料，而准确性、全面性、及时性和系统性又是对整个统计调查工作的基本要求。

统计调查必须达到准确性和及时性两个基本要求。准确性是指调查资料客观地反映现象和过程本质的程度；及时性是搜集资料完成的时间符合该项调查所规定的要求。准确性和及时性是衡量统计调查工作质量的重要标志。统计调查资料的准确性绝不仅仅是个技术问题，而是涉及坚持统计制度和纪律，坚持实事求是，如实反映情况的原则问题。在我国，统计立法的核心就是保障统计资料的准确性、客观性及时性和科学性。

统计资料的及时性也是一个全局性的问题。一次统计工作任务的完成，都是由许多单位共同努力的结果，任何一个调查单位不按规定的时间提供统计资料，都会影响全面的综合工作，贻误整个统计工作的开展。因此，提高统计调查的及时性不是个别单位工作所能奏效的，必须是各个调查单位共同增强全局观念，采取有效措施，遵守统计制度和纪律，才能做好这一项工作。

统计调查中准确性和及时性是相互结合在一起的。及时离不开准确，而准确又是达到及时的重要途径。要把准确和及时结合起来，做到准中求快，准中求全，这样才能达到统计调查的基本要求。

通过统计调查，取得有关被研究现象的具体资料，为统计整理和统计分析提供依据。统计调查搞得好，就能准确、及时、全面、系统地占有丰富的统计资料，有利于正确认识被研究现象的本质及规律性；反之，如果统计调查做得不好，所得到的资料不准确、不真实或不及时，即使经过科学的整理和周密的分析，也不可能得到正确的判断，这将直接影响整个统计工作的成果。所以，统计调查阶段，是保证完成统计工作任务、提高统计工作质量的首要环节，是整个统计工作的基础。

二、统计调查的种类

统计研究的对象，即客观事物的复杂性和统计研究目的的多样性，决定了统计调查方法的多样性。进行统计调查，必须根据统计研究的目的和调查对象的特点，选择合适的调查方法。统计调查的方法，可以从不同的角度、按不同的标准进行分类。

（一）按调查对象所包括的范围不同，统计调查分为全面调查和非全面调查

1. 全面调查

全面调查是指对构成调查对象的所有总体单位，全部进行调查登记的一种调查方法。全面统计报表和普查都是全面调查。例如，为了研究我国人口数量、性别比例、年龄结构、民族构成、受教育程度等人口问题而进行的第五次全国人口普查，就属于全面调查。

2. 非全面调查

非全面调查是指对构成调查对象的一部分总体单位，进行调查登记的一种调查方法。重点调查、典型调查和抽样调查，都是非全面调查。例如，为了了解某地区居民的消费水平情况，并不需要对该地区所有的居民进行调查，只需要搜集各个收入层次的一部分居民消费水平方面的实际资料；对某批产品进行质量鉴定，也不需要对所有产品逐个进行质量检验，只需要抽出一部分产品进行检验即可。这些调查都属于非全面调查。

（二）按调查登记的时间是否连续分为经常性调查和一次性调查

1. 经常性调查

经常性调查是指随着调查对象的发展变化，连续不断地进行调查登记的方法。例如，要对某个工程的质量水平进行调查，就需要随着工程进度的延伸，连续不断地调查登记此项工程的质量情况和相关情况，直至工程全面竣工、验收。这种调查就属于经常性调查。又如，对社会商品零售价格的调查和监控，是长年累月地进行的，也属于经常性调查。

2. 一次性调查

一次性调查是指间隔一定时间的不连续调查。例如，人口数、学校数、固定资产原值等指标，因为短时间内的变化不会太大，所以没有必要进行经常性调查。只需间隔一定时间了解现象在一定时点上的状况，可采用一次性调查。

（三）按调查的组织方式不同为统计报表（专门调查统计报表）和专门调查

1. 统计报表

统计报表又称为统计报表制度，是按一定的表式和要求，自上而下统一布置、自下而上逐级提供和报送统计资料的一种统计调查方式。我国建立了规范的统计报表制度，所有的企业、事业单位和基层行政机关，都要遵守《统计法》，按照上级部门规定的表式、项目、日期和程序向上级部门提交统计报表。统计报表包括国家的政治、经济、文化、生活等各方面的基本统计指标。这种调查组织方式在我国的统计工作中占有重要的地位。负责编制和报送统计报表的组织机构，是常设或固定的。统计报表属于经常性调查。

2. 专门调查

专门调查是指为了研究某些专门问题而专门组织的统计调查。这种调查的组织机构不是常设的，而是根据研究目的和任务临时设置的。专门调查属于一次性调查，包括普查、重点调查、典型调查和抽样调查等。

统计调查还可以从其他的角度分类，并且各种分类也不是相互排斥的。如普查，从调查对象所包括的范围来看，属于全面调查；从调查时间的连续性来看，属于一次性调查；从组织方式上来看，又属于专门调查。

第二节　统计调查的组织

一、普查

（一）普查的意义

普查是为了掌握某种客观事物的准确情况而专门组织的一次性全面调查。有些客观现象不需要或不可能进行经常性调查，但又需要掌握它的准确情况，就需要采用普查的方式搜集资料。普查是一种重要的调查方式，世界各国在进行本国的国情国力调查时都采用普查的方式来完成。例如，人口普查、全国工业普查、全国农业普查等。它主要用来搜集某些不能够或不适宜定期的全面统计报表搜集的统计资料，一般用来调查属于一定时点上的社会经济现象的总量。但也可以用来反映一定时期的现象。

普查是一种很重要的调查方式。它能掌握全面、系统的国情国力统计资料，是进行社会主义现代化建设的一项十分重要的基础工作。对于了解一个国家的人力资源、物质资源和财力资源的数量及其利用情况，对于国家从实际情况出发制定国民经济和社会发展计划和产业政策，加强国民经济管理，安排人民物质和文化生活具有重要的意义。

（二）普查的特点

1. 它是一次性调查

普查一般用来调查属于一定时点的现象总量。由于时点现象的总量在短期内往往变化不大，不需要做连续登记，通常要间隔一段较长的时间进行一次调查。例如，人口普查的对象就是人口总体的时点状况，通过人口普查主要就是为了取得总人口数和人口的各种构成资料，如性别构成、民族构成等。当然，普查并不排斥属于时期现象的项目。我国第五次人口普查与第四次人口普查相隔了 10 年。当然，有些时期现象也可以采用普查的方式，比如 1996 年的第三次全国工业普查的主要内容为 1995 年工业生产基本情况，资产负债状况及其构成，生产能力利用及技术装备状况等，其工业总产值、利润额、上缴税金等指标都采用普查的方式获得，其中就有很多时期现象的项目。

2. 它是全面调查

普查的对象范围广，总体单位数量大，指标的内容详细，并且规模宏大，所以，普查比其他任何调查方式更能掌握大量、全面的统计资料。例如，人口普查的对象是全中国的所有公民（不包括香港等地区），调查的内容不仅仅是人口数量，还有各种构成资料和社会特征资料，如性别构成、年龄构成、民族构成、生育率、死亡率、教育特征、经济特征等各方面的情况。

3. 它的工作量大

普查涉及面广、时间性强、复杂程度高、对组织工作的要求高，需要耗费大量的人力、物力和财力，因而普查不宜经常进行。

普查和统计报表虽然同属于全面调查，但两者不能互相替代。统计报表不可能像普查那样掌握详尽的全面资料。与定期报表相比较，普查所包括的单位、分组目录以及指标内容要广泛详细，规模宏大，解决报表不能解决的问题。

（三）普查的实施过程

根据普查的特点，在组织实施中，要加强领导，发动群众，统一部署，统一行动，制订周密的普查方案。具体的实施过程如下。

第一，成立专门的组织机构，领导和组织实施普查工作。由于普查的工作量巨大，任务繁重，因此必须自上而下地建立各层次的组织机构，配备专门人员负责普查工作。我国在历次人口普查工作中，首先在国务院成立全国人口普查领导小组，在各省、自治区和直辖市的各级政府也建立相应普查办公机构，各部门、各单位成立专门工作机构，配备专门人员负责人口普查工作。

第二，确定统一的调查时间，即标准时间。因为普查的客观现象一般为时点现象，必须规定某一时点作为标准时间，主要是由于时点现象在各个时点上的状况变化频繁，如果不规定准确的时点，在登记时就容易重复或遗漏。例如，第六次全国人口普查的标准时间是 2010 年 11 月 1 日零时，由于人口基数比较大，每时每刻都有新出生人口和死亡人口，只有确定标准时间，才能准确反映标准时间上的人口数量。在 11 月 1 日零时之前死亡的人口和 11 月 1 日零时以后出生的人口，都不能进行登记；而 11 月 1 日零时之前出生的人口和 11 月 1 日零时以后死亡的人口，均应该予以登记。

第三，普查登记工作开始之前，要对普查人员进行业务培训，使他们明确普查的要求，掌握相应统计指标的含义、计算口径、登记方法，以保证工作效率和工作质量。

第四，制定严格的质量控制办法，对普查工作的各个环节实行全面的质量管理和控制，明确责任，逐级负责，层层把关，保证普查资料的准确性和普查质量。

第五，规定各阶段的工作进度和要求，使各个环节互相衔接，有计划、按步骤地进行。各有关部门纵向服从统一领导，横向保持必要的联系，彼此步调一致，协同工作，保证在规定的时间内完成任务。加强宣传，通过媒体广泛动员全社会全面参与、支持和配合普查工作，为普查工作的开展创造良好的舆论环境。第六次全国人口普查的标准时间为 2010 年 11 月 1 日零时，但在 1999 年国务院就已经成立领导小组，各种媒体就开始进行宣传，各种宣传标语随处可见，引起了全社会的高度重视。这次普查工作取得了良好效果，同宣传工作起到的积极推动作用密不可分。

（四）普查的组织

1. 普查的组织方式

普查的组织方式基本有两种：一种是组织专门的普查机构，配备一定数量的普查人员，对调查单位直接进行登记。我国历史上几次大的普查都采用这种形式。另一种是利用调查单位的原始记录和核算资料，或者结合清库盘点，由调查单位自填调查表。如历次物资库存普查就属于这种形式。但即使是后一种方式，也仍需组织一定的普查机构，配备一定的专门人员，对整个普查工作进行专门组织领导。

2. 普查应遵循的原则

普查的涉及面广，工作量大，进行一次需要动员许多人力、物力，组织工作是很繁重的，这就要求在组织普查工作时应遵循下列原则。

（1）规定统一的标准时间。所谓标准时间，即规定某日或某日的某一时刻作为登记普查对象有关项资料的统一时间，这样才能避免搜集资料因为自然变动或机械变动而产生重复和遗漏现象。例如，我国历次人口普查都统一规定以 6 月 30 日 24 时或 7 月 1 日零时为标准时间。

（2）在普查范围内各调查单位应尽可能同时进行调查，并尽可能在最短期限内完成，以便在方法上、步调上取得一致，保证调查资料的真实性。如第六次全国人口普查登记工作，从 2010 年 11 月 1 日至 11 月 10 日以前结束，调查时限为 10 天。

（3）统一规定调查项目，尽可能按一定周期进行。调查项目一经统一规定，就不能任意改变或增减，以免影响汇总综合，降低资料质量。为了使历次普查资料便于对比分析，某些普查，特别是人口普查应尽可能按一定周期进行。

二、统计报表（制度）

（一）统计报表的意义和种类

统计报表是基层单位（或下级单位）按照上级部门制发的统一的表式、统一的调查纲要、统一的报送程序和时间，自下而上逐级报告统计资料的制度。这种以表格形式提供统计资料的书面材料，称为统计报表，又称为统计表制度。统计报表是我国对国民经济实行宏观调控和业务指导的重要工具，是全面、及时、准确地获得统计资料的有效方法。国家为了加强宏观调控，制定符合社会和经济发展客观规律的方针、政策，指导和监督各地区、各部门、各企事业单位的经济活动，必须及时掌握和依据全面的统计资料；而各地区、各部门、各企事业单位也需要定期向上级如实报告自己经济活动的基本资料和有关数据，以便于上级部门的指导和监督。这种客观要求，决定了国家必须建立统一的统计报表制度，执行统计报表制度也是各地区、各部门、各企事业单位必须履行的一项义务。我国经过多年的统计实践，使统计报表制度的作用得到了最大限度的发挥，是世界上运用统计报表制度最成熟的国家之一。由于统计报表制度费时、费力，中间环节多，信息反馈慢，因此应与其他调查方式结合起来，综合运用。

统计报表同其他统计调查方式相比有如下优点：

其一，在统计报表制度中规定的范围内，各单位必须按期报送，这就保证了调查资料的全面性和连续性。

其二，由于其调查内容的指标含义、包括范围、计算方法以及表格样式、报送程序和时间都是统一规定的，这就保证了调查资料的统一性和及时性。

其三，由于在调查进行之前已经把统计报表作为一种制度布置到基层填报单位，要求基层单位根据规定的要求建立原始记录和统计台账，只要基层单位认真按照执行，调查资料的来源就有了可靠性基础。

其四，由于报表中的调查项目相对稳定，又是定期进行，所以便于完整地积累资料，用来进行历史对比，较有系统地分析研究经济和社会发展变化的规律性，可以对其进行静态、动态多方面的比较，这就使统计资料具有可比性。

（二）统计报表的种类

我国现行的统计报表，根据划分的角度不同，主要可分为以下几类。

其一，统计报表按内容和实施范围不同，分为国家统计报表、部门统计报表和地方统计报表。国家统计报表也叫国民经济基本统计报表，由国家统计部门统一制发，用以反映全国性的经济和社会发展基本情况，包括农业、工业、交通、基本建设、商业、对外贸易、财政、金融保险、人口等方面最基本的统计资料。部门统计报表是为了适应本部门业务管理的需要而制定的专业统计报表，在本系统内实行，用以搜集有关部门的业务技术资料，国民经济基本统计报表的补充。地方统计报表是针对地方特点而补充规定的地区性统计报表，它是为本地区计划和管理服务。三者互有联系，而国家统计报表则是统计报表体系的基本部分。

其二，按调查范围，分为全面统计报表和非全面统计报表。

其三，按统计报表报送周期的长短，分为日报表、旬报表、月报表、季报表、半年报表和年报表。报告的周期长短不同，不仅是时间上的差别，在内容和作用方面也是有差别的。通常报送的周期越短，其指标项目就越少，反之，指标项目就可以多一些，细一些。其中，年报表是总结全年经济活动的报表，其内容全面、指标多、分组细，是制订计划、发布公报的重要依据，是最主要、最常用的统计报表。

其四，按填报单位，分为基层报表和综合报表。基层报表是由基层企事业单位填报的报表，综合报表是由主管部门或统计部门根据基层报表逐级汇总填报的报表。综合报表的调查单位随综合层次提高而扩大，相应为县、地区、省。

其五，统计报表按报送方式不同，分为邮寄报表和电讯报表。邮寄报表有书面的、磁介质的；电讯报表包括通过电话、电报、电视传真和数字电传机等。

用统计报表的方法搜集统计资料，有前述的许多优点，但需要的人力和时间较多；在层层上报中受到人为干扰的可能性较大，进行核查比较困难。此外，对于分散的个体经济等调查对象，很难使用这种方法。

（三）统计报表制度的内容

1. 表式

指统计报表的具体格式。不同的调查任务有不同的格式，但基本都由三部分组成，即表头（报表标题、表号、报表期别、填报单位、制表单位、计量单位等）、表身（具体填报数据和资料）和表脚（备注、填表人签章、审核人或负责人签章等）。

2. 填表说明

包括调查目的、要求和办法、统计范围、分组体系、各种统计目录、指标解释、报送日期、报送方式等，它可使填报单位明确填报任务和填报方法。

（四）统计报表的资料来源

统计报表资料来源于基层单位的原始记录和统计台账。原始记录和统计台账是各种经济核算的基础，也是填制统计报表的重要依据。没有健全的、规范的原始记录和统计台账制度，要做好统计报表的填报工作是不可能的。

原始记录是基层单位通过一定的表格形式对生产经营活动所做的最初记载。原始记录的范围广泛、种类繁多，如发货票、材料入库验收单、领料单、设备维修单等。统计台账是基层单位根据核算和填制统计报表的需要，为了积累和整理资料而设置的，按时间顺序登记原始记录的一种账册。它是从原始记录到统计报表的中间环节。如工业企业统计台账有产品产量台账、半成品台账、设备利用台账等。

下面举例说明统计报表、原始记录和统计台账的表式及其相互关系（见表2-1至表2-3）。

表2-1 工业总产值及主要产品产量

企业名称：　　　　　　　　　　　　　　　　　　　　　　　　表　号：国统基表

主管部门：　　　　　　　　　　　　　　　　　　　　　　制表机关：国家统计局

　　　　　　　　　　　　　　　　　　　　　　　　　　　　　　　　　年　　月

产值及产品产量	计量单位	计划			本月	本季	本年本月止累计	去年同月	去年同月止累计
		本年	本季	本月					
（甲）	（乙）	(1)	(2)	(3)	(4)	(5)	(6)	(7)	(8)
一、工业总产值（按不变价格计算）	万元								
二、主要产品产量									
1. 原煤　　　　：	万吨								

主管部门负责人签章：　　　　　企业负责人签章：　　　　　　　填表人签章：

　　　　　　　　　　　　　　　　　　　　　　　　　　　　　报出日期：　年 月 日

表2-2 产品入库单

交库单位：　　　　　　　　　　年　　月　　日　　　　　　　　编号：

产品编号	产品名称	规　格	单　位	送交数量	实收数量	备　注

检验：　　　　　　　仓库验收人：　　　　　　　　　车间交件人：

表2-3 产品产量台账

车间：　　　　　　　　　　　年　　月　　日

产品名称										
计量单位										
本月产量	计划									
	实际	当日	累计	当日	累计	当日	累计	当日	累计	
日期	1									
	2									
	3									
	…									
	…									
	31									

审核人签章：　　　　　　　　　　记账人签章：

表 2-1 是某工业企业按月填报的一种定期统计报表,它的资料来源,如产品产量,是由表 2-2 和表 2-3 的材料提供的。表 2-2 是关于某产品产量的原始记录,表 2-3 是关于该产品产量的统计台账。按每天的产品入库单分别登记、汇总,即得到每种产品的当日产量。把每日产品产量及时记入统计台账,每月最后一天的累计产量,即为当月产品产量,据此填报统计报表中的产品产量。

三、重点调查

(一) 重点调查的意义

重点调查是对所有调查对象的全部单位中选择一部分重点单位进行的一种非全面调查方式。所谓重点单位,是着眼于现象的量的方面,是指调查对象中的一小部分单位,但是它们某一主要标志总量在总体标志总量中却占有绝大比重,重点单位的特征可以反映总体的基本情况。所以,重点调查虽然属于非全面调查,但通过重点调查却可以了解总体的主要情况和发展变化的基本趋势,在一定程度上起到全面调查的作用。例如,为掌握我国钢铁产量企业发展的基本情况,我们对一些国有特大型企业进行调查,如鞍钢、首钢、上海宝钢等,它们的数量不多,但在国民经济的发展中,无论是资产总量,还是所创利税,都占全国所有钢铁企业相关指标的 60% 以上。对这些重点单位所进行的调查,即属于重点调查。重点单位要根据研究任务和研究对象的特点而定,选择重点单位时要进行具体分析。重点调查由于是小范围的调查,所以节省人力、物力和财力,时效性高,研究的问题也比全面调查更深入。一般来说,当调查的目的、任务不要求全面性和高度准确性,而部分单位又能比较集中地反映所研究的标志或指标时,宜采用重点调查的方式。

根据调查目的、任务的不同,重点单位可能是一些企业、行业,也可能是一些地区、城市。重点单位是相对的,此时此地在这一问题上是重点单位,彼时彼地在另一问题上不一定是重点单位。

(二) 重点调查的方法

组织重点调查的关键是确定重点单位。重点单位的选择着眼于所选单位的标志值是否在总体中占有绝大比重,这一比重是客观既定的,不带有主观因素。

重点调查实质上是范围比较小的全面调查,它的目的是反映现象总体的基本情况。一般来说,当调查任务只要求掌握基本情况,而部分单位又比较集中地反映所研究的项目和指标时,采用重点调查比较适宜。

重点单位选多少,要根据调查任务确定。一般来说,选出的单位应尽可能少些,而其标志值在总体中所占的比重应该尽可能大些。另外,选中的单位一般管理水平较高,统计基础工作较好,资料容易取得且质量较高,所以重点调查是节省人力、物力,效果较好的调查方式。

四、典型调查

(一) 典型调查的意义

典型调查是根据调查的目的、任务，在对所研究的现象总体进行全面分析的基础上，有意识地选取若干具有代表性的典型单位进行调查和研究，借以认识事物发展变化的规律，它是一种非全面调查。这种由点到面、由个别到一般的认识方法，每一个领导者和每一个社会经济工作者都必须掌握运用。

统计中的典型调查，具有三个特征：一是搜集那些典型单位的数量资料，用以推断现象总体数量；二是典型调查是深入、细致地调查。它的研究范围小、调查单位少，因而指标可以多一些，用来研究某些比较复杂的专门问题；三是调查单位是根据调查目的和任务，在对总体进行全面分析的基础上，有意识地选择出来的。显然，典型调查单位的确定与其他非全面调查相比，更多地取决于调查者主观的判断和决策。

鉴于上述特点，典型调查大体可以分为两种：一种是对个别单位进行调查研究，被称为"解剖麻雀"式的调查。另一种是对现象总体按与研究的任务有关的主要标志划分类型。然后再在类型组中选择典型单位进行调查，这种形式又称为划类选典式的调查。在统计工作实践中，就是运用这两种典型调查方法来推算、估计总体数量特征的。

在统计工作中，典型调查的作用如下：其一，运用典型调查及时深入社会实际，可以研究不断出现的新情况、新问题，对新生事物的数量表现做具体的分析。其二，典型调查和全面统计相结合，可以补充全面调查的不足。如搜集不需要或不可能通过全面调查取得的资料，结合报表资料对某些问题进行深入的讨论研究，验证全面统计数字的准确程度等，以便更好地发挥统计调查的作用。

(二) 典型调查的方法

典型调查的首要问题是选择好典型。按照统计调查的目的和任务，选择典型的方法比较灵活。第一，若要近似地估算总体的数值，则可以在对总体进行分类的基础上，按其在总体中的比例，选出典型单位。第二，若要了解成功的经验和失败的教训，则要选择出高水平或低水平的单位作为典型单位。第三，若要了解总体的一般数量表现，则可以选择中等的典型单位。

选择典型的根本要点如下：首先，必须从全面着眼，分析、掌握调查单位的基本情况和平均水平，然后对比各个可供选择的调查单位的基本情况和具体水平，从中选出几个代表性较大的单位进行调查。其次，典型调查也要制订调查方案。调查方案主要包括搜集数字资料的表式和了解具体情况的提纲。最后，充分利用调查的原始记录和核算资料，取准、取全调查表所要求的数据。有些问题可以通过开调查会、个别采访等进行调查确定。

五、抽样调查

（一）抽样调查的概念

抽样调查是一种非全面调查，它是按照随机原则从总体中抽取部分单位进行观察，用以推断总体数量特征的一种调查方式。例如，对灯管的耐用寿命进行检测；某进出口公司对其出口罐头的质量进行检验等。

（二）抽样调查的特点及其优越性

在对社会经济现象进行分析中，抽样调查具有以下基本特点：其一，根据部分调查的实际资料对总体的数量特征做出估计。其二，按照随机原则从总体中抽取样本单位。其三，抽样调查会产生抽样误差，而抽样误差可以事先计算并且加以控制。

在实际工作中，抽样调查方式有其明显的优越性。主要体现为：第一，经济性。由于抽样调查的调查单位少，大大减轻工作量，调查、登记和汇总都可以专业化，因而节省人力、物力和费用开支。特别对于总体范围很大、单位很多、情况很复杂的现象，抽样调查更显优越性。第二，时效性。抽样调查组织专业队伍，直接取样，现场观测，减少中间环节，提高时效。所以特别适宜于时间性要求很强的调查项目。第三，准确性。由于抽样调查是从上而下组织调查，而不是自下而上层层填报，取样是根据随机原则，排除主观因素的影响，使样本有比较高的代表性，取得比较准确的效果。第四，灵活性。抽样调查组织方便灵活，调查项目可多可少，考察范围可大可小，既适用于专题的研究项目，也适用于经常性的调查项目。只要需要，随时都可以组织实施，如政策评估、市场信息、民意测验等都可以同时因地制宜地组织抽样调查，搜集必要的资料。

（三）抽样调查的作用

抽样调查的特点和它的优越性，使它成为统计调查方法的主体，有广泛的应用范围，在社会经济领域和科学实验中发挥多方面的作用，具体作用如下。

其一，抽样调查能够解决全面调查无法或难以解决的问题。对于无限总体就不可能进行全面调查。例如，要研究某型号炮弹的射程，这是一个无限总体的问题，我们只能通过有限项的试验，利用样本的数据来估计一般的平均射程。还有一些现象由于总体范围过大，单位分布很分散，实际上很难或不必要进行全面调查，也可以通过抽样调查来掌握全面情况。例如，水库的鱼苗数估计、森林的木材蓄积量调查、城乡居民的家计调查、民意测验等。

其二，抽样调查可以补充和订正全面调查的结果。有许多社会经济现象虽然可以全面调查，但是由于范围大，涉及面广，所调查的项目只能限定少数基本的项目。抽样调查范围小，组织方便，省时省力，调查项目就可以多一些，就某些问题进行更深入的研究，同时抽样调查还用于订正全面调查的统计数字，例如，我国人口普查中，在填报和复查完毕后，按照规定用抽样的方法抽出一定比例人数，重新进行调查，并以此为标准，计算普查的重复和遗漏的差错率，来订正普查数字。

其三，抽样调查方法可以用于生产过程中产品质量的检查和控制。抽样调查不但应用于对现象结果的核算和估计，而且在生产过程中起经常性的检查和控制作用。例如，工业生产的产品质量控制就是利用抽样检查，来观察生产工艺过程是否正常，是否存在某些系统性偏差，及时提供有关信息，分析可能的原因，便于采取措施，防止损失。

其四，抽样调查方法可以用于对总体的某种假设进行检验，以判断这种假设的真伪，决定行动的取舍。例如，新教学法的采用，推广后是否有显著性的效果，可以做出某种假设，并确定接受或拒绝的标准，然后应用抽样调查的方法，进行推断，加以检验，并在行动上做出抉择，这就是抽样方法在决策上的应用。

（四）抽样调查的组织形式

抽样调查有多种组织形式。基本形式有简单随机抽样、类型抽样、等距离抽样、整群抽样和阶段抽样。这些抽样组织形式有不同的抽样效果（关于各种抽样组织形式见本书第七章抽样推断）。

以上是从不同角度对统计调查方式的分类，在实际工作中，各种分类方法不是相互排斥的，而是相互交叉使用的。具体采用哪种方法，要根据调查的目的与任务以及调查对象的特点来决定。各种调查的特点，如表 2 - 4 所示。

表 2 - 4　各种统计调查的特点

	调查范围	调查时间	组织方式	搜集资料方法
统计报表	全面或非全面	经常性	报表制度	报告
普查	全面	一次性	专门调查	采访或报告
抽样调查	非全面	经常或一次性	专门调查	直接观察或报告
重点调查	非全面	经常或一次性	报表或专门调查	报告
典型调查	非全面	一次性	专门调查	采访

第三节　统计调查方案

一、确定调查任务、调查目的和调查方式

统计调查方案首先要解决的问题就是确定调查任务与目的。只有这样，才能确定要搜

集哪些资料，要解决哪些问题，达到什么要求，才能有效地组织统计调查工作。

调查的任务与目的，主要是根据统计研究的实际需要并结合调查对象的特点来确定的。调查的任务和目的不同，调查的内容与范围也就不同，采用的调查方式也不同。例如，对某城市工业企业的机械设备利用情况进行调查，任务是准确掌握各个企业拥有的机械设备的数量、价值和使用情况，其目的是分析和探求机械设备在使用过程中其价值、技术性能、工作能力等的变化规律，为合理配置机械设备、提高利用率、加强设备技术管理和固定资产管理等提供依据。因此调查任务和目的尽可能规定得具体明确，突出中心，否则，调查取得的资料可能并不是需要的，而需要了解的情况，又得不到充分的反映。这样不仅浪费了人力、物力，而且延误了工作。

二、确定调查对象、调查单位和填报单位

明确了调查任务和调查目的后，就可以确定调查对象和调查单位。确定调查对象和调查单位，是为了解决向谁调查、由谁来提供统计资料的问题。调查对象就是指需要进行调查的某种社会经济现象的总体，它是由许多性质相同的单位所组成的。调查单位是指要调查的社会经济现象总体中各个具体单位，即总体单位，调查单位是进行调查登记的标志承担者。调查对象和调查单位就是统计总体和总体单位在统计调查中的具体表现。注意，不要把调查单位理解为从事调查工作的部门或单位。明确调查单位，还要同填报单位区别开来。填报单位是负责填写调查内容、提供调查资料的单位，又称为报告单位，一般是基层企事业组织。调查单位与填报单位有时一致，有时不同，这要根据调查对象的特点和调查任务的要求来确定。比如，对某企业员工经济收入情况进行调查，调查对象就是企业所有员工，调查单位是每一个员工。如果调查表要求每个员工自己填写，则填报单位就是每个员工，这时的调查单位和填报单位是一致的；如果以车间为单位进行填报，填报单位就是车间，这时的填报单位和调查单位是不同的。

仍以上述的机械设备利用情况调查为例，确定的调查对象是该市工业企业所有机械设备，调查单位是每一台设备。这个调查是由各企业进行登记来完成的，填报单位就应是每一个企业，调查单位与填报单位是不一致的。是农户或国有农场等农业生产单位。显然，这两种调查的调查单位和报告单位是不一致的。当我们调查国有工业企业产品产量、成本、利税的情况时，调查单位与报告单位又是一致的。

为了规范国民经济统计中的调查单位，统一各地区各部门对基本调查单位的划分，国家统计局对基本单位的统计标准做出了规定。所谓基本单位，是指在我国境内从事社会经济活动的常住单位。统计制度规定将基本单位按其性质划分为两种：一种是具有财务决策权的单位，包括法人单位和住户。另一种是具有经营管理权的单位，称为产业活动单位。

法人单位指从事社会经济活动的法律实体单位，如企业、事业单位、机关、社会团体、基层群众组织等。根据国家统计局《关于划分基本单位的规定》，法人单位必须同时具备以下条件：①依法成立，有自己的名称、组织机构和场所，能够独立承担民事责任；

②独立拥有和使用资产，承担债务，有权与其他单位签订合同；③会计上独立核算，能够编制资产负债表。

住户是指共同居住、共享全部或部分收入和财产，并在一起消费的个人群体。它也是统计调查的基本单位。

产业活动单位是法人单位或住户中能单独进行某种经济活动的单位。产业活动单位必须同时具备以下条件：其一，在一个场所从事一种或主要从事一种社会经济活动；其二，相对独立地组织生产经营或业务活动；其三，能够掌握收入和支出等业务核算资料。

一个法人单位有多个场所或从事多种产业活动，就有多个产业活动单位。如果只有一个场所并只从事一种产业活动，那么这种法人单位同时也是产业活动单位。

基本单位是构成国民经济的细胞，它不仅是统计调查的基本单位，同时也是国民经济管理的基本单位。掌握基本单位的划分对经济工作具有普遍意义。而且我国关于基本单位划分标准的规定与联合国的规定及国内有关部门的规定，原则上是一致的。掌握这种划分也便于应用统计资料进行国际比较与国内比较。

三、确定调查项目、拟定调查表

调查项目又称调查纲要，它是调查内容的具体表述，是依附于调查单位的基本标志，它完全由调查的目的、任务和调查对象的性质、特点所决定，包括一系列数量标志和品质标志。通俗地说，调查项目就是一份在调查过程中应该获得答案的各种问题的清单。调查项目制定的正确程度如何，决定了整个调查工作的成效。选择的调查项目是调查目的和任务所需要并且确实能够取得资料的项目。每一个项目应该有确切的含义和统一的解释，不应该设置那些不必要或虽然需要但无法取得资料的项目。对那些逻辑不完善、含义模糊、回答笼统的项目，也应避免使用。调查项目确定以后，必须将这些项目通过调查表将资料搜集上来。因此，设计统计调查表也是一项重要工作。

调查表一般有单一表和一览表两种形式。单一表是每个调查单位填写一份，可以容纳较多的项目。一个问题的调查不限于只使用一张表，可以视调查项目内容的多少，由若干张组成。一览表是把许多调查单位填列在一张表上，在调查项目不多时较为简便，并且便于合计和核对差错。但在项目很多的情况下，一览表并不适用。

调查表的内容一般包括三个部分，即表头、表体和表脚。表头在调查表的上中方，主要有调查表名称、左上角填写填报单位名称、地址、隶属关系、经济类型等；表体是调查表的主体部分，由表格形式、调查项目等组成（由主语和谓语组成）；表脚包括调查人员或填表人员签名、审核人员签名、填报日期等。

根据调查目的，机械设备利用情况调查表适宜选用单一表，以每一台设备为单位，把相应调查项目设置在表格上，如表2-5所示。表2-6便是一览表。

表 2 – 5 机械设备利用情况调查

企业名称：　　　　　　　　　　　　　　　　　　　　　　　　制表部门：××市

设备名称				使用情况	年工作总时间	小时
出厂日期	年	月	日		日均工作时间	小时
使用日期	年	月	日		①年定额工作产量	
使用部门					②年实际工作产量	
					③利用率（③＝②／①）	

填表人：　　　　　　　　　　　　　　　　　　　　　　填表日期：　年　月　　日

表 2 – 6 小学生健康状况调查

填报单位＿＿＿＿＿＿＿　　　　　　　　　　　制表机关：市卫生局教育局

地址＿＿＿＿＿＿＿＿＿＿＿＿＿＿＿＿　　　　批准机关：市统计局

　　　　　　　　　　　　　　　　　　　　　　批准文号：（98）0061 号

姓名	性别 1	年龄 2	身高 3	体重 4	胸围 5	视力 6	听力 7
（主语栏）				（谓语栏）			

填表人：　　　　　　　　　　　　　　　　　　　填报日期：　年　月　　日

四、确定调查时间和调查期限

　　调查时间是调查资料所属的时间。调查时间可以是时期，也可以是时点。如果所要调查的是时期现象，调查时间就是资料所反映的起讫日期；如果所要调查的是时点现象，调查时间就是规定的统一标准时点。调查期限是进行调查工作所要经历的时间，包括搜集资料、登记调查表和报送资料等整个工作过程所需的时间。调查期限的长短根据任务量的大小以及人力、物力、财力等情况进行确定，应尽可能缩短调查期限，保证统计信息的时效性。

　　例如，对某市 2015 年机械设备利用情况进行调查，这里的调查时间就是时期，即 2015 年这一年。从 2016 年 1 月 1 日起开始调查，截至本年 1 月 31 日将资料搜集、整理完毕，则调查期限为一个月。

五、调查工作的组织和实施中的其他问题

　　严密细致的组织工作，是调查工作能够顺利进行的保证。调查的组织实施工作主要包括以下内容：明确调查地点、调查方法和汇总的方法；调查前的准备工作，包括调查工作领导机构的组建和调查人员的组织、人员业务培训、宣传教育、文件印刷、会议传达及试点工作；调查资料的报送方式、调查经费的预算、开支办法和筹集、工作进度的安排；提供或公布调查成果的时间等。以上述机械设备利用情况调查为例，某市主管工业企业部门

首先成立调查工作领导小组，给各个企业布置调查任务，各个企业指派专人负责此项调查工作，并要求各企业主管领导对此项工作负领导责任。组织各企业调查人员进行业务培训，规定调查方式和方法。印制统一的调查表，要求对每一台机械设备的利用情况进行如实登记。进行此次调查的经费预算为 2000 元，主要用于调查表的印制、人员培训等，经费列入本年业务经费，各企业首先调查、登记有关资料，对资料进行核对无误后报送到相关部门，材料报送时间为 2016 年 1 月 31 日。

特别重要的是应该制定一个周密的调查工作规划。例如，在普查工作中，不仅事后进行质量检查，而且对各个工作环节都进行质量控制，逐级负责，层层把关，以保证普查资料的高质量。

第四节　统计调查方法

一、直接观察法

直接观察法也称观察法。它是指调查人员亲临现场对调查单位直接进行观察、检验和计量，以取得相关资料的一种调查方法。如农产品产量调查、工业产品质量调查等，都是调查人员通过自己亲临现场而获得的第一手资料。所以，直接观察法能够保证所搜集资料具有较高的准确性。但是这种方法需要大量的人力、物力、财力和时间，工作效率不高，在任务紧迫的情况下，不宜采用。特别是对历史资料进行调查的时候，不可能通过直接观察法搜集资料。因此，直接观察法的应用范围受到一定的限制。

2016 年 1 月 20 日，沈阳市某科研所组织了一次出入境路口的汽车交通流量调查，当时在沈阳市的 20 多个出入境路口各安排两名调查人员，从早 7 点到晚 7 点，对出入境的各种汽车进行观察、计数，从而获得第一手资料，这种调查方法即属于直接观察法。

二、访问法

访问法也称采访法或询问法。它是由调查人员向被调查者提问，根据被调查者的答复来搜集调查资料的方法。典型资料的搜集，人口调查等一些专题性例案调查可以用这种方法。它分为口头询问法和被调查者自填法两种。口头询问法是调查人员对被调查者逐一采访询问，将询问结果记入调查表，借以搜集资料，或由调查人员召集了解情况的有关人员，以召开座谈会的形式，按一定的调查提纲，进行商讨，搜集资料的一种方法。被调查者自填法是调查人员把调查表交给被调查者，说明填表的要求和方法，并对有关事项加以解释，由被调查者按实际情况加以填写，填好后由调查人员审核收回的一种调查方法。例如，要调查某企业材料采购情况，调查人员可以找有关采购人员，询问材料的采购进程、采购数量、材料价格、市场供应情况等，把有关询问结果记录在调查表上，这种调查方法属于口头询问法。如果把相关的所有人员都找来，通过开座谈会或让他们填写一定的调查表，最后把调查表收回，根据填写情况来了解相关业务情况的方法，则属于被调查者自填法。

在上面提到的对沈阳市出入境汽车交通流量进行调查的同时，该科研所还组织了对入境旅客出行目的的调查，当时在沈阳的民航机场、火车站、主要的汽车站，分别安排了数十名调查人员，对到站的旅客进行随机询问，从而了解他们来本市的目的、交通方式、驻留时间等，这里采用的根据询问结果填写相应的调查表来搜集资料的调查方法，就属于访问法中的口头询问法。

三、报告法

报告法也称凭证法。它是以各种原始记录和核算资料为基础填写调查表并向有关部门提供统计资料的一种调查方法。统计报表就属于这种调查方法。这种调查方法的特点是，有统一的要求，并以原始记录为依据，可以同时进行大量的调查。如果报告系统健全，原始记录和核算工作完整，则可以保证提供资料的可靠性。

报告法主要用于在客观现象发生之后进行的调查，它依赖于伴随客观现象发生而产生的原始记录或各种文件，主要应用于对无法进行直接观察、访问的历史资料的搜集。例如，对某企业上年度纳税情况进行调查，由于企业纳税活动已经结束，因此无法直接观察；如果找有关人员询问，也不容易获得准确的数字资料，故不宜采用访问法，这时就可以采用报告法，即检查当时的纳税凭据、会计报表等原始凭证和文件资料，以获得该企业纳税情况的资料。

四、问卷调查法

(一) 问卷调查法的含义

问卷调查法是通过专门设计的、要求调查对象回答的问卷形式，采取随机或有意识地选择若干调查单位，发出问卷，要求被调查者在规定时间内反馈信息，借以对调查对象总体做出估计的一种调查方法。问卷调查法广泛运用于民意测验，了解人民群众对一些社会问题的看法。它也运用于政治、经济、文化等方面的调查，如我国每年要进行四次企业景气调查，就是从全国企业中随机抽取 1000 家不同行业、不同类型、不同规模的企业，采取问卷的形式，让企业对宏观环境和自身环境做出主观判断。

一个完整的问卷，应该包括表格形式和调查内容两个基本要素。表格形式可以根据调查目的任意设计，各种调查的表格形式可以多种多样，但要以简洁、清晰、易于填写为原则。调查内容即调查项目，应以简练、准确的语言表达出调查的目的。

（二）问卷的设计

问卷的设计是否科学，影响着调查效果，所以应注意以下问题。

第一，从实际出发，根据调查研究的性质，确定研究主题，规定总体范围，选择调查的方式和方法。

第二，问卷内容应根据调查目的来确定，要有完整性、相关性，要重点突出，层次分明。

第三，正确选择问卷的形式。一般有封闭式问卷、开放式和半封闭式问卷三种。

封闭式问卷是指问题的答案已经列出，回答者只需根据自己的情况选择一个或几个答案的问卷。其优点是答案标准、便于分类汇总、省时省力；缺点是对复杂事物、主观判断性问题等，往往回答较粗略，不能完全代表回答者的意向，不易发现和纠正错误。这种问卷通常用于了解被调查者的基本意向。

开放式问卷是指提出问题，回答者可自由回答的问卷。其优点是回答者有自我表达的机会，可以提出新的见解，提供丰富的信息；缺点是回答不规范，不便于分析，而且回答需要花费较多的时间，影响回收率。这种问卷主要用于了解某些客观现象的实际状况。

半封闭式问卷是一种介于开放式问卷和封闭式问卷之间的问卷。

第四，提问的语气、措辞和顺序要恰当。应采取亲切、妥善的提问方式，争取赢得回答者的好感，使其积极合作。提问的措辞要客观、精练、准确、简明、通俗、具体，不能含义模糊，不好回答。问题的排列要按照现象的发生、发展或时间顺序先简后繁、先易后难，彼此联系紧密。

综合练习与训练

一、填空题

1. 统计调查的基本要求是_____、_____、_____和_____。

2. 统计调查按调查对象所包括的范围，可分为_____和_____调查；按其组织形式，可分为_____和_____调查；按调查时间连续性不同可分为_____和_____调查。

3. 若要调查某地区工业企业职工的生活状况，调查对象是_____，调查单位是_____，填报单位是_____。

4. 典型调查中的典型单位是_____选取的，抽样调查中的样本单位是_____选取的。

5. 一个完整的统计调查方案包括_____、_____、_____、_____

和_____。

6. 全国工业企业设备普查，调查单位是_____。

7. 抽样调查是属于_____调查，但其调查目的是要达到对_____数量特征的认识。

8. 全面调查包括_____和_____；非全面调查包括_____、_____、_____和_____。

9. 通过调查几个主要的产棉区来了解棉花的生长情况，这种调查方法属于_____调查。

10. 普查是_____、_____、_____调查。

11. 人口普查中的调查单位是_____，填报单位是_____；住户调查中的调查单位是_____，填报单位是_____。

12. 调查表一般有_____和_____两种。

13. 对调查对象的所有单位都进行调查，这是_____调查；而重点调查、典型调查和抽样调查是属于_____调查。

14. 调查人员亲临现场对调查单位直接进行清点和计量，这种调查方法称为_____法。

15. 调查单位是_____的承担者，而填报单位是_____单位。

16. 专门调查包括_____、_____和_____。

17. 统计报表的资料来源是_____和_____。

18. 统计报表按其内容和实施范围分为_____、_____和_____；按其填报单位分为_____和_____；按其报送方式分为_____和_____。

二、单项选择题（在备选答案中有一个是正确的，将其选出并把标号填在题后的括号内）

1. 对一批食品进行质量检验，最适宜采用的调查方式是（　　）。
A. 全面调查　　　　B. 抽样调查　　　　C. 典型调查　　　　D. 重点调查

2. 下述调查属于全面调查的是（　　）。
A. 对某种连续生产的产品质量进行调查
B. 某地区对工业企业设备进行普查
C. 对全国钢铁生产中的重点单位进行调查
D. 抽取部分地块进行农产量调查

3. 抽样调查与重点调查的主要区别是（　　）。
A. 作用不同　　　　　　　　　B. 组织方式不同
C. 灵活程度不同　　　　　　　D. 选取调查单位的方法不同

4. 在对总体现象进行分析的基础上，有意识地选择若干调查单位进行调查，这种调查方式是（   ）。

A. 抽样调查　　　B. 典型调查　　　　　C. 重点调查　　　　D. 普查

5. 重点调查中的重点单位是指（   ）。

A. 这些单位在全局中举足轻重

B. 这些单位数量占总体全部单位总量的很大比重

C. 这些单位的标志值总量占总体标志值总量的很大比重

D. 这些单位是当前工作的重点单位

6. 对全国各铁路交通枢纽的货运量、货物种类等进行调查，以了解全国铁路货运概况。这种调查属于（   ）。

A. 典型调查　　　B. 重点调查　　　　　C. 普查　　　　　D. 抽样调查

7. 调查时间是指（   ）。

A. 调查资料所属的时间　　　　　　B. 进行调查工作的期限

C. 调查工作登记的时间　　　　　　D. 调查资料的报送时间

8. 对某市全部商业企业职工的生活状况进行调查，调查对象是（   ）。

A. 该市全部商业企业　　　　　　　B. 该市全部商业企业职工

C. 该市每一个商业企业　　　　　　D. 该市商业企业每一名职工

9. 下列调查中，调查单位与填报单位一致的是（   ）。

A. 企业设备调查　B. 企业职工收入调查　C. 农村耕畜调查　　D. 企业现状调查

10. 某市规定2005年工业经济活动成果年报呈报时间是2006年1月31日，则调查期限为（   ）。

A. 一天　　　　　B. 一个月　　　　　　C. 一年　　　　　D. 一年零一个月

11. 人口普查规定标准时间是为了（   ）。

A. 避免登记的重复和遗漏　　　　　B. 确定调查对象的范围

C. 确定调查单位　　　　　　　　　D. 确定调查时限

12. 对某省网站从业人员的健康状况进行调查，调查单位是该省网站（   ）。

A. 全部网吧　　　B. 每个网吧　　　　　C. 所有从业人员　　D. 每个从业人员

13. 对几个大型煤矿进行全面调查，就可以了解我国煤矿生产的基本情况，这种调查属于（   ）。

A. 普查　　　　　B. 典型调查　　　　　C. 重点调查　　　　D. 抽样调查

14. 作为一个调查单位（   ）。

A. 只能调查一个统计标志　　　　　B. 只能调查一个统计指标

C. 可以调查多个统计指标　　　　　D. 可以调查多个统计标志

15. 调查项目（　　）。

A. 是依附于调查单位的基本标志　　B. 是依附于调查单位的基本指标

C. 与调查单位是一致的　　　　　　D. 与填报单位是一致的

16. 当研究的目的是要了解现象在一段时间内的发展过程时，常采用（　　）。

A. 一次性调查　　B. 经常性调查　　C. 全面调查　　　　D. 非全面调查

三、多项选择题（在备选答案中有两个以上是正确的，将它们全都选出并把标号填在题后的括号内）

1. 要调查全国民营企业情况，全国每一个民营企业是（　　）。

A. 调查对象　　B. 调查单位　　　C. 调查项目

D. 填报单位　　E. 总体单位

2. 抽样调查和典型调查的主要区别在于（　　）。

A. 选取调查单位的方法不同　　　　B. 调查单位的多少不同

C. 在能否计算和控制误差上不同　　D. 调查的目的不同

E. 调查的组织形式不同

3. 专门调查是为了了解和研究某种情况或问题而专门组织的统计调查，下列属于专门调查的有（　　）。

A. 普查　　　　B. 抽样调查　　　C. 统计报表　　　D. 重点调查

E. 典型调查

4. 普查是一种（　　）。

A. 专门调查　　B. 经常性调查　　C. 一次性调查　　　D. 全面调查

E. 非全面调查

5. 我国第六次人口普查的标准时间是 2010 年 11 月 1 日零时，下列情况应统计人口数的有（　　）。

A. 2010 年 11 月 2 日 1 时出生的婴儿　　B. 2010 年 10 月 30 日 6 时出生的婴儿

C. 2010 年 10 月 3 日 14 时死亡的人　　D. 2010 年 11 月 1 日 1 时死亡的人

E. 2010 年 10 月 29 日出生，11 月 1 日 3 时死亡的婴儿

6. 下列情况下，调查单位和填报单位不一致的是（　　）。

A. 工业企业生产设备调查　　　　　B. 人口普查

C. 工业企业现状调查　　　　　　　D. 农产量调查

E. 城市零售商店销售情况调查

7. 在工业企业设备普查中（   ）。

A. 全部工业企业是调查对象
B. 工业企业的全部设备是调查对象
C. 每台设备是调查单位
D. 每台设备是填报单位
E. 每个工业企业是填报单位

8. 通过对开滦、大同、抚顺等几个大型矿务局的调查，了解我国煤炭生产的基本情况，这种调查属于（   ）。

A. 典型调查   B. 重点调查   C. 抽样调查   D. 全面调查
E. 非全面调查

9. 全国工业企业普查中（   ）。

A. 全国工业企业数是调查对象
B. 全国每一个工业企业是调查单位
C. 全国每一个工业企业是填报单位
D. 工业企业的所有制关系是变量
E. 每个企业的职工人数是调查项目

10. 调查单位是（   ）。

A. 需要调查的社会经济现象的总体
B. 需要调查的社会经济现象总体中的个体
C. 调查项目的承担者
D. 负责报告调查结果的单位
E. 调查对象所包含的具体单位

11. 属于一次性调查的有（   ）。

A. 大学生实际支出调查
B. 旅客市内乘车距离调查
C. 学校按 9 月 1 日情况填报的注册学生人数报表
D. 企业每月月初工业生产人员登记
E. 人口普查

12. 常用的搜集统计资料的方法有（   ）。

A. 问卷法   B. 报告法   C. 采访法   D. 直接观察法
E. 大量观察法

四、判断题（把"√"或"×"填在题后的括号里）

1. 典型调查与抽样调查的根本区别是选取调查单位的方法不同。   （   ）
2. 调查单位和填报单位在任何情况下都不可能一致。   （   ）
3. 企业机器设备普查每五年进行一次，因此它是一种经常性调查方式。   （   ）
4. 全面调查包括普查和统计报表。   （   ）

5. 全面调查和非全面调查是根据调查结果所取得的资料是否全面来划分的。（　　）

6. 在统计调查中，调查标志的承担者是调查单位。（　　）

7. 对全国各大石油集团的生产情况进行调查，以掌握全国石油开采量的基本情况。这种调查属于非全面的重点调查。（　　）

8. 如果调查间隔时间相等，这种调查就是经常性调查。（　　）

9. 对有限总体进行调查只能采用全面调查。（　　）

10. 我国的人口普查每十年进行一次，因此它是一种连续性调查法。（　　）

11. 调查时间就是进行调查工作所需要的时间。（　　）

12. 对全国个大型钢铁生产基地的生产情况进行调查，以掌握全国钢铁生产的基本情况。这种调查属于非全面调查。（　　）

13. 典型调查既可以搜集数字资料，又可以搜集不能用数字反映的实际情况。（　　）

14. 重点调查中的重点单位是根据当前工作的重点来确定的。（　　）

15. 调查方案的首要问题是确定调查对象。（　　）

五、简答题

1. 什么是统计调查？统计调查的基本任务是什么？统计调查的基本要求有哪些？

2. 统计调查有哪些分类？它们有什么特点？运用于什么样的社会经济现象？

3. 为什么要做好统计调查应事先制订调查方案？一个完整的统计调查方案应包括哪些主要内容？

4. 调查对象与调查单位的关系是什么？试举例说明。调查单位与填报单位有何区别与联系？试举例说明。

5. 抽样调查、重点调查和典型调查这三种非全面调查的区别是什么？

6. 什么是普查？普查有哪些主要特点和应用意义？

7. 什么是抽样调查？抽样调查有哪几方面的优越性和作用。

8. 统计调查的方法有哪些？

六、试确定下列调查单位的项目（标志）

①工业企业　　②商店　　③科技人员　　④职工家庭（生活调查）
⑤居民（人口普查）　　⑥居民住宅（普查）　　⑦银行　　⑧农业生产单位

七、指出下列调查的调查对象、调查单位和填报单位

①商业网点调查　　②城市职工家计调查　　③住宅调查　　④机械工业设备调查
⑤科技人员调查　　⑥科研机构调查　　⑦自行车质量调查　　⑧港口货运情况调查

八、综合分析

1. 全面统计报表和普查都属于全面调查，两者有何区别？如果采用定期普查，能否替代全面统计报表？

2. 2010 年第六次全国人口普查的标准时间为 11 月 1 日零时，指出下列人口数是否应予以登记？

（1）11 月 8 日进行登记时，得知某户家庭新出生一对双胞胎，其中一个于 10 月 31 日 23 时 55 分出生，另一个于 11 月 1 日 0 时 08 分出生。

（2）11 月 8 日有三对年轻人举行婚礼，其中有两人于 10 月 5 日已办理结婚登记手续，还有两人的结婚登记手续于 11 月 2 日刚办完，另外两人还未办手续，这几个人的婚姻状况如何登记？

（3）11 月 10 日登记时，得知某人于 10 月 31 日晚 23 时 59 分去世。

（4）11 月 12 日某地区迁来新住户，该家庭共 4 口人，户口关系未迁入，这个家庭的人口数是否应登记在该地区？

（5）某单位一名工程师出国参加援建项目的建设，已两年有余。

（6）一对夫妇加入了美国国籍，已于 10 月 31 日办好在美国定居的手续。

（7）一名印度尼西亚老华侨回国定居，国籍未变动。

（8）一名司机在 11 月 1 日凌晨 2 时左右发生车祸死亡。

3. 分别从调查范围、时间连续性、组织方式的角度指出下列调查的种类，并说明属于哪种调查方式。

（1）"十五"期间，对全国工业企业的固定资产进行调查，各个企业按上级部门要求填报统计表。

（2）为了调查某地区农业生产的成果，抽取部分土地进行粮食产量的调查。

（3）对全国高速公路里程数进行调查，以准确掌握我国高速公路发展水平的数据资料。

（4）对日均销售额在 10 万元以上的企业进行调查，以研究某地区商业企业消费品的销售情况。

（5）对特大型国有企业的产值、利润等情况进行调查，以了解我国国有工业企业的经营状况。

（6）每月月初对公路某路段的交通流量进行调查，以研究该路段的交通流量的变化规律。

（7）抽检少数产品，对某批产品的质量进行评价。

（8）对我国少数民族的数量、年龄结构、性别比例、受教育程度等情况进行调查。

（9）对已扭亏为盈的企业进行调查，以了解扭亏工作的效果，推广成功经验。

4. 某大学学生管理部门想要用数量来描述本校学生关心时事政治的情况。他们应该怎样做？

5. 就第 4 题的研究任务，请指出作为统计调查对象的统计总体。对于这个总体，指出总体单位；说明怎样规定总体的界限范围；指出总体单位的与研究任务有关的标志；区分出它们中的数量标志和品质标志。

第三章
统计整理

第一节　统计整理的意义

一、统计整理的意义

统计整理，就是根据统计研究的目的和任务的要求，对统计调查所收集到的原始资料，进行科学的分组、汇总与加工，使其条理化、系统化、科学化，从而得到表现总体特征的综合统计资料的工作过程。对于已整理过的初级资料进行再整理，也属于统计整理。

统计调查取得的各种原始资料是分散的、不系统的，只能表明各个被调查单位的具体情况，反映事物的表面现象或一个侧面，不能说明事物的总体情况与全貌。因此，只有对这些资料进行加工、整理，才能认识事物的总体及其内部联系。例如，工业企业普查中，所调查的每个工业企业资料，只能说明每个工业企业的经济类型、注册资本、职工人数、工业总产值、工业增加值、实现利税等具体情况；必须通过对所有资料进行分组、汇总等加工处理后，才能得到全国工业企业的综合情况，从而分析工业企业的构成、经营状况等，达到对全国工业企业全面的、系统的认识。

统计整理是统计调查的继续，也是统计分析的前提，它在统计研究中起着承前启后的作用。资料整理得是否正确，直接决定着整个统计研究任务完成的质量，不恰当的加工整理，不完善的整理方法，往往使调查得来的丰富、完备的资料失去价值，因此，必须十分重视统计整理工作。

二、统计整理的内容

统计整理是一项细致而周密的工作，需要有计划、有组织地进行。统计整理的内容，包括数据处理和数据管理两个方面。

（一）数据处理

数据处理的内容是在对原始资料进行审核、纠正误差和遗漏以后，再对资料进行分组、汇总，使其条理化、系统化，最后制成统计表。这是统计资料整理的主要内容。

（二）数据管理

统计数据管理的内容包括数据传输、存储、更新和输出。在充分利用现代信息技术条件下，数据传输和存储通过磁介质和网络来实现，即建立数据库并联网，根据需要可以对数据进行多方面、多层次的加工处理，并不断补充新的资料替换已失效的资料，根据不同使用要求对数据进行组合、输出。

三、统计整理的步骤

统计整理的基本步骤：

第一，对原始资料进行审查。首先，审查被调查单位的资料是否齐全；其次，审查数据是否准确。审查的办法主要有：其一，逻辑审查：主要是从定性角度审查数据是否符合逻辑，内容是否合理，各项目或数量之间有无相互矛盾的现象。例如，儿童年龄段的人所填的职务是高级工程师，对此显然违背逻辑的项目，应予以纠正。其二，计算审查：是指审查调查表中的各项数据在计算结果和计算方法上有无错误。例如，各分项数字之和是否等于相应的合计数，各结构之和是否等于1或100%，出现在不同表格上的同一指标数值是否相同等。

第二，对各项原始资料进行分组并综合汇总，计算出总体总量指标。

第三，将汇总的结果，以统计表或统计图的形式表现出来。

第四，将统计资料进行系统积累。

第二节　统计分组

一、统计分组的概念

统计分组是根据研究任务的要求和现象总体内在的特点，将统计总体按照一定的标志划分为若干组成部分的一种统计分析方法。统计分组的目的就是揭示各组之间性质上的差异。分组的目的是使组与组之间产生性质上的差异，而使各自组内性质相同。比如，将参加考试的学生作为总体，按成绩这一标志将学生划分为及格与不及格两组，很明显，两组间性质是截然不同的，而组内性质却是一致的。

二、统计分组的作用

社会经济现象是复杂的，现象之间既存在相互联系、相互制约的关系，同时又存在质与量方面的相互差异。统计分组的目的，就是要揭示现象内部各部分之间存在的差异，认识它们之间的矛盾，表明事物的本质与规律。

统计分组在统计分析中具有重要的作用，主要表现在以下几个方面：

第一，划分事物的类型（区分事物的质）。社会经济现象复杂多样化，存在各种不同的类型，不同类型具有不同的特征和不同的发展变化规律。把复杂现象总体区分为各个性质不同的组成部分，以认识现象之间质的差别。在复杂的社会经济现象中，往往要将社会经济现象总体划分为性质不同的类型，这是统计工作中应用最广泛、最主要的分组。这种分组也称为国民经济分类。例如，我国经济成分按所有制形式划分为公有制经济和非公有制经济。

第二，对零星分散的统计资料，经过统计分组后，可以把复杂的社会经济现象划分为不同的类型，发现其特点及规律性。

【例3-1】某公司有100名工人，平均分成10个小组，生产定额为每人每天生产零部件500件，2月10日每个工人的完成生产定额情况如下（单位：件）：

一组：520　520　520　520　550　550　580　580　580
二组：540　540　540　540　540　540　540　540　540　540
三组：540　540　540　540　540　540　540　540　580　580
四组：520　520　520　520　530　500　500　500　500　500
五组：510　510　520　520　520　500　510　510　500　500
六组：530　530　530　540　620　620　620　620　720　720
七组：720　720　630　630　630　630　620　620　620　620
八组：650　650　650　650　650　650　650　650　650　650
九组：580　580　580　580　580　580　580　580　580　580
十组：480　480　480　480　480　450　450　420　430　430

从上面资料中，我们只能大体看出各组完成生产定额情况有高有低，而很难看出100人总的情况及特点。下面将资料进行分组，并汇总进行观察，如表3-1所示。

由表3-1的资料，我们可以对该车间生产情况做出综合评价，指出其特点：其一，90%以上的工人完成了生产定额；其二，在完成生产定额的工人中，略超过生产定额的工人（完成500～550件）占48%，超过生产定额较多的工人占42%。总的结论是该公司工人生产定额完成得比较好，绝大部分能完成或超额完成生产定额。如果不经过上述分组，就难以观察出这些特点。

表 3－1 某公司工人完成生产定额情况

按完成件数分组（件）	工人人数（人）
500 以下	10
500～550	48
550～600	16
600～650	12
650～700	10
700 以上	4
合 计	100

第三，把不同时间同一标志的内部结构资料排列起来，可以反映总体内部结构的变化。将社会经济现象总体按照某个标志分成若干组成部分，并计算总体内部各组成部分占总体的比重，以揭示总体内部的构成，表明部分与总体、部分与部分之间的关系。例如，改革开放以来我国第一产业、第二产业、第三产业之间的关系，如表 3－2 所示。

表 3－2 国内生产总值中各产业比例构成表　　　　　单位：%

指标＼年份	1983	1993	2000	2005	2010	2011	2012	2013	2014	2015	2016
第一产业	33.2	19.7	15.1	12.5	11.7	9.4	9.4	9.3	9.1	8.8	8.6
第二产业	44.2	46.6	45.9	47.5	48.9	46.4	45.3	44.0	43.1	40.9	39.9
其中：工业	39.9	40.2	40.4	42.0	43.3	39.9	38.7	37.4	36.3	34.3	33.3
建筑业	4.5	6.4	5.6	5.5	5.6	6.7	6.8	6.9	7.0	6.8	6.7
第三产业	22.4	33.7	39.0	40.0	39.3	44.2	45.3	46.7	47.8	50.2	51.6

资料来源：2017 年《中国统计年鉴》。

从表 3－2 中的各组构成情况可以看到，国民经济内部产业结构随着时间的推移不断地发生变化，尤其明显的是，第三产业的比例在逐渐上升，说明人民的消费水平在不断提高。

第四，可以揭示现象之间的依存关系。一切社会经济现象都不是孤立的，而是互相联系、互相依存、互相制约的。例如，工业企业中，劳动生产率与利润的依存关系；商业企业中，商品销售额与流通费用的关系；人口统计中，吸烟者与肺癌患者的关系等都可以通过分组来解释。

例如，观察企业的生产成本与利润的关系，是将企业按成本水平的高低分组，计算每组企业相应的利润。又如，观察商品销售额与商品流通费用的依存关系，可以将商店按商品销售额分组，计算每组相应的商品流通费用（见表 3－3）。

【例 3－2】根据表 3－3 的分组资料，分析销售额与每百元商品销售额中支付的流通费用之间的关系。

表 3 - 3　销售额与每百元商品销售额支付的流通费用表　　　单位:%

按销售额分组（万元）	商店个数（个）	每百元商品销售额中支付的流通费用（元）
50 以下	12	13
50 ~ 100	21	10
100 ~ 200	32	9
200 ~ 300	20	8
300 以上	15	7

从表 3 - 3 的分组资料中可以看出，销售额越大，每百元商品销售额中支付的流通费用越小。这种依存关系，只有通过分组才可以观察到。

三、统计分组的方法

（一）统计分组的原则

1. 要强调统计分组的科学性

即统计分组一定要根据统计研究的目的，突出社会经济现象在各个方面存在的差异。这主要通过正确选择分组标志和正确划定分组界限来实现。

2. 统计分组要具备完整性

就是指总体任何一个单位或任何一个原始数据都能归属于某一个组，而不会遗漏在外。例如，将职工人数进行分组时，只分"国有单位"和"城镇集体单位"两组是不完备的。因为还有一些合营单位、外资经营单位等不能归入上述两组中，另外还必须再增加"其他单位"一组，这样就完备了。

3. 要使组与组之间具有互斥性，或称不相容性

就是说任一总体单位或任一原始数据，在一种统计中只能归属于某一个组，而不能归属于两个或两个以上的组。例如，将企业或单位划分为物质生产部门和非物质生产部门，或者划分为第一产业、第二产业、第三产业。

（二）统计分组标志的选择和分组界限的划分

统计分组的方法要解决的问题：分组标志的选择和分组界限的划分、品质标志分组与数量标志分组。

1. 分组标志的选择和分组界限的划分

统计分组的关键问题是正确地选择分组标志与划分各组界限。分组标志是指确定现象总体划分为各个不同性质的组、类的标准或依据。其选择得正确与否，关系到能否正确地反映总体的性质特征、实现统计研究的目的与任务。分组标志一经选定，必须突出现象总体在此标志下的性质差异，而掩盖总体在其他标志下的差异。正确选择分组标志是保证统计分组科学性的前提。要正确选择分组标志，首先，要根据统计研究的目的选择分组标志。例如，同一工人总体，如果研究的目的是分析工人的文化素质或业务素质的高低，应选用工人的文化程度或技术水平等级作为分组标志，观察具有大学、中学、小学、文盲等文化程度，或具有不同技术等级的工人人数各占多少；如果研究的目的是分析工人的劳动能力状况，就应选用其他标志作为分组标志。其次，要选择能够反映事物本质或主要特征的标志作为分组标志。例如，研究职工生活水平的高低情况，可以用职工的工资水平（包括奖金）作为分组标志，也可以用职工家庭成员平均收入水平作为分组标志；通过分析，我们认为只能选用按家庭成员计算的人均收入水平作为分组标志。最后，要根据现象的历史条件即经济条件选择分组标志。例如，前面讲到研究职工生活水平问题，现在要分列出来职工生活困难户一组，那么什么是困难户的标准呢？当然要根据现在的实际情况确定，而不能根据 20 世纪 50 年代或 60 年代，以及 70 年代的职工生活水平作为分组的标准。

分组标志确定之后，还要划分分组界限，即在分组标志的变异范围内，划定各相邻组间的性质界限和数量界限。确定分组界限的原则是：将不同类的单位归入不同的组，每一个单位只能归入一组。

2. 按品质标志分组和按数量标志分组

按品质标志分组就是用反映事物的属性、性质的标志分组。品质分组有的比较简单，即分组标志一经确定，组名称和组数也就确定，不存在组与组之间界限区分的困难。例如工业企业按经济类型分组；职工按性别、民族、文化程度等标志分组。按品质标志分组往往情况复杂，类别繁多。

按数量标志分组就是用反映事物数量差异的数量标志，根据其变异范围分组界限，将总体划分为若干个性质不同的组成部分。例如，研究居民贫富状态时，按恩格尔系数（即食品支出占总消费支出的比重）分组，联合国根据恩格尔系数的大小，对世界各国的生活水平有一个划分标准，即一个国家平均家庭恩格尔系数大于 60% 分为贫穷，50%—60% 为温饱，40%—50% 为小康，30%—40% 为相对富裕，20%—30% 为富裕，20% 以下为极度富裕。再如，我国现行的人口年龄分组，0~6 岁为婴幼儿，7~17 岁为少年儿童，18~59 岁（其中女性为 18~54 岁）为中青年，60 岁（其中女性与 55 岁）以上为老年。数量标志反映的是事物特定内容的数量特征，其概念是具体明确的。但按数量标志分组，并不是单纯地确定各组间的数量差异，而是要通过分组体现的数量变化来确定现象的不同性质和不同类型。因此，根据变量值的大小来准确划分性质不同的各组界限是不容易的，这就要求我们在按数量标志分组时，首先分析总体中可能有多少种性质不同的组成部分，然后再研究确定各组成部分之间的数量界限。

（三）统计分组的种类

1. 根据分组标志的性质不同分为按品质标志分组和按数量标志分组

（1）按品质标志分组。按品质标志分组就是用反映事物属性的标志作为分组标志，它可以将总体单位划分为若干性质不同的组成部分。例如，职工按性别、文化程度、技术等级、籍贯等标志分组；企业按经济类型、轻重工业、企业规模等标志分组；等等。

（2）按数量标志分组。按数量标志分组就是用反映事物数量差异的标志作为分组标志，将总体各单位划分为若干个组。例如，按家庭人口数对居民家庭分组，按学习成绩将学生划分为成绩不同的组。

2. 根据分组标志的个数不同分为简单分组和复合分组

（1）简单分组。简单分组是指按一个标志进行分组，只反映总体某一方面的数量状态和结构特征。比如，职工按性别分组，企业按经济类型分组等。

（2）复合分组。复合分组是指按两个或两个以上标志重叠分组，即先按一个主要标志分组，然后再按另一个从属标志在已分好的各组中分组。比如，人口按性别先做简单分组，分为男、女两组后，再按受教育程度分为大学文化程度、中学文化程度等组。复合分组能对总体做出更加全面和深入的分析，更能反映其内部类型和结构特征。但复合分组的组数将随着分组标志个数的增加而成倍地增加。因此，在进行复合分组时，分组标志个数不宜过多，要适当加以控制。

（四）统计分组体系

1. 统计分组体系的概念

统计分组体系是根据统计分析的要求，通过对同一总体进行多种不同分组而形成的一种相互联系、相互补充，从多方面反映总体内部关系的分组体系。在统计分析中，无论是简单分组还是复合分组，都只能对客观现象从一个方面或几个方面进行研究分析，不能说明现象的全貌，而统计分组体系则从不同的角度来对总体进行系统、全面的观察分析。它适用于对复杂现象总体的系统研究。

2. 统计分组体系的种类

统计分组体系分为平行分组体系和复合分组体系两种。

（1）平行分组体系。平行分组体系是对总体采用两个或两个以上标志分别进行简单分组。例如，对大学生总体的研究，可以采用以下平行分组体系：

大学生总体
　　按学历分组
　　　本科
　　　专科
　　按性别分组
　　　男学生
　　　女学生
　　按学科性质分组
　　　文科
　　　理科

（2）复合分组体系。复合分组体系是对总体同时选择两个或两个以上的分组标志重叠起来进行分组。例如，上述列举的对大学生总体的研究，可先按学历，再按学科性质，最后按性别进行分组，形成如下的复合分组体系：

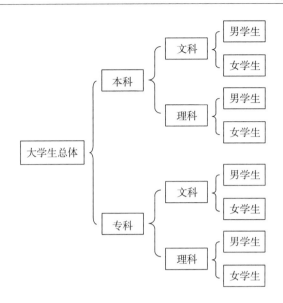

第三节 分配数列

一、分配数列的概念

将总体按某一标志进行分组，并按一定顺序排列出每组的总体单位数，所得到的数列称为分配数列，又称次数分配或次数分布。在分配数列中，分布在各组的总体单位数叫做次数，又称频数。各组次数与总次数之比称为比率，又称频率。由此可见，分配数列有两个组成要素：一个是分组，另一个是频数或频率。分配数列是统计整理的结果，是进行统计描述和统计分析的重要方法。它可以表明总体分布特征及内部结构情况，并可据此研究总体单位某一标志的平均水平及其变动的规律性。

二、分配数列的种类

分配数列根据分组标志的性质不同，可以分为品质数列与变量数列。

（一）品质数列

它是按品质标志分组形成的用来观察总体单位中不同属性的单位分布情况的数列。例如，2010 年我国第六次人口普查中，人口按民族、性别、籍贯等分组所形成的数列都属于品质数列。表 3 - 4 是人口按性别分组形成的品质数列。

表 3 - 4　2010 年我国第六次人口普查性别构成情况

人口按性别分组	人口数（人）	占总人口的比重（%）
男性	68687693	51.72
女性	65284792	48.73
合计	133972485	100

资料来源：2010 年我国第六次人口普查统计。

品质数列的编制比较简单，但要注意，在分组时应包括分组标志的所有表现，不能有遗漏，各种表现要互相独立，不得相融。

（二）变量数列

它是按数量标志分组形成的用来观察总体中不同变量值在各组的分布情况的数列。变量分为离散型变量和连续型变量。对这两类变量，在编制变量数列时，其方法是不相同的：对于连续型变量一般只能按组距式分组，即以变量值的一定变动范围为一组，编制组距式变量数列（简称组距数列，参见表 3 - 3）；对于离散型变量一般按单项式分组，即将每个变量值作为一组，编制单项式变量数列（简称单项数列，参见表 3 - 5）。但在实际应用时，如果连续型变量的变量值数目不多，数值变动幅度不大，就可以编制单项式变量数列；如果离散型变量的变量值数目很多，又无法一一列举，就可以编制组距式变量数列。

在组距式变量数列中，需要明确以下各要素：

1. 组限

组距式变量数列中，各组的界限称为组限。组限分为上限和下限。下限是每组最小的标志值，上限是每组最大的标志值。如果各组的组限都齐全，称为闭口组；如果组限不齐全，即最小组缺下限或最大组缺上限，称为开口组。

（1）划分连续型变量组限时，采用"重叠分组"和"上限不在内"原则，每组变量值都以下限为起点，上限为极限，但不包括上限。

（2）划分离散型变量组限时，相邻组的上下限应当间断，但在实际中为求简便也可采用"重叠分组"，参见表 3 - 6。此外，当变量出现极大值或极小值时，可采用开口组，即用××以下或××以上表示。

2. 组距

每组下限与上限之间的距离称为组距，即：

$$组距 = 上限 - 下限$$

组距式变量数列，有等组距数列、不等组距数列、开口式组距数列和闭口式组距数列四种。等距变量数列，是指标志值的变动在各组之间的变动是相等的。适用于现象变动比较均匀的情况，如收入水平分组、单位面积农产品产量分组等。但在现象变动不均匀或是为了特定的研究目的时，常常采用不等距分组，编制不等距变量数列，如人口的年龄分组常采用不等距分组。不等距变量数列中，可以用次数密度来反映各组实际次数的分布情

况。即:

$$次数密度 = \frac{次数}{组距}$$

3. 组中值

每组下限与上限之间的中点数值称为组中值,即:

$$组中值 = \frac{上限 + 下限}{2}$$

开口组的组中值计算公式为:

$$缺下限组的组中值 = 该组上限 - \frac{相邻组组距}{2}$$

$$缺上限组的组中值 = 该组下限 + \frac{相邻组组距}{2}$$

组距式分组掩盖了各组标志值的分布情况,为了反映各组标志值的一般水平,通常用组中值作为各组的代表值。利用组中值的前提:假定各组变量值的分布是均匀的或对称的。但在实际工作中大多数资料并非如此,因此,组中值作为各组的代表值只是一个近似值。

三、变量数列的编制

(一) 单项式变量数列的编制

以下举例说明。

【例 3 - 3】某生产车间 50 名工人日加工零件数(单位:个)如下:

117　122　124　129　139　107　117　130　122　125
108　131　125　117　122　133　126　122　118　108
110　118　123　126　133　134　127　123　118　112
112　134　127　123　119　113　120　123　127　135
137　114　120　128　124　115　139　128　124　121

试编制单项式变量数列。

首先,将总体各单位标志值由小到大排列:

107　108　108　110　112　112　113　114　115　117
117　117　118　118　118　119　120　120　121　122
122　122　122　123　123　123　123　124　124　124
125　125　126　126　127　127　127　128　128　129
130　131　133　133　134　134　135　137　139　139

其次,以总体各单位标志值为各组标志值,以总体各单位标志值出现的次数为各组次数,编制单项式变量数列,如表 3 - 5 所示。

表 3 - 5　某车间 50 名工人日加工零件数分组

零件数（个）	频数（人）	零件数（个）	频数（人）	零件数（个）	频数（人）
107	1	119	1	128	2
108	2	120	2	129	1
110	1	121	1	130	1
112	2	122	4	131	1
113	1	123	4	133	2
114	1	124	3	134	2
115	1	125	2	135	1
117	3	126	2	137	1
118	3	127	3	139	2

通过所给资料我们编制成了单项式变量数列，但却很难看出 50 名工人日加工零件数的分布特点。因为该资料中，变量值不但多达 27 个，而且变量值 107 ~ 139 的变动范围也比较大，即使能一一列举，也不适宜编制单项式变量数列。如果编制成组距式变量数列，又会是什么结果呢？

（二）组距式变量数列的编制

1. 计算全距

将总体各单位标志值由小到大排列，找出最大标志值与最小标志值，两者之差就是全距，也称为极差。上例中全距 = 139 - 107 = 32（件）。

2. 确定组数和组距

组距和组数的确定是编制变量数列必须解决的问题。在同一变量数列中，组数与组距相互制约，组距的大小与组数的多少成反比：组距越大，组数越少；组距越小，组数越多。

在编制组距数列时，如何确定组距和组数问题，具有重要意义。一般应掌握以下原则：一是要考虑各组的划分是否能区分总体内部各个组成部分的性质差别。如果不能反映各部分性质的差异，必须重新分组。二是组数与组距的确定，应力求符合现象的实际情况，要能准确地、清晰地反映总体单位的分布特征。两者谁先被确定，应视具体情况全面考虑。如果先确定组距，除考虑上述要求外，还要充分考虑原始资料分配的集中程度或集中趋势，以及组内的同质性、组间的差异性。一般来讲，组数确定为 5 ~ 7 为宜。

【例 3 - 3】中，组距为 5 件，相应的组数为 7 组。编制如下组距数列（见表 3 - 6）则基本上能准确反映工人日加工零件数的分布特征。

表 3 - 6　某车间 50 名工人日加工零件数分组

按零件数分组（个/人）	工人数（人）	比率（%）	组中值（个/人）
105 ~ 110	3	6	107.5
110 ~ 115	5	10	112.5
115 ~ 120	8	16	117.5
120 ~ 125	14	28	122.5
125 ~ 130	10	20	127.5
130 ~ 135	6	12	132.5
135 ~ 140	4	8	137.5
合计	50	100	—

在编制组距数列时，即可进行等组距分组，也可进行不等组距即异距分组。在总体单位的标志值变动比较均匀的情况下，可采用等组距分组，如上面工人日加工零件数；当总体单位的标志值变动不很均匀，出现急剧的增长或急剧的下降，波动的幅度很大时，则一般采用不等组距分组。大多数的不等组距分组是根据事物性质的数量界限来确定组距的，如工业统计中按职工人数分组观察企业单位数、总产量、利润额等指标的分布情况。一般采用等距分组方式较多，因为等组距分组便于各组单位数的比较和其他有关的统计分析。在等组距分组条件下，组距按下式确定：

$$组距 = \frac{全距}{组数}$$

上式中全距是既定的，而组数和组距是可变的。一般而言，组距尽可能取 5 或 10 的整数倍数，而组数则必须是整数。

3. 确定组限和组中值

当组距和组数确定之后，只需划定各组数量界限便可编制组距数列。由于变量有离散变量和连续型变量两种，因此相邻两个数值之间没有中间数值，各组的上下限都可以用确定的数值（整数）来表示。例如，工业企业按工人数分组可表示为：500 ~ 999 人、1000 ~ 1999 人、2000 ~ 2999 人等。

确定组限要考虑以下几点：其一，最小组的下限（起点值）可以略低于最小变量值，最大组的上限（终点值）可以略高于最大变量值；其二，如果组距是 5、10……则每组的下限最好是它的倍数；其三，组限的具体表示方法，应视变量的性质而定。

4. 归类汇总并计算各组次数和组中值

所谓归类汇总，是指依据各个总体单位的具体标志值，将其划归某一具体组中。在归类汇总时，要遵循"不重复，不遗漏"的基本原则。对于重叠设置的组距数列，应注意处理好恰好是组限的标志值的总体单位的归类问题，按"上组限不在内"原则处理。归类汇总后，便可计算各组的次数或比率。各组次数的加总之和等于总次数；各组比率之和等于 1 或 100%（见表 3 - 6）。

从组距式变量数列中可以看到，50 名工人日加工零件数主要集中在 115 ~ 129 件，占

64%。在某一变量数列中标志值构成的数列表示标志值的变动幅度，而频数构成的数列则表示相应标志值的作用程度。频数越大则相应组的标志值对全体标志水平所起的作用也越大；反之，则相应组的标志值所起的作用越小。因此，在整理和分析的时候，我们不但要注意各组标志值的变动范围，而且也要注意各组标志值的作用大小，即频数的大小。将各组单位数和总体单位数相比，既可以表明各组标志值出现的频率的大小，也可以表明各组标志值对总体的相对作用程度。按顺序列出各组标志值的范围（或以各组组中值来代表）和相应的频率形成的次数分布，又称统计分布。任何一个分布都必然满足：各组的频率大于0；各组的频率总和等于1（或100%）。

次数分布是统计描述的一种重要方法，在自然或社会现象中，有许多变量分布是属于正态分布的。例如，人的体重、身高、单位土地面积的农产品产量等，这类分布以标志变量的平均值为中心，沿着对称轴向两边发展，越接近中心，分配的次数越多，越远离中心，分配的次数越少，形成"两头小，中间大"的钟形的分布曲线。

还有一种社会现象的分布和正态分布相反，是沿"两头大，中间小"的形式发展的，呈"U"字形。如人口的死亡率，按年龄分布如下：0~4岁，特别是未满1岁的婴儿，死亡率最高，从5岁起死亡率逐渐下降，至10~14岁时，达到最低水平，从15岁起又缓慢上升，50岁以后上升显著增快，到60岁以后又达到最高水平。

在研究次数分布的时候，我们常常还需要编制累计频数数列和累计频率数列。其方法通常是先列出各组的组限，然后依次累计到本组为止的各组频数，求得累计频数。将累计频数除以频数总和即为累计频率。承【例3-3】，累计频数与累计频率计算如表3-7所示。

表3-7　某车间50名工人日加工零件数分组

按零件数分组 （个/人）	工人数（人）	比率（%）	向上累计		向下累计	
			频数（人）	频率（%）	频数（人）	频率（%）
105~110	3	6	3	6	50	100
110~115	5	10	8	16	47	94
115~120	8	16	16	32	42	84
120~125	14	28	30	60	34	68
125~130	10	20	40	80	20	40
130~135	6	12	46	92	10	20
135~140	4	8	50	100	4	8
合计	50	100	—	—	—	—

累计频数和累计频率的意义是很明显的。表3-7中"向上累计"栏是将各组频数和频率从变量值低的组向变量值高的组累计，故称为向上累计，各组累计数的意义是各组上限以下的累计频数或累计频率。当我们所关心的是标志值比较低的现象的次数分布情况时，通常采用向上累计，以表明在这些数值以下的所有数值所占的比重。例如，表3-7

中的第一组资料说明在 50 名工人中，日加工零件数在 109 件以下的有 3 人，占总数的 6%；第二组资料说明日加工零件数在 114 件以下的有 8 人，占总数的 16% 等。有时为表示不在一定标志值以上的累计频数和累计频率，则要从变量值高的组向变量值低的组累计，来求得累计频数和累计频率，称为向下累计，见表 3 - 7 "向下累计" 栏，各组累计数的意义是各组下限以上的累计频数或累计频率。当我们所关心的是标志值比较高的现象的次数分布情况时，通常采用向下累计，以表明在这些数值以上的所有数值所占的比重。例如，表 3 - 7 中的第五组资料表示在 50 名工人中，日加工零件数在 125 件以上的有 20 人，占总数的 40%，第三组资料表示日加工零件数在 115 件以上的有 42 人，占总数的 84% 等。

由此可见，累计频数和累计频率可以更简便地概括总体各单位的分布特征。

四、统计资料的汇总

统计资料汇总的任务在于确定各组的单位数和确定各组的标志值总量。汇总的方法主要有两种：手工汇总和电子计算机汇总。

（一）手工汇总

即使用算盘、计算器等简单工具，按资料整理要求汇总出总体的数值，并进行有关运算。手工汇总的方式主要有划记法、过录法、折叠法和卡片法。

1. 划记法

划记法是用点、线或其他符号计算各组和总体单位数的方法。常用的符号有 "正" 字等，划记法简便易行，但容易出现漏错，它只适用于总体单位不太多的情况。

2. 过录法

过录法是将分散的原始资料过录到预先设计好的整理表中，并计算出各种合计数，然后再填到综合统计表上去。此法汇总的内容比较全面，但工作量比较大。

3. 折叠法

折叠法是将所有的调查表需要汇总的项目及其数值全部折在边上，一张接一张地叠在一起直接加总。此法简单易行，报表汇总中常用此法，但汇总时必须细致。

4. 卡片法

卡片法就是一个调查单位用一张卡片，将这个单位的有关资料全部摘录在卡片上，利用卡片作为分组计数的工具，汇总总体单位数和标志值。此法比较准确可靠，但比较费工费时。

由此可见，手工汇总的特点是所需工具较少，使用方便，因而被人们广泛采用，即使在电子计算机广泛应用的今天，手工处理统计资料仍有一定的必要性。

（二）电子计算机汇总

利用现代电子计算技术来进行统计汇总和计算工作，是统计汇总技术的新发展，也是统计现代化的一个重要标志。运用计算机汇总大致分为以下几个步骤：

1. 编程序

计算机进行汇总和计算的过程就是执行一条条指令（即程序）的过程。汇总需要进行哪些分组，需要计算哪些指标，编印什么表式，均要根据任务和要求把程序设计语言翻译成计算机可执行的目标程序——计算机所能"认识"的语言。规范化的汇总程序可存储起来，多次使用。这种编好备用的计算机程序一般称为软件包（如 SPSS、SA. S、LO-TUS、TSP 等），计算机再按照所编程序进行活动。

2. 编码

就是把表示信息的某种符号体系转换成便于计算机或人识别和处理的另一种符号体系的过程。汇总的信息有数字信息和文字信息两种。编码是将文字信息转化为数字信息的过程。例如，对需要进行的分组和指标名称给它们编一套适当的号码。

3. 数据录入

就是把经过编码后的数据和实际数字由录入人员通过录入设备记载到存储介质上（如磁带、磁盘），由计算机通过本身的装置把这些数据转变成机器可识别的电磁信号。

4. 数据编辑

就是按照事先规定的一套编辑规则由计算机对自动输入的数据进行检查。将误差超过允许范围的一组数据退回去，重新审查更正，把在允许范围以内的个别误差按编辑程序规则更正。

5. 计算与制表打印

计算机根据事先编好的程序，对编辑检查订正后的数据进行计算和制表，得出所需的各种统计表（分组表、排序表等），并通过输出设备按规定的表格和图形形式打印出结果。

第四节　统计表和统计图

一、统计表

统计调查得来的大量原始资料，经过汇总整理之后，按照规定的要求填在相应的表格内，这种填有统计资料的表格叫做统计表。

统计表对表现统计资料具有重要的作用：第一，它能够把说明总体单位特征的原始资料过渡为综合反映总体数量特征的表格资料，使统计资料的表现条理化、系统化和标准化；第二，它能够科学、合理地组织统计资料，便于比较对照、分析研究现象的规模、速度和比例关系。

（一）统计表的结构

统计表的结构，可从表形式结构和内容结构两个方面来认识。

1. 统计表的形式结构

从统计表的形式看，统计表由总标题、横行标题、纵栏标题和数字资料四部分构成。

（1）总标题。它是统计表的名称，用以概括表中统计资料的主要内容，一般写在表的上端正中。

（2）横行标题。它是统计表所要说明的对象，也就是表明研究总体及其各组的名称，反映总体单位的分组情况，一般写在表的左方。

（3）纵栏标题。它是分组标志或表明总体特征的统计指标的名称，说明纵栏所列各项资料的内容，一般写在表的上方。

（4）数字资料。也称指标数值，它是统计表的具体内容，每一项指标数值都由相应的横行标题和纵栏标题加以限定。

2. 统计表的内容结构

从统计表的内容结构看，统计表主要包括主词和宾词两个部分。

主词是统计表所要说明的总体以及总体的各单位、各组的名称或者各个时期，一般放在表的横行位置。宾词是统计表用来说明主词的各个指标，包括指标名称、单位及指标数值，一般放在表的纵栏位置。主词和宾词位置不是固定不变的，是可以互换的，特别是主词的分组太多时，往往将一些分组移到宾词栏中，由统计表如何设计更为合理、鲜明、清晰而定，统计表的构成格式如表3-8所示。表3-8为一个一般统计表的例子。

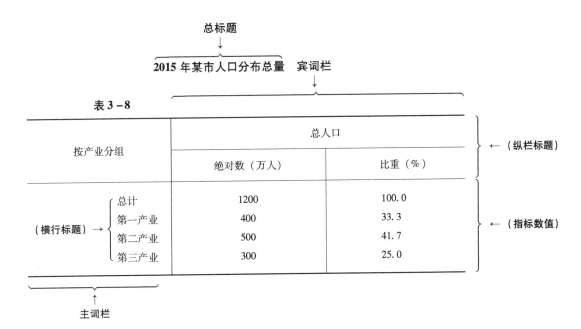

（二）统计表的种类

统计表的种类可根据主词结构和宾词设计来决定。

1. 统计表按主词的分组情况分为三种

（1）简单表。简单表是主词未经任何分组的统计表，仅罗列总体各单位名称，或按时间排列，或按地区排列的表格。表3-9是简单表的一个例子。

表3-9 我国直辖市人口数 2010 年 11 月 1 日 0 时

直辖市	人口数（万人）
北京市	1961
天津市	1294
上海市	2302
重庆市	2885

资料来源：2010年第六次全国人口普查。

（2）分组表。分组表是主词按一个标志进行分组的统计表。分组表的应用十分广泛，它针对简单表的局限性，可起到如下作用：区分事物的类型；揭示现象的不同特征；研究总体的内部构成；分析现象之间的依存关系。表3-8是一个分组表的例子。

（3）复合表。复合表是主词按两个或两个以上标志进行层叠分组而形成的统计表。例如，表3-10中，不仅按产业分组，同时又按地区分组，即为复合表。其作用在于多角度地对总体进行观察分析，能比较深入细致地说明问题。

表3-10 2005 年我国 1% 人口抽样调查数据

按城乡和性别分组	总人口	
	绝对数（人）	比重（%）
城镇	7616883	44.84
其中：男性	3822483	50.18
女性	3794400	49.92
乡村	9368884	55.16
其中：男性	4762400	50.83
女性	4606484	49.17
总计	16985767	100.0

我们这里所说的简单表、分组表和复合表，是按同一个原始资料设计的，请注意它们之间的联系，特别是指标计算上的联系。

2. 统计表按宾词设计的繁简程度可以分为三种

（1）宾词不分组设计的统计表。就是宾词各指标根据说明问题的主次先后顺序排列，保持各指标之间一定的逻辑关系。

例如，表3-11某市主要消费品供需情况就属于宾词不分组而设计的统计表。

表3-11 某市主要消费品供需情况

（20××年）

项 目	需求量（万元）	供应量（万元）	供需差额（万元）
一、食品类			
二、衣着类			
三、日用杂品类			
四、文教用品类			
五、其他			
合 计			

（2）宾词简单分组设计的统计表。就是统计指标从不同角度分别按某一个标志分组，各种分组平行排列。这时，宾词的栏数等于各种分组的组数之和。

（3）宾词复合设计的统计表。就是统计指标同时有层次地按两个或两个以上标志分组，各种分组层叠在一起。这时，宾词的栏数等于各种分组的组数连乘积。

统计表的主词分组和宾词分组，在意义上是有区别的。主词分组的结果形成统计总体的许多组成部分，它们是需要用统计指标（宾词）来描述和表现的。宾词分组的结果并不增加统计总体的组成部分，仅仅是比较详细地描述总体已有的各个部分。也就是说，主词分组具有独立的意义，而宾词分组仅从属于主词的要求，是为描述主词的数量特征而考虑的。

（三）统计表的编制规则

统计表设计总的要求是"简单明了，便于比较"。

统计表设计，应根据研究目的选择最优的设计方案，在设计时，要讲究表式的行列比例，美观实用。

为使统计表的设计合理、科学、实用、简明、美观，在编制统计表时，应注意以下若干问题：

（1）统计表的各种标题，特别是总标题的表达，应该十分简明、确切，能够概括地反映出统计表的基本内容，总标题还应该标明资料所属的时间和空间。

（2）统计表的左右两端习惯上均不画线，采用开口式。

（3）如果统计表的栏数较多，通常要加以编号，主词和计量单位等栏，用（甲）（乙）（丙）等文字标明；宾词指标各栏用（1）、（2）、（3）等数字编号。各栏之间若有计算关系，可以用数字符号表示。如(3)＝(2)×(1)，表示第（3）栏等于第（2）栏乘以第（1）栏。

（4）表中数字应该填写整齐，对准位数，当数字为0或因数小可忽略不计时，要写上0；当缺乏某项资料时，用符号"……"表示；不应有数字时用符号"—"表示。

（5）表中的横行"合计"，一般列在最后一行（或最前一行），表中纵栏的"合计"一般列在最前一栏。

（6）统计表中必须注明数字资料的计量单位，当表中只有一种计量单位时，可以把它写在表头的右上方，如注明"单位：万元"的字样。如果表中需要分别注明不同的单位，横行的计量单位可以专设一栏；纵栏的计量单位，要与纵栏标题写在一起，用小字标写。

（7）必要时，统计表应加注说明或注解。例如，某些指标有特殊的计算口径，某些资料只包括一部分地区，某些数字是由估算来插补的，这些都要加以说明。此外还要注明统计资料的来源，以便查考。说明或注解一般写在表的下端。

编制实用、美观的统计表，关键在于实践，通过经常观察、揣摩并动手绘制，才能熟练掌握。

二、统计图

（一）统计图的概念

统计图是利用几何图形或具体形象表现统计资料的一种形式。用统计图表现统计资料，具有鲜明醒目、富于表现力、易于理解的特点，因而绘制统计图是统计整理的重要内容之一。

统计图可以表明现象的规模、水平、结构、对比关系、依存关系、发展趋势和分布状况，有利于进行统计分析和研究。目前主要利用 Excel 绘制统计图。

（二）统计图的种类

常用的统计图主要有几何图、象形图、统计地图等。

1. 几何图

几何图是利用几何中的图和线来表明统计资料的图形。几何图包括条形图、平面图、曲线图等。

（1）条形图。条形图是用宽度相等、高度或长短不同的条形来表示现象之间对比关系的统计图。

（2）平面图。平面图是以几何图形的面积来表示统计指标数值大小的一种图形。它可以用来比较同类指标的大小，说明总体结构。平面图有正方形面积图和圆形图两种。

正方形面积图是以正方形面积的大小来表示统计指标数值大小的图形。在绘图时需将各个指标数值开方求得边长，再按放大或缩小比例绘出相应的若干个正方形面积图进行比较。

圆形图是以圆形面积或以圆内各扇形面积的大小来表示指标数值大小的图形。

（3）曲线图。曲线图是用曲线的升降来表示数值大小和发展变化的图形。曲线图分为动态曲线图、计划完成情况曲线图和分配曲线图。

动态曲线图是反映不同时期发展水平变动的图形，从曲线的倾斜度还可以看出发展速度的快慢。

计划完成情况曲线图是用不同线条来代表计划数和实际数，以反映计划完成情况的图形。

分配曲线图是用曲线的升降起伏，来反映总体单位在总体各组中的分配情况及次数分配变化规律的图形。分配曲线图也叫次数分布图，它是分配数列的图形表示法。

2. 像形图

是通过象形图像表示数据的一种方式。它是统计图中最具体、最鲜明生动的图形，给人以深刻的印象，在进行成果展览、群众性宣传等方面得到了广泛的应用。

3. 统计地图

统计地图是以地图为底景，利用点、线、面或形象符号等标志来比较各区域某种指标值大小的图形。利用统计地图可以突出说明现象分布的密集程度。

综合练习与训练

一、填空题

1. 统计整理是对调查得到的原始资料进行_____、_____，使其条理化、系统化，从而得到表现总体特征的综合统计资料的工作过程。

2. 统计整理是把反映_____特征的大量原始资料转化为反映_____的基本统计指标。

3. 统计整理的关键在于_____，统计分组的关键在于_____。

4. 按学生成绩分组形成的数列属于_____数列。

5. 根据分组标志的特征不同，统计总体可以按_____分组，也可以按_____分组。

6. 统计分组按分组标志的多少分为_____分组和_____分组。

7. 组距式分组根据其分组的组距是否相等可以分为_____分组和_____分组。

8. 在组距数列中，表示各组界限的变量值称为_____，各组上限与下限之间的中点值称为_____。

9. 次数分配数列由_____和_____两个要素组成，各组_____与_____之比称频率。

10. 对于连续型变量只能进行组距式分组，并且相邻组的组限必须_____，采用_____原则。

11. 将一个变量值作为一组编制的变量数列叫_____，这种数列的组数等于_____。

12. 统计资料的审核包括以下三个方面的内容：_____、_____和_____。

13. 汇总技术主要有两种：_____和_____。

14. 统计表的构成，从形式上看包括_____、_____、_____和_____四部分；从内容上看包括_____和_____两部分。

15. 常用的手工汇总的方法主要有_____、_____、_____和_____四种。

二、单项选择题（在备选答案中有一个是正确的，将其选出并把标号填在题后的括号内）

1. 在组距数列中，下限就是（　　）。
   A. 每个组的最小值　　　　　　　　B. 每个组的最大值
   C. 全距中的最大值　　　　　　　　D. 全距中的最小值

2. 统计整理阶段最关键的问题是（　　）。
   A. 对原始资料的审核　　　　　　　B. 统计分组
   C. 统计汇总　　　　　　　　　　　D. 编制统计表

3. 统计分组的关键在于（　　）。
   A. 区别事物的性质　　　　　　　　B. 正确选择分组标志与划分各组界限
   C. 正确确定组限与组数　　　　　　D. 正确选择分组数列的种类

4. 某市工业局对其所属企业的生产计划完成百分比采用如下分组，正确的是（　　）。
   A. 80% ~ 89%　　　B. 80% 以下　　　　C. 90% 以下　　　　D. 85% 以下
   　　90% ~ 99%　　　　80.1% ~ 90%　　　90% ~ 100%　　　　85% ~ 95%
   　　100% ~ 109%　　　90.1% ~ 100%　　　100% ~ 110%　　　95% ~ 105%
   　　110% 以上　　　　100.1% ~ 110%　　　110% 以上　　　　105% ~ 115%

5. 划分连续型变量的组限时，其相邻两组的组限（　　）。
   A. 必须重叠　　　　　　　　　　　B. 必须间断
   C. 既可以间断，也可以重叠　　　　D. 应当是相近的

6. 下列分组中按品质标志分组的是（　　）。
   A. 企业按年销售额分组　　　　　　B. 产品按等级分组
   C. 学生按学习成绩分组　　　　　　D. 人口按年龄分组

7. 企业按经济类型分组和按职工人数分组，这两个统计分组是（　　）。
   A. 按数量标志分组
   B. 前者按数量标志分组，后者按品质标志分组
   C. 按品质标志分组
   D. 前者按品质标志分组，后者按数量标志分组

8. 次数分配数列是（　　）。
   A. 按数量标志分组形成的数列
   B. 按品质标志分组形成的数列

C. 按数量标志或品质标志分组形成的数列

D. 按总体单位数分组形成的数列

9. 在全距一定的情况下，组距的大小与组数的多少，两者（　　　）。

A. 成正比　　　　　　　　　　　　B. 无比例关系

C. 成反比　　　　　　　　　　　　D. 有时成正比，有时成反比

10. 将某地 100 个商店按销售额分组而编制的变量数列中，变量值是（　　　）。

A. 销售额　　　　B. 商店数　　　　C. 各组的销售额　　　　D. 各组的商店数

11. 下列分组按数量标志分组的是（　　　）。

A. 企业按经济类型分组　　　　　　B. 产品按品种分组

C. 家庭按收入水平分组　　　　　　D. 人口按性别分组

12. 简单分组和复合分组的区别在于（　　　）。

A. 选择分组标志的性质不同　　　　B. 组数的多少不同

C. 选择分组标志的多少不同　　　　D. 总体的复杂程度不同

13. 对总体按照一个标志进行分组后形成的统计表称为（　　　）。

A. 简单表　　　　B. 简单分组表　　　　C. 复合分组表　　　　D. 整理表

三、多项选择题（在备选答案中有两个以上是正确的，将它们全都选出并把标号填在题后的括号内）

1. 下列分组按数量标志分组的有（　　　）。

A. 产值按计划完成程度分组　　　　B. 学生按健康状况分组

C. 工人按出勤率状况分组　　　　　D. 工人按工龄分组

E. 企业按经济类型分组

2. 下列分组是按品质标志分组的有（　　　）。

A. 工人按文化程度分组　　　　　　B. 固定资产按用途分组

C. 工人按地区分组　　　　　　　　D. 家庭按收入水平分组

E. 企业按固定资产原值分组

3. 在组距式变量数列中，组中值（　　　）。

A. 是上限和下限之间的中点数　　　B. 是用来代表各组的标志值

C. 在开口组中无法确定　　　　　　D. 在开口组中，可参照相邻的组距来确定

E. 就是组平均数

4. 下列属于连续型变量的有（　　　）。

A. 住房面积　　 B. 商品销售额　　　 C. 高校大学生人数

D. 工人劳动生产率　　　　　　　 E. 工业增长速度

5. 下列属于离散型变量的有（　　　）。

A. 进口的汽车数量　　　　　　　 B. 电视机台数

C. 医院床位数　　　　　　　　　 D. 粮食产量

E. 城市居民小区个数

6. 在某一个次数分配数列中（　　　）。

A. 各组的频数之和等于100

B. 各组频率大于0

C. 频数越小，则该组的标志值所起的作用越小

D. 频率表明各组标志值对总体的相对作用程度

E. 总次数一定，频数和频率成反比

7. 次数分配数列（　　　）。

A. 是由组距和组数、组限和组中值组成的

B. 是由总体分成的各个组和各组相应的分配次数组成的

C. 包括品质数列和变量数列两种

D. 可以用图表形式表现

E. 可以表明总体结构和分布特征

8. 统计分组的作用是（　　　）。

A. 划分社会经济现象的类型

B. 说明总体的基本情况

C. 研究现象的内部结构及现象的发展变化趋势

D. 说明总体单位的特征

E. 研究现象的相互依存关系

9. 下列各项中变量分配数列是（　　　）。

A. 大学生按所学专业分配

B. 大学生按年龄分配

C. 商店按商品销售额大小分配

D. 工人按生产每一零件消耗的时间分配

E. 工厂按每个月工人劳动生产率分配

四、判断题（把"√"或"×"填在题后的括号里）

1. 统计整理的关键是对各项整理的指标进行汇总。　　　　　　　　（　　　）

2. 能够对统计总体进行分组，是由统计总体中的各个单位所具有的"同质性"特点决定的。　　　　　　　　　　　　　　　　　　　　　（　　）

3. 统计分组的关键问题是确定组距和组数。　　　　　　　　　　（　　）

4. 简单分组和复合分组的区别在于选择分组标志的多少不同。　（　　）

5. 变量数列编制中，在条件不变的情况下，组数分得越多，组距也越大。　（　　）

6. 连续型变量可以做单项式分组或组距式分组，而离散型变量只能做组距式分组。　　　　　　　　　　　　　　　　　　　　　　　　（　　）

7. 在确定组限时，最大组的上限应大于最大变量值。　　　　　（　　）

8. 按数量标志分组所形成的变量数列就是次数分布数列。　　　（　　）

9. 统计表的主词栏是用来说明总体的各种统计指标。　　　　　（　　）

10. 把表现事物发展变化的一系列统计指标，按时间的先后顺序排列而成的分配数列。　　　　　　　　　　　　　　　　　　　　　　　　（　　）

11. 分配数列的实质是把总体单位总量按照总体所分的组进行分配。　（　　）

12. 按数量标志分组的目的就是区别各组在数量上的差别。　　　（　　）

13. 按数量标志分组，各组的变量值能够准确地反映社会经济现象性质的区别。　　　　　　　　　　　　　　　　　　　　　　　　　　（　　）

五、综合分析

1. 由 30 个工人分别看管的机器台数如下：

5　4　2　4　3　4　3　4　4　5

2　4　3　4　3　2　6　4　4　5

2　2　3　4　5　3　2　4　3　6

要求：应用 Excel 编制分配数列。

2. 某班 40 名学生统计学考试成绩分别为：

66　89　88　84　86　87　75　73　72　68

75　82　97　58　81　54　79　76　95　76

71　60　90　65　76　72　76　85　89　92

81　64　57　83　81　78　77　72　61　70

学校规定：60 分以下为不及格，60～70 分为及格，70～80 分为中，80～90 分为良，90～100 分为优。

要求：（1）将该班学生分为不及格、及格、中、良、优五组，编制一张次数分配表。

（2）指出分组标志及类型；分组方法的类型；分析本班学生考试情况。

3. 某工业局 40 个企业年创利润如下（单位：万元）：

860　740　970　720　860　800　580　890　840

810　970　920　800　750　770　950　760　930

900　850　820　770　630　960　650　570　700

830　540　790　750　710　630　640　810　873

试根据上述资料编制等组距数列（以500万元~600万元为第一组）计算出频率，累计次数及累计频率。

4. 在沿海地区，每个商业网点平均为1800人服务，每个营业人员平均为1100人服务，平均每个营业人员销售额为6000元；在内陆地区上述相应的数字分别为2600人、1900人，5700元。在沿海地区的城市中，每个商业网点平均为450人服务，每个营业人员平均为290人服务；在内地的城市中，上述相应的数字分别为490人、350人。在沿海乡村每个商业网点平均为3000人服务，每个营业人员平均为1880人服务；在内地乡村中，上述相应数字分别为5500人、3600人。试根据上述资料，编制一张复合分组表。

5. 某商店有营业员10人，其月工资（单位：元）分别如下：

450　490　540　560　580

600　620　640　690　698

要求：利用统计分组法，将上述10人的月工资分成三个组，并说明该商店月工资的分布特征。

6. 某百货公司连续40天的商品销售额数据（单位：万元）如下：

41　25　29　47　38　34　30　38　43　40

46　36　45　37　37　36　45　43　33　44

35　28　46　34　30　37　44　26　38　44

42　36　37　37　49　39　42　32　36　35

要求：应用Excel将上面的数据进行适当分组，编制分配数列并绘制分配数列曲线图。

7. 某行业管理局所属40个企业2006年的产品销售收入数据（单位：万元）如下：

152　124　129　116　100　103　92　95　127　104

105　119　114　115　87　103　118　142　135　125

117　108　105　110　107　137　120　136　117　108

97　88　123　115　119　138　112　146　113　126

要求：（1）应用Excel将上面的数据进行适当分组，编制次数分布表，并计算出累计频数和累计频率。

（2）按规定，销售收入在125万元以上为先进企业，115万~125万元为良好企业，105万~115万元为一般企业，105万元以下为落后企业，按先进企业、良好企业、一般企业、落后企业进行分组。

8. 1998~2007年我国的国内生产总值数据如表3-12所示。

其中，在2007年的国内生产总值中，第一产业为28910亿元，第二产业为121381亿元，第三产业为96328亿元。

表 3－12　我国国内生产总值数据

年份	国内生产总值（亿元）	年份	国内生产总值（亿元）
1998	84402	2003	135823
1999	89677	2004	159878
2000	99215	2005	183868
2001	109655	2006	210871
2002	120333	2007	246619

要求：（1）根据 1998~2007 年的国内生产总值数据，应用 Excel 绘制柱形图。

（2）根据 2007 年的国内生产总值及其构成数据，应用 Excel 绘制饼图。

9. 对 50 只电子元件的耐用时数进行测试，所得数据（单位：小时）如下：

887　925　990　948　950　864　1060　927　948　860

1029　926　978　818　1000　919　1040　854　1100　900

865　905　954　890　1006　926　900　999　886　1080

895　900　800　938　864　920　865　982　917　860

950　930　896　976　921　987　830　940　802　850

要求：（1）应用 Excel 将上述资料编制变量数列，并计算出向上累计和向下累计频数、频率数列。

（2）根据所编制的变量数列绘制柱形图和曲线图。

（3）根据变量数列，指出电子元件耐用时数在 1000 小时以上的有多少？占多大比重？电子元件耐用时数在 900 小时以下的有多少？占多大比重？

（4）根据次数分布的曲线图说明电子元件耐用时数的分布属于哪一种类型的变量分布。

（5）若该电子元件耐用时数在 900 小时以下为不合格品，试计算其合格率。

统计整理分析方法应用实训

一、实训目的

统计整理是统计工作过程中的中间环节，它既是统计调查的继续，又是统计分析的前提。通过本实训的学习，使学生能深刻理解统计分组的作用，掌握统计整理的分析方法，尤其是使学生能够熟练运用计算机对原始数据进行系统整理，设计统计表、制作统计图并对其进行简要分析。

二、实训资料——大学生生活费收支状况调查

（一）调查方案设计

1. 调查方案

（1）调查目的：通过了解大学生日常收入和消费的主要状况，为学校的助学政策提供参考，同时为大学生消费市场的开发提供一定的参考。

（2）调查对象：某院校在校本科生。

（3）调查单位：抽取的样本学生。

（4）调查程序：①设计调查问卷，明确调查方向和内容。②分发调查问卷。随机抽取大一、大二、大三、大四的在校本科生男女各30人作为调查单位。③根据回收的有效问卷进行分析。④绘制统计图形，使样本数据直观化并对统计量进行分析。

（5）调查时间：2015年11月1日~12月1日。

2. 问卷设计

大学生生活费收支状况调查问卷

××同学：

您好！请配合我们完成以下调查问卷，请在符合您实际情况的选项下画"√"。

*1. 您的性别：　A. 男　　　B. 女

*2. 您的年级：　A. 大一　　B. 大二　　C. 大三　　D. 大四

*3. 您的月生活费支出（人民币）在：

A. 300元以下　　B. 300~400元　　C. 400~500元

D. 500~600元　　E. 600~700元　　F. 700元以上

*4. 您的生活费主要来源是：

A. 父母　　B. 勤工俭学　　C. 助学贷款　　D. 其他

（请注明）请排序：□→□→□→□

*5. 您的各项开支为：

A. 伙食费　　B. 衣着　　C. 书本资料及其他学习用品

D. 日常用品（包括护肤品、洗涤用品及其他日用小百货）

E. 娱乐休闲　　F. 其他

请排出您本学期支出较多的前三项：□→□→□

非常感谢您的合作！

3. 问卷发放

本次调查我们采取分层抽样，对各年级的男女在校本科生各发放问卷300份左右。

我们共发放问卷300份，回收问卷291份，其中有效问卷265份。现将回收的各年级男女在校本科生有效问卷的具体情况介绍如下：

大一：　　　（男生）26 份　　　（女生）31 份

大二：　　　（男生）34 份　　　（女生）40 份

大三：　　　（男生）31 份　　　（女生）32 份

大四：　　　（男生）41 份　　　（女生）30 份

总计：　　　（男生）132 份　　　（女生）133 份

4. 数据整理

为了便于使用计算机进行数据处理，我们用数字代码来表示问卷信息。例如，为了便于统计，对于问卷答案"A""B""C""D""E""F"，我们分别用"1""2""3""4""5""6"来表示（答案缺省项为空项）；对于性别选项，我们用"1"表示男性，用"2"表示女性；各年级也分别用"1""2""3""4"来表示。数据具体整理情况略。

（二）数据分析

根据以上整理的数据，我们进行数据分析。我们设样本一为抽样总体，样本二为男生的抽样总体，样本三为女生的抽样总体。

1. 生活费水平的分析

（1）对样本一的分析。根据整理后输入计算机的数据，我们绘制出样本一月生活费水平的频数分布表和条形图，如表3－13和图3－1所示。

表3－13　样本一月生活费水平的频数分布

按支出分组（元/人）	接收	频数	累计频率（%）
300 以下	—	4	1.51
300~400	—	41	16.98
400~500	—	74	44.91
500~600	—	62	68.30
600~700	—	33	80.75
700 以上	—	51	100.00
合　计	—	265	—

由图3－1可以看出：样本一（即本科生抽样全体）月生活费400~500元所占频数最高。我们进一步分析样本一月生活费的平均水平，得出结果如表3－14所示。表3－14样本一（总体）平均月生活费置信区间的构造表。

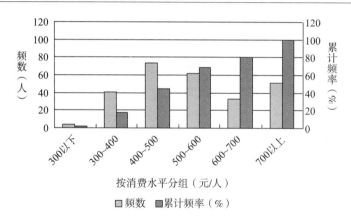

图 3 – 1　样本一月生活费水平

表 3 – 14　样本一（总体）平均月生活费置信区间的构造

月生活费水平（元）	频数统计	组中值		
300 以下	4	250	样本数据个数	265
300 ~ 400	41	350	样本标准差	138. 57
400 ~ 500	74	450	样本均值	537. 55
500 ~ 600	62	550	置信水平	95%
600 ~ 700	33	650	自由度	264
700 以上	51	750	T 值	1. 968992365
合　计	265	—	样本平均误差	8. 512287434
			误差范围	16. 76062896
			置信下限	520. 789371
			置信上限	554. 310629

从上述分析可知：我们有 95% 的把握认为该校本科生的月生活费平均水平在 520. 79 ~ 554. 31 元。

（2）对样本二的分析。根据整理后输入计算机的数据，我们绘制出样本二月生活费水平的频数分布表，如表 3 – 15 所示。

表 3 – 15　样本二月生活费水平的频数分布

按支出分组（元/人）	接收	频数（人）	累计频率（%）
300 以下	1	1	0. 76
300 ~ 400	2	24	18. 94
400 ~ 500	3	38	47. 73
500 ~ 600	4	30	70. 45
600 ~ 700	5	17	83. 33

按支出分组（元/人）	接收	频数（人）	累计频率（%）
700 以上	6	22	100.00
合　计	—	132	—

由表3-15可以看出：样本二（即男生抽样全体）月生活费400～500元所占频数最高，是月生活费的众数。分析众数后，我们进一步分析样本二月生活费的平均水平，得出结果如表3-16所示。

表3-16　样本二（男生）平均月生活费置信区间的构造

月生活费水平（元）	频数统计	组中值		
300 以下	1	250	样本数据个数	132
300～400	24	350	样本标准差	135.93
400～500	38	450	样本均值	528.79
500～600	30	550	置信水平	95%
600～700	17	650	自由度	131
700 以上	22	750	T 值	1.978237
合　计	132	—	样本平均误差	11.83119
			误差范围	23.4049
			置信下限	505.3851
			置信上限	552.1949

从上述分析可知：我们有95%的把握认为该校本科生男生的月生活费平均水平在505.39～552.19元。

（3）对样本三的分析。根据整理后输入计算机的数据，绘制出样本三月生活费水平的频数分布表，如表3-17所示。

表3-17　样本三月生活费水平的频数分布

月生活费水平（元/人）	接收	频数（人）	累计频率（%）
300 以下	1	3	2.25
300～400	2	17	15.04
400～500	3	36	42.11
500～600	4	32	66.17
600～700	5	16	78.20
700 以上	6	29	100.00
合　计	—	133	—

由表 3-17 可以看出：样本三（即女生抽样全体）月生活费 400~500 元所占频数最高。我们进一步分析样本三月生活费的平均水平，得出结果如表 3-18 所示。

表 3-18　样本三（女生）平均月生活费置信区间的构造

月生活费水平（元）	频数统计	组中值		
300 以下	3	250	样本数据个数	133
300~400	17	350	样本标准差	141.1
400~500	36	450	样本均值	546.24
500~600	32	550	置信水平	95%
600~700	16	650	自由度	132
700 以上	29	750	T 值	1.97796
合　计	133	—	样本平均误差	12.23492
—	—	—	误差范围	24.20019
—	—	—	置信下限	522.0398
—	—	—	置信上限	570.4401

从上述分析可知：我们有 95% 的把握认为该校本科生女生的月生活费平均水平在 522.04~570.44 元。

（4）对各个年级学生月生活费水平的分析。

A. 对大一月生活费水平的分析

根据整理后输入计算机的数据，绘制出大一月生活费水平的频数分布表，如表 3-19 所示。

表 3-19　大一月生活费水平的频数分布

月生活费水平（元/人）	接收	频数（人）	累计频率（%）
300 以下	1	1	1.75
300~400	2	9	17.54
400~500	3	19	50.88
500~600	4	15	77.19
600~700	5	5	85.96
700 以上	6	8	100.00
合　计	—	57	—

由表 3-19 可以看出：大一抽样全体的月生活费众数为 400~500 元。我们进一步分析大一月生活费的平均水平，得出结果，如表 3-20 所示。

表 3-20 大一平均月生活费置信区间的构造

月生活费水平（元）	频数统计	组中值	抽样平均误差	17.22134454
300 以下	1	250	置信水平	0.95
300~400	9	350	自由度	56
400~500	19	450	T 值	2.003239388
500~600	15	550	误差范围	34.49847568
600~700	5	650	置信下限	482.1682243
700 以上	8	750	置信上限	551.1651757
合　计	57	—	样本均值	516.6667
—	—	—	样本标准差	130.0183

　　从上述分析可知：我们有 95% 的把握认为大一的月生活费平均水平在 482.17 ~ 551.17 元。

　　B. 对大二平均月生活费水平的分析

　　根据整理后输入计算机的数据，绘制出大二月生活费水平的频数分布表，如表 3-21 所示。

表 3-21 大二月生活费水平的频数分布

月生活费水平（元/人）	接收	频数（人）	累计频率（%）
300 以下	1	1	1.35
300~400	2	10	14.86
400~500	3	16	36.49
500~600	4	20	63.51
600~700	5	13	81.08
700 以上	6	14	100.00
合　计	—	74	—

　　由表 3-21 可以看出：大二抽样全体的月生活费众数为 500~600 元。我们进一步分析大二月生活费平均水平，得出结果如表 3-22 所示。

表 3-22 大二平均月生活费置信区间的构造

月生活费水平（元）	频数统计	组中值	抽样平均误差	15.74662615
300 以下	1	250	置信水平	0.95
300~400	10	350	自由度	73
400~500	16	450	T 值	1.992998477
500~600	20	550	误差范围	31.38300194

续表

月生活费水平（元）	频数统计	组中值	抽样平均误差	15. 74662615
600 ~ 700	13	650	置信下限	521. 3196981
700 以上	14	750	置信上限	584. 0857019
合　计	74	—	样本均值	552. 7027
—	—	—	样本标准差	135. 4576

从上述分析可知：我们有 95% 的把握认为大二的月生活费平均水平在 521.32 ~ 584.09 元。

C. 对大三平均月生活费水平的分析

根据整理后输入计算机的数据，绘制出大三月生活费水平的频数分布表，如表 3 – 23 所示。

表 3 – 23　大三月生活费水平的频数分布

月生活费水平（元/人）	接收	频数（人）	累计频率（%）
300 以下	1	1	1.41
300 ~ 400	2	8	21.13
400 ~ 500	3	18	50.70
500 ~ 600	4	15	67.61
600 ~ 700	5	5	81.69
700 以上	6	16	100.00
合　计	—	63	—

由表 3 – 23 可以看出：大三抽样全体的月生活费众数为 400 ~ 500 元。我们进一步分析大三月生活费的平均水平，得出结果如表 3 – 24 所示。

表 3 – 24　大三平均月生活费置信区间的构造

月生活费水平（元）	频数统计	组中值	抽样平均误差	18. 10250764
300 以下	1	250	置信水平	0.95
300 ~ 400	8	350	自由度	63
400 ~ 500	18	450	T 值	1. 99896931
500 ~ 600	15	550	误差范围	36. 18635722
600 ~ 700	5	650	置信下限	513. 8136428
700 以上	16	750	置信上限	586. 1863572
合　计	63	—	样本均值	550
—	—	—	样本标准差	143. 6842

从上述分析可知：我们有 95% 的把握认为大三的月生活费平均水平在 513.81 ~ 586.19 元。

D. 对大四平均月生活费水平的分析

根据整理后输入计算机的数据，绘制出大四月生活费水平的频数分布表，如表 3 - 25 所示。

表 3 - 25　大四月生活费水平的频数分布

月生活费水平（元/人）	接收	频数（人）	累计频率（%）
300 以下	1	1	1.41
300 ~ 400	2	14	21.13
400 ~ 500	3	21	50.70
500 ~ 600	4	12	67.61
600 ~ 700	5	10	81.69
700 以上	6	13	100.00
合　计	—	71	—

由表 3 - 25 可以看出：大四抽样全体的月生活费众数为 400 ~ 500 元。进一步分析大四月生活费的平均水平，得出结果如表 3 - 26 所示。

表 3 - 26　大四平均月生活费置信区间的构造

月生活费水平（元）	频数统计	组中值		
300 以下	1	250	抽样平均误差	17.04499728
300 ~ 400	14	350	置信水平	0.95
400 ~ 500	21	450	自由度	71
500 ~ 600	12	550	T 值	1.994435479
600 ~ 700	10	650	误差范围	33.99514732
700 以上	13	750	置信下限	493.4696527
合　计	71	—	置信上限	561.4599473
—	—	—	样本均值	527.4648
—	—	—	样本标准差	143.6237

从上述分析可知：我们有 95% 的把握认为大四的月生活费平均水平在 493.47 ~ 561.46 元。

注：由于篇幅所限，本案例部分内容并未提供，其中包括大学生生活费来源和生活费开支项目的分析。所以希望同学们利用第二章单元实训课后形成的调查资料，进行全面的分析和总结，达到实训目的。

三、实训要求

其一，应用 Excel 将样本一、样本二、样本三月生活费水平的频数分布表分别输入计算机，然后绘制直方图、曲线图、圆形图。

其二，设计并编制一张统计表，即"大一、大二、大三、大四生活费水平的频数分布表"，再应用 Excel 绘制曲线图，最后进行对比分析总结。

四、实训形式

可单独进行或分组讨论进行。

五、实训时间

1 课时，在完成第三章的理论教学后进行。

六、实训地点

机房。

第四章
综合指标

第一节　总量指标

一、总量指标的意义

总量指标是反映社会经济现象总体的规模和水平的统计指标，是最基本的统计指标，它用绝对数形式表现，因此又称绝对数。例如，我国 2010 年第六次全国人口普查以 2010 年 11 月 1 日零时全国总人口为 1370536875 人，其中：普查登记的大陆 31 个省、自治区、直辖市和现役军人的人口共 1339724852 人，香港特别行政区人口为 7097600 人，澳门特别行政区人口为 552300 人，台湾地区人口为 23162123 人。中华人民共和国 2017 年国民经济和社会发展统计公报（中华人民共和国国家统计局 2018 年 2 月 28 日发布）：2017 年全年国内生产总值 827122 亿元，全国社会消费品零售总额 366262 亿元，全社会固定资产投资 641238 亿元，我国全年粮食产量 61791 万吨，年末全国就业人员 77640 万人。这些指标都属于总量指标，是通过汇总相加而得到的。通过上述总量指标数值的大小，就可以对我国社会消费品零售总额、固定资产投资额、粮食总产量等情况有一个直观的认识。总量指标数值的大小随总体范围的大小增加或减少：总体范围大，指标数值就大；总体范围小，指标数值就小。有时总量指标也表现为同一总体在不同的时间、空间条件下的差数。例如，2017 年我国全年粮食产量 61791 万吨，比 2016 年增加 166 万吨，这一增加量也是总量指标。总量指标作为增加量时，其数值表现为正值；作为减少量时，其数值表现为负值。

总量指标是最基本的综合指标，其数值的大小与总体范围成正比，它属于统计指标中的外延指标，即数量指标。

在社会经济统计中，总量指标具有重要的作用。

（一）总量指标是认识现象的起点

我们认识社会经济现象，了解现象的基本情况一般先从总量开始。例如，要了解内蒙古自治区文化事业的基本情况，通过下列总量指标即可：年末全区共有艺术事业机构 147个，从业人员 5641 人；艺术表演团体 108 个。拥有各类电影放映单位 786 个。拥有文化馆 102 座，公共图书馆 110 座，博物馆 35 座，档案馆 140 座，已开放各类档案 154 万卷。广播电台 13 座，有线电视用户 260 万户。全年出版报纸 26185 万份，出版各类期刊 1260万册，出版图书 5946 万册。同时，总量指标也是计算其他指标的基础，相对指标和平均指标都是以总量指标为基础派生的指标。

（二）总量指标是实现宏观经济调控和企业经营管理的基本指标

在社会主义市场经济条件下，要使国民经济协调发展，需要对经济运行实行宏观调控；要使企业生产经营活动正常进行，需要实行科学的管理。这就要掌握宏观经济和微观经济运行的环境、条件、投入、产出等各方面的数量状况，研究各方面的数量关系。总量指标可以反映这些现象的数量，为经济管理提供依据。

（三）总量指标是计算相对指标和平均指标的基础

相对指标和平均指标都是在总量指标的基础上派生出来的，总量指标的计算结果正确与否，直接影响到相对指标和平均指标的计算结果。例如，1998 年我国粮食产量为 4.9亿吨，年末人口数为 124810 万人，据此推算，这年我国人均粮食产量为 392.6 千克。

二、总量指标的种类

（一）总量指标按其反映总体内容，分为总体单位总量和总体标志总量

总体单位总量即总体单位数，它是由每个总体单位加总而得到的，简称为单位总量。总体标志总量即总体各单位数量标志值之和，它是由总体单位的某一数量标志值加总而得到的，简称为标志总量。例如，研究某地区的工业企业职工工资情况，"职工人数"为总体单位总量，"工资总额"为总体标志总量。在计算和运用总体标志总量指标时应注意，有些总体单位标志值加总的结果不是具有实际意义的标志总量指标，而只是计算其他分析指标时运用的依据。例如，将每个人的年龄加总所得的结果并不具有实际意义，它只是计算人口总体平均年龄时使用的依据。一个总量指标是单位总量还是标志总量不是固定不变的，而是随研究目的和研究对象不同而发生变化的。例如，研究全国工业企业的情况，每个工业企业为总体单位，工业部门的"职工人数"是各工业企业的职工人数之和，为总体标志总量；若研究工业企业的职工情况，每个职工为总体单位，全国工业部门的"职工人数"就变成为总体单位总量了。在一个特定总体内，总体单位总量只有一个，但可以同时并存若干个总体标志总量，从而产生一系列指标。

（二）总量指标按其反映的时间状态，分为时期指标和时点指标

时期指标表明社会经济现象总体在一段时间内发展过程的总结果。例如，国民生产总值、工资总额、商品销售额等都是时期指标。时点指标表明社会经济现象总体在某一时刻（瞬间）的数量状况。例如，年末人口数、商品库存量、牲畜存栏数等都是时点指标。时期指标与时点指标各有不同特点。

1. 时期指标的特点

（1）不同时期的指标数值具有可加性，相加后表示较长时期内现象总的发展水平。例如，将一年内十二个月的某产品产量相加就得到全年该产品产量。

（2）时期指标数值大小与包含的时期长短有直接关系，一般情况下，包含时期越长，指标数值越大，时期越短，指标数值越小。

（3）时期指标数值是连续登记、累计的结果。

例如，月产量是对每天的生产量进行登记然后累计得到的，年产量是将十二个月的产量累计得到的。

2. 时点指标的特点

（1）不同时点的指标数值不具有可加性，即相加后不具有实际意义。

（2）时点指标的数值大小与其时间间隔（两个不同时点的指标之间的时间距离）长短无直接关系。

例如，某年某种商品库存量1月1日12500吨，4月30日3700吨，12月31日2300吨，4月30日至12月31日相隔八个月，其指标数值却减少了，这是因为时点指标数值是现象发展变化差异的结果。

（3）时点指标数值是间断计数的，因为不可能对每一时点（瞬间）的数量都进行登记，通常是隔一段时间登记一次。可以根据表4-1中两个指标的特点来加以判断。

表4-1　时期指标与时点指标的区别

指标名称	指标特点
时期指标	（1）可加性。即不同时期的指标数值相加具有实际意义 （2）时期指标数值的大小与时期长短有直接关系，时期长，指标数值越大，反之越小 （3）时期指标数值是连续登记、累计的结果
时点指标	（1）不可加性。各时点指标数值相加后不具有实际意义 （2）时点指标数值的大小与时点间隔长短无直接关系 （3）时点指标数值是间断计数的

（三）总量指标按其表现形态，分为实物指标和价值指标

实物指标表明现象总体的使用价值总量。其主要特点是能直接反映产品的使用价值或现象的具体内容，因而能够具体地表明事物的规模和水平。但是，实物指标有局限性，它

缺乏对不同类商品或产品的综合性能。不同类实物，使用价值不同，内容性质不同，无法按实物单位进行直接汇总，因此不能用以反映现象的总规模、总水平。如企业生产不同产品的总成果，不同商品的总销售量，都不能用某一种实物单位来反映，必须借助货币单位去解决。价值指标表明现象总体的价值总量，又称为货币指标，因为它是以货币单位计算的，其最大特点在于代表一定的社会劳动量，因此具有最广泛的综合性能和概括能力，用途非常广泛。但它也有局限性，就是它脱离了物质内容，比较抽象，有时不能准确反映实际情况。在实际工作中，实物指标和价值指标常常综合运用，才能比较全面地认识问题。

三、总量指标的计算

（一）总量指标的计量单位

总量指标所使用的计量单位有实物单位、劳动单位和货币单位。

1. 实物单位

实物单位包括自然单位、度量衡单位、双重单位、复合单位和标准计量单位。

（1）自然单位。是指根据事物的自然属性来计量的单位。如人口以人为单位，汽车以辆为单位，机器以台为单位等，就是采用的自然单位。

（2）度量衡单位。是按照统一的度量衡制度来度量客观事物的计量单位，如粮食以吨或千克、钢以吨、棉布以米等为计量单位。

（3）双重单位。是指同时采用两种计量单位来表明某一事物的数量。如电动机可以用台表示，也可以用千瓦表示。同时用台和千瓦表示（台/千瓦）就是双重单位。

（4）复合单位。是指两种计量单位综合使用时的单位，如货物周转量以"吨公里"，发电量以"千瓦时"计量等。

（5）标准计量单位。在计算产品产量时，有时往往需要采用标准实物单位计量，它是按照统一折算的标准来度量被研究现象的一种计量单位。如将发气量不同的电石产量统一折算为每千克发气量为300公升的电石产量，将含热量不同的煤产量统一折合为每千克发热量为7000大卡的煤产量等。

2. 劳动单位

劳动单位。是劳动力资源及其利用状况所用的计量单位，它是一种复合单位，如工日、工时等。机械工业部门的定额工时产量，就是用劳动单位计量生产成果的典型实例。

3. 货币单位

货币单位。是用货币作为价值尺度来计量物质财富或劳动成果的一种计量单位。如工农业总产值、国民收入、商品销售额、工资额等都是以货币计量的。

（二）计算总量指标的原则

总量指标的计算方法有两种：一种是根据统计调查登记的资料进行汇总；另一种是根据社会经济现象之间的各种关系进行推算。根据统计调查资料汇总计算总量指标，应遵循以下原则：

1. 科学性

必须以科学的理论来确定总量指标的含义、范围和计算方法，使之建立在科学的基础上。

2. 可比性

计算总量指标应注意历史条件变化对指标内容和范围的影响，便于同时期的总量指标具有可比性或便于调整使之可比。

3. 统一性

计算总量指标要注意计算口径、计算方法和计量单位的统一，才能进行汇总计算，便于对比研究。

第二节 相对指标

总量指标是以绝对数形式表示的一些统计数，它可用来反映一定时期一定范围内某种社会经济现象的总体规模。但是，在进行经济分析时，总量指标并不能说明一个企业成绩的好坏、潜力的大小以及计划是否完成、完成程度究竟如何等，要说明这些问题，就必须计算相对指标。

一、相对指标的意义

相对指标是将两个有联系的统计指标进行对比求得的商数或比例，它以相对数形式表示，也称作相对数指标或相对数。相对指标用以反映现象总体内部的结构、比例、发展速度或彼此之间的对比关系。如人口密度、人口的性别比例、商品流转速度等。相对指标把两个具体数值抽象化，使人们对现象之间所存在的固有联系有较为深刻的认识。它在社会经济领域广泛存在着，借助于相对指标对现象进行对比分析，是统计分析的基本方法。

二、相对指标表现形式

相对指标在统计分析中的作用主要表现在两个方面：一是相对指标赋予人们判断和鉴别事物的能力，使人们一目了然地看出差别和程度。例如，某企业 1998 年某产品计划完成程度为 115%。这是一个相对指标，我们一眼就可看出该企业产品实际比计划增加了15%。二是相对指标可以使一些不能直接对比的现象找到共同比较的基础，因为它通过不同指标数值对比，将现象总体数量上的绝对差异抽象化。例如，在两个性质和规模不同的企业之间，它们的总成本、总产量、资金总额、利润总额等总量指标往往是不可比的，只有计算出相对指标才可以对比。

相对指标的数值可用有名数和无名数两种形式表现。其表现形式也就是它的计量单位。有名数主要用于强度相对指标数值的表示，它把计算强度相对指标时的分子和分母指标数值的计量单位同时使用，如平均每人分摊的粮食产量用千克/人表示，人口密度用人/平方千米表示等。

相对指标一般表现为无名数，它是一种抽象化的计量单位，多以系数、倍数、成数、百分数或千分数表示。系数或倍数是将对比的基数定为 1 而计算出来的相对数。两个数字对比，分子数值大于分母数值很多时可用倍数表示，分子数值大于分母数值较少时可用系数表示。成数是将对比的基数定为 10 而计算出来的相对数，如粮食产量增产一成，即增长十分之一。百分数是将基数定为 100 而计算出来的相对数，它是相对指标最常用的一种表现形式。千分数是将对比的基数定为 1000 所计算出来的相对数，它是在分子数值小于分母数值很多的情况下运用。如人口出生率、死亡率、自然增长率等多用千分数表示。

这里还要对经济分析中经常用到的"百分点"的概念做一点解释。百分点相当于百分数的单位，一个百分点就是指 1%。百分点常用于两个百分数相减的场合。例如，在股票交易市场上，股票价格从 80 元上升到 120 元，我们就称股票价格上升 50 个百分点。因为以 80 为 100%（为起点），120/80 = 1.5 = 150%（为终点），则 150% − 100% = 50（个百分点）。百分点表明对比基准相同的百分数相减之后实际的经济意义，是分析百分数增减变动时不可缺少的一种方法。

三、相对指标的种类及计算方法

随着统计研究目的的不同，使用不同的对比基准，从而就产生了不同种类的相对指标。相对指标的种类：结构相对指标、比例相对指标、比较相对指标、强度相对指标、计划完成程度相对指标和动态相对指标六种。

（一）结构相对指标

结构相对指标是将总体按某一标志分组，然后将各组指标数值与总体指标数值对比求得的结果，即通常所说的"比重"，也叫结构相对数，结构相对指标一般采用百分数或倍数表示，其计算公式为：

$$结构相对指标 = \frac{各组总量指标数值}{总体总量指标数值} \times 100\%$$

例如，2007 年内蒙古自治区旅游部门接待旅游者人次数，如表 4 − 2 所示。通过结构相对指标的计算，可以了解到港、澳、台胞在其中占绝对比重。

结构相对指标的分子和分母，可以是总体单位数，也可以是总体的标志数值。结构相对数由于是总体的部分数值与全部数值对比，所以各部分所占比重之和必须为 1 或 100%（见表 4 − 2），由于结构相对指标是研究总体内各组成部分的分配比重及其变化情况，从而可深刻认识各部分的特殊性质及其在总体中所占有的地位和地位的变化。因此，这个指标在社会经济统计分析中，被广泛地应用。

表4-2 内蒙古自治区人口数及其构成接待外国旅游者人次数及构成

（2017 年年末）

指 标	年末人口数（万人）	比重（%）
全区总人口	2528.6	100.0
其中：城镇	1568.2	62.0
乡村	960.4	38.0
其中：男性	1305.2	51.6
女性	1223.4	48.4
其中：0~14 岁	341.1	13.5
15~64 岁	1936.4	76.6
65 周岁及以上	251.1	9.9

资料来源：内蒙古自治区 2017 年国民经济和社会发展统计公报。

由此可见，计算各组结构相对指标可以说明该组在总体中的地位和作用；将不同时间的结构相对指标进行对比分析，可以说明总体结构变化的过程。

（二）比例相对指标

比例相对指标是同一总体内不同组成部分的指标数值对比的结果，它可以表明总体内部的比例关系，也可以叫比例相对数。其计算公式为：

$$比例相对指标 = \frac{总体中某部分指标数值}{总体另一部分指标数值}$$

比例相对指标可以用百分数表示，也可以用一比几或几比几形式表示。例如，我国2007 年货物出口总额 12180 亿美元，货物进口总额 9558 亿美元，两者的比例可表示为 56:44，也可表示为 1.27:1。

分析总体中若干部分的比例关系时也可采用连比形式。例如，我国 2007 年国内生产总值 246619 亿元，其中第一产业增加值 28910 亿元，第二产业增加值 121381 亿元，第三产业增加值 96328 亿元，三个产业增加值的比例为 100:420:333。比例相对指标的分子分母是可以互换的。

比例相对指标对于国民经济宏观调控具有重要意义。利用比例相对指标可以分析国民经济中各种比例关系，调整不合理的比例，促使社会主义市场经济稳步协调发展。

（三）比较相对指标

比较相对指标是同类事物在不同空间条件下的数量对比关系，也就是同一时间不同国家、不同地区、不同单位的同类事物指标数值对比的结果，也可以叫比较相对数。其计算公式为：

$$比较相对指标 = \frac{某条件下的某类指标数值}{另一条件下的同类指标数值} \times 100\%$$

比较相对指标用以反映现象发展的不均衡程度，一般用倍数或百分数表示，有时也可用系数表示。例如，甲班平均成绩为 95 分，乙班平均成绩为 85 分，则甲班为乙班的 112%（＝95/85）或 1.12 倍。也可用乙班平均成绩除以甲班平均成绩，说明乙班为甲班的 89%（＝85/95）或 0.89 倍。由此可见，比较相对指标的分子和分母可以互换，从不同的出发点说明问题。

比较相对指标可以是绝对数对比，也可以是相对数或平均数对比，由于用总量指标进行对比易受总体规模和条件影响。其结果不能准确反映现象发展的本质差异，所以经常采用相对指标或平均指标计算（上例即是）。

运用比较相对指标对不同国家、不同地区、不同单位的同类指标对比，有助于揭露矛盾、找出差距、挖掘潜力，促进事物进一步发展。

（四）强度相对指标

强度相对指标是两个性质不同而又有联系的总量指标对比的结果。可以反映现象的强度、密度和普遍程度，也可以叫强度相对数。其计算公式为：

$$强度相对指标 = \frac{某一总量指标数值}{另一性质不同而有联系的总量指标数值}$$

强度相对指标是以名数表示的，是一种复名数。如人口密度单位是"人/平方千米"，人均主要产品产量用"吨/人"。还有些强度相对指标是采用百分数或千分数表示，如流通费用率用百分数表示，人口死亡率用千分数表示。

有些强度相对指标的分子和分母可以互换，形成正指标和逆指标两种计算方法。正指标的数值大小与现象的发展程度或密度成正比，逆指标的数值大小与现象的发展程度或密度成反比。例如，反映卫生事业对居民服务保证程度的指标：

$$每千人口的医院床位数 = \frac{医院床位数（张）}{人口数（千人）}（正指标）$$

其计算结果指标数值越大，说明对居民的医疗保证程度越高，这是从正方向说明问题，因此是正指标。如果把分子与分母互换位置，得：

$$医院每张床位负担的人口数 = \frac{人口数（千人）}{医院床位数（张）}（逆指标）$$

其计算结果是指标数值越小，说明对居民的医疗保证程度越好，这是从反方向说明问题，故为逆指标，或称反指标。

强度相对指标同其他各种相对指标根本不同的特点，就在于它不是同类现象指标的对比，如以人口数与土地面积对比得到的人口密度指标，以铁路（公路）长度与土地面积对比得到的铁路（公路）密度等均为强度相对指标。另外，某些强度相对指标还具有平均的意义，如主要产品产量与人口数对比得到的每人平均产量，但它又与平均指标不同。因为平均指标是指同一总体内的标志总量与单位总量之比的结果，而强度相对指标是不同现象的两个数值之比。

强度相对指标是统计中重要的对比分析指标，应用十分广泛，它可以说明一个国家、地区或部门的经济实力或为社会服务的能力；可以反映国民经济和社会发展的基本情况；反映生产条件及公共设施的配备情况；也可以反映经济效益的情况等。

（五）计划完成程度相对指标

计划完成程度相对指标简称计划完成程度指标、计划完成百分比。它是某一时期实际完成的指标数值与计划指标数值对比的结果。用来检查、监督计划执行情况，一般用百分数表示。其基本计算公式为：

$$计划完成程度相对指标 = \frac{实际完成的指标数值}{计划指标数值} \times 100\%$$

计划完成程度指标的分子是根据实际完成情况进行统计而得的数据，分母是下达的计划指标。由于计划数总是用来衡量计划完成情况的标准，所以该公式的分子和分母不得互相换位，而且公式的分子和分母的指标含义、计算口径、计算方法、计量单位以及时间长短和空间范围等方面都要一致。公式的分子数值减分母数值则表明计划执行的绝对效果。例如，某企业 2017 年产品产量计划达到 1500 吨，实际为 1800 吨，则：

$$产量计划完成程度（\%） = \frac{1800}{1500} \times 100\% = 120\%$$

计算结果表明，该企业超额完成产量计划任务 20%，实际产量比计划产量增加了 300 吨。

计划数是计算计划完成程度的基数，由于计划任务数下达的表现形式不同，计划完成程度相对指标有以下不同的计算方法。

1. 计划任务数以绝对数形式出现

当计划任务数以绝对数形式出现时，检查其计划完成情况一般分为短期计划完成和长期计划完成（一般为五年）两种。

（1）短期计划完成情况的检查。它可以有两种不同算法表示其计划完成的不同方面。其一是计划数与实际数是同期的，例如月实际数与月计划数对比，说明月度计划执行的结果。其二是计划期中某一段实际累计数与全期计划数对比，用以说明计划的执行进度如何，为下阶段工作安排作准备。其计算公式为：

$$计划执行进度（\%） = \frac{从期初至分析时止累计实际完成数}{全期计划指标数值} \times 100\%$$

（2）长期计划完成情况的检查。长期计划如五年计划，计划任务的规定有不同的性质。有的任务是按全期应完成的总数来规定的，如某地区"十二五"计划规定财政收入全年合计为 11194 亿元。有的任务则是规定计划期末所应达到的水平，如我国"十二五"计划规定，2015 年粮食产量达到 2.65 亿吨。因而产生了两种不同的检查分析方法，一种叫水平法，一种叫累计法。

其一，水平法。制订长期计划时，如果计划指标是以计划期末应达到的水平来下达的，这样检查其计划完成情况就要用水平法检查，其计算公式为：

$$计划完成程度相对指标（\%） = \frac{计划期末期实际达到的水平}{计划规定末期应达到的水平} \times 100\%$$

【例 4-1】某企业"十二五"计划规定到 2015 年某产品年产量达到 4500 万台，实际完成了 4800 万台，计划完成程度为 106.7%（=4800/4500），说明这种产品超额 6.7% 完成全年计划。

按水平法检查计划执行情况，计算提前完成计划任务的时间，是根据连续一年时间（无论是否在一个日历年度，只要连续十二个月即可）的产量和计划规定最后一年的产量相比较来确定的。如计划规定某产品 2015 年末产量达到 130 万吨的水平，实际执行的结果从 2014 年 7 月至 2015 年 6 月止，连续十二个月产量已达到 130 万吨的水平，那么提前完成计划任务的时间为半年或六个月。

其二，累计法。凡是计划指标是按计划期内各年的总和规定任务时，或者说，是按计划全期（如五年）提出累计完成量任务时，这样检查其计划完成情况就要用累计法检查。例如，基建投资额、新增生产能力、造林面积指标等。其计算公式为：

$$计划完成程度相对指标（\%）= \frac{计划期累计实际完成数}{计划期累计计划数} \times 100\%$$

【例 4 - 2】某地区"十二五"计划规定基本建设投资总额为 520 亿元，五年内累计完成 530 亿元，计划完成程度为 101.9%（=530/520），说明该地区"十二五"计划期间基本建设投资额超额 1.9%。

按累计法检查计划执行情况，将计划全部时间减去自计划执行之日起至累计实际数量已达到计划任务时间，即为提前完成计划的时间。例如，某地区"十二五"时期规定造林面积为 6100 万亩，该地区到 2015 年 7 月 31 日止实际完成造林面积累计已达到 6100 万亩，即提前五个月完成造林计划。

2. 计划任务数以相对数形式出现

在计划工作中，也有用提高或降低百分比来规定计划任务的，如劳动生产率计划提高百分之几，成本水平规定降低百分之几，这时计算计划完成程度应采用如下公式：

$$计划完成程度相对指标（\%）= \frac{1 \pm 实际提高（或降低）百分比}{1 \pm 计划提高（或降低）百分比} \times 100\%$$

【例 4 - 3】某企业劳动生产率计划规定 2017 年比 2016 年提高 5%，实际提高 8.5%，则：

$$计划完成程度相对指标（\%）= \frac{1 + 8.5\%}{1 + 5\%} \times 100\% = 103.3\%$$

计算结果说明，该企业劳动生产率超额完成计划 3.3%。

如果计划规定的任务是降低率，计算结果应该越小越好。如某种产品单位成本计划规定 2017 年比 2016 年下降 5%，实际下降 7.5%，则：

$$计划完成程度相对指标（\%）= \frac{1 - 7.5\%}{1 - 5\%} \times 100\% = 97.37\%$$

计算结果表明，实际单位成本比计划规定的单位成本降低了 2.63%。

在实际工作中也有采用实际提高（或降低）率与计划提高（或降低）率相减方法的。相减的结果说明实际比计划多提高（或多降低）的百分数，用百分点表示。如上例劳动生产率完成计划情况可用 8.5% -5% =3.5%，说明实际比计划多提高 3.5 个百分点；如上例产品单位成本完成计划情况用 7.5% -5% =2.5%，说明实际比计划多降低 2.5 个百分点。

3. 计划任务数以平均数形式出现

有些情况下，计划任务数是以平均数的形式出现的，计算其计划完成程度相对指标直接采用基本公式，用实际数与计划数对比求得。这里不再多述。

（六）动态相对指标

动态相对指标也称为发展速度，它是某一指标不同时间上的数值对比的结果。说明同类现象不同时间上的发展程度。动态相对指标一般用百分数表示。其计算公式为：

$$动态相对指标（\%）= \frac{报告期指标数值}{基期指标数值} \times 100\%$$

公式中的基期是作为比较标准的时期，报告期是用来与基期对比的时期，是人们观察研究的时期。例如，某地区 2017 年自行车的零售量为 231.4 万辆，2016 年为 198.4 万辆，2017 年为 2016 年的 116.6%（=231.4/198.4）。

动态相对指标对于分析研究社会经济现象的发展变化过程具有重要意义，本书将在"动态数列"一章予以详细讲述。

四、计算和运用相对指标应注意的问题

（一）正确选择作为对比标准的基数

相对指标是通过指标对比来反映现象的联系的，而现象的联系是由现象的性质特点所决定。因此，一个指标究竟应该和哪些指标对比，选择怎样的基数，就必须从现象的性质特点出发，并结合分析研究的目的才能得到反映。不合理的对比基数往往会得出歪曲事实真相的错误结论。例如，计算居民识字的普及程度指标，如果把识字人数与全国人口数对比，就无法正确反映识字的普及程度，因为在全部人口数中包含着不属于识字普及对象的学龄前儿童，而这部分本不应该包括在基数中。据我国第六次人口普查统计，我国人口的文盲率（15 岁及以上文盲占总人口的比重）为 4.08%，比 2000 年普查的 6.72% 下降了 2.64 个百分点（"文盲人口"是指 15 岁及 15 岁以上不识字及识字很少的人口）（资料来源：我国第六次人口普查）。

（二）保证两个对比指标的可比性

所谓可比性，就是两个对比指标比得是否合理，比得是否符合研究的目的要求，对比的结果是否能够确切地说明所研究的问题。两个对比指标在经济内容、总体范围、计算方法、计量单位等方面都要求必须协调一致，才具有可比性。

（三）必须把相对指标和总量指标结合运用

通过计算相对指标把现象的绝对水平抽象化了，不能说明现象绝对量的差异，因此在进行对比分析时要把相对指标和总量指标结合起来进行分析，既看到现象的变化程度，也看到绝对量的变化，从而深刻认识现象变化的实质。

第三节　平均指标

平均指标是表明同类社会经济现象一般水平的统计指标。一般用平均数形式表示，因此也称为平均数。平均指标可以是同一时间同类社会经济现象的一般水平，称为静态平均数；也可以是不同时间的同类社会经济现象的一般水平，称为动态平均数。本节只论述静态平均数，动态平均数将在"动态数列"一章讲述。

一、平均指标的意义和作用

（一）平均指标的概念

平均指标是同类总体各单位某一数量标志值在具体时间、地点条件下达到的一般水平，它是社会经济统计中广泛应用的一种综合指标。

大家知道，在社会经济现象总体中，每个单位都有许多数量标志来表明它们的特征，这些特征的数量取值有大有小，差异很大，分布有多有少参差不齐。但是在同类总体内的各个具体事物现象具有共同的质的规定性，把数量上的差异制约在一定的范围中，这样就有可能利用一定的量来代表总体单位数量标志的一般水平。例如，工作人员的工资取决于他的技能、劳动性质、年龄、工龄和各种其他因素，因此，工资水平各种各样，但是，人们仍然可以谈论国民经济所有部门职工工资的平均水平，如 2016 年全国城镇单位就业人员平均工资 67569 元（资料来源：2017 年中国统计年鉴）。

平均指标的特点在于它把总体各单位标志值的差异给抽象化了；它是一个代表值，用以说明总体的一般水平；它反映了总体分布的集中趋势；它在认识社会经济现象总体数量特征方面有着重要的作用。

（二）平均指标的作用

1. 利用平均指标可以概括说明总体的一般水平

平均指标是把一个总体内各单位的数量差异抽象化，用一个指标数值说明总体的一般水平。例如，用某市职工年平均工资 8000 元来反映该市职工的收入水平，就具有高度的综合性和概括能力，给人以鲜明、深刻的印象。

2. 利用平均指标可以对同一现象不同空间进行对比分析

对于不同国家、不同地区、不同单位同类现象的水平，由于总体范围的大小可能不同，通常不能直接进行对比，只有通过计算平均指标才能将不可比的现象变为可比，从而反映出现象之间在空间上的差异。

例如，2007 年我国两大城市的国际旅游外汇收入和国际旅游业从业人数情况，如表 4－3 所示。

表4-3 2007年我国两大城市国际旅游外汇收入和旅游从业人数情况

城市	国际旅游外汇收入（万美元）	国际旅游业从业人数（人）	人均创外汇（万美元/人）
甲城市	238400	185080	1288
乙城市	121791	76238	1598

表4-3中的资料说明，从总量指标"国际旅游外汇收入"和"国际旅游业从业人数"上来看，甲城市均高于乙城市，但是如果从"人均创外汇"这一平均指标来看，则乙城市要高于甲城市310万美元/人。这个结果表明，乙城市创外汇能力和效果均优于甲城市。这个结论，只有通过平均指标的空间对比才能获得。

3. 利用平均指标可以对同一现象进行不同时间的对比

事物总是在不断发展变化着，利用平均指标，可以研究某一总体在时间上的变化，反映总体发展的过程及其发展变化的趋势。例如，为反映改革开放20年来，我国城镇居民生活水平的提高程度，可以通过这20年间职工平均工资在不同时间上的发展趋势或变动规律来揭示；同时还可以通过将现在职工的平均工资水平与改革开放前20年间的工资水平进行对比，从中显示出此间工资水平的差异。

4. 利用平均指标可以进行数量上的估算

对社会经济现象的总量指标进行数量估算时，可采用科学的方法，利用由某一标志值计算出的平均指标来估算未知总体的平均指标或者估算总体的标志总量。例如，已知某市某区牛奶的人均消费量，可以估算全市牛奶的人均消费量，也可以估算本地区牛奶的消费总量。

5. 平均指标可以对社会经济现象进行深入的统计分析研究

平均指标是统计分析的基本指标。在统计分析研究过程中，无论是进行相关分析、趋势分析、指数分析、抽样推断和预测决策等，都广泛应用平均指标。例如要分析客观现象之间所存在的依存关系，就可以对现象总体在进行分组的基础上，运用平均指标分析现象之间的依存关系。例如，在对企业按车间或班组进行分组的基础上，可以通过计算各组的平均工资水平和各组的平均劳动生产率，来反映平均劳动生产率与平均工资水平之间的依存关系。这方面的问题，将在以后几章中详述。

平均指标按计算和确定的方法不同，可以把平均数分为数值平均数和位置平均数。凡根据总体各单位标志值计算的平均数，称为数值平均数，主要有算术平均数、调和平均数和几何平均数等；凡根据总体各单位标志值在变量数列中的位置计算的平均数，称为位置平均数，主要有众数和中位数。

二、平均指标的种类及计算分析

（一）算术平均数

算术平均数是分析社会经济现象一般水平和典型特征的最基本、最常用的一种平均指标。其基本定义为：总体标志总量与总体单位总量之比。其计算公式为：

$$算数平均数 = \frac{总体各单位数量标志值之和}{总体单位数}$$

【例4-4】某企业某月职工工资总额为180000元，职工总人数为200人，则该企业该月职工的平均工资为900 = 180000/200。

在计算算术平均数时，分子与分母必须同属于一个总体，具有一一对应的关系，即有一个总体单位必有一个标志值对应。只有这样计算出的平均指标才能表明总体的一般水平。这一点也正是平均指标与强度相对指标表现出性质上的差异。强度相对指标是两个有联系的不同总体的总量指标对比，这两个总量指标没有依附关系，而只是在经济内容上存在客观联系。

根据所掌握资料的不同，算术平均数有两种计算方法：简单算术平均数和加权算术平均数。

1. 简单算术平均数

在掌握了总体各单位标志值及单位总量原始资料时，可直接利用上述公式计算算术平均数。其计算公式为：

$$\bar{x} = \frac{x_1 + x_2 + x_3 + \cdots + x_n}{n} = \frac{\sum x}{n}$$

式中：$\bar{x}$表示算术平均数；

$\quad\quad x_1, x_2, x_3, \cdots, x_n$ 表示各单位的标志值；

$\quad\quad n$ 表示总体单位数；

$\quad\quad \sum$ 表示总和；

$\quad\quad \sum x$ 表示总体单位标志总量。

【例4-5】某班有5名学生的《统计学基础》期末考试成绩分别为：58分，65分，70分，78分，82分，则平均每人考试成绩为：

$$\bar{x} = \frac{\sum x}{n} = \frac{58 + 65 + 70 + 78 + 82}{5} = 70.6(分)$$

即该班5名学生《统计学基础》的平均成绩为70.6分，它代表了这个班级这5名学生《统计学基础》考试成绩的一般水平。

简单算术平均数计算方法简便，但其应用的前提条件：变量数列中各个变量值出现的次数相同。

2. 加权算术平均数

原始数据经过分组，编成分配数列，将各组标志值乘以相应的次数，然后加总求和，再除以总次数（总体单位数），所得结果为加权算术平均数，这种方法为加权算术平均法。其计算公式为：

$$\bar{x} = \frac{x_1 f_1 + x_2 f_2 + x_3 f_3 + \cdots + x_n f_n}{\sum f} = \frac{\sum xf}{\sum f}$$

式中，f_1，f_2，f_3，…，f_n 分别表示各组标志值出现的次数。

当变量值已经分组，且各组变量值出现的次数不同时，就必须计算加权算术平均数。

在计算加权算术平均数时，由于所掌握的分组资料不同，又有两种不同的形式。

（1）单项数列的加权算术平均数。在单项分配数列的条件下，计算加权算术平均数的方法直接用上面的算式即可。

【例4－6】某车间100名工人某月奖金的分配数列资料如表4－4所示，试计算工人平均每人奖金额。

表4－4　某车间某月奖金的分配情况及计算

等级	奖金额（元）	人数（人）	各组奖金总额（元）
（甲）	x	f	$x \cdot f$
一等	1200	10	12000
二等	1000	45	45000
三等	900	30	27000
四等	800	15	12000
合计	—	100	96000

根据表4－4中的资料，计算平均每人奖金额如下：

$$\bar{x} = \frac{\sum xf}{\sum f} = \frac{1200 \times 10 + 1000 \times 45 + 900 \times 30 + 800 \times 15}{10 + 45 + 30 + 15}$$

$$= \frac{96000}{100} = 960（元）$$

（2）组距数列的加权算术平均数。如果我们所掌握的资料不是单项分配数列，而是组距分配数列，计算平均数的方法与单项数列基本相同，只是首先需要计算组中值，用组中值代替各组的标志值进行计算。

【例4－7】某储蓄所为100个商业者贷款情况资料如表4－5所示。

表4－5　某储蓄所为100个商业者贷款情况

贷款额（万元）	组中值（万元）	贷款户数（户）	各组贷款额（万元）
（甲）	x	f	$x \cdot f$
20以下	10	10	100
20~40	30	25	750
40~60	50	40	2000
60~80	70	20	1400
80以上	90	5	450
合计	—	100	4700

该储蓄所平均每个商业者贷款额为：

$$\bar{x} = \frac{\sum xf}{\sum f} = \frac{10 \times 10 + 30 \times 25 + 50 \times 40 + 70 \times 20 + 90 \times 5}{10 + 25 + 40 + 20 + 5}$$

$$= \frac{4700}{100} = 47(万元)$$

这里需要说明，用组中值代替各组标志值具有假定性，即假定各组内部的标志值分布是均匀的。因此，计算的平均数只是近似值，而不是准确数值。

由以上计算可知，加权算术平均数受两个因素的影响：一个是分配数列中各组的标志值，另一个是各组标志值出现的次数。当各组标志值确定不变，各组次数则起着决定作用。出现次数多的标志值对平均数的影响作用大些，使平均数向其靠拢；出现次数少的标志值对平均数的影响作用小些，平均数远离该标志值。这就说明各标志值出现次数在计算平均数的过程中起着权衡轻重的作用，所以称其为权数。加权算术平均数也是由此而得名的。

权数除用总体各组单位数即频数形式表示外，还可以用比重即频率形式表示。因此，便有另一种加权算术平均数的形式，就是将各组的标志值乘以相应的比重然后求和，即得加权算术平均数。其计算公式为：

$$\bar{x} = x_1 \frac{f_1}{\sum f} + x_2 \frac{f_2}{\sum f} + x_3 \frac{f_3}{\sum f} + \cdots + x_n \frac{f_n}{\sum f} = \sum x \frac{f}{\sum f}$$

【例 4-8】根据表 4-4 资料计算，结果见表 4-6，平均每人奖金额为：

$$\bar{x} = \sum x \frac{f}{\sum f}$$

$$= 1200 \times 10\% + 1000 \times 45\% + 900 \times 30\% + 800 \times 15\%$$

$$= 960(元)$$

计算结果平均每人奖金额靠近人数占较大比重的第二组的标志值 1000 元。

表 4-6　计算表

等级	奖金额（元）	各组人数占总人数比重（%）	各组奖金额×比重
（甲）	x	$\dfrac{f}{\sum f}$	$x \cdot \dfrac{f}{\sum f}$
一等	1200	10	120
二等	1000	45	450
三等	900	30	270
四等	800	15	120
合计	—	100	960

简单算术平均数与加权算术平均数两者之间具有内在联系。加权算术平均数公式是算术平均数的代表公式，简单算术平均数公式只是加权算术平均数公式在各组权数都相等时

的一个特例。

计算加权算术平均数时需要注意：

其一，权数的引入。通过前面的计算不难发现，简单算术平均数的大小，只受一个因素变量值本身大小的影响，当变量值的水平较高时，平均数就较大；反之，平均数就较小。加权算术平均数的大小，却要同时受两个因素的影响：一是变量值本身，二是各个变量值出现的次数。

其二，权数的性质。变量值出现的次数对加权算术平均数的大小起着权衡轻重的作用，均数往往靠近次数最多的那个变量值。从上例中可以明显看出，权数大的变量值对平均数的影响就大，权数小的变量值对平均数的影响就小。

其三，权数的选择。在计算加权算术平均数时，必须慎重考虑权数的选择。选择权数的原则：各组的变量值与其出现次数的乘积等于各组的标志总量，并具有实际经济意义。一般来说，在变量数列中，变量值出现的次数就是权数。但也有例外的情况，特别是用相对数或平均数计算加权算术平均数时要特别注意，例如，有关资料见表4-7。

其四，权数的实质。权数对算术平均数的影响，不是决定于权数本身数值的大小，而是决定于权数比重（或称为相对数权数）的大小。权数比重是指作为权数的各组单位数占总体单位数的比重，也叫权数系数。单位数所占比重大的组，其变量值对平均数的影响就大，反之影响就小。其计算公式为：

$$\bar{x} = \frac{\sum xf}{\sum f} = \sum x \frac{f}{\sum f}$$

式中：$\frac{f}{\sum f}$ 为权数比重。

表4-7 某股份制公司某年所属15个企业产值计划完成情况分配数列

计划完成程度（％）	企业数（个）	计划任务数（万元）	组中值（％）	实际完成数（万元）
（甲）	—	f	x	$x \cdot f$
90~100	5	100	95	95
100~110	8	800	105	840
110~120	2	100	115	115
合计	15	1000	—	1050

本例的平均对象是各企业完成产值计划百分比。为了计算整个某股份制公司产值计划平均完成程度，是用企业数为权数还是用计划产值为权数呢？企业数是完成产值计划不同程度的次数但不是合适的权数。因为企业规模大小不同，产值多少也有差别，企业数与标志值相乘没有实际经济意义。正确计算产值计划平均计划完成百分比，需用计划产值来加权。这样，才适合于这一指标的性质，即从实际产值和计划产值的对比中来确定。计算如下：

平均计划完成程度（%）=

$$\bar{x} = \frac{\sum xf}{\sum f} = \frac{95\% \times 100 + 105\% \times 800 + 115\% \times 100}{100 + 800 + 100}$$

$$= \frac{1050}{1000} \times 100\% = 105(\%)$$

3. 算术平均数的数学性质

在实际应用中，算术平均数有不同的数学性质，这里只介绍两个重要性质。

（1）各个标志值与其算术平均数的离差总和等于零。

其一，简单算术平均数。

$$\sum (x - \bar{x}) = 0$$

证明：$\sum (x - \bar{x}) = \sum x - \bar{x}$

$\because \bar{x} = \dfrac{\sum x}{n}, \sum x = n\bar{x}$

$\therefore \sum (x - \bar{x}) = \sum x - \sum \bar{x} = 0$

其二，加权算术平均数。

$$\sum (x - \bar{x})f = 0$$

证明：$\sum (x - \bar{x})f = \sum xf - \sum \bar{x}f = \sum xf - \bar{x}\sum f$

$\because \bar{x} = \dfrac{\sum xf}{\sum f}, \sum xf = \bar{x}\sum f$

$\therefore \sum (x - \bar{x})f = \sum xf - \sum \bar{x}f = 0$

（2）各标志值与算术平均数的离差平方和为最小值。

其一，简单算术平均数。

$$\sum (x - \bar{x})^2 = 最小值$$

证明：设 x_0 为任意值，$x_0 = \bar{x} - c$，则以 x_0 为中心的离差平方总和为：

$$\sum (x - x_0)^2 = \sum [x - (\bar{x} - c)]^2$$

$$= \sum [(x - \bar{x}) + c]^2$$

$$= \sum [(x - \bar{x})^2 + 2c(x - \bar{x}) + c^2]$$

$$= \sum (x - \bar{x})^2 + 2c\sum (x - \bar{x}) + nc^2$$

$$= \sum (x - \bar{x})^2 + nc^2$$

$\because nc^2 \geqslant 0$

$\therefore \sum (x - x_0)^2 \geqslant \sum (x - \bar{x})^2$

即：$\sum (x - \bar{x})^2$ 为最小值。

其二，加权算术平均数。

$$\sum (x - \bar{x})^2 \cdot f = 最小值$$

证明过程与简单算术平均数同理，故在此略去。

这两个数学性质是进行趋势预测、回归预测、建立数学模型的重要数学理论依据。

4. 算术平均数的特点

其一，算术平均数的计算方法易为人们理解和掌握，其许多数学性质可使算术平均数的计算更加简便易行。

其二，由于算术平均数的计算考虑到标志数列中所有标志值的作用，因此受各个标志值的影响，如果数列中有特别高或特别低的异常标志值，则平均数的代表性会受到影响，这也是算术平均数的不足之处。

（二）调和平均数

调和平均数是各个标志值倒数的算术平均数的倒数，又称为倒数平均数。一般有简单调和平均数和加权调和平均数两种形式。

1. 简单调和平均数

简单调和平均数是各个标志值倒数的简单算术平均数的倒数。在各标志值相应的标志总量均为一个单位的情况下求平均数时，应计算简单调和平均数。其计算公式为：

$$H = \frac{n}{\frac{1}{x_1} + \frac{1}{x_2} + \frac{1}{x_3} + \cdots + \frac{1}{x_n}} = \frac{n}{\sum \frac{1}{x}}$$

式中：H 表示调和平均数；

x 表示各单位标志值；

n 表示总体单位总量。

例如，某商品在淡季、平季、旺季的价格分别是 100 元、116 元、140 元，假设分别以淡季、平季、旺季的价格购买金额相等的这种商品，求该商品的平均价格。将有关数字代入简单调和平均数公式，得到该商品在三个季节中的平均价格为：

$$H = \frac{1}{\sum \frac{1}{x}} = \frac{3}{\frac{1}{100} + \frac{1}{116} + \frac{1}{140}} = 116.46(元)$$

2. 加权调和平均数

加权调和平均数是各个标志值倒数的加权算术平均数的倒数。在实际中各标志值相应的标志总量往往是不等的，在这种情况下求平均数时，应计算加权调和平均数。其计算公式为：

$$H = \frac{m_1 + m_2 + m_3 + \cdots + m_n}{\frac{m_1}{x_1} + \frac{m_2}{x_2} + \frac{m_3}{x_3} + \cdots + \frac{m_n}{x_n}} = \frac{\sum m}{\sum \frac{m}{x}}$$

式中：m 表示总体各组标志总量；

x 表示总体各组标志值；

$\sum m$ 表示总体标志总量。

【例4-9】某车间某年奖金分配情况如表4-8所示，求该车间的平均奖金额。

表4-8　某车间某年奖金分配情况

等级	奖金额（元）	奖金总额（元）	人数（人）
（甲）	x	m	$\frac{m}{x}$
一等	1200	12000	10
二等	1000	45000	45
三等	900	27000	30
四等	800	12000	15
合计	—	96000	100

$$H = \frac{\sum m}{\sum \frac{m}{x}} = \frac{12000+45000+27000+12000}{\frac{12000}{1200}+\frac{45000}{1000}+\frac{27000}{900}+\frac{12000}{800}} = 960（元）$$

通过上例计算可以看出，加权调和平均数实质上是加权算术平均数的一种变换形式。它们的关系为：

$$H = \frac{\sum m}{\sum \frac{m}{x}} = \frac{\sum xf}{\sum f} = \bar{x}$$

由此可见，加权调和平均数与加权算术平均数只是计算形式上的不同，其经济内容是一致的，都是反映总体标志总量与总体单位总量的比值。在计算平均数时，可以根据所掌握资料的不同，选择加权算术平均数或加权调和平均数。

下面通过实例来说明加权算术平均数和加权调和平均数两种方法的应用。

（1）由相对数计算平均数。以计划完成程度相对指标为例，当掌握的资料为实际完成数时，求平均计划完成程度，应以实际完成数作为权数，采用加权调和平均数来计算；当掌握的资料为计划任务数时，应以计划任务数作为权数，采用加权算术平均数来计算。

【例4-10】某饭店分一部、二部、三部，2017年计划收入及完成程度资料如下，试计算该饭店收入的平均计划完成程度。

由于掌握的资料是计划任务数，平均计划完成程度应采用以计划收入为权数的加权算术平均数来计算，如表4-9所示。

· 104 ·

表 4 - 9　某饭店 2017 年收入计划完成资料及计算

分组	计划完成程度（%）	计划收入（万元）	实际收入（万元）
（甲）	x	f	$x \cdot f$
一部	102	300	306.0
二部	107	260	278.2
三部	109	240	261.6
合计	—	800	845.8

2017 年收入平均计划完成程度为：

$$\bar{x} = \frac{\sum xf}{\sum f} = \frac{845.8}{800} = 105.73(\%)$$

如果掌握的资料是实际完成数，平均计划完成程度则要采用以实际收入为权数的加权调和平均数来计算，如表 4 - 10 所示。

表 4 - 10　某饭店 2017 年实际收入完成资料及计算

分组	计划完成程度（%）	实际收入（万元）	计划收入（万元）
（甲）	x	m	$\dfrac{m}{x}$
一部	102	306.0	300
二部	107	278.2	260
三部	109	261.6	240
合计	—	845.8	800

由表 4 - 10 中的资料计算平均计划完成程度为：

$$H = \frac{\sum m}{\sum \dfrac{m}{x}} = \frac{845.8}{800} = 105.73(\%)$$

（2）由平均数计算平均数。以工业企业生产工人劳动生产率为例，如果所掌握的资料是各车间的生产工人劳动生产率及其产值，则计算该企业的平均生产工人劳动生产率时应采用加权调和平均数；如果所掌握的资料是各车间的生产工人劳动生产率及其生产工人人数，则计算该企业的平均生产工人劳动生产率时应采用加权算术平均数。

【例 4 - 11】现以某工业部门 2017 年的相关指标数值为例，确定采用加权调和平均数还是采用加权算术平均数来计算平均生产工人劳动生产率。资料如表 4 - 11 所示。

表 4 - 11　某工业部门 2017 年有关指标数值情况

按劳动生产率分组（万元/人）	工业增加值（万元）	组中值（万元/人）	生产工人数（人）
（甲）	m	x	$\dfrac{m}{x}$

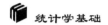

续表

按劳动生产率分组（万元/人）	工业增加值（万元）	组中值（万元/人）	生产工人数（人）
2 ~ 4	746060.78	3	248687
4 ~ 6	593670.91	5	118734
6 ~ 8	1151155.53	7	164451
8 ~ 10	1147773.57	9	127530
合计	3638660.79	—	659402

将表 4 – 11 中的数值代入公式，可得平均生产工人劳动生产率为：

$$H = \frac{\sum m}{\sum \frac{m}{x}} = \frac{3638660.79}{659402} = 5.52（万元 / 人）$$

3. 调和平均数的特点

其一，调和平均数由于是根据所有标志值计算的，所以易受极端数值的影响。当数列明显地偏态分布时，调和平均数的代表性也会受到影响。

其二，当数列中有一个标志值为 0，则调和平均数无法计算。

（三）几何平均数

几何平均数就是 n 个变量值连乘积的 n 次方根。

根据掌握资料的差异，几何平均数分为简单几何平均数和加权几何平均数两种。

1. 简单几何平均数

设有 n 个变量值 x_1，x_2，x_3，$\cdots$，x_n，由几何平均数定义可得出简单几何平均数的计算公式为：

$$x_G = \sqrt[n]{x_1 \cdot x_2 \cdot x_3 \cdot \cdots \cdot x_n} = \sqrt[n]{\Pi x}$$

式中：x_G 表示几何平均数；

Π 表示连乘符号。

【例 4 – 12】 某机械厂生产机器，设有毛坯、粗加工、精加工、装配四个连续作业的车间，各车间某批产品的合格率分别为 96%、93%、95%、97%，求各车间制品平均合格率。

由于全厂产品的总合格率并不等于各车间制品的合格率总和，后续车间的合格率是在前一车间制品全部合格的基础上计算的。全厂产品的总合格率应等于各车间制品合格率的连乘积，所以不能采用算术平均数和调和平均数公式计算平均合格率，而应用几何平均法来求得。其计算如下：

车间制品平均合格率

$$x_G = \sqrt[n]{\Pi x} = \sqrt[4]{96\% \times 93\% \times 95\% \times 97\%} = 95.24\%$$

2. 加权几何平均数

当计算几何平均数的每个变量值的次数不相同时，则应用加权几何平均法，其计算公式为：

$$x_G = \sqrt[\sum f]{x_1^{f_1} \cdot x_2^{f_2} \cdot x_3^{f_3} \cdot \cdots \cdot x_n^{f_n}}$$

式中：f 表示各组变量值的次数；

$\sum f$ 表示次数总和。

【例 4 - 13】某笔为期 20 年的投资按复利计算收益，前 10 年的年利率为 10%，中间 5 年的年利率为 8%，最后 5 年的年利率为 6%。则：

20 年后的本利率为：$(1 + 10\%)^{10} \times (1 + 8\%)^5 \times (1 + 6\%)^5 = 5.1001\%$

整个投资期间的年平均利率为：

$$x_G = \sqrt[20]{1.10^{10} \times 1.08^5 \times 1.06^5} - 1$$
$$= \sqrt[20]{5.1001} - 1$$
$$= 8.487\%$$

几何平均数是计算平均比率或平均速度最适用的一种方法，这是因为几何平均数的数学性质与社会经济现象发展的平均比率或平均速度形成的客观过程相一致。凡是变量值的连乘积等于总比率或总速度的现象都适用于用几何平均法计算平均比率或平均速度。在实际应用中，几何平均数主要用于计算社会经济现象的年平均发展速度（内容详见第五章动态数列分析）。

3. 几何平均数的特点

其一，适用于反映特定现象的平均水平，即现象的总标志值不是各单位标志值的总和，而是各单位标志值的连乘积。对于这一类现象，既不能采用算术平均数，也不能采用调和平均数反映其一般水平。

其二，如果数列中有一个标志值为 0 或负值，就无法计算几何平均数。

其三，几何平均数受极端变量值的影响较算术平均数和调和平均数为小。

（四）众数

1. 众数的概念

众数是指总体中出现次数最多的标志值。它是总体中最常遇到的标志值，是最普遍、最一般的标志值。用众数也可以表明社会经济现象的一般水平。

在实际工作中，众数是应用较为广泛的。例如，要说明消费者需要的服装、鞋帽等的普遍尺码，反映集市、贸易市场某种蔬菜的价格等，都可以通过市场调查、分析，了解哪一尺码的成交量最大，哪一价格的成交量最多，人们的这种一般需求，即为众数。

2. 众数的确定

确定众数，首先要将数据资料进行分组，编制变量数列；然后，根据变量数列的不同种类采用不同的方法。

（1）根据单项式数列确定众数。在单项式数列的情况下，确定众数比较简单，只需通过观察找出次数出现最多的那个标志值即可，如表 4 - 12 所示。

表 4 – 12　某商店内衣的销售情况

规格（厘米）	销售数量（件）
90	20
95	60
100	150
105	70
110	80
合计	380

表 4 – 12 数列中规格为 100 厘米的内衣销售量最多，即出现次数最多，则众数 $M_0 =$ 100 厘米。

（2）根据组距式数列确定众数。根据组距式数列确定众数，需采用插补法。一般步骤：先确定众数所在组，然后利用公式计算众数的近似值。其计算公式为：

下限公式：$M_0 = U - \dfrac{\Delta_2}{\Delta_1 + \Delta_2} \cdot d$

上限公式：$M_0 = L + \dfrac{\Delta_1}{\Delta_1 + \Delta_2} \cdot d$

式中：M_0 表示众数；

　　　　L 表示众数所在组的下限；

　　　　U 表示众数所在组的上限；

　　　　Δ_1 表示众数所在组次数与前一组次数之差；

　　　　Δ_2 表示众数所在组次数与后一组次数之差；

　　　　d 表示众数所在组的组距。

举例说明具体确定方法，如表 4 – 13 所示。

表 4 – 13　2017 年某乡农民家庭年纯收入资料

农民家庭按年纯收入分组（元）	农民家庭数（户）
800 ~ 1000	240
1000 ~ 1200	480
1200 ~ 1400	1050
1400 ~ 1600	600
1600 ~ 1800	270
1800 ~ 2000	210
2000 ~ 2200	120
2200 ~ 2400	50
合计	3020

确定该乡农民家庭年纯收入的众数。首先找出众数所在组，数列中 1200～1400 元的有 1050 户，即次数最多，该组为众数所在组，然后利用公式计算近似值。

用下限公式计算：

$$M_0 = L + \frac{\Delta_1}{\Delta_1 + \Delta_2} \cdot d = 1200 + \frac{1050 - 480}{(1050 - 480) + (1050 - 600)}$$

$$= 1200 + \frac{570}{570 + 450} \times 200 = 1311.8（元）$$

用上限公式计算：

$$M_0 = U - \frac{\Delta_2}{\Delta_1 + \Delta_2} \cdot d = 1400 - \frac{1050 - 600}{(1050 - 480) + (1050 - 600)} \times 200$$

$$= 1400 - \frac{450}{570 + 450} \times 200 = 1311.8（元）$$

对同一资料利用下限公式和上限公式计算的结果相同。众数也可以根据各组次数占总体比重来确定。变量数列中比重最大的标志值为众数。其确定方法与绝对数表示的次数相同，这里不再重述。

众数的计算有一定条件，即如果遇到所有标志值的频数都是一样的分配数列，则不存在众数。在单位数不多或一个无明显集中趋势的资料中，众数的测定是没有意义的，即无众数。某些场合，不是一个标志值，而是两个标志值具有最大的额数，那就是两个众数，属于双众数或复众数分配数列。

3. 众数的特点及应用

（1）众数具有以下几个特点：其一，由于众数是一种位置平均数，它不受各单位标志值的影响，因此作为标志数列的平均水平有不足之处。不需要通过全部变量值来计算，因此它不受极端变量值的影响，增强了作为标志数列一般水平的代表性。其二，在组距数列中，各组分布的次数受组距大小的影响，所以根据组距数列确定众数时，要保证各组组距相等。其三，当分配数列没有明显的集中趋势而趋均匀分布，则无众数可言。其四，在一个次数分布中有几个众数，称为多重众数；有两个众数，称为双重众数。此时说明总体内存在不同性质的事物。

（2）在确定众数时，需要满足以下两个前提：其一，总体单位数较多。若总体单位数不多，虽然可以从中得到一个具有较大频率的数值，但其价值并不一定具有"最普遍值"的意义。其二，次数分布具有明显的集中趋势。若数列中各个数据出现的频率都差不多，则所得到的"众数"缺乏代表性。

（五）中位数

1. 中位数的概念

中位数是指将总体各单位标志值按大小顺序排列后，处于数列中间位置的那个标志值。由于它的位置居中，其数值不受极端数值的影响，也能表明总体各单位标志值的一般水平。

2. 中位数的确定

根据所掌握资料的不同，中位数的确定方法有两种。即根据未分组资料确定中位数和根据分组资料确定中位数。

（1）根据未分组资料确定中位数。首先将掌握的资料，按标志值由大到小或由小到大的顺序进行排列，然后确定中位数所在的位置，与中位数所在位置相对应的标志值即为中位数。

中位数位置 $= (n+1)/2$

如果标志值的项数（n）是奇数，那么中间位置的那个标志值是中位数。如果标志值的项数（n）是偶数，那么处于中间位置左右两边的标志值的算术平均数就是中位数。如甲乙两个班组工人分别为 11 人和 12 人，每人日产零件数如下（单位：件）：

甲班组：15 17 19 20 22 22 23 23 25 26 30

乙班组：15 16 17 17 19 20 22 22 23 25 26 28

甲组中位数位次 $= (n+1)/2 = (11+1)/2 = 6$，则中位数所在位置为第 6 位所对应的标志值，即 22 就是中位数，它代表了这 11 名工人平均日产零件的一般水平。

乙组中位数位次 $= (n+1)/2 = (12+1)/2 = 6.5$，该位次在第 6 位和第 7 位次中间，即第 6 位和第 7 位工人日产量的算术平均数 21 件［$=(20+22)/2$］为中位数。

（2）根据分组资料确定中位数。

1）根据单项式数列确定中位数。单项数列确定中位数时，因资料经过整理已编制成标志值按大小顺序排列的变量数列，因此可直接用公式 $\sum f/2$ 确定中位数的位次，再根据中位数的位次用计算累计次数的方法，计算较小制累计次数和较大制累计次数两种。累计次数刚好超过中位数位次的组确定为中位数组，则该组的标志值即为中位数。

【例4-14】某学院2016~2017学年共有30名同学获得奖学金，其分布情况如表4-14所示。

表4-14　学生奖学金分布情况及计算

奖学金金额（元/人）	学生人数（人）	学生人数的累计次数（人）	
		较小制累计	较大制累计
300	3	3	30
500	6	9	27
800	8	17	21
1000	7	24	13
1500	6	30	6
合计	30	—	—

由表4-14中资料计算的中位数位置为：

$30/2 = 15$

即中位数在第 15 人的位置上。无论是较小制累计次数还是较大制累计次数，所选择的累计人数值都应是不小于15的最小数值。表4-14中的17和21符合这一要求，它们对应的是第三组，即800元/人就是中位数。

2）根据组距式数列确定中位数。根据组距式数列确定中位数与单项式数列确定中位数方法相似，不同的是根据中位数位次及累计次数确定中位数组后，无法得到中位数的准确值，需用公式计算中位数的近似值。其计算公式如下：

下限公式：

$$M_e = L + \frac{\frac{\sum f}{2} - S_{m-1}}{f_m^{\cdot}} \cdot d$$

上限公式：

$$M_e = U - \frac{\frac{\sum f}{2} - S_{m+1}}{f_m} \cdot d$$

式中：L 表示中位数组的下限；

$\quad U$ 表示中位数组的上限；

$\quad f_m$ 表示中位数组的次数；

$\quad S_{m-1}$ 表示中位数所在组以前一组的累计次数；

$\quad S_{m+1}$ 表示中位组所在组以后一组的累计次数；

$\quad \sum f$ 表示总次数；

$\quad d$ 表示中位组所在组的组距。

【例4-15】下面用表4-13资料说明组距数列的中位数的计算，如表4-15所示。

表4-15　2017年某乡农民家庭年纯收入资料及计算

农民家庭按年纯收入分组（元）	农民家庭数（户）	较小制累计次数（户）	较大制累计次数（户）
800～1000	240	240	3020
1000～1200	480	720	2780
1200～1400	1050	1770	2300
1400～1600	600	2370	1250
1600～1800	270	2640	650
1800～2000	210	2850	380
2000～2200	120	2970	170
2200～2400	50	3020	50
合计	3020	—	—

确定中位数的基本步骤：

第一步，确定中位数所在的组：

$$中位数位置（次）= \frac{\sum f}{2} = \frac{3020}{2} = 1510$$

∵ 720 < 1510 < 1770

∴ 中位数在 1200 万 ~ 1400 万元这一组。

第二步，确定中位数的近似值。确定了中位数所在的组以后，可以采用比例插入法，得中位数的近似值。这里需要假定某乡农民家庭年纯收入在 1200 万 ~ 1400 万元是均匀分布的。故可采用以下两个公式估算中位数的值：

代入是下限公式：

$$M_e = L + \frac{\frac{\sum f}{2} - S_{m-1}}{f_m} \cdot d = 1200 + \frac{\frac{3020}{2} - 720}{1050} \times 200$$

$$= 1200 + \frac{790}{1050} \times 200 = 1350.5 (元)$$

代入上限公式：

$$M_e = U - \frac{\frac{\sum f}{2} - S_{m+1}}{f_m} \cdot d = 1400 - \frac{\frac{3020}{2} - 1250}{1050} \times 200$$

$$= 1400 - \frac{260}{1050} \times 200 = 1350.5 (元)$$

3. 中位数的特点

（1）中位数是一种位置平均数，它除了受数列中间位置的标志值的影响外，不受变量数列的极大值或极小值的影响，从而在一定程度上增强了作为变量数列一般水平的代表性。

（2）有些离散性变量的单项数列，当次数分布是偏态时，可能找不到合适的标志值使其上下两边的次数相等。

三、平均数之间的关系

（一）算术平均数、几何平均数和调和平均数的关系

算术平均数、几何平均数和调和平均数是由数列中的所有标志值计算的。从数量上考察，三者的关系如下：

其一，根据同一标志值数列计算，其结果：算术平均数≥几何平均数≥调和平均数，也就是算术平均数最大，调和平均数最小，几何平均数居中。

其二，当标志值数列中的每一个标志值相等时，算术平均数 = 几何平均数 = 调和平均数。

在实际应用时，要根据社会经济现象中客观存在的数量关系选择使用。就是说，适宜用算术平均数计算的，就不要用调和平均数或几何平均数；反之，也是一样。

（二）算术平均数、众数和中位数的关系

算术平均数、众数和中位数是按不同方法确定的，并且含义不同，但都是作为总体一般水平的平均指标，从不同的侧面反映总体分布集中趋势的特征。因此，彼此之间存在着一定的关系。三者的关系与总体频率分布的特征有关。在对称分布情况下，算术平均数、众数、中位数三者合而为一，即算术平均数等于众数、等于中位数。

四、应用平均指标需注意的问题

（一）注意社会经济现象的同质性

同质性，就是指总体各单位在被平均的标志上具有同类性，这是应用平均指标的基本原则。如果各单位在类型上是不同的，特别是在社会生产关系上存在着根本差别，那么这样的平均数不仅不能反映事物的本质和内在规律性，而且还会歪曲事物本质，掩盖事实真相，即使算出平均数的数值，也只是"虚构的""不真实的"。例如，在研究农民收入水平的变化时，如果把长期在外打工和长期从事非农业生产劳动的农民，如从事工业、建筑业、商业的农民的收入与从事农业生产劳动的农民的收入合在一起来求"农民的收入"，则平均的结果不能真实地反映农民收入水平的变化，因为两者的收入无论是在构成上还是在使用的性质上，都存在着显著的差异。只有在同质总体的基础上计算和应用平均指标，才有真实的社会经济意义。

（二）注意用组平均数补充说明总平均数

平均指标反映了总体各单位某一数量标志值的一般水平，但却掩盖了各组之间的差异。总体各组之间及组内之间的差异往往影响总体的特征和分布规律，各组结构变动也会对总体变动产生影响。为了全面认识总体的特征和分布规律，需要将平均指标与统计分组结合起来，用组平均数补充说明总平均数。

【例4-16】某高校教师的月工资收入情况，如表4-16所示。

表4-16 某高校教师的月工资收入情况

按职称分组	月工资收入（元）		教师人数（人）	
	2016年	2017年	2016年	2017年
教授	1280	1360	90	60
副教授	1040	1090	200	100
讲师	860	900	180	300
助教	690	700	115	125
合计	952.74	936.92	585	585

计算加权算术平均数可得，该高校教师 2017 年的总平均月工资收入为 936.92 元，比 2016 年的总平均月工资收入 952.74 元降低了 15.82 元。但实际上，从按职称分组的资料来看，无论是高职称还是低职称，2017 年的工资收入都比 2016 年有所提高，即实际结果与总平均数相矛盾。之所以出现这种矛盾的结论，原因在于这两年各职称人数的结构发生了变化，2017 年高职称、高收入人数所占的比重为 27.35%，较 2016 年同职称的比重低 22.22%；而 2017 年的中、低职称人数所占的比重则由 50.43% 上升为 72.65%。正是由于这种权数结构的变化，导致出现两种平均数的矛盾结果。因此，将总平均数与组平均数结合起来进行分析，正确的评价是 2017 年的平均工资水平高于 2016 年的平均工资水平。

（三）注意用分配数列补充说明总平均数

平均指标的重要特征是把总体各单位的数量差异抽象化，掩盖了各单位的数量差异及其分布情况。因此，需要用分配数列补充说明总平均数。

【例 4－17】甲乙两个班组工人的日产量情况，如表 4－17 所示。

表 4－17　两个班组工人的日产量情况

甲班组		乙班组	
日产量（件/人）	工人人数（人）	日产量（件/人）	工人人数（人）
3	1	3	0
4	1	4	1
5	5	5	8
6	3	6	1
合计	10	合计	10

根据表 4－17 中的资料分别计算两个班组的加权算术平均数，得知甲、乙两个班组工人的平均日产量相等，但这两个班组的日产量分布却明显不同，甲班组日产量的整个分布偏低，乙班组日产量的整个分布偏高。甲班组日产量低于平均水平的占 20%，而乙班组仅占 10%。分布结构的不同，反映了事物内部的差异。这种差异单从总体平均数还不足以看清楚，必须结合对分配数列的分析和观察，才能有效地反映出来。

第四节　标志变异指标

一、标志变异指标的意义与作用

（一）标志变异指标的概念

标志变异指标是指反映总体中各单位标志值差异程度的综合指标，又称标志变动度。

标志变异指标与平均指标之间具有相互联系、相互对应的关系。平均指标表现为总体各单位标志值的一般水平，反映各单位标志值的集中趋势；而标志变异指标则表现为总体各单位标志值的变异程度，反映各单位标志值的集中趋势。只有将两者结合起来，才能更加全面、深入地认识所研究现象的总体。

（二）标志变异指标的作用

1. 标志变异指标是衡量平均指标代表性的尺度

平均指标作为总体各单位标志值一般水平的代表性指标，其代表性大小与标志变异指标的大小成反比例关系，即标志变异指标越大，平均指标的代表性越小；标志变异指标越小，平均指标的代表性越大。

例如，某班两个小组学生的《统计学基础》期末考试成绩，其得分情况如下（单位：分）：

甲组：50 60 70 80 90
乙组：68 69 70 71 72

通过计算平均指标可知，甲、乙两组的平均成绩相等，均为 70 分，表明从平均意义上说，甲、乙两组的平均成绩无差异。但从甲、乙两组各自的成绩分布来看，明显可见乙组成绩的分布较均匀，甲组的成绩则相差较大。显然平均成绩 70 分对乙组的代表性比对甲组的代表性大。

2. 标志变异指标可以说明现象变动的稳定性、均衡性和协调性

计算同类总体的标志变异指标，并进行比较，可以观察标志值变动的稳定、协调程度或均衡状态。例如，观察工业企业的生产情况，在研究生产计划完成程度的基础上，利用标志变异指标可以测定生产过程的均衡性。如果发现时间数列中，各时期（如每日、每旬、每月等）的产量差异变动很大，说明该企业生产的均匀性差，或前松后紧，或时做时辍，生产中存在着突击现象，执行计划缺乏节奏性，应该采取措施纠正这一现象。又如对某一新品种的种子做试验，除确定这一品种作物能达到的平均收获水平外，还要研究它在生产中的稳定程度。如果这种作物在各地块上的收获率与平均水平比较接近，差异程度较小，说明该品种作物在产量上具有较大的稳定性，标志着该品种为良种作物，可以推广种植。另外，测定产品质量的稳定性也需要利用标志变异指标。

3. 标志变异指标是统计分析的一个基本指标

在统计分析过程中，进行相关分析、趋势分析、抽样推断和统计预测决策等，都需要利用变异指标。它是统计分析的一个重要指标。此问题在以后各章将会介绍。

常用的标志变异指标有全距、平均差、标准差和变异系数。

二、标志变异指标的计算与分析

标志变异指标主要有全距、平均差、标准差、变异系数。

（一）全距

全距是表明总体各单位标志值变动范围的指标，它是总体中两个极端数值，即最大值与最小值之差，故也称之为"极差"，用符号"R"来表示。

其计算公式为：

$$R = X_{\max} - X_{\min}$$

式中：R 表示全距；

$\qquad$ $X_{\max}$ 表示总体单位中最大的标志值；

$\qquad$ $X_{\min}$ 表示总体单位中最小的标志值。

【例 4 - 18】前面所举两组学生《统计学基础》期末考试成绩的资料，计算全距如下：

甲组：$R = 90 - 50 = 40$（分）

乙组：$R = 72 - 68 = 4$（分）

可见两组平均成绩相同，都是 70 分，但从全距来看，两组学生成绩的变动范围不同，甲组成绩的变异程度大，乙组成绩的变异程度小。这说明甲组学生平均成绩的代表性低于乙组。

全距反映了总体各单位标志值的变动范围。它是测定标志变动程度的一种粗略方法。其优点是计算简便，意义明确，能准确地反映总体中两极的差距。所以在实际工作中应用十分广泛，如在工业企业的产品质量管理中、证券市场的行情分析中都有广泛应用。

但仅表示总体各单位标志值的变动范围，没有包括中间各标志值的变异情况，也无法反映变量数列的次数分布情况，是对变异程度较粗略的反映。因此，它不能反映总体各单位标志值的变异程度，也不能很好地反映平均指标的代表性。

全距的大小取决于总体中两个极端值的大小，没有反映其他数值的差异，当极端值相差较大，而中间数值分布比较均匀时，便不能得到确切反映。

（二）平均差

平均差是表明总体各单位数量标志值平均变动程度的指标，它是各单位数量标志值与其算术平均数离差的绝对值的算术平均数，用符号"$A \cdot D$"来表示。计算平均差的目的是测算各单位标志值与其算术平均数离差的大小。

由于各个标志值对其算术平均数的离差之和恒等于 0，即：

$$\sum (x - \bar{x}) = 0 \text{ 或 } \sum (x - \bar{x}) \cdot f = 0$$

因而各项离差的平均数也恒等于 0。为此，在计算平均差时，采取离差的绝对值，即 $|x - \bar{x}|$。根据所掌握资料的不同，平均差可分为简单平均差和加权平均差。

1. 简单平均差

如果掌握的资料是未分组资料，则可计算简单平均差。平均差一般分两个步骤来完成：

第一步，求各单位标志值与其算术平均数离差的绝对值；第二步，将离差的绝对值之和除以项数。

其计算公式为：

$$A \cdot D = \frac{\sum |x - \bar{x}|}{n}$$

【例 4 - 19】根据前面甲、乙两组学生《统计学基础》的成绩资料，计算简单平均差如表 4 - 18 所示。

表 4 - 18　甲、乙两组学生《统计学基础》成绩情况

甲组			乙组		
考试成绩（分）x	$x - \bar{x}$	$\|x - \bar{x}\|$	考试成绩（分）x	$x - \bar{x}$	$\|x - \bar{x}\|$
50	−20	20	68	−2	2
60	−10	10	69	−1	1
70	0	0	70	0	0
80	10	10	71	1	1
90	20	20	72	2	2
合计	—	60	合计	—	6

甲组平均每人成绩：

$$\bar{x}_{甲} = \frac{\sum x}{n} = \frac{50 + 60 + 70 + 80 + 90}{5} = \frac{350}{5} = 70(分)$$

甲组的平均差：

$$A \cdot D_{甲} = \frac{\sum |x - \bar{x}|}{n} = \frac{60}{5} = 12(分)$$

乙组平均每人成绩：

$$\bar{x}_{乙} = \frac{\sum x}{n} = \frac{68 + 69 + 70 + 71 + 72}{5} = \frac{350}{5} = 70(分)$$

乙组的平均差：

$$A \cdot D_{乙} = \frac{\sum |x - \bar{x}|}{n} = \frac{6}{5} = 1.2(分)$$

比较两组学生考试成绩的平均差，甲组为 12 分，乙组为 1.2 分，说明甲组学生的考试成绩差异大于乙组学生的考试成绩差异。故甲组学生考试成绩的平均数的代表性小于乙组。

2. 加权平均差

如果掌握的资料是分组资料，则可计算加权平均差。

其计算公式为：

$$A \cdot D = \frac{\sum |x - \bar{x}|f}{\sum f}$$

【例4-120】某车间200个工人按月产量分组编成分配数列，计算平均差，如表4-19所示。

表4-19 某车间工人月产量情况

月产量（千克）	组中值 x	工人数（人）f	各组总产量 xf	$x-\bar{x}$	$|x-\bar{x}|$	$|x-\bar{x}|\cdot f$
20~30	25	10	250	-17	17	170
30~40	35	70	2450	-7	7	490
40~50	45	90	4050	3	3	270
50~60	55	30	1650	13	13	390
合计	—	200	8400	—	40	1320

根据表4-19中的资料，可得加权算术平均数为：

$$\bar{x} = \frac{\sum xf}{\sum f} = \frac{8400}{200} = 42（千克）$$

平均差为：

$$A \cdot D = \frac{\sum |x-\bar{x}|f}{\sum f} = \frac{1320}{200} = 6.6（千克）$$

计算结果表明，该车间200名工人月产量水平的加权平均差为6.6千克。如与同类资料对比，平均差越大，平均数的代表性越小；反之，平均数代表性越大。

从计算过程可知，平均差的计算考虑了研究总体中所有标志值的差异程度，所以可以准确地综合反映总体的离散程度。但每项平均差的计算都必须取绝对值，这就带来了不便于进行数学处理的问题，因而在实际应用中受到了很大的限制。

(三) 标准差

1. 标准差的概念

标准差也称为均方差，标准差的平方称为方差。标准差是总体各单位标志值与其算术平均数离差平方的算术平均数的算术平方根。它是测定标志变异程度最重要、最常用的综合指标，用符号"σ"表示。它的含义与平均差基本相同，也是各标志值对其算术平均数的平均离差比较，标准差在数学处理上比平均差更具有科学性。故测定总体各单位数量标志值的平均离差，通常以它为标准。

2. 标准差的计算方法

标准差的计算可分为四步：第一步，计算各单位标志值与其算术平均数的离差；第二步，将各离差进行平方；第三步，将离差平方和除以离差项数，计算出方差；第四步，计算方差的平方根，即为标准差。

根据所掌握资料的不同，标准差可分为简单标准差和加权标准差。

（1）简单标准差。当掌握的资料是未分组资料时，可采用简单标准差，即将每个标志值与平均数的离差平方和除以总体单位数后再开平方根求得。其计算公式为：

$$\sigma = \sqrt{\frac{\sum (x - \bar{x})^2}{n}}$$

【例 4 - 21】下面以表 4 - 18 资料说明计算标准差的过程，如表 4 - 20 所示。

表 4 - 20　标准差计算

甲组			乙组		
考试成绩 x（分）	$(x - \bar{x})$	$(x - \bar{x})^2$	考试成绩 x（分）	$(x - \bar{x})$	$(x - \bar{x})^2$
50	- 20	400	68	- 2	4
60	- 10	100	69	- 1	1
70	0	0	70	0	0
80	10	100	71	1	1
90	20	400	72	2	4
合计	—	1000	合计	—	10

$$\sigma_{甲} = \sqrt{\frac{\sum (x - \bar{x})^2}{n}} = \sqrt{\frac{100}{5}} = 14.14（分）$$

$$\sigma_{乙} = \sqrt{\frac{\sum (x - \bar{x})^2}{n}} = \sqrt{\frac{10}{5}} = 1.414（分）$$

这就是说，在甲乙两组学生平均成绩相等的条件下，每个学生的成绩与其平均成绩的标准离差，甲组为 14.14 分，乙组为 1.414 分。甲组的标准差大，即变异程度小，因而其平均数的代表性大；乙组的标准差比甲组小，因而其平均数的代表性比甲组大。

将表 4 - 20 与表 4 - 18 的计算相对比，可以看出：同一个资料所计算的标准差均大于平均差，这是因为标准差和平均差相比较，前者受极端值的影响更大。

（2）加权标准差。当掌握的资料是分组资料或分配数列时，可采用加权标准差计算，即将各组标志值与算术平均数的离差平方和乘以各组次数，然后除以总次数，再开平方根求得。计算加权标准差的公式为：

$$\sigma = \sqrt{\frac{\sum (x - \bar{x})^2 f}{\sum f}}$$

加权标准差的计算步骤与简单标准差基本相同。

【例 4 - 22】下面以表 4 - 19 的资料说明其计算过程，如表 4 - 21 所示。

表 4 – 21　标准差计算

月产量（千克）	组中值 x	工人数 f（人）	xf	$(x - \bar{x})$	$(x - \bar{x})^2$	$(x - \bar{x})^2 f$
20 ~ 30	25	10	250	– 17	289	2890
30 ~ 40	35	70	2450	– 7	49	3430
40 ~ 50	45	90	4050	3	9	810
50 ~ 60	55	30	1650	13	169	5070
合计	—	200	8400	—	516	12200

$$\bar{x} = \frac{\sum xf}{\sum f} = \frac{8400}{200} = 42（千克）$$

$$\sigma = \sqrt{\frac{\sum (x - \bar{x})^2 f}{\sum f}} = \sqrt{\frac{12200}{200}} = 7.8（千克）$$

3. 标准差的特点

标准差一方面具有平均差的优点，即它将总体中各单位标志值的差异全部包括在内，可以准确地反映总体的离散程度；同时，标准差还避免了求平均差时存在的取绝对值的问题，能够适合于代数运算等数学处理。由于标准差的这些优点，在实际工作中一般都用它来测定总体的离散程度，其应用十分广泛。

但标准差都是用有名数表示的平均差异程度，它们的数值受平均指标数值大小的影响。当总体平均指标数值比较大时，标准差的数值就大；反之，标准差的数值就小。因此，在比较不同平均水平下的总体变异程度时，还需引入其他变异指标。

（四）变异系数

变异系数又称为离散系数，是指标志变异指标与其算术平均数之比的百分数，也是反映总体中各标志值离散程度的相对指标。变异系数经常用于比较不同水平的同类现象或不同类现象平均数的代表性。主要有全距系数、平均差系数和标准差系数等，其中最常用的是标准差系数。

1. 全距系数

全距系数是全距与其算术平均数对比的相对数。用符号"V_R"表示。其计算公式为：

$$V_R = \frac{R}{\bar{x}} \times 100\%$$

2. 平均差系数

平均差系数是全平均差与其算术平均数对比的相对数。一般用百分数表示。通常用符号"$V_{A \cdot D}$"表示。其计算公式为：

$$V_{A \cdot D} = \frac{A \cdot D}{\bar{x}} \times 100\%$$

【例 4 – 23】某地工薪阶层人员的月平均收入为 2500 元，平均差为 120 元，个体工商业者的月平均收入为 3500 元，平均差为 250 元。从平均差来看，工薪阶层收入水平的差异小于个体工商业者收入水平的差异。但是两者的收入水平相差很大，从差异的相对程度看工薪阶层人员的月平均收入为 2500 元，平均差为 120 元，个体工商业者的月平均收入为 3500 元，平均差为 250 元。通过计算平均差系数可以反映出来：

工薪阶层人员：$V_{A \cdot D} = \dfrac{A \cdot D}{\bar{x}} \times 100\% = \dfrac{280}{2500} \times 100\% = 11.2(\%)$

个体工商业者：$V_{A \cdot D} = \dfrac{A \cdot D}{\bar{x}} \times 100\% = \dfrac{350}{3500} \times 100\% = 10(\%)$

计算结果说明，工薪阶层人员收入水平的差异程度比个体工商业者大，平均收入的代表性比个体工商业者小。

3. 标准差系数

标准差系数与平均差系数的意义相同，也是反映总体中各标志值离散程度的相对指标。是标准差与其算术平均数对比的相对数。标准差系数经常用于比较不同水平的同类现象或不同现象平均数的代表性大小。通常用符号"V_σ"表示。其计算公式为：

$$V_\sigma = \frac{\sigma}{\bar{x}} \times 100\%$$

【例 4-24】设有两个农场平均粮食产量资料如下，如表 4-22 所示。

表 4-22 两个农场平均粮食产量情况

农场名称	平均粮食亩产量（千克）	标准差（千克）	标准差系数（%）
（甲）	$\bar{x}$	σ	$V_\sigma = \dfrac{\sigma}{\bar{x}} \times 100\%$
甲农场	300	7.5	2.50
乙农场	400	9.0	2.25

本例中，乙农场的标准差虽然大于甲农场，但不能由此断定乙农场的平均粮食亩产量的变动大于甲农场。因为两个农场的平均粮食亩产量水平不同，所以不能根据标准差的大小作结论。在这种情况下，只有利用标准差系数才能对比。因为它消除了不同数列平均水平所产生的影响。本例中标准差系数表明：乙农场的标志变动程度小于甲农场，因而乙农场平均粮食亩产量的代表性比甲农场高。

三、是非标志的标准差

有些社会经济现象的特征，只表现为两种性质上的差异，例如，农田按灌溉情况分为水浇田或旱田；产品的质量表现为合格或不合格；对某一电视节目，观众表现为收看或不收看等。由于这些反映单位性质或属性的标志不是数量标志，而是品质标志，且只表现为是或否、有或无，这样的标志称为是非标志，也称作交替标志。在进行抽样估计时，是非标志的标准差或方差有着重要意义。

（一）成数

总体中，是非标志只有两种表现，我们把具有某种表现或不具有某种表现的单位数占全部总体单位数的比重称为成数。例如，一批产品共 10000 件，其中合格品 9400 件，不合格品 600 件，合格品占全部产品的 94%（ = 9400/10000），不合格品占全部产品的 6%（ = 600/10000），在这里 94% 和 6% 均为成数。可见，成数反映总体中单位数是与非的构成，并且代表该种性质或属性出现的程度，即频率。

设用 n_1 表示具有某种标志表现的单位数。n_0 表示不具有这种标志表现的单位数，n 表示总体单位数，成数可写为：

$$(q + p) = 1 \left(即 \frac{n_1}{n} + \frac{n_0}{n} \right) 或 q = (1 - p)$$

（二）是非标志的平均数

是非标志表现了现象质的差别，因此计算其平均数首先需要将是非标志的两种表现进行量化处理。用"1"表示具有某种表现，用"0"表示不具有某种表现，这样其平均数可列表计算如下，如表 4 - 23 所示。

表 4 - 23 计算表

是非标志值（变量值）	单位数（成数）	变量值·权数	离差	离差平方	离差平方·权数
x	f	$x \cdot f$	$(x - \bar{x})$	$(x - \bar{x})^2$	$(x - \bar{x})^2 f$
1	p	p	$1 - p$	$(1 - p)^2$	$(1 - p)^2 p$
0	q	0	$0 - q$	$(0 - p)^2$	$(0 - p)^2 q$
合计	1	p	—	—	$(1 - p)^2 p + (0 - p)^2 q$

是非标志的平均数为：

$$\bar{x} = \frac{\sum xf}{\sum f} = \frac{p}{1} = p$$

那么，上例中产品合格率的平均数为：

$$\bar{x} = \frac{\sum xf}{\sum f} = \frac{1 \times 9400 + 0 \times 600}{9400 + 600} = \frac{9400}{10000} = 94(\%)$$

因此可以看出，是非标志的平均数即被研究标志表现的成数（比例为合格品占全部产品的比重，即合格率）。

（三）是非标志的标准差

根据前面计算标准差的方法，可以将是非标志的标准差计算列表，如表 4 - 23 所示。

是非标志的标准差：

$$\sigma = \sqrt{\frac{\sum (x - \bar{x})^2 f}{\sum f}} = \sqrt{\frac{\sum (1 - p)^2 p + (0 - p^2) q}{(p + q)}}$$

$$= \sqrt{p - 2p^2 + p^3 + p^2 - p^3} = \sqrt{p - p^2}$$

$$= \sqrt{p(1 - p)}$$

可见，是非标志的标准差为被研究的标志表现成数与另一种表现成数（$1 - p$）乘积的平方根。

前面的例子已计算出合格品的成数（即合格率）是 94%，其标准差为：

$$\sigma = \sqrt{p(1 - p)} = \sqrt{94\% \times (1 - 94\%)} = \sqrt{94\% \times 6\%} = 23.75\%$$

就是说，合格率与不合格率的标志变异程度为 23.75%。

应该指出：是非标志的标准差，是在一定范围内波动的。这个范围的下限是 0，上限是 0.5。因为，σ 决定于 p 和 q 的乘积，如果 p 或 q 有一个等于 0，则 σ 亦等于 0。同时，p 和 q 是同一总体内的两个比率，p 大则 q 小，q 大则 p 小，两者相辅相成。

由此可见，成数标准差的最小值为 0，最大值为 0.5（即 $p = q = 0.5$）。也就是说，这时是非标志的变异程度最大，其方差最大为 0.25。

综合练习与训练

一、填空题

1. 总量指标按反映的内容不同可以分为_____和_____；按其所反映的时间状况不同分为_____和_____。

2. 某城市某年的商品零售额为 180 亿元，从反映总体的时间上看，该指标是_____指标；从反映总体的内容上看，该指标是_____指标。

3. _____是将对比的基数抽象化为 10 而计算的相对数。

4. 强度相对指标数值的大小，如果与现象的发展程度或密度成正比，则称之为_____指标，反之称之为_____指标。

5. 下列各指标是属于总量指标、相对指标还是平均指标，将其所属的种类填入题中。

（1）2007 年某市国民生产总值为 146 亿元，属于_____。

（2）2007 年年末某市工业企业职工人数为 52 万人，属于_____。

（3）在社会商品零售额中，按经济类型划分，国有企业占 58.2%，民营企业占 28.6%，个体企业占 5.7%，属于_____。

（4）某市全民所有制职工年平均工资从 2012 年的 2564 元上升到 2017 年的 7500 元，

属于＿＿＿＿＿＿＿＿＿＿。

（5）某市工业总产值是上年的118%，属于＿＿＿＿＿＿＿＿＿。

（6）2015年某市平均每人看电影10次，属于＿＿＿＿＿＿＿＿。

（7）2015年某市生产电动自行车的工人劳动生产率为648辆/人，属于＿＿＿＿＿＿＿＿。

（8）2015年某市平均每家医院为158516人服务，属于＿＿＿＿＿＿＿＿。

（9）某厂职工年龄在30岁以下的占60.2%，属于＿＿＿＿＿＿＿＿。

（10）某厂工人中月工资为5000元的最多，属于＿＿＿＿＿＿＿＿。

6. 权数有两种表现形式，即＿＿＿＿＿权数和＿＿＿＿＿权数，由此产生了计算加权算术平均数的两种计算公式，即＿＿＿＿＿和＿＿＿＿＿。

7. 权数在平均数的形成中起着一种＿＿＿＿＿作用，在＿＿＿＿＿情况下，简单算术平均数与加权算术平均数计算的结果相同。

8. 中位数是位于数列＿＿＿＿＿位置的那个标志值，众数是在总体中出现次数＿＿＿＿＿的那个标志值。中位数和众数也可称为＿＿＿＿＿平均数。

9. 在平均指标的计算过程中，其平均值的大小受各标志值大小影响的平均指标是＿＿＿＿＿＿＿＿＿、＿＿＿＿＿＿＿＿和＿＿＿＿＿＿＿＿。

10. 标志变异指标的种类有＿＿＿＿＿、＿＿＿＿＿、＿＿＿＿＿和＿＿＿＿＿四种。

11. 标志变异指标数值越大，说明平均数对总体的代表程度＿＿＿＿＿；反之，则＿＿＿＿＿＿＿＿。

12. 直接用标准差比较两个变量数列平均数的代表性的前提条件是两个变量数列的＿＿＿＿＿＿＿＿＿相等。

13. 平均指标说明分配数列中各变量值分布的＿＿＿＿＿＿＿＿趋势，变异指标说明各变量值的＿＿＿＿＿＿＿＿趋势。

14. 国民收入中积累和消费的比例为1:3（A），积累率为5%（B），（A）＿＿＿＿＿为相对指标；（B）＿＿＿＿＿为相对指标。

15. 某工厂的劳动生产率计划比上年提高了8%，而实际执行结果提高了10%，则劳动生产率计划提高的程度为＿＿＿＿＿，实际比计划提高的百分点为＿＿＿＿＿。

16. 某企业净产值2017年是2016年的120%，2017年比2016年增长＿＿＿＿＿。

17. 相对数的表现形式有＿＿＿＿＿和＿＿＿＿＿两种。无名数的计量形式有＿＿＿＿＿、＿＿＿＿＿、＿＿＿＿＿、＿＿＿＿＿和＿＿＿＿＿。

18. 强度相对数其数值的表现形式通常是以＿＿＿＿＿表示的，有时也用＿＿＿＿＿、＿＿＿＿＿形式表示。

19. 长期计划的检查方法有＿＿＿＿＿和＿＿＿＿＿两种。

20. 时期指标的特点有＿＿＿＿＿、＿＿＿＿＿、＿＿＿＿＿和＿＿＿＿＿；时点指标的特点有＿＿＿＿＿、＿＿＿＿＿、＿＿＿＿＿和＿＿＿＿＿。

21. 某企业1~9月完成全年计划的80%，这说明该企业计划执行进度和＿＿＿＿＿比较完成了计划。

22. 总量指标是计算_____和_____的基础。

23. 相对指标中分子和分母可以互换的有_____、_____、_____；同一总体中，部分与总体总数值的比称为_____；部分与部分的比称为_____。

24. 平均指标是指总体内各单位某一数量标志的不同数值的_____或代表水平。

25. 算术平均数的一个重要数学性质是_____与算术平均数的_____为最小值。

26. 调和平均数作为一种独立的平均数形式，其计算结果一般_____算术平均数计算结果。在统计中，调和平均数主要是作为_____的变形来使用的。

27. 全距是总体各单位标志值中_____与_____之差。

28. 利用相对数和平均数计算平均数时，不知分母资料时用_____，反之则用_____。

29. 标准差系数是_____和_____之比，其计算公式是_____。

30. 检查长期计划的完成情况时，若计划任务规定的是长期计划期应达到的水平，检查计划完成程度应采用_____法。

二、单项选择题（在备选答案中有一个是正确的，将其选出并把标号填在题后的括号内）

1. 企业利润额、商品库存额、证券投资额、居民储蓄额指标中，属于时点指标的有（　　）。

A. 1 个　　　　　　B. 2 个　　　　　　C. 3 个　　　　　　D. 4 个

2. 由反映总体各单位数量特征的标志值汇总得出的指标是（　　）。

A. 总体单位总量　　　　　　　　B. 总体标志总量

C. 质量指标　　　　　　　　　　D. 相对指标

3. 将对比的基数抽象化为 100，则计算出来的相对数称为（　　）。

A. 倍数　　　　　B. 百分数　　　　　C. 系数　　　　　D. 成数

4. 某单位某月份职工的出勤率是 98%，这个指标是（　　）。

A. 结构相对指标　　　　　　　　B. 比较相对指标

C. 比例相对指标　　　　　　　　D. 强度相对指标

5. 1996~2005 年，甲地的农业生产总值平均增长速度比乙地高 5%，这是（　　）。

A. 动态相对指标　　　　　　　　B. 比例相对指标

C. 比较相对指标　　　　　　　　D. 强度相对指标

6. 某企业工人劳动生产率计划提高 6%，实际提高了 10%，则提高劳动生产率的计划完成程度为（　　）。

A. 166.67%　　　　B. 98.18%　　　　C. 103.77%　　　　D. 1.85%

7. 将全国粮食产量与人口数相比，属于（　　　）。

A. 算术平均数　　　　　　　　　　B. 强度相对数

C. 比较相对数　　　　　　　　　　D. 动态相对数

8. 由组距数列计算算术平均数时，用组中值代表组内变量的一般水平，有一个假定条件，即（　　　）。

A. 各组的次数必须相等　　　　　　B. 各组变量值必须相等

C. 各组变量值在本组内呈均匀分布　D. 各组必须是封闭组

9. 计算平均指标最常用的方法和最基本的形式是（　　　）。

A. 中位数　　　　B. 众数　　　　C. 调和平均数　　　D. 算术平均数

10. 计算平均指标的基本原则是所要计算的平均指标的总体的总体单位应是（　　　）。

A. 大量的　　　　B. 同质的　　　　C. 有差异的　　　D. 不同总体的

11. 权数对算术平均数的影响作用，实质上取决于（　　　）。

A. 作为权数的各组单位数占总体单位数比重的大小

B. 各组标志值占总体标志总量比重的大小

C. 标志值本身的大小

D. 标志值数量的多少

12. 众数是数列中（　　　）。

A. 最大的变量值　　　　　　　　　B. 最多的次数

C. 出现次数最多的变量值　　　　　D. 不是一种平均数

13. 中位数和众数都属于位置平均数，它们是一种（　　　）。

A. 代表值　　　　B. 常数值　　　　C. 典型值　　　　D. 实际值

14. 为了用标准差比较分析两个同类总体平均指标的代表性，其基本的前提条件是（　　　）。

A. 两个总体的标准差应相等　　　　B. 两个总体的平均数应相等

C. 两个总体的单位数应相等　　　　D. 两个总体的离差之和应相等

15. 已知两个同类型企业职工平均工资的标准差分别为：$\sigma_甲=7$ 元，$\sigma_乙=6$ 元，则两个企业职工平均工资的代表性是（　　　）。

A. 甲大于乙　　　　B. 乙大于甲　　　　C. 一样的　　　　D. 无法判断

16. 直接反映总体规模水平大小的指标是（　　　）。

A. 平均指标　　　B. 相对指标　　　C. 总量指标　　　D. 变异指标

17. 总量指标按其所反映的时间状况不同可分为（　　　）。

A. 时期指标和时点指标   B. 数量指标和质量指标

C. 总体总量指标和标志总量指标   D. 实物指标和价值指标

18. 下列属于总量指标的是（   ）。

   A. 出勤率   B. 及格率   C. 人均粮食产量   D. 学生人数

19. 某县有 100 个副食零售商店，商业职工人数为 2000 人，商业零售总额为 5000 万元，在研究商业职工分布和劳动效率的情况时（   ）。

   A. 100 个商店既是标志总量指标，又是总体总量指标

   B. 2000 人既是标志总量指标，又是总体总量指标

   C. 5000 万元既是标志总量指标，又是总体总量指标

   D. 每个商店的零售额既是标志总量指标，又是总体总量指标

20. 下列指标中属于时点指标的是（   ）。

   A. 商品销售额   B. 商品销售量

   C. 平均每人销售额   D. 商品库存额

21. 某运输公司 3 月完成的货运量为 25000 吨公里。这里的"吨公里"是（   ）。

   A. 自然单位   B. 标准实物单位   C. 复合单位   D. 度量衡单位

22. 某月份甲工厂工人的出勤率属于（   ）。

   A. 结构相对数   B. 比例相对数   C. 强度相对数   D. 比较相对数

23. 人均国内生产总值属于（   ）。

   A. 平均数   B. 强度相对数   C. 比例相对数   D. 比较相对数

24. 计划规定年产量比上一年增加了 5%，实际增加了 6%，则年产量计划完成程度为（   ）。

   A. 98.1%   B. 102.1%   C. 100.95%   D. 97.9%

25. 某年计划规定某种产品的单位成本降低 3%，而实际降低了 5%，则该产品的单位成本计划完成程度为（   ）。

   A. 98.1%   B. 102.1%   C. 101%   D. 97.9%

26. 按照计划规定本年产量比上年提高 10%，产量的计划完成程度为 110%，则本年产量比上年产量的实际增长速度为（   ）。

   A. 121%   B. 21%   C. 11%   D. 1%

27. 对计划完成程度好坏的评价是（   ）。

   A. 大于 100% 为好   B. 小于 100% 为好

   C. 视指标性质而定   D. 不好评价

28. 某地区 2015 年年底有 1000 万人口，商业零售网点有 4 万个，则商业网点密度指标是（　　　）。

    A. 250 人/个　　　　　B. 4 个/人　　　　　C. 0.25 个/千人　　　D. 0.25 个/人

29. 一个百分点的含义是（　　　）。

    A. 百分率　　　　　B. 百分比　　　　　C. 1%　　　　　D. 10%

30. 将对比的基数抽象为 10，则计算出来的相对数称为（　　　）。

    A. 系数　　　　　B. 百分数　　　　　C. 成数　　　　　D. 千分数

三、多项选择题（在备选答案中有两个以上是正确的，将它们全都选出并把标号填在题后的括号内）

1. 下列指标中属于总量指标的有（　　　）。

    A. 工资总额　　　　　　　　　　B. 商业网点密度

    C. 商品库存量　　　　　　　　　D. 人均国民生产总值

    E. 进出口总额

2. 下列指标中属于时点指标的有（　　　）。

    A. 某地区人口数　　　　　　　　B. 某地区人口死亡数

    C. 某城市在校学生人数　　　　　D. 某农场每年养猪存栏数

    E. 某企业月末在册职工人数

3. 下列指标中属于结构相对指标的有（　　　）。

    A. 民营企业职工占职工总数的比重　　B. 高校毕业生比上年增长的百分比

    C. 企业产品合格率　　　　　　　　　D. 某年积累额占国民收入的比重

    E. 某年人均消费额

4. 下列指标中分子、分母可以互换的有（　　　）。

    A. 结构相对指标　　　　　　　　B. 比较相对指标

    C. 强度相对指标　　　　　　　　D. 比例相对指标

    E. 动态相对指标

5. 下列指标中属于相对指标的有（　　　）。

    A. 某地区平均每人年生活费 2540 元　　B. 某地区人口出生率 12.6%

    C. 某地区粮食总产量 4200 万吨　　　　D. 某产品产量计划完成程度为 127%

    E. 某地区人口自然增长率 11.8‰

6. 某城市某年年底统计结果显示：该城市共有工业企业 1860 个，从业人员 50 万人，工业总产值 5 亿元，企业全员劳动生产率 1000 元/人。资料中出现有（　　　）。

A. 平均指标   B. 相对指标   C. 总体单位总量   D. 统计标志

E. 总体标志总量

7. 平均指标的作用是（   ）。

A. 说明总体的一般水平

B. 对不同时间、不同地点、不同部门的同质总体平均指标进行对比

C. 测定总体各单位分布的离散程度

D. 测定总体各单位分布的集中趋势

E. 在对现象总体进行分组的基础上，可以分析现象之间的依存关系

8. 加权算术平均数的大小（   ）。

A. 受各组频率或频数的影响   B. 受各组标志值大小的影响

C. 受各组标志值和权数的共同影响   D. 只受各组标志值大小的影响

E. 只受权数大小的影响

9. 在什么条件下，加权算术平均数等于简单算术平均数（   ）。

A. 各组次数相等   B. 各组变量值不等

C. 变量数列为组距数列   D. 各组次数都为 1

E. 各组次数占总次数的比重相等

10. 众数（   ）。

A. 是位置平均数

B. 是总体中出现次数最多的变量值

C. 不受极端值的影响

D. 适用于总体次数多、有明显集中趋势的情况

E. 是处于数列中点位置的那个标志值

11. 在各种平均指标中，不受极端值影响的平均指标有（   ）。

A. 算术平均数   B. 调和平均数   C. 中位数   D. 几何平均数

E. 众数

12. 相对指标的数值表现形式有（   ）。

A. 绝对数   B. 无名数   C. 有名数   D. 平均数

E. 比率

13. 下列属于静态相对指标的有（   ）。

A. 计划完成程度相对数   B. 男职工占全部职工的比例

C. 平均成绩   D. 发展速度

E. 人均粮食产量

14. 下列属于结构相对数的有 (   )。

A. 2015 年我国国内生产总值比 2014 年增长 7.1%

B. 某企业 2015 年年末男女职工的比例为 1：1.5

C. 某企业 2015 年全体职工的出勤率为 5%

D. 2015 年我国第三产业增加值占国内生产总值的 32.9%

E. 某企业某产品的合格率为 98%

15. 下列属于强度相对数的有 (   )。

A. 某企业 2015 年工业增加值超额完成计划 2%

B. 人口密度为 121 人/平方千米

C. 全国人均钢铁产量

D. 平均工资

E. 某地区人均收入为另一地区的 3 倍

16. 下列属于强度相对数的是 (   )。

A. 产值利润率   B. 资金周转天数

C. 成本利润率   D. 人口出生率

E. 折旧率

17. 比较相对数可用于 (   )。

A. 不同国家、不同地区之间的比较   B. 不同时期比较

C. 实际水平和计划水平比较   D. 落后水平和先进水平比较

E. 总体中某一部分数值与同一总体内另一部分数值比较

18. 下列社会经济现象属于时期指标的有 (   )。

A. 季末商品库存   B. 年钢铁产量

C. 产品销售利润额   D. 年工业产值

E. 固定资产总值

19. 工资总额是 (   )。

A. 数量指标   B. 时期指标   C. 质量指标   D. 总体总量指标

E. 时点指标

20. 下列属于结构相对数的有 (   )。

A. 废品率   B. 出勤率   C. 投资利润率   D. 积累率

E. 费用

21. 时点指标的特点有 (   )。

A. 不同时期的指标数值可以累计

B. 不同时期的指标数值不可以累计

C. 数值大小与时点的间隔的长短没有直接关系

D. 数值大小与时点的间隔的长短有直接关系

E. 时点指标的数值是通过一次性登记取得的

22. 相对指标中分子和分母可以互换的有（　　）。

A. 比较相对数　　　　B. 结构相对数　　　　C. 强度相对数　　　　D. 比例相对数

E. 动态相对数

23. 下列总量指标中，（　　）和（　　）是时期指标；（　　）、（　　）和（　　）是时点指标。

A. 储蓄存款额　　　　　　　　　　B. 死亡人数

C. 劳动就业人数　　　　　　　　　D. 社会商品零售额

E. 牲畜存栏数

24. 下列强度相对指标中属于正指标的有（　　）。

A. 产值利润率　　　　　　　　　　B. 资金周转天数

C. 成本利润率　　　　　　　　　　D. 人口出生率

25. 根据组距数列计算的算术平均数（　　）。

A. 用组中值代表同组变量值有假定性

B. 用组中值代表同组变量值完全符合实际

C. 是一个近似平均数

D. 是一个准确的平均数

E. 数列有开口组比无开口组的准确性更低

26. 标志变异指标能够（　　）。

A. 反映变量分布的集中趋势

B. 反映变量分布的离散趋势

C. 检验平均数的代表性

D. 全部评价事物的优劣

E. 衡量现象或过程的稳定性、均衡性、协调性和节奏性

27. 在标志变异指标中，平均差的数值越小，则（　　）。

A. 反映的变量值越分散　　　　　　B. 反映的变量值越集中

C. 变异指标值越小　　　　　　　　D. 平均数的代表性大

E. 变异指标值越大

四、判断题（把"√"或"×"填在题后的括号里）

1. 总体单位总量与总体标志总量，可以随研究对象的变化而发生变化。　　　　（　　）

2. 同一个总体，时期指标值的大小与时期长短成正比，时点指标值的大小与时点间隔成反比。 （　　）

3. 能计算总量指标的总体必须是有限总体。 （　　）

4. 同一时点上的同类现象的时点指标数值可以相加。 （　　）

5. 用总体部分数值与总体全部数值对比求得的相对指标，说明总体内部的结构，这个相对指标是比例相对指标。 （　　）

6. 国民收入中积累额与消费额之比为 1∶3，这是一个比较相对指标。 （　　）

7. 2006 年北京市全年完成的财政收入为上海市的 37.03%，这是比例相对数。 （　　）

8. 某厂生产某种产品的单位成本，计划在去年的基础上降低 4%，实际降低了 5%，则成本降低计划的完成程度为 98.96%。 （　　）

9. 算术平均数的大小，只受总体各单位标志值大小的影响。 （　　）

10. 在特定条件下，加权算术平均数等于简单算术平均数。 （　　）

11. 权数对算术平均数的影响作用取决于权数本身绝对值的大小。 （　　）

12. 众数既不受数列中极端值的影响，也不受数列中开口组的影响。 （　　）

13. 同一数列中众数大于中位数。 （　　）

14. 中位数和众数都属于平均数，因此它们数值的大小受到总体内各单位标志值大小的影响。 （　　）

15. 标志变异指标数值越大，说明总体中各单位标志值的变异程度越大，平均指标的代表性越小。 （　　）

16. 对任何两个性质相同的变量数列，比较其平均数的代表性，都可以采用标准差指标。 （　　）

17. 标准差系数是测量标志变异程度的一个相对指标，因而其数值的大小与标志值之间的差异程度无关。 （　　）

18. 甲、乙、丙三个工业企业实际产量分别为 700 件、500 件和 650 件，废品率分别为 3%、4% 和 5%，则平均废品率为：（3% + 4% + 5%）÷ 3 = 4%。 （　　）

19. 平均数计算公式 $\bar{x} = \sum x \cdot \dfrac{f}{\sum f}$ 中，权数是 $\dfrac{f}{\sum f}$。 （　　）

20. 均指标的计算依据是分配数列。 （　　）

21. 加权算术平均数 $\bar{x} = \dfrac{\sum xf}{\sum f}$ 或 $= \sum x \cdot \dfrac{f}{\sum f}$，若 $f_1 = f_2 = f_3 = \cdots = f_n$ 或 $\dfrac{f_1}{\sum f} = \dfrac{f_2}{\sum f} = \dfrac{f_3}{\sum f} = \cdots = \dfrac{f_n}{\sum f}$，则 $\bar{x} = \dfrac{\sum xf}{\sum f}$ 或 $= \sum x \cdot \dfrac{f}{\sum f}$ 可以简化为 $\bar{x} = \dfrac{\sum x}{n}$。 （　　）

22. 如果掌握总体某一标志的标志值和标志总量时，调和平均数以独立的平均数形式使用。 （　　）

23. 有一数列，各标志值所对应的总体单位数都相等，即 $f_1 = f_2 = \cdots = f_n$，则此数列各

个标志值都是众数。　　　　　　　　　　　　　　　　　　　　　（　　）

24. 变异指标说明平均指标的集中趋势，且变异指标数值大小与平均数代表性大小成正比，即变异指标数值大，平均指标的代表性也大，反之，则小。（　　）

25. 变异指标中的全距，不仅计算简便，而且还考虑到中间各标志值的变动情况。
　　　　　　　　　　　　　　　　　　　　　　　　　　　　　　　（　　）

26. 标准差是离差平方的平均数的方根，因此它解决了平均数中人为地去避免正负离差相抵消的问题。　　　　　　　　　　　　　　　　　　　　　（　　）

27. 标准差系数是变异指标中的相对数变异指标，也是最常用的变异指标。（　　）

28. 同一数列计算的平均差和标准差，往往平均差大于标准差。　　　（　　）

29. 对于任何两个性质相同的变量数列，比较其平均数的代表性，都可以采用标准差指标。　　　　　　　　　　　　　　　　　　　　　　　　　　　（　　）

30. 权数对算术平均数的影响作用取决于权数本身绝对值的大小。　　（　　）

五、简答题

1. 什么是时期指标和时点指标？时期指标和时点指标各有何特点？
2. 结构相对数和比例相对数有什么关系？
3. 为什么说总体总量和标志总量不是固定不变的？举例说明。
4. 计算和应用相对指标应注意哪些问题？
5. 什么是平均指标？它的特点是什么？它的作用有哪些？
6. 如何理解权数的意义？在什么情况下简单算术平均数的计算结果和加权算术平均数的计算结果相等？
7. 加权算术平均数与加权调和平均数有何区别与联系？
8. 简述标志变异指标的意义和作用。
9. 什么是变异系数？变异系数的应用条件是什么？
10. 在平均指标的计算中，权数起什么作用？
11. 算术平均数与强度相对数指标有什么不同？
12. 在何种条件下使用调和平均数？

六、综合分析

1. 指出表4-24中各种指标的种类，将序号填入相应的指标栏目中。

表 4-24　综合指标分类

序号	指标名称	时点指标	时期指标	结构相对数	比例相对数	比较相对数	强度相对数	动态相对数	计划完成程度相对数
1	入境人数								
2	出生人数								
3	亏损额								
4	接待旅游人数								
5	库存额								
6	考试及格率								
7	2017年全国在读研究生人数								
8	国内生产总值								
9	医院拥有的床位数								
10	2017年原煤开采量								
11	性别比例								
12	人均国内生产总值								
13	我国2017年税收收入为49449亿元，比上年增长31.4%								
14	2017年甲地区粮食总产量仅相当于乙地区的1/8								
15	2017年全年粮食种植面积10553万公顷								
16	人口死亡率								
17	国土面积数								
18	2017年年末全国共有卫生机构31.5万个								
19	商业网点密度								
20	实际价格是计划价格的80%								

2. 某地区2017年工农业总产值资料如表4-25所示。

表 4-25　某地区工业生产总产值资料

项目	2017年		2017年完成计划（%）	2016年实际完成产值（亿元）	2017年比2016年增长（%）
	计划	实际			
工农业总产值	280			276	
其中：工业总产值（亿元）	245				5
农业总产值（亿元）			108	32	

根据表 4-25 资料，试填写表中所缺数值。

3. 某地区 2017 年轻工业产值为 4200 亿元，占工业总产值的 48.69%，比 2016 年增长了 25%，试计算：

（1）2017 年工业总产值。

（2）2017 年重工业产值占工业总产值的比重。

（3）2017 年轻、重工业产值的比例。

（4）2016 年轻工业总产值。

4. 某企业 2016 年某种产品单位成本为 540 元，计划规定 2017 年该产品单位成本降低 5%，实际降低了 7%，计算 2017 年该产品单位成本的计划数和实际数，并计算出降低成本计划完成程度指标和降低计划的百分点。

5. 某产品按五年计划规定最后一年产量应达到 50 万吨，五年总产量为 220 万吨，有关计划执行情况资料如表 4-26 所示。

表 4-26 某产品计划执行情况　　　　　　　　　　　　　　　　单位：万吨

时间\指标	第一年	第二年	第三年		第四年				第五年			
			上半年	下半年	一季度	二季度	三季度	四季度	一季度	二季度	三季度	四季度
产量	44	45	22	24	11	12	12.5	12.5	14	12.5	12.5	13

根据表 4-26 资料分别用累计法和水平法计算该产品"五年"计划完成程度和提前完成的时间。

6. 今有某厂所属三个分厂第一季度、第二季度总产值计划执行情况资料如表 4-27 所示。

表 4-27 某厂计划执行情况　　　　　　　　　　　　　　　　单位：万元

指标\分厂	全年计划	第一季度实际产值	第二季度产值				第二季度为第一季度（%）	到第二季度止累计实际完成数	上半年完成全年计划（%）
			计划	各厂计划占总计划（%）	实际	计划完成程度（%）			
（甲）	（1）	（2）	（3）	（4）	（5）	（6）	（7）	（8）	（9）
一分厂	784	180	200		200				
二分厂	1120	260	300			100			
三分厂	1673	320			475	95			
合计	3577	760							

要求：（1）计算表中所缺数字，并指出（4）（6）（7）（9）各栏是什么相对指标。

（2）对该厂第二季度和上半年完成计划执行情况做简略分析和评价。

7. 某企业三种主要产品的计划产值在 2017 年应分别达到：甲产品 95 万元，乙产品 560 万元，丙产品 100 万元。这三种产品在 2017 年前三季度实际产值资料如表 4-28 所示。

表 4 - 28 某企业产值   单位：万元

产品名称	实际产值		
	第一季度	第二季度	第三季度
甲产品	19.5	23.5	25.8
乙产品	135.0	192.6	233.0
丙产品	24.0	25.3	26.0

要求：（1）假定全年计划产值在各季度的分配是均匀的，计算各种产品第三季度计划完成程度。

（2）计算各种产品和全部产品累计到第三季度产值完成全年计划产值情况。

（3）对产品生产情况进行评价分析。

8. 2017 年年底，某市人口有 500 万人，土地面积 22285 平方千米，在校大学生人数 13260 人，医生 10000 人，居住面积 3120 万平方米，银行 600 所，零售商业网点 8254 个。

根据上述资料计算：（1）人口密度；

（2）每万人口中在校大学生数；

（3）每万人拥有医生数；

（4）城市人均居住面积；

（5）银行机构普遍程度；

（6）商业网点密度指标。

9. 某企业产值计划完成 105%，比上年增长 8%，试问计划规定比上年增长多少？

10. 某工厂 2017 年产量计划完成百分数为 110%，当年产量计划比上年提高 20%，试确定 2017 年实际比 2016 年增长百分之几？

11. 某厂生产班组有 10 名工人，日产某种零件分别为 40 件、40 件、35 件、31 件、28 件、56 件、40 件、35 件、44 件、31 件，求该组 10 名工人平均日产量。

12. 某车间工人日产量的资料如表 4 - 29 所示。

表 4 - 29 某车间工人日产量

日产量（件）	65	70	75	80	85	合计
工人人数（人）	10	25	40	18	7	100

根据表 4 - 29 试计算该车间工人的平均日产量。

13. 某企业职工人数和工资资料如表 4 - 30 所示。

表 4 - 30 某企业职工人数和工资情况

按月工资分组（元）	50 以下	50 ~ 60	60 ~ 70	70 ~ 80	80 以上
职工人数（人）	20	40	70	50	15

根据表 4-30 试计算该企业职工的平均工资。

14. 已知某乡 2017 年粮食产量和粮食作物播种面积资料如表 4-31 所示。

表 4-31 某乡 2017 年粮食产量和播种面积情况

按亩产量分组（千克/亩）	230~250	250~350	350~400	400 以上
播种面积比重（%）	15	35	40	10

根据表 4-31 试计算该乡粮食作物的平均亩产量。

15. 某企业 60 名工人包装某产品的数量如表 4-32 所示。

表 4-32 某企业工人包装某产品情况

工人按日包装数量分组（件）	工人数（人）	
	4 月	5 月
400 以下	5	3
400~500	13	5
500~600	18	12
600~700	15	20
700~800	7	15
800 以上	2	5
合计	60	60

根据表 4-32 试计算 4、5 月平均每人日包装数，并指出 5 月比 4 月劳动生产率提高的原因。

16. 在计算平均数时，从每个标志变量中减去 60 个单位，然后将每个差数缩小 5 倍，利用这个变形后的标志变量计算加权平均数。其中每个变量的权数缩小 3 倍，结果这个平均数等于 1 个单位，试计算这个被平均标志变量的实际平均数。

17. 市场上某种蔬菜，早市每斤 0.25 元，午市每斤 0.20 元，晚市每斤 0.10 元，若早、中、晚各买 1 元钱的，求平均价格；若早、中、晚各买 1 斤，求平均价格。

18. 甲、乙两个农贸市场某蔬菜价格及销售资料如表 4-33 所示。

表 4-33 两农贸市场某蔬菜价格及销售情况

品种	价格（元/斤）	销售额（元）	
		甲市场	乙市场
甲	0.11	550	1100
乙	0.12	1200	700
丙	0.13	650	600
合计	—	2400	2400

试问哪一个市场蔬菜平均价格高？为什么？

19. 某商业公司 2017 年的商品销售利润情况如表 4 – 34 所示。

表 4 – 34　某商业公司销售利润情况

商业公司按利润率分组（%）	商店数（个）	利润额（万元）
10 以下	4	6.00
10 ~ 15	250	56.25
15 ~ 20	20	175.00
20 以上	2	78.75
合计	276	316

根据表 4 – 34 试计算全公司 2017 年的平均利润率。

20. 某学校 2016 级某班第一组和第二组学生年龄如下（单位：岁）：

第一组：17　19　18　17　20　21　18　19　20　21　18

第二组：16　18　17　20　21　20　17　18　19　20　21　22

试确定各组的中位数和众数。

21. 车间有两个生产班组，每个班组都有 7 名工人，每个工人日产某产品数量如下（单位：件）：

第一组：20　40　60　70　80　100　120

第二组：67　68　69　70　71　72　73

试计算工人日产量的变异指标：全距、平均差、标准差、变异系数。

22. 现有两个生产作业班组，工人生产某种产品数量和工人数的资料如表 4 – 35 所示。

表 4 – 35　两个作业班组某种产品产量及工人数

第一组		第二组	
日产量（件）	工人数（人）	日产量（件）	工人数（人）
5	6	8	11
7	10	12	14
9	12	14	7
10	8	15	6
13	4	16	2
合计	40	合计	40

根据表 4 – 35 试分别计算两个班组的工人平均日产量，并通过计算说明哪个班组的平

均数代表性大。

23. 两个生产班组各有 5 名工人，生产某种零件情况资料如下（单位：件）：

甲组：60　65　70　75　80

乙组：2　3　7　9　14

试分别计算平均数，并判断其代表性。

第五章

动态数列

第一节　动态数列的意义和种类

一、动态数列的意义

前面学习的综合指标主要是根据同一时期的资料从静态上对总体的数量特征进行分析。但社会经济现象总是随着时间的推移而不断发展变化，因此还要学会进行动态分析。

所谓动态，就是现象在时间上的发展变化。要进行动态分析，首先要编制动态数列。将某一个统计指标在不同时间上的各个数值，按时间先后顺序排列，就形成了一个动态数列，也叫做时间数列。表 5 - 1 列举了我国 2003 ~ 2007 年若干经济指标的动态数列。

表 5 - 1　我国 2003 ~ 2007 年若干经济指标

指标　　　　　　　　　　年份	2012	2013	2014	2015	2016
国内生产总值（亿元）	540367.4	595244.1	643974.0	689052.1	743585.5
年底人口数（万人）	135404	136072	136782	137462	138271
城镇单位就业人员年平均工资（元/人）	46769	51483	56360	62029	67569
居民人均可支配收入（新口径）（元）	—	18311	20167	21966	23821
全社会固定资产投资（亿元）	374694.74	446294.09	512020.65	561999.83	606465.66
年末私人汽车拥有量（万辆）	8838.60	10501.68	12339.36	14099.10	16330.20

注：1. 年底人口数据为年度人口抽样调查推算数据。总人口和按性别分人口中包括现役军人，按城乡分人口中现役军人计入城镇人口。

2. 居民人均可支配收入（新口径）：从 2013 年起，国家统计局开展了城乡一体化住户收支与生活状况调查，2013 年及以后数据来源于此项调查。与 2013 年前的分城镇和农村住户调查的调查范围、调查方法、指标口径有所不同。

3. 资料来源：中国统计年鉴（2017 年）。

动态数列是由相互配对的两个数列构成的。一个是反映时间顺序变化的变量数列；另一个是反映各个时间统计指标数值变化的变量数列。因此，动态数列一般由两个基本要素构成：一是被研究现象所属的时间；二是反映现象在各时间所对应统计指标数值。

编制动态数列是计算动态分析指标。对社会经济现象进行动态分析的基础，所以动态数列有着非常重要的意义：①它可以描述社会经济现象的发展过程和结果；②它可以研究社会经济现象的发展方向、水平、速度和趋势；③可以探索社会经济现象发展变化的规律性；④对社会经济现象的发展进行预测。

二、动态数列的种类

按照构成动态数列的基本要素——统计指标的性质和表现形式不同，动态数列可分为绝对数动态数列、相对数动态数列和平均数动态数列三种类型。其中绝对数动态数列是基本的数列，相对数动态数列和平均数动态数列是派生数列。

（一）绝对数动态数列

绝对数动态数列是将一系列同类的总量指标按时间顺序排列而成的数列。它反映社会经济现象在各时期达到的绝对水平及其发展变化的情况。由于总量指标所反映现象的时间状态不同，又可分为时期数列和时点数列。如表 5 - 1 中的国内生产总值就是时期数列，年底人口数就是时点数列。

1. 时期数列

绝对数动态数列中每一指标值如果是反映社会经济现象在一段时期内发展过程的结果和总量时，这种绝对数动态数列就叫时期数列，即"过程总量"。其主要特点如下：

（1）数列中各指标值反映的是社会经济现象在一定（一段）时期内的状态。

（2）时期数列中，各个时间上的指标值可以相加，结果表示现象在较长一段时间的"过程总量"。如全年的国内生产总值是一年中每个月国内生产总值相加的结果，各月份的国内生产总值又是月份内每天的国内生产总值之和。

（3）指标值的大小与其所属的时间长短有直接关系。由于时期数列具有可加性，故每一指标值所属的时间越长，指标值越大；反之，指标值则越小。

（4）指标值采用连续登记的方式取得。在时期数列中，各指标值反映现象在一段时间内发展的结果，因而必须把该时段内现象所发生的数量逐一登记，并进行累计，这样才能得到所需的指标值。

2. 时点数列

绝对数动态数列中每一指标值如果是反映社会经济现象在某一时点（或某一时刻）上所达到的水平时，这种绝对数动态数列就叫时点数列。在时点数列中，每一指标值反映现象在一定时点上的瞬间水平。如表 5 - 1 中年底人口数和年末私人汽车拥有量的动态数列中，各个指标值说明在各年年末这一时点上人口数所达到的水平。其主要特点如下：

（1）数列中各指标值反映的是社会经济现象在某一时点（或某一时刻）上的状态。

（2）数列中每个不同时点上的指标值不能相加，因为各时点上的指标值只表明现象在某一瞬间所处的状态或水平，所以将时点数列中的指标数值相加后的数值并不能代表现象在这几个时点上的状态和水平，是没有任何实际意义的。

（3）指标值的大小与其时点间隔的长短没有直接联系。在时点数列中，两个相邻指标值所属时点的差距称为时点间隔。时点数列不具有可加性，时点间隔的长短对指标值大小没有直接影响，例如，年末的人口数不一定就比某月底的人口数大。编制时点数列时决定时点间隔长短的因素是现象的变动状态，变动较大或较快的现象，间隔应短些；否则间隔可以长些。确定时点间隔时，以能反映现象的变化过程为宜。

（4）指标值采用间断登记的方式获得。依照时点数列的性质，只要在某一时点进行统计，取得的资料就代表现象在该时点上的数量水平；不同时点上的资料用来反映现象的发展过程，无须对两个时点间现象所发生的数量逐一登记。

（二）相对数动态数列

把一系列同样的相对指标数值按时间先后顺序排列而成的数列叫做相对数动态数列。它反映社会经济现象之间相互联系的发展过程。在这种动态数列中，统计指标值表现为相对指标。例如，表5-1中所列的不同时间的城镇居民家庭年人均可支配收入就是相对数动态数列。在相对数动态数列中，由于各个指标值对比的基数不同，所以不具有直接可加性。

由于相对数是由两个总量指标对比派生而来，而总量指标又分为时期指标和时点指标，所以又有三种相对数动态数列，具体为：由两个时期数列组成的相对数动态数列；由两个时点数列组成的相对数动态数列；由一个时期数列及一个时点数列组成的相对数动态数列。

（三）平均数动态数列

把一系列同样的平均指标数值按时间先后顺序排列而成的数列叫做平均数动态数列。它反映社会经济现象一般水平的发展趋势。在这种动态数列中，统计指标值表现为平均指标。例如，表5-1中所列的不同时间的职工年平均工资就是平均数动态数列。在平均数动态数列中，由于各个指标值也不具有直接可加性。因为相加所得的数值没有实际的经济意义。

同相对数动态数列一样，它是由两个总量指标对比派生而来，而总量指标又分为时期指标和时点指标，所以又有三种平均数动态数列，具体如下：由两个时期数列组成的平均数动态数列；由两个时点数列组成的平均数动态数列；由一个时期数列及一个时点数列组成的平均数动态数列。

以上三种动态数列的关系不是孤立的。由于社会经济现象的复杂性和相互联系性，在许多情况下，为了全面分析事物的发展变化过程，必须将各种动态数列结合起来运用。

三、动态数列的编制原则

编制动态数列的目的是通过对数列中的一系列指标数值进行动态分析来研究社会经济现象的发展变化及其规律性。因此，保证动态数列中各指标值的可比性是编制动态数列的基本原则，具体来说，编制动态数列时应遵循以下几条原则：

（一）时间长短应一致

在时期数列中，由于各种指标数值的大小与时期长短有直接关系，因此各指标值涵盖的时间长度要相等。例如，一个月的销售额和一年的销售额就不能比较。对于时点数列，此原则是指各指标值对应的时点间隔要相同，虽然时点数列指标值的大小与时点间隔长短没有直接联系，但保持相同的时点间隔才能准确地反映现象的变化状况。

（二）总体范围应统一

动态数列各项指标的总体范围前后一致。无论是时期数列还是时点数列，指标值的大小都与现象总体范围有关。如果随着时间的推移，现象总体范围发生了变化，如地区的行政区域划分或部门隶属关系变更，那么在变化发生前后，指标的计算范围不同，指标值就不能直接对比。只有经过适当调整保持了总体范围的一致性，然后再做动态分析，进行动态比较才有意义，否则会歪曲客观现象的本来面目。

（三）指标的经济内容要相同

动态数列各项指标所反映的经济内容应该一致，不能就数量论数量，要对所研究的经济内容进行质的分析。因为指标的经济内容是由其理论内涵决定的，随着社会经济条件的变化，同一名称的指标，其经济内容也会发生改变。如果编制动态数列时不注意这一问题，对经济内容已发生变化的指标值不加以区别和调整，就可能导致错误的分析结论。例如，2016 年年末总人口和按性别分人口中包括中国人民解放军现役军人，按城乡分人口中现役军人计入城镇人口。再如，2017 年我国全年税收收入 49449 亿元中不包括关税、耕地占用税和契税。

（四）计算方法、计算价格和计量单位应一致

计算方法有时也可以叫做计算口径。对于指标名称、总体范围和经济内容都相同的指标，计算方法不同也会导致极大的数值差异，如按生产法、支出法和分配法计算的国内生产总值，结果就有很大差别，再如劳动生产率指标有的按全部职工计算，有的按生产工人计算。因此，在同一动态数列中，各个时期（时点）指标的计算方法要统一。在价格指标中计算的价格不统一，如产值指标有的按现行价格计算，有的按不变价格计算，则这样的指标数值就不具有可比性。指标数值的计量单位也应该一致，否则不可比。

但是，对动态数列中的可比性问题，也不能绝对化。有时由于资料来源不同，只要大

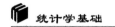

体可比，也能用来进行分析，但必须做出简要说明。

第二节 动态数列的发展水平

为研究社会经济现象的发展水平和发展速度，认识事物发展在数量上的规律性，需要对动态数列计算出一系列的分析指标。主要包括发展水平、平均发展水平、增长量、平均增长量、发展速度、增长速度、平均发展速度和平均增长速度。前四种分析指标运用于现象发展水平的分析，后四种分析指标运用于现象发展速度的分析。本节主要对四种发展水平指标进行阐述，下一节介绍四种速度指标。

一、发展水平和平均发展水平

（一）发展水平

发展水平是指动态数列中的各项具体指标数值，它反映社会经济现象在一定时期内或时点上所达到的规模或水平。发展水平是计算其他动态分析指标的基础。发展水平既可以是总量指标，也可以是相对指标或平均指标。

设动态数列各项指标数值为：a_0，a_1，a_2，a_3，$\cdots$，a_{n-1}，a_n。

用符号 a 代表发展水平，下标 0，1，2，3，$\cdots$，n 表示时间序号，a_0 为最初水平，a_n 为最末水平，在最初水平和最末水平之间的称为中间水平。

在动态分析中，将所要研究时期的指标数值称为报告期水平，将作为比较基础时期的指标数值称为基期水平。

发展水平在文字上习惯用"增加到""增加为""降低到""降低为"来表述。如我国 2005 年普通高等学校在校生人数为 1561.8 万人，到 2007 年增加到 1885 万人。

（二）平均发展水平

平均发展水平是将不同时期的发展水平加以平均而得到的平均数，一般也叫"序时平均数"或"动态平均数"，是对动态数列中各时间上的发展水平计算的平均数。序时平均数与一般平均数（静态平均数）既有共同之处，又有区别。共同之处是两者都是将现象的个别数量差异抽象，以概括反映现象总体的一般水平。

例如，2007 年内蒙古自治区全年城镇居民人均可支配收入 12378 元，它就是把各城镇居民的收入差异抽象化了，反映全体城镇居民收入的一般水平；再如，第四次人口普查到第五次人口普查的十年零四个月中我国大陆人口平均每年增加 1279 万人，它是把人口增加数在不同年份上的差异抽象化了，反映人口增长的一般水平。

序时平均数与一般平均数的区别：一般平均数抽象的是总体各单位的某一数量标志值

在同一时间上的差异,从静态上说明现象总体各单位的一般水平;序时平均数抽象的是现象在不同时间上的数量差异,从动态上说明现象在一定时期内发展变化的一般趋势;计算的根据不同,序时平均数是根据时间数列来计算的,而一般平均数是根据变量数列来计算的。由于发展水平可以是绝对数、相对数或平均数,而绝对数又有时期指标和时点指标,因此,用它们计算序时平均数时方法各不相同。

在动态分析中,利用序时平均数分析社会经济现象的动态变化有很重要的作用。利用它可以反映社会经济现象在一段时期内发展达到的一般水平,并对其做出概括说明;利用它可以消除现象在短期内波动的影响,便于广泛进行对比,观察现象的发展趋势;运用它还可以对不同单位、不同地区等在某一段时间内,某一事物发展达到的一般水平进行比较。

序时平均数可以根据绝对指标动态数列计算,也可以根据相对指标或平均指标动态数列计算。从方法的角度来说,绝对指标动态数列的序时平均数计算是最基本的。

1. 由绝对数动态数列计算序时平均数

(1) 由时期数列计算序时平均数。时期数列具有可加性,其计算序时平均数的方法就比较简单,常用简单算术平均法,将各时期指标数值的总和除以时期项数。其计算公式为:

$$\bar{a} = \frac{a_1 + a_2 + a_3 + \cdots + a_n}{n} = \frac{\sum a}{n} \qquad (5-1)$$

式中:$\bar{a}$表示序时平均数;

　　　a 表示各时期发展水平;

　　　n 表示时期项数。

【例5-1】已知某商场2017年各月销售额动态资料,如表5-2所示。计算各季度及全年的月平均销售额。

表5-2　某商场2017年各月销售额　　　　　　　单位:万元

月份	销售额	月份	销售额
1	200	7	250
2	190	8	270
3	210	9	290
4	150	10	320
5	170	11	330
6	190	12	340

第一季度月平均销售额:

$$\bar{a} = \frac{\sum a}{n} = \frac{200 + 190 + 210}{3} = 200(万元)$$

第二季度月平均销售额:

$$\bar{a} = \frac{\sum a}{n} = \frac{150 + 170 + 190}{3} = 170(万元)$$

第三季度月平均销售额：

$$\bar{a} = \frac{\sum a}{n} = \frac{250 + 270 + 290}{3} = 270(万元)$$

第四季度月平均销售额：

$$\bar{a} = \frac{\sum a}{n} = \frac{320 + 330 + 340}{3} = 330(万元)$$

全年月平均销售额：

$$\bar{a} = \frac{\sum a}{n} = \frac{200 + 190 + 210 + 150 + 170 + 190 + 250 + 270 + 290 + 320 + 330 + 340}{12}$$

$$= \frac{2910}{12} = 242.5(万元)$$

可见，该商场 2017 年第三季度、第四季度的月平均销售额大于第一季度、第二季度的月平均销售额。

（2）由时点数列计算序时平均数。根据所掌握的时点资料齐备和详尽程度不同，计算序时平均数的方法也有所不同，有连续时点和间断时点计算序时平均数。

其一，连续时点且间隔相等（未分组资料）。即在持有现象逐期（逐日登记且逐日排列的）的资料时，计算时点数列的序时平均数可用简单算术平均法，即以各时点指标数值之和除以时点项数。其计算公式为：

$$\bar{a} = \frac{\sum a}{n} \qquad\qquad (5-2)$$

【例 5-2】某厂工某年 5 月份上旬的工人出勤资料如表 5-3 所示。试计算该工厂该年 5 月份上旬工人平均出勤人数。

表 5-3　某工厂工人出勤情况　　　　　　　　　　　　　　　　单位：人

日期	出勤人数	日期	出勤人数
1	200	6	198
2	200	7	201
3	201	8	200
4	200	9	200
5	198	10	205

该工厂该年 5 月上旬工人平均出勤人数：

$$\bar{a} = \frac{\sum a}{n} = \frac{200 + 200 + 201 + 200 + 198 + 198 + 201 + 200 + 200 + 205}{10}$$

$$= \frac{2003}{10} = 200.3（人）$$

由此计算可知，该工厂 5 月上旬工人平均出勤人数为 200.3 人。

其二，连续时点且间隔不等（分组资料）。即时点数列资料登记的时间仍是一天，只是每隔一段时期指标数值发生变动时才记录一次，则可应用加权算术平均法来计算。用每次资料持续不变的时间长度为权数进行加权平均。其计算公式为：

$$\bar{a} = \frac{\sum af}{\sum f} \tag{5-3}$$

式中：a 表示各时点的发展水平；

f 表示各时点间隔长度。

【例 5-3】某工厂某年 7 月的职工人数：7 月 1 日为 258 人，7 月 11 日为 279 人，7 月 28 日为 280 人，则该工厂该年 7 月份的平均职工人数为：

$$\bar{a} = \frac{\sum af}{\sum f} = \frac{258 \times 10 + 279 \times 17 + 280 \times 4}{10 + 17 + 4} = \frac{8443}{31} = 272.35（人）$$

其三，由间断时点数列且间隔相等。在这种情况下，假定所研究现象在两个相邻时点之间的变动是均匀的，因而将相邻的两个时点指标数值相加后除以 2，即这两个时点数列的序时平均数。如果掌握一段时期内若干个时点指标数值，计算该时期的序时平均数，则可将每两个相邻时点指标的序时平均数加总，再加以平均。

【例 5-4】某企业 2017 年第一季度职工人数资料如表 5-4 所示。计算该企业第一季度平均职工人数。

表 5-4　某企业 2017 年第一季度职工人数情况　　　　　　　　　单位：人

日期	1 月 1 日	2 月 1 日	3 月 1 日	4 月 1 日
月初职工人数	1400	1420	1450	1440

根据表中资料，计算 1 月、2 月、3 月各月和第一季度的平均职工人数：

$$1 月平均职工人数 = \frac{1400 + 1420}{2} = 1410（人）$$

$$2 月平均职工人数 = \frac{1420 + 1450}{2} = 1435（人）$$

$$3 月平均职工人数 = \frac{1450 + 1440}{2} = 1445（人）$$

$$第一季度平均职工人数 = \frac{1410 + 1435 + 1445}{3} = 1430（人）$$

经过上述讨论，可以得出间隔相等的时点数列序时平均数的计算公式为：

$$\bar{a} = \frac{\frac{a_1}{2} + a_2 + a_3 + \cdots + a_{n-1} + \frac{a_n}{2}}{n-1} \tag{5-4}$$

式中，n 表示时点数列的项数。

这种方法也称作"首末折半法"，它便于应用，实际计算中主要采用这一形式。

其四，间断时点且间隔不相等。如果时点数列中各指标数值的时间间隔不相等，就组成了间断不等的间断时点数列，则应该采用以时间间隔长短为权数的加权算术平均法计算。其计算公式：

$$\bar{a} = \frac{\frac{a_1 + a_2}{2} \times f_1 + \frac{a_2 + a_3}{2} \times f_2 + \cdots + \frac{a_{n-1} + a_n}{2} \times f_{n-1}}{f_1 + f_2 + f_3 + \cdots + f_{n-1}} \tag{5-5}$$

式中，f 表示各时点的间隔长度。

【例5-5】某城市2017年的人口资料如表5-5所示。计算2017年该城市的平均人口数。

表5-5 某城市2017年的人口情况 单位：万人

日期	1月1日	5月1日	8月1日	12月31日
人口数	256.2	25.1	258.3	259.4

根据表5-5中的资料，计算该城市2017年平均人口数为：

$$\bar{a} = \frac{\frac{a_1 + a_2}{2} \times f_1 + \frac{a_2 + a_3}{2} \times f_2 + \cdots + \frac{a_{n-1} + a_n}{2} \times f_{n-1}}{f_1 + f_2 + f_3 + \cdots + f_{n-1}}$$

$$= \frac{\frac{256.2 + 257.1}{2} \times 4 + \frac{257.1 + 258.3}{2} \times 3 + \cdots + \frac{258.3 + 259.4}{2} \times 5}{4 + 3 + 5}$$

$$= \frac{1026.6 + 773.1 + 1294.3}{12} = \frac{3094}{12} = 257.8 (万人)$$

运用这种方法计算的序时平均数带有一定程度的假定性，即假定现象在各时点间的变动是均匀的。因此时间间隔越大，其假定性越大，准确性也就越差。

2. 由相对数动态数列或平均数动态数列计算序时平均数

由于相对数动态数列和平均数动态数列是由两个具有相互联系的总量指标动态数列对比构成的，因此，相对数或平均数动态数列不能像总量指标动态数列那样直接计算平均水平，而是要先分别计算出分子、分母两个总量指标动态数列的序时平均数，然后再进行对比，求出相对数或平均数动态数列的序时平均数。其计算公式为：

$$\bar{c} = \frac{\bar{a}}{\bar{b}} \times 100\%$$

式中：$\bar{c}$ 表示相对数或平均数动态数列的序时平均数；

$\bar{a}$ 表示分子的总量指标动态数列的序时平均数；

$\bar{b}$ 表示分母的总量指标动态数列的序时平均数。

构成分子、分母的动态数列可以都是时期数列；可以都是时点数列；也可以一个是时期数列，一个是时点数列。

（1）由两个时期数列对比所形成的相对数时间数列计算序时平均数。

【例 5－6】某企业 2017 年第一季度产品产量计划完成情况的资料，如表 5－6 所示。

表 5－6　某企业 2017 年第一季度产品产量计划完成情况

时间	1 月	2 月	3 月
实际完成数（件）（a）	5100	6180	8640
计划数（件）（b）	5000	6000	8000
计划完成程度（%）（c）	102	103	108

现计算其第一季度的平均计划完成程度如下：

$$\bar{c} = \frac{\bar{a}}{\bar{b}} \times 100\% = \frac{\sum \dfrac{a}{n}}{\sum \dfrac{b}{n}} = \frac{\sum a}{\sum b} \times 100\%$$

由于 $c = \dfrac{a}{b}$，$a = bc$，代入上式得：

$$\bar{c} = \frac{\sum bc}{\sum b}$$

这个公式从形式上看是一个加权算术平均数公式。

同理 $c = \dfrac{a}{b}$，$b = \dfrac{a}{c}$，代入上式得相关公式。

根据上述表 5－6 的资料计算第一季度平均计划完成程度（%）：

$$\bar{c} = \frac{\bar{a}}{\bar{b}} \times 100\% = \frac{\sum a}{\sum b} \times 100\%$$

$$= \frac{5100 + 6180 + 8640}{5000 + 6000 + 8000} = \frac{19920}{19000} = 1.0484 = 104.84\%$$

（2）由两个时点数列对比所形成的相对数时间数列计算序时平均数。如前所述，时点数列有连续时点和间断时点之分，而每一种又有间隔相等和间隔不等两种情况，因此，序时平均数的具体计算方法也因其特点不同而不一样。

【例 5－7】某工厂工人人数资料，如表 5－7 所示。

表 5－7　某工厂工人人数资料

时间	9 月月末	10 月月末	11 月月末	12 月月末
生产工人数（a）（人）	800	820	830	860
全部职工人数（b）（人）	1000	1030	1040	1100
生产工人占全部职工人数的比重（c）（%）	80.0	79.6	79.8	78.2

根据上述资料计算第四季度该工厂生产工人数占全部职工人数的平均比重。

解：

先计算生产工人数的序时平均数：

$$\bar{a} = \frac{\dfrac{a_1}{2} + a_2 + a_3 + \cdots + \dfrac{a_n}{2}}{n-1} = \frac{\dfrac{800}{2} + 820 + 830 + \dfrac{860}{2}}{4-1}$$

$$= \frac{2480}{3} = 827（人）$$

再求全部职工人数的序时平均数：

$$\bar{b} = \frac{\dfrac{b_1}{2} + b_2 + b_3 + \cdots + \dfrac{b_n}{2}}{n-1} = \frac{\dfrac{1000}{2} + 1030 + 1040 + \dfrac{1100}{2}}{4-1}$$

$$= \frac{3120}{3} = 1040（人）$$

第四季度生产工人占全部职工人数的平均比重：

$$\bar{c} = \frac{\bar{a}}{\bar{b}} \times 100\% = \frac{827}{1040} = 0.795 = 79.5\%$$

根据间隔相等的间断数列所形成的相对数时间数列求序时平均数的方法，可用公式表示如下：

$$\bar{c} = \frac{\bar{a}}{\bar{b}} = \frac{\left(\dfrac{a_1}{2} + a_2 + a_3 + \cdots + \dfrac{a_n}{2}\right) \div (n-1)}{\left(\dfrac{b_1}{2} + b_2 + b_3 + \cdots + \dfrac{b_n}{2}\right) \div (n-1)}$$

$$\bar{c} = \frac{\bar{a}}{\bar{b}} = \frac{\left(\dfrac{a_1}{2} + a_2 + a_3 + \cdots + \dfrac{a_n}{2}\right)}{\left(\dfrac{b_1}{2} + b_2 + b_3 + \cdots + \dfrac{b_n}{2}\right)}$$

根据间隔不相等的间断数列所形成的相对数时间数列求序时平均数的方法，可用公式表示如下：

$$\bar{c} = \frac{\bar{a}}{\bar{b}} = \frac{\left(\dfrac{a_1 + a_2}{2} \cdot f_1 + \dfrac{a_2 + a_3}{2} \cdot f_2 + \cdots + \dfrac{a_{n-1} + a_n}{2} \cdot f_{n-1}\right) \div (f_1 + f_2 + \cdots + f_{n-1})}{\left(\dfrac{b_1 + b_2}{2} \cdot f_1 + \dfrac{b_2 + b_3}{2} \cdot f_2 + \cdots + \dfrac{b_{n-1} + b_n}{2} \cdot f_{n-1}\right) \div (f_1 + f_2 + \cdots + f_{n-1})}$$

$$\bar{c} = \frac{\bar{a}}{\bar{b}} = \frac{\left(\dfrac{a_1 + a_2}{2} \cdot f_1 + \dfrac{a_2 + a_3}{2} \cdot f_2 + \cdots + \dfrac{a_{n-1} + a_n}{2} \cdot f_{n-1}\right)}{\left(\dfrac{b_1 + b_2}{2} \cdot f_1 + \dfrac{b_2 + b_3}{2} \cdot f_2 + \cdots + \dfrac{b_{n-1} + b_n}{2} \cdot f_{n-1}\right)}$$

（3）由两个不同性质数列对比而形成的相对数时间数列计算序时平均数。说明其计算方法如下。

【例5-8】某大型超市第一季度商品销售额与月初商品库存额资料，如表5-8所示。计算该大型超市第一季度月平均商品流转次数。

表 5 – 8　某大型超市第一季度商品销售额与月初商品库存额情况

时间	单位	1 月	2 月	3 月	4 月
商品销售额（a）	万元	200	300	420	—
月初商品库存额（b）	万元	100	120	150	200
商品流转次数（c）	次	1.8	2.2	2.4	—

上述表 5 – 8 的商品销售额是时期数列，月初商品库存额是时点数列。将商品销售额与平均商品库存额对比得商品流转次数，这个指标说明商品流转快慢的程度，是反映商业工作质量的一个重要指标。

商品流转次数数列是相对数动态数列，由于其对比的基数不同，所以不能直接计算。

我们可以看出，它是由一个时期数列（商品销售额）和一个时点数列派生的序时平均数动态数列（月平均商品库存额数列）对比构成的动态数列。因此要先分别计算出月平均商品销售额（$\bar{a}$）和月平均商品库存额（$\bar{b}$），然后将两者对比求得平均商品流转次数。其计算过程为：

$$\bar{c} = \frac{\bar{a}}{\bar{b}} = \frac{\dfrac{\sum a}{n}}{\dfrac{\dfrac{b_1}{2} + b_2 + b_3 + \cdots + b_{n-1} + \dfrac{b_n}{2}}{n-1}}$$

$$\bar{c} = \frac{\bar{a}}{\bar{b}} = \frac{\dfrac{200 + 300 + 420}{3}}{\dfrac{\dfrac{100}{2} + 120 + 150 + \dfrac{200}{2}}{4-1}} = \frac{306.67}{140} = 2.19(\text{次})$$

答：该超市第一季度平均商品流转次数为 2.19 次。

二、增长量

增长量指标是用来说明某种现象在一定时期内增加或减少的绝对数量，它是指动态数列中两个不同时期的发展水平之差，反映社会经济现象报告期比基期增加或减少的数量，即：

增长量 = 报告期水平 – 基期水平

当报告期水平大于基期水平时，增长量为正值，表示现象的水平增加或增长；当报告期水平小于基期水平时，增长量为负值，表示现象的水平减少或下降。

增长量根据所采用基期的不同，可分为逐期增长量、累计增长量和年距增长量。

（一）逐期增长量

逐期增长量是说明报告期水平比前一期水平增长的绝对数量。它是报告期水平与前一期水平之差，用符号表示如下：$(a_1 - a_0)$，$(a_2 - a_1)$，$(a_3 - a_2)$，$\cdots$，$(a_n - a_{n-1})$。

（二）累计增长量

累计增长量是说明在某一段较长时期内总的增长量。是报告期水平与某一固定基期水平之差，它说明报告期水平比某一固定基期水平增长的绝对数量，用符号表示如下：$(a_1 - a_0)$，$(a_2 - a_0)$，$(a_3 - a_0)$，…，$(a_n - a_0)$。

【例5-9】我国油产产量、逐期增长量和累计增长量的计算。如表5-9所示。

表5-9 我国2002~2007年原油产量情况　　　　单位：万吨

年份		2002	2003	2004	2005	2006	2007
原油产量		16700	16960	17587	18135	18477	18700
增长量	逐期	—	260	627	548	342	223
	累计	—	260	887	1435	1777	2000

（三）逐期增长量和累计增长量之间的关系

逐期增长量和累计增长量之间的关系如下：

第一，整个时期的逐期增长量之和等于最后一个时期的累计增长量，即：

$(a_n - a_0) = (a_1 - a_0) + (a_2 - a_1) + (a_3 - a_2) + \cdots + (a_n - a_{n-1})$

第二，相邻两个时期的累计增长量之差等于相应时期的逐期增长量，即：

$(a_2 - a_1) = (a_2 - a_0) - (a_1 - a_0)$

（四）年距增长量

为了消除季节变动因素的影响，常将本月（季）发展水平与去年同月（季）发展水平进行比较，若以相减的方式比较，则得到的是年距增长量，即：

年距增长量＝本月（季）发展水平 - 去年同月（季）发展水平

三、平均增长量

平均增长量是指动态数列各逐期增长量的序时平均数，用来反映现象在某一时间内各期增长绝对数量的一般水平。其计算公式为：

$$平均增长量 = \frac{逐期增长量之和}{逐期增长量的项数}$$

$$或 = \frac{累计增长量}{动态数列的项数 - 1}$$

如上例，我国在2002~2007年每年原油平均增长量：

$$平均增长量 = \frac{260 + 627 + 548 + 342 + 223}{5} = 400（万吨）$$

$$或 = \frac{2000}{6 - 1} = 400（万吨）$$

第三节 动态数列的速度指标

一、发展速度

发展速度是表明社会经济现象在一定时期内的发展程度的动态相对指标。它根据两个不同时期的发展水平对比而得。它是以相对数形式表示。表明报告期水平已发展到基期水平的百分之几或若干倍。其计算公式为：

$$发展速度（\%）= \frac{报告期水平}{基期水平} \times 100\%$$

发展速度一般用百分数表示，有时也用倍数表示。若发展速度大于百分之百（或大于1）则表示为上升速度；若发展速度小于百分之百（或小于1）则表示为下降速度。

发展速度根据所采用基期的不同分为环比发展速度和定基发展速度两种。

（一）环比发展速度

环比发展速度是指报告期水平与前一期水平的比值，表明现象逐期发展变化的程度，又称逐期发展速度。环比发展速度计算公式为：

$$环比发展速度（\%）= \frac{报告期水平}{前一期水平} \times 100\%$$

用符号表示如下：$\dfrac{a_1}{a_0}, \dfrac{a_2}{a_1}, \dfrac{a_3}{a_2}, \cdots, \dfrac{a_n}{a_{n-1}}$

（二）定基发展速度

定基发展速度是指报告期水平与某一固定基期水平（通常是最初水平）的比值，表明现象在较长时期内总的发展变化程度，又称总速度。定基发展速度计算公式为：

$$定基发展速度（\%）= \frac{报告期水平}{某一固定时期水平（最初水平）} \times 100\%$$

用符号表示如下：$\dfrac{a_1}{a_0}, \dfrac{a_2}{a_0}, \dfrac{a_3}{a_0}, \cdots, \dfrac{a_n}{a_0}$

（三）定基发展速度和环比发展速度之间的关系

定基发展速度和环比发展速度虽有区别，但它们之间存在着一定的关系，表现为：

1. 定基发展速度等于相应时期内的各个环比发展速度的连乘积，即

$$\frac{a_1}{a_0} \times \frac{a_2}{a_1} \times \frac{a_3}{a_2} \times \cdots \times \frac{a_n}{a_{n-1}} = \frac{a_n}{a_0}$$

2. 相邻两个定基发展速度之比等于相应时期的环比发展速度，即

$$\frac{a_n}{a_0} \div \frac{a_{n-1}}{a_0} = \frac{a_n}{a_{n-1}}$$

根据上述数量关系，环比发展速度和定基发展速度可以互相推算。

【例 5 – 10】我国原油产量定基发展速度和环比发展速度的计算如表 5 – 10 所示。

表 5 – 10　我国 2002 ~ 2007 年原油产量情况

年份		2002	2003	2004	2005	2006	2007
原油产量（万吨）		16700	16960	17587	18135	18477	18700
发展速度（%）	环比	—	101.56	103.7	103.12	101.89	101.21
	定基	100	101.56	105.31	108.59	110.64	111.98
增长速度（%）	环比	—	1.56	3.7	3.12	1.89	1.21
	定基	100	1.56	5.31	8.59	10.64	11.98
增长1%的绝对值（万吨）		—	167.00	169.60	175.87	181.35	184.77

（四）年距发展速度

类似于年距发展水平指标，对于具有季节变化的一些社会经济现象，为了消除季节变动的影响，可以计算年距发展速度，用来说明本期发展水平相对于上一年同期发展水平变化的方向与程度，它是实际统计分析中经常使用的指标。其计算公式为：

$$年距发展速度（%）= \frac{报告年某月（季）水平}{基年同月（季）水平} \times 100\%$$

二、增长速度

增长速度是表明社会经济现象增长程度的动态相对指标。它是增长量与基期水平的比值，表明报告期水平比基期水平增长（或降低）了百分之几或若干倍。其计算公式为：

$$增长速度（%）= \frac{增长量}{基期发展水平} \times 100\%$$

增长速度与发展速度具有密切的关系，两者仅相差一个基数而已，即：

增长速度 = 发展速度 – 1，具体计算公式为：

$$增长速度（%）= \frac{增长量}{基期发展水平} \times 100\%$$

$$或 = \frac{报告期水平 – 基期发展水平}{基期发展水平} \times 100\%$$

$$或 = \frac{报告期发展水平}{基期发展水平} \times 100\% – 1（或100\%）$$

或 = 发展速度（%）– 1（或 100%）

增长速度有正、负值之分。当发展速度大于 1 时，增长速度为正值，表明现象的增长程度；当发展速度小于 1 时，增长速度为负值，表明现象的降低程度。

根据所采用基期的不同，增长速度分为环比增长速度和定基增长速度。

（一）环比增长速度

环比增长速度是逐期增长量与前一期水平对比的结果，表示现象逐期增长的方向和程度。其计算公式为：

$$\text{环比增长速度（\%）} = \frac{\text{逐期增长量}}{\text{前一期水平}} \times 100\%$$

$$\text{或} = \frac{\text{报告期水平} - \text{前一期水平}}{\text{前一期水平}} \times 100\%$$

$$\text{或} = \frac{\text{报告期水平}}{\text{前一期水平}} \times 100\% - 1 \text{（或 100\%）}$$

$$\text{或} = \text{环比发展速度（\%）} - 1 \text{（或 100\%）}$$

用符号表示如下：$\dfrac{a_1 - a_0}{a_0}, \dfrac{a_2 - a_1}{a_1}, \cdots, \dfrac{a_{n-1} - a_{n-2}}{a_{n-2}}, \dfrac{a_n - a_{n-1}}{a_{n-1}}$

或 $\left(\dfrac{a_1}{a_0} - 1\right), \left(\dfrac{a_2}{a_1} - 1\right), \cdots, \left(\dfrac{a_{n-1}}{a_{n-2}} - 1\right), \left(\dfrac{a_n}{a_{n-1}} - 1\right)$

（二）定基增长速度

定基增长速度是累计增长量与某一固定基期水平对比的结果，表示现象在较长时期内总的增长程度。其计算公式为：

$$\text{定基增长速度（\%）} = \frac{\text{累计增长量}}{\text{某一固定时期水平}} \times 100\%$$

$$\text{或} = \frac{\text{报告期水平} - \text{某一固定时期水平}}{\text{前一固定时期水平}} \times 100\%$$

$$\text{或} = \frac{\text{报告期水平}}{\text{某一固定时期水平}} \times 100\% - 1 \text{（或 100\%）}$$

$$\text{或} = \text{定基发展速度（\%）} - 1 \text{（或 100\%）}$$

用符号表示如下：

$\left(\dfrac{a_1 - a_0}{a_0}\right), \left(\dfrac{a_2 - a_0}{a_0}\right), \cdots, \left(\dfrac{a_{n-1} - a_0}{a_0}\right), \left(\dfrac{a_n - a_0}{a_0}\right)$

或 $\left(\dfrac{a_1}{a_0} - 1\right), \left(\dfrac{a_2}{a_0} - 1\right), \cdots, \left(\dfrac{a_{n-1}}{a_0} - 1\right), \left(\dfrac{a_n}{a_0} - 1\right)$

定基增长速度和环比增长速度的计算如表 5-10。

（三）定基增长速度与环比增长速度之间的关系

由于定基增长速度不等于环比增长速度的连乘积，即：

$$\frac{a_1 - a_0}{a_0} \times \frac{a_2 - a_1}{a_1} \times \cdots \times \frac{a_{n-1} - a_{n-2}}{a_{n-2}} \times \frac{a_n - a_{n-1}}{a_{n-1}} \neq \frac{a_n - a_0}{a_0}$$

$$或 \left(\frac{a_1}{a_0} - 1 \right) \times \left(\frac{a_2}{a_1} - 1 \right) \times \cdots \times \left(\frac{a_{n-1}}{a_{n-2}} - 1 \right) \times \left(\frac{a_n}{a_{n-1}} - 1 \right) \neq \left(\frac{a_n}{a_0} - 1 \right)$$

因此，定基增长速度与环比增长速度不能直接换算。如果要进行换算，则首先必须将环比增长速度还原成环比发展速度，再将各期环比发展速度连乘，得到定基发展速度，最后用定基发展速度减 1 得到定基增长速度。

（四）年距增长速度

为了消除季节变动的影响，需要计算年距增长速度，其计算公式为：

$$年距增长速度（\%） = \frac{年距增长量}{某年同月（季）发展水平} \times 100\%$$
$$= 年距发展速度（\%） - 1（或 100\%）$$

三、增长（减）1% 的绝对值

在一般情况下，考察现象的发展程度通常用环比发展速度指标来衡量。由于各期环比发展速度的计算基数不同，而绝对数又是相对数的基础，因此，各期环比增长速度所反映的实际增长的绝对量效果就可能不同，即每增长 1% 相对应的绝对增长量可能不同。因为低水平基础上的平均增减速度与高水平基础上的平均增减速度是不可比的，因此，对现象发展进行动态分析时，必须注意速度背后的绝对增长量。通常用增长 1% 的绝对值来考察速度背后隐藏的绝对增长量。增长 1% 的绝对值是指逐期增长量与环比增长速度之比。其计算公式为：

$$增长（减）1\% 的绝对值 = \frac{逐期增长量}{环比增长速度（\%）} \times 1\%$$
$$或 = \frac{前期水平}{100}$$

具体增长 1% 的绝对值的计算参见表 5 - 10。

四、平均发展速度与平均增长速度

平均发展速度是动态数列中的各个环比发展速度的序时平均数。它说明某种现象在一个较长时期中逐期平均发展变化的程度。平均增长速度是根据平均发展速度来计算的，反映某种现象在一个较长时期中逐期平均增长变化的程度。平均发展速度与平均增长速度的关系为：

平均增长速度 = 平均发展速度 - 1

平均发展速度和平均增长速度在实际工作中起着重要的作用。这两个指标是编制国民经济计划。进行国民经济宏观调控的重要指标；也经常用它们来对比不同阶段、不同时期、不同国家或地区同类现象的发展变化情况；它们还可作为各种推算和预测的依据。

平均发展速度指标从广义上说，也是一种根据环比发展速度计算的序时平均数。由于环比发展速度是动态相对数，故不能应用上述序时平均数的方法来计算，在实际统计工作中常用的有两种方法：几何平均法和方程式法。

（一）几何平均法

几何平均法又称水平法。由于总速度不等于各年环比发展速度相加的和，而是等于各年环比发展速度的连乘积，所以平均发展速度的计算不能用算术平均法，而要用几何平均法。用几何平均法计算平均发展速度，是将各个环比发展速度视作变量（x），将环比发展速度的个数视作变量个数（n）。

设 $\bar{x}$ 代表平均发展速度，x_i（$i = 1, 2, 3, \cdots, n$）代表各期实际发展速度（环比发展速度），R 代表总速度（定基发展速度），n 代表连乘积符号，a_0 为最初水平。即：

一年后为：$a_0 x_1 = a_1$

二年后为：$a_0 x_1 x_2 = a_2$

三年后为：$a_0 x_1 x_2 x_3 = a_3$

……

n 年后为：$a_0 x_1 x_2 x_3 \cdots x_n = a_n$

如果每期都以平均发展速度（$\bar{x}$）变化，则：

$$\underbrace{\bar{x} \cdot \bar{x} \cdot \bar{x} \cdot \cdots \cdot \bar{x}}_{n\uparrow} = x_1 \cdot x_2 \cdot x_3 \cdot \cdots \cdot x_n = \frac{a_n}{a_0} = R$$

所以，$a_0 \bar{x}^n = a_n$

因此，平均发展速度的计算公式为：

$$\bar{x} = \sqrt[n]{x_1 \cdot x_2 \cdot x_3 \cdot \cdots \cdot x_{n-1} \cdot x_n} = \sqrt[n]{\Pi x} \qquad (5-6)$$

式中：$\bar{x}$ 表示平均发展速度；

　　　$x_1, x_2, x_3, \cdots, x_n$ 为各环比发展速度；

　　　Π 表示连乘符号。

由于环比发展速度的连乘积等于相应的定基发展速度，因此平均发展速度的公式也可写成：

$$\bar{x} = \sqrt[n]{\frac{a_1}{a_0} \times \frac{a_2}{a_1} \times \frac{a_3}{a_2} \times \cdots \times \frac{a_n}{a_{n-1}}}$$

或：

$$= \sqrt[n]{\frac{a_n}{a_0}} \qquad (5-7)$$

因为 $\dfrac{a_n}{a_0}$ 是现象的总发展速度，所以平均发展速度的公式又可写成：

$$\bar{x} = \sqrt[n]{R} \qquad (5-8)$$

式中，R 表示总发展速度。

由上面的公式计算平均发展速度时，可根据各时期的环比发展速度来计算；也可根据最初水平和最末水平来计算；还可根据总的发展速度来计算。

平均发展速度和平均增长速度一般用百分数表示，但像人口平均出生率、死亡率、平均自然增长率等指标的分子明显小于分母，也可采用千分数表示。

现以我国第四次、第五次全国人口普查资料为例，计算我国人口平均增长速度及其有关指标。

【例 5 – 11】 根据第四次、第五次人口普查资料，我国大陆人口 1990 年第四次普查时为 113368 万人，2000 年第五次普查时为 126583 万人，试求两次人口普查之间我国人口年平均增长速度。

解：由题中已知 $a_0 = 113368$，$a_n = 126583$，$n = 10$

$$\bar{x} = \sqrt[n]{\frac{a_n}{a_0}} = \sqrt[10]{\frac{126583}{113368}} \times 100\% = 1.011087 = 101.1087\%$$

年平均增长速度（%）= 101.1087% – 1 = 1.1087%

或 = 11.087‰

即以 1990 年为基期，到 2000 年我国人口年平均增长速度为 11.087‰。

【例 5 – 12】 如果以 2000 年人口普查数为基数，其后每年以 11.087‰的速度递增，到 2010 年我国大陆人口将达到多少？

解：$a_n = a_0 \cdot \bar{x} = 126583 \times (11.087‰)^{10} = 141338$（万人）

即按 11.087‰的速度递增，到 2010 年我国大陆人口将超过 14 亿人。

【例 5 – 13】 若要求在 2010 年年底，把我国大陆人口控制在 14 亿人以内，以 2000 年年底全国人口数为基数，10 年内我国人口年平均增长速度应控制在什么水平？

解：

$$\bar{x} = \sqrt[n]{\frac{a_n}{a_0}} = \sqrt[10]{\frac{140000}{126583}} \times 100\% = 1.010125 \text{ 或} = 101.0125\%$$

年平均增长速度‰ =（1 – 1.010125）× 1000‰ = 10.125‰

即从 2000 年开始，我国人口年平均增长速度必须控制在 10.125‰以内，才能保证到 2010 年年底人口不突破 14 亿人。

（二）方程式法（累计法）

方程式法又称累计法或代数平均法，它是从最初水平出发，每期按照平均发展速度（$\bar{x}$）发展，n 期后，各期理论水平之和应等于各期实际水平之和。令 y 为各期的定基发展速度，x_1，x_2，x_3，$\cdots$，x_n 为各期实际发展速度（环比发展速度），则：

$$a_0 y_1 + a_0 y_2 + a_0 y_3 + \cdots + a_0 y_n = \sum a$$

由于环比发展速度的连乘积等于定基发展速度，可用环比发展速度 x_1，x_2，$\cdots$，x_n 代入上式：

$$a_0 x_1 + a_1 x_2 + a_2 x_3 + \cdots + a_n x_n = \sum a$$

$$a_0 x_1 + a_0 x_1 x_2 + a_0 x_1 x_2 x_3 + \cdots + a_0 x_1 x_2 x_3 \cdots x_n = \sum a$$

由此式中的各期环比发展速度平均化，用平均发展速度取代各环比发展速度，即：

$$a_0 \bar{x} + a_0 \bar{x}\bar{x} + a_0 \bar{x}\bar{x}\bar{x} + \cdots + a_0 \bar{x}\bar{x}\cdots\bar{x} = \sum a$$

$$a_0 (\bar{x} + \bar{x}^2 + \bar{x}^3 + \cdots + \bar{x}^n) = \sum a$$

$$(\bar{x} + \bar{x}^2 + \bar{x}^3 + \cdots + \bar{x}^n) = \frac{\sum a}{a_0}$$

这个方程式的正根，就是所求的平均发展速度。要解这个方程式是比较复杂的，在实际统计工作中，一般根据《累计法平均增长速度查对表》（见书后附录）来求得。

使用查对表时，要先计算出 $\dfrac{\sum a}{a_0}$ 的数值：

由于 $\dfrac{\sum a}{a_0} = \dfrac{a_1}{a_0} + \dfrac{a_2}{a_0} + \dfrac{a_3}{a_0} + \cdots + \dfrac{a_n}{a_0} = \sum y$

所以，可以根据各期定基发展速度的总和来计算。

当 $\dfrac{\sum a}{a_0}$ 的数值除以期内年数大于1，即 $\dfrac{\sum a}{n} > a_0$ 时，则所求的结果为递增速度。查表时，要在递增部分查找 $\dfrac{\sum a}{a_0}$ 的数值，与这个数值相对应的左边栏的百分比，即为所求的年平均递增速度。当 $\dfrac{\sum a}{a_0}$ 的数值除以期内年数小于1，即 $\dfrac{\sum a}{n} < a_0$ 时，则所求的结果为递减速度，要在递减速度部分查找，方法和递增部分查法相同。

【例5-14】我国第九个五年计划期间基本建设投资额的资料，如表5-11所示。

表5-11 我国"九五"计划期间全社会固定资产投资总额情况　　单位：万元

年份	全社固定资产投资总额
1995	20019.3
1996	22913.5
1997	24941.1
1998	28406.2
1999	29854.7
2000	32917.7
第九个五年计划期间合计（1996~2000年）	138734

第一步，计算递减或是递增速度：

$$\bar{a} = \frac{a_1 + a_2 + a_3 + a_4 + a_5}{5}$$

$$= \frac{22913.5 + 24941.1 + 28406.2 + 29854.7 + 32917.7}{5}$$

$$= \frac{139033.2}{5} = 27806.64$$

则：$\bar{a} = \dfrac{a_1 + a_2 + a_3 + a_4 + a_5}{5} > a_0$

为递增速度，应在累计法查对表的增长速度部分查找。

第二步，计算总发展速度：

$$\bar{a} = \frac{a_1 + a_2 + a_3 + a_4 + a_5}{a_0} = \frac{139033.2}{20019.3} = 6.94 \text{ 或 } 694\%$$

第三步，查表：见表 5-12，在累计法查对表中的 $n=5$ 的栏内，找到接近 694% 的数字是 693.27%，在查找到数所在行左边第一栏百分比为 11.1%，即为所求的平均每年增长速度。投资总额的平均发展速度为 111.10%。为了说明累计法查对表的使用方法，现将与此有关的累计法查对表的一部分摘录如下，如表 5-12 所示。

表 5-12 累计法查对表（间隔期 1~5 年）

平均每年增长（%）	各年发展总和为基期的百分比（%）					
	1 年	2 年	3 年	4 年	5 年	…
…	…	…	…	…	…	…
…	…	…	…	…	…	…
-3.9	96.10	188.45	277.20	262.49	444.45	…
-3.8	96.20	188.74	277.77	363.42	445.81	…
…	…	…	…	…	…	…
…	…	…	…	…	…	…
10.8	110.80	233.57	369.60	520.32	687.32	…
10.9	110.90	233.89	370.29	521.56	689.32	…
11.0	111.00	234.21	370.97	522.77	691.27	…
11.1	111.10	234.53	371.66	524.01	693.27	…
11.2	111.20	234.85	372.35	525.25	695.27	…
…	…	…	…	…	…	…
…	…	…	…	…	…	…

第四节 动态数列的趋势分析

一、影响动态数列因素的分析

社会经济现象的发展变化是许多错综复杂的因素共同作用的结果，有些属于基本因素，它对事物的发展起决定性作用，影响事物在较长一段时期内发展变化呈现出一定趋向，沿着一个方向（上升或下降）发展。有些是许多因素共同作用的结果，有些是偶然、非基本因素，它对事物的发展只起局部的非决定性作用，影响时间数列各期水平出现短期不规则的波动。还有些由于季节变更消费受惯性因素影响，使时间数列各期水平出现季节性波动。为了研究社会经济现象发展变化的趋势或规律并且据以预测未来，就需要将这些不同因素引起的不同作用和所影响程度分别测定出来。但影响事物发展变化的因素很多，要将每一个因素的影响趋势、影响程度分别测定出来是很困难的。在实际分析中，只能将各种因素按性质不同加以概括、归类，然后按类测定它们各自对事物变化的影响状况。这些因素归纳起来，主要有以下四类：

（一）长期趋势

长期趋势是指客观现象在一个相当长的时期内，受某种稳定性因素影响所呈现的上升或下降趋势，也可以表现为只围绕某一常数值而无明显增减变化的水平趋势。例如，粮食生产由于受到种植方法的不断改良、日益发达的农田水利等根本因素的影响，从较长时期来看，总趋势是持续增加、向上发展的。认识和掌握事物的长期趋势，可以把握事物发展变化的基本特点。

（二）季节变动

季节变动是指客观现象受季节更换的影响，在一年或更短的时间内，随着时间的变动而呈现的周期性波动。引起季节性变动的原因既有自然因素，也有人为因素，如气候条件、节假日及风俗习惯等。季节变动的影响有以一年为周期的，也有以一日、一周、一月为周期的。认识和掌握季节变动，对于近期行动决策有重要的指导作用。

（三）循环变动

循环变动是指客观现象以若干年为周期涨落起伏相间的变动。循环变动不同于长期趋势，它所表现的不是单一方向（上升或下降）的持续运动，而是涨落相间的波浪式发展。循环变动也不同于季节变动，季节变动一般是以一年、一季或一月等为一个周期，其变动情况一般可以预见；而循环变动没有固定的循环周期，其变动的周期较长，一般在数年以上，且各循环周期和幅度的规律性也较难把握。测定循环变动、掌握变动规律对于人们认识事物，控制和克服其产生的影响具有重要的意义。我国统计工作中开展的宏观经济监测、预警系统研究，就是为这一目的而建立的，通过对宏观经济发展状况进行监测，可以及时发现经济波动的趋势，以便采取反波动的措施。

（四）不规则变动

不规则变动是指客观现象由于突发事件或偶然因素引起的无周期性的变动，也称为随机变动。包括由突发的自然灾害、意外事故或重大政治事件所引起的剧烈变动，也包括大量随机因素干扰造成的起伏波动。它们是动态数列中无法由上述三个因素解释的部分。

这四种因素的变化构成了事物在一定时期内的变动。在对动态数列进行分析时，首先要明确的是这四种因素变动的构成形式，即它们是如何结合及相互作用的。把这些构成因素和动态数列的关系用一定的数学关系表示，就构成了动态数列影响因素分解模型，一般常用的数学模型有加法模型和乘法模型。

加法模型是假定四种变动因素是互相独立的，则动态数列各期发展水平是各个影响因素相加的总和。其结构为：

$$Y = T + S + C + J$$

式中：T 表示长期趋势；S 表示季节变动；C 表示循环变动；J 表示不规则变动。

乘法模型是假定四种因素存在着某种相互影响关系，互不独立。因此，动态数列各期发展水平是各个影响因素之积，其结构为：

$$Y = T \cdot S \cdot C \cdot J$$

由于乘法模型在两边取对数后，也成为加法模型的形式，因此可以理解这两种假定在原则上没有区别，都是假设动态数列各因素是可加的。

二、长期趋势的测定

长期趋势是指现象在相当长的时期内，持续增长或不断下降的趋势。例如，我国国民经济中工农业生产的发展。人民生活水平总的趋势是持续增长的，某种疾病率、人口的死亡率就是持续下降的趋势。

分析时间数列的长期趋势，描述社会经济现象在较长时间内发展变动的基本状态，有助于认识现象的变动规律。这样可以为预测事物未来的发展情况提供依据。这对编制计划、指导生产和经营、管理国民经济进行决策都具有重要意义。测定长期趋势，还便于将长期趋势，主要是对时间数列进行修匀。修匀的方法很多，常用的有时距扩大法、移动平均法、数学模型法等。下面分别介绍这些方法的运用。

（一）时距扩大法

这是测定长期趋势最原始、最简便的方法。它是把原来动态数列中所包括的各个时期资料加以合并，得出较长时距的资料，用以消除由于时距较短。受偶然因素影响所引起的不均匀状况。经过对原始动态数列扩大时距修匀，可以整理出新的能明显表示现象发展趋势的动态数列。

【例 5－15】某工业企业 2016 年各月产品产量和月初库存量资料如表 5－13 所示。

表 5－13　某工业企业 2016 年各月产品产量和月初库存量　　　　单位：万吨

月份	1	2	3	4	5	6	7	8	9	10	11	12
产品产量	50	45	52	52	50	56	53	58	57	59	58	61
月初库存量	5	4	10	8	6	8	10	8	5	12	12	10

2017 年 1 月月初的库存量为 12 万吨。

从表 5-13 中可以看出，2016 年各月的产量由于受多种因素的影响，增长趋势并不明显。同样月初库存量的发展变化趋势也不明显。如果将按月统计的产量和库存量扩大时距为季度的数据，则可整理出新的动态数列，如表 5-14 所示。

表 5-14　某工业企业 2016 年各季度总产量、月平均产量和
月平均库存量情况

单位：万吨

季度	第一季度	第二季度	第三季度	第四季度
总产量	147	158	168	178
月平均产量	49	52.67	56	59.33
月平均库存量	6.83	7.67	8.00	11.33

从表 5-14 中可以看出，产量和库存量都呈明显的上升趋势。

应用时距扩大法时需要注意以下几个问题：

第一，扩大的时距多大为宜取决于现象自身的特点。对于呈现周期波动的动态数列，扩大的时距应与波动的周期相吻合；对于一般的动态数列，则要逐步扩大时距，以能够显示趋势变动的方向为宜。时距扩大得太大，将造成信息的损失。

第二，扩大的时距要一致，相应的发展水平才具有可比性，才能反映出现象发展的长期趋势。

（二）移动平均法

这种方法实质上是对时距扩大法的改良。它在动态数列中按一定项数逐项移动办法计算出一系列扩大时距的序时平均数，并以这一系列序时平均数作为对应时期的趋势值，以达到对原始数列进行修匀的目的。修匀的原理与时距扩大法一样，即从较长时期看，短期数据由于偶然因素影响而形成的差异，在加总过程中消除原时间数列中的季节变动和不规则变动，以反映现象的长期趋势。下面以某企业 2007 年各月总产值的资料为例，说明移动平均法的具体应用。

移动平均法根据资料的特点及研究的具体任务，可以进行三项、四项、五项乃至更多项的移动平均。奇数项移动平均所得的数值放在中间一项位置上；偶数项移动平均所得的数值放在中间两项的位置之间，它需要移正平均。被移动平均的项数越多，对原时间数列修匀的作用就越大，但得到的新动态数列的项数也越少。下面用我国历年原煤产量计算四项、五项移动平均，如表 5-15 所示。

表 5-15　1978~2007 年我国原煤产量

单位：亿吨

年份	序号	产量	趋势值		
			五项移动平均	四项移动平均	四项移正平均
1978	1	6.18	——	——	——
1979	2	6.35	——	——	——

续表

年份	序号	产量	趋势值		
			五项移动平均	四项移动平均	四项移正平均
1980	3	6.20	6.322	6.2375	6.2975
1981	4	6.22	6.516	6.3575	6.4575
1982	5	6.66	6.824	6.5575	6.76875
1983	6	7.15	7.328	6.98	7.18875
1984	7	7.89	7.872	7.3975	7.67125
1985	8	8.72	8.5	7.945	8.27625
1986	9	8.94	9.116	8.6075	8.9
1987	10	9.80	9.646	9.1925	9.42
1988	11	10.23	10.062	9.6475	9.995
1989	12	10.54	10.448	10.3425	10.47625
1990	13	10.80	10.72	10.61	10.72625
1991	14	10.87	10.974	10.8425	10.9625
1992	15	11.16	11.346	11.0825	11.2825
1993	16	11.50	11.818	11.4825	11.825
1994	17	12.40	12.438	12.1675	12.51875
1995	18	13.61	12.952	12.87	13.14875
1996	19	13.97	13.152	13.4275	13.44
1997	20	13.73	13.232	13.4525	13.4075
1998	21	12.50	13.198	13.3625	13.24
1999	22	12.80	13.166	13.1175	13.1275
2000	23	12.99	13.33	13.1375	13.39375
2001	24	13.81	14.274	13.65	14.2025
2002	25	14.55	15.698	14.755	15.62125
2003	26	17.22	17.11	16.4875	17.2675
2004	27	19.92	19.094	18.0475	19.195
2005	28	20.05	21.256	20.3425	21.36
2006	29	23.73	—	22.3775	—
2007	30	25.36			

由这一系列移动平均数构成的新数列，可以较明显地反映出历年原煤总产量变动的总趋势。

应用移动平均法分析长期趋势时，下列几点应该加以说明：

其一，凡采用奇数项求得的平均值都对正各时期的原值，一次即得趋势值。如本例的五年移动平均。但若采用偶数项移动平均，比如本例的四项移动平均，则所得第一个移动平均数应置于原数列第二年与第三年之间；第二个移动平均数应置于原数列第三年与第四年之间，以此类推。因而尚需再进行一次两项移正平均，求出一个新的平均数，将其对正原数列的第三年。以后各年数值以此办法类推。由此可见，偶数项移动平均计算较烦琐，故一般多用奇数项移动平均。

其二，移动平均法取一段时间为长度逐项移动平均，关键在于取多长时间为宜。一般情况下，数列如果存在自然周期，应根据周期确定被平均的项数。只有这样才能准确反映现象的长期趋势。

其三，采用移动平均法所计算出的新数列比原动态数列的项数要少。一般来说，被平均的项数越多，修匀的作用就越大，而所得的移动平均数就越少；反之，被平均的项数越少，修匀的作用就越小，所得的移动平均数就越多。所以，时距的选择要适中，否则不利于揭示现象的发展趋势。

其四，分析现象发展趋势的一个重要目的之一，是对现象的发展做出科学预测。通过分析趋势，对实际发展状况进行修匀，在此基础上画出趋势曲线，并将曲线延长，这就是把今后条件看作无更大变化从而对现象发展做出的预测。而移动平均法所求出的数列，首尾各少一项、两项、三项不等，因此，不便于直接进行预测，而需要对修匀的数列进一步加工后才能进行预测。

（三）数学模型法

它是用适当的数学模型来反映动态数列各因素之间的关系，从而计算各期的趋势值的方法。它是在测定长期趋势时广泛使用的一种方法。下面以直线趋势的测定为例来说明这种方法的具体应用。

如果动态数列逐期增长量相对稳定，即现象发展水平按相对固定的绝对速度变化时，则采用直线（线性函数）作为趋势线来描述趋势变化，预测前景。

如以时间因素作为自变量（t），把数列水平作为因变量（y_c），拟合的直线趋势方程为：

$$y_c = a + bt$$

参数 a、b 的求法，常用的有半数平均法和最小平方法。

1. 半数平均法

半数平均法，又称平均分段法或分割平均法。直线方程可分为两半部分求平均数。这种方法的数学根据是实际值与趋势值的离差之和等于零。

即 $\sum (y - y_c) = 0$ ①

在直线趋势中，$y_c = a + bt$ ②

式中：y_c 表示趋势值；

　　　a、b 表示待定参数；

　　　t 表示时间单位顺序。

将式②代入式①，得：

$$\sum [y - (a + bt)] = 0$$

$$\sum y - \sum (a + bt) = 0$$

$$\sum y - na - b \sum t = 0$$

$$\sum y - b \sum t = na$$

得 $\dfrac{\sum y}{n} - \dfrac{b \sum t}{n} = a$ ③

或 $\overline{y} - b \overline{t} = a$

根据上面方程式，可求得待定参数。计算过程是先将已知的动态数列分为项数相等的两部分，然后将计算出的数值代入式③，再求解联立方程得 a、b 的值，最后配合成直线方程式。

【例 5 – 16】某地区 2012~2017 年空调产量，如表 5 – 16 所示。

表 5 – 16　某地区空调产量　　　　　　　　　　　　　单位：千台

年份	时间顺序 t	空调产量 y	逐期增长量	趋势值 y_c	$y - y_c$
2012	1	68	—	67.2	0.8
2013	2	71	3	71.3	−0.3
2014	3	75	4	75.4	−0.4
2015	4	79	4	79.6	−0.6
2016	5	84	5	83.7	0.3
2017	6	88	4	87.8	0.2
合计	—	465	—	465	0

表 5 – 16 资料表明，该数列的逐期增长量大体相等，宜配合直线方程。

$n = 6$，前三项为一组，后三项为一组。

前三项从 2012 年到 2014 年：

$$\sum t = 0, \sum y = 214, n = 3 , 代入上式③$$

$$\frac{214}{3} - \frac{6b}{3} = a$$

后三项从 2015 年到 2017 年：

$$\sum t = 15, \sum y = 251, n = 3 , 代入上式③$$

$$\frac{251}{3} - \frac{15b}{3} = a$$

解以上联立方程式，得：$a = 63.11$，$b = 4.111$

将 a、b 的值代入直线方程式：

$$y_c = 63.11 + 4.111t$$

将 $t = 1$，2，3，…，6 代入方程式，则得 y_c 各值，从表 5 – 16 可以看出，y 与 y_c 之间正负离差之和相等，即 $\sum (y - y_c) = 1.3 - 1.3 = 0$。

根据趋势值的方程式可预测未来的发展水平，例如，可以预测 2018 年该地区空调的产量为（$t = 7$）：

$$y_c = 63.11 + 4.111 \times 7 = 91.887（千台）$$

2. 最小平方法

最小平方法，也叫最小二乘法，是分析和预测现象长期趋势常用的方法之一。它的基本思想：通过对原始数列的数字处理，拟合一条比较理想的趋势直线或趋势曲线，使原数列各实际值与趋势值的离差平方和为最小，即：

$$\sum (y - y_c)^2 = 最小值$$

能够满足 $\sum (y - y_c)^2$ 为最小值的直线趋势方程 $y_c = a + bt$，其参数 a、b 可以通过求解下列的两个联立标准方程式求得（此联立方程可以通过偏微分方法导出或用普通直线方程式与观察方程式的关系推导出，在此不详述）。

即 $$\begin{cases} \sum y = na + b \sum t \\ \sum ty = a \sum t + b \sum t^2 \end{cases}$$

解此方程组，可得：

$$b = \frac{n \sum ty - \sum t \sum y}{n \sum t^2 - \left(\sum t \right)^2}$$

$$a = \frac{\sum y}{n} - b \frac{\sum t}{n} = \bar{y} - b \bar{t}$$

【例 5 – 17】仍以前面的表 5 – 16 的资料计算，如表 5 – 17 所示。

表 5 – 17 某地区空调产量   单位：千台

年份	时间顺序 t	空调产量 y	ty	t^2	趋势值 y_c
2012	1	68	68	1	67.285
2013	2	71	142	4	71.371
2014	3	75	225	9	75.457
2015	4	79	316	16	79.643
2016	5	84	420	25	83.628
2017	6	88	528	36	87.715
合计	21	465	1699	91	465

将表 5 – 17 中数据代入公式，可得：

$$b = \frac{6 \times 1699 - 21 \times 465}{6 \times 91 - 21^2} = \frac{429}{105} = 4.086$$

$$a = \frac{465}{6} - \frac{4.086 \times 21}{6} = \frac{379.194}{6} = 63.199$$

配合直线方程式：$y_c = 63.199 + 4.086t$

将 $t=1$，2，3，…，6 分别代入方程式，可得与 y 相应的 y_c 值，从表 5-17 中可以看出，y 与 y_c 配合得很密切，离差平方之和等于最小值。

利用已配合的直线方程式，可预测事物未来的发展水平。例如，预测该地区 2010 年空调可能达到的产量为（$t=7$）：

$$y_c = 63.199 + 4.086 \times 7 = 91.801 \text{（千台）}$$

为了简化计算，可用坐标移位的方法，使 $\sum t = 0$。其具体方法：当动态数列的项数为奇数时，可取中间一项的时间序号等于零，中间以前的时间序号为负值，中间以后的时间序号为正值，即：

$t=\cdots$，-4，-3，-2，-1，0，$+1$，$+2$，$+3$，$+4$，…。当动态数列的项数为偶数时，即：

$t=\cdots$，-7，-5，-3，-1，0，$+1$，$+3$，$+5$，$+7$，…。这样通过正值与负值抵消，可以使 $\sum t = 0$。

则上述方程式可简化为：

$$b = \frac{\sum ty}{\sum t^2}$$

$$a = \frac{\sum y}{n}$$

不难看出，这样可以大大简化计算的工作量，因此在运用最小二乘法配合直线方程时，无论动态数列为奇数项或是偶数项，都可以运用简便方法计算。

【例 5-18】下面以表 5-16 资料为例说明最小平方法的简便方法的具体应用，如表 5-18 所示。

表 5-18 某地区空调产量　　　　　　　　　　　　　　　单位：千台

年份	时间顺序 t	空调产量 y	ty	t^2	趋势值 y_c
2012	-5	68	-340	25	67.2855
2013	-3	71	-213	9	71.3713
2014	-1	75	-75	1	75.4571
2015	1	79	79	1	79.5429
2016	3	84	252	9	83.6287
2017	5	88	440	25	87.7145
合计	21	465	143	70	465

将表 5-16 中数据代入公式，可得：

$$b = \frac{\sum ty}{\sum t^2} = \frac{143}{70} = 2.0429$$

$$a = \frac{465}{6} = 77.5$$

配合直线方程式：$y_c = 77.5 + 2.0429t$。

将 $t = -5$，-3，-1，0，1，3，5 分别代入方程式，可得与 y 相应的 y_c 值。利用已配合的直线方程式，可预测事物未来的发展水平。例如，预测该地区 2020 年空调可能达到的产量为（$t = 11$）：

$$y_c = 77.5 + 2.0429 \times 11 = 99.9719 \text{（千台）}$$

三、季节变动的测定

在现实生活中，季节变动是一种极为普遍的现象。例如，许多农副产品的产量都因季节更替而有淡季、旺季之分；商业部门许多商品的销售量也随着气候的变化而形成有规律的周期性变动。季节变动具有三个特点：一是季节变动每年重复进行；二是季节变动按照一定的周期进行；三是每个周期变化强度大体相同。

研究季节变动的目的在于了解季节变动对人们经济生活的影响，以便更好地组织生产和安排生活。分析季节变动，还可以根据季节变动规律，配合适当的季节变动模型，结合长期趋势，进行经济预测，计划未来行动。

分析和测定季节变动最常用、最简便的方法是按月（季）平均法。这种方法是通过对若干年的资料数据，求出同月份的平均水平与全数列总平均月份水平，然后对比得出各月份各季节比率。季节比率是进行季节变动分析的重要指标，可用来说明季节变动的程度。其计算公式为：

$$\text{季节比率（\%）} = \frac{\text{各年同月（季）平均水平}}{\text{各年全部月份（季度）平均水平}} \times 100\%$$

通过季节比率的计算，可以观察和分析某种社会经济现象季节变动的规律性。季节比率高说明"旺季"，反之说明为"淡季"。现举例说明季节比率的应用。

【例 5 - 19】某地历年降水量资料如表 5 - 19 所示，试计算季节比率。

表 5 - 19 季节比率计算　　　　　　　　　　　　　　　单位：毫米

年份	一季度	二季度	三季度	四季度	全年合计	季平均数
2013	95	185	341	89	710	177.5
2014	101	172	367	100	740	185.0
2015	82	160	353	125	720	180.0
2016	71	141	407	81	700	175.0
2017	106	152	292	160	710	177.5
五年合计	455	810	1760	555	3580	895.0
同期平均数	91	162	352	111	716	179.0
季节比率（%）	50.8	90.5	196.6	62.0	400	100.0

具体计算过程如下：

第一步，计算各年同季平均水平。如：

第一季度平均数 $= \dfrac{95 + 101 + 82 + 71 + 106}{5} = 91$（毫米）

第二季度平均数 $= \dfrac{185 + 172 + 160 + 141 + 152}{5} = 162$（毫米）

第三季度平均数 $= \dfrac{341 + 367 + 353 + 407 + 292}{5} = 352$（毫米）

第四季度平均数 $= \dfrac{89 + 100 + 125 + 81 + 160}{5} = 111$（毫米）

第二步，计算历年全部季度总平均水平。如：

总平均季度水平 $= \dfrac{3580}{20} = 179$（毫米）

总平均季度水平 $= \dfrac{716}{4} = 179$（毫米）

总平均季度水平 $= \dfrac{895}{5} = 179$（毫米）

第三步，计算季节比率。如：

第一季度的季节比率（%）$= \dfrac{91}{179} \times 100\% = 50.8$（%）

其余季节比率如表 5 – 19 所示。

第四步，用季节比率进行预测。为了预测以后各年不同月（或季）的发展趋势和状况，通常假定按过去资料测定的季节变动模型能够适用于未来。因此，按月（或季）平均预测法的计算公式：

各月（或季）预测值＝上年各月（或季）的平均水平×各月（或季）的季节比率

如对 2018 年降雨量进行预测：

一季度的降雨量 $= 177.5 \times 50.8\% = 90.17$（毫米）

三季度的降雨量 $= 177.5 \times 196.6\% = 348.965$（毫米）

通过上面计算的由各季度季节比率组成的数列，可以看出降雨量的季节变动趋势，它表明该地区一年中的降雨量以第一季度最少，仅占 50.8%，第三季度最多，占 196.6%。

按月（季）平均法计算简便，容易掌握。但季节比率的计算不够精确，究其原因，一是它不考虑长期趋势的影响；二是季节比率的高低受各年数值大小的影响，数值大的年份，对季节比率的影响较大；数值小的年份，对季节比率的影响较小。

综合练习与训练

一、填空题

1. 动态数列按其指标表现形式的不同，分为_____、_____和_____三种。

其中，_____是基本数列，而另外两种_____和_____是派生数列。

2. 平均发展水平又称_____，它是从_____上说明现象总体在某一时期内发展的一般水平。

3. 已知某产品产量2016年与2015年相比增长了5%，2017年与2015年相比增长了14%，则2017年与2016年相比增长了_____。

4. 增长量是报告期水平与基期水平之比。由于所采用基期的不同，增长量可分为_____增长量和_____增长量，两者的关系可用公式_____表示。

5. 发展速度根据所采用基期的不同，可分为_____发展速度和_____发展速度，这两种发展速度之间的关系为_____。

6. 动态数列各项发展水平的变动受很多因素的影响，这些因素归纳起来有四种，即_____、_____、_____和不规则变动。

7. 使现象在一段较长的时间内沿着一个方向，逐渐向上或向下变动的趋势称为_____趋势；使现象发生周期比较长的涨落起伏的变动称为_____变动。

8. 已知一种产品必须依次经过三个车间完成，三个车间产品合格率分别为49%、36%和79%，则这种产品的合格率为_____。

9. 动态数列是将_____在不同的数值按_____顺序排列而成的一种统计数列，又称为_____数列。

10. 动态数列一般由两个基本要素构成：一是_____，二是_____。

11. 绝对数时间数列分为_____和_____两种。

12. 在时间数列中，发展水平按在数列中所处的位置不同，分为_____、_____和_____；按在数列中所起的作用不同，分为_____和_____水平。

13. 逐期增长量是时间数列中各报告期水平与_____之差；累计增长量是时间数列中各_____与_____之差，两者的关系是_____。

14. 增长1%的绝对值可以直接用_____除以_____求得，也可以用_____除以_____求得。

15. 将不同时期的发展水平加以平均而求得的平均数叫_____，又称为_____或_____。

16. 时期数列计算序时平均数的计算公式是_____；间隔相等时点数列计算序时平均数的计算公式是_____。

17. 平均增减量的计算公式是_____或_____。

18. 平均发展速度的计算方法有两种，分别是_____和_____。

19. 长期趋势是指现象在_____的趋势。

20. 时间数列配合趋势方程时，如果配合直线趋势方程，用"半数平均法"的理论依据是_____；"最小平方法"的理论依据是_____。

21. 长期趋势分析的方法有_____、_____和_____。

22. 季节变动分析的方法有_____和_____；季节比率的计算公式是_____。

二、单项选择题（在备选答案中有一个是正确的，将其选出并把标号填在题后的括号内）

1. "首尾折半法"适用于（　　）。

A. 时期数列计算序时平均数

B. 间隔相等的时点数列计算序时平均数

C. 间隔不等的时点数列计算序时平均数

D. 由两个时点数列构成的相对数动态数列计算序时平均数

2. 已知各期环比增长速度分别为 3%、5%、7%、9%，则相应的平均增长速度为（　　）。

A. $\sqrt[4]{103\% \times 105\% \times 107\% \times 109\%} - 100\%$

B. $\sqrt[4]{103\% \times 105\% \times 107\% \times 109\%}$

C. $\sqrt[4]{3\% \times 5\% \times 7\% \times 9\%}$

D. $\sqrt[4]{3\% \times 5\% \times 7\% \times 9\%} - 100\%$

3. 已知某企业 1 月、2 月、3 月和 4 月的平均职工人数分别为 500 人、505 人、498 人和 502 人。则该企业第一季度的平均职工人数为（　　）人。

A. 501.25　　　　　B. 501　　　　　C. 501.33　　　　　D. 376

4. 说明现象在较长时间内发展的总速度的指标是（　　）。

A. 环比发展速度　　B. 定基发展速度　C. 平均发展速度　　D. 平均增长速度

5. 平均发展速度是（　　）。

A. 定基发展速度的算术平均数　　　　B. 环比发展速度的算术平均数

C. 环比发展速度连乘积的几何平均数　D. 平均增长速度加上 100%

6. 时间数列中，各个指标数值可以相加的是（　　）。

A. 时期数列　　　B. 时点数列　　　C. 相对数时间数列　D. 平均数时间数列

7. 某企业生产某种产品，其产量逐年增加 2 吨，则该产品产量的环比增长速度（　　）。

A. 逐年增长　　　　B. 逐年下降　　　C. 保持不变　　　　D. 无法做结论

8. 若各年环比增长速度保持不变，则各年增长量（　　）。

A. 逐年增加　　　　B. 逐年减少　　　C. 保持不变　　　　D. 无法做结论

9. 用最小平方法拟合直线趋势方程，如果 $y_c = a + bx$ 中，b 为正数，则这条直线（　　）。

A. 上升趋势　　　　　B. 下降趋势

C. 不升不降趋势　　　D. 以上三种情况都不能出现

10. 根据时期数列计算序时平均数应采用（　　　）。

A. 几何平均法　　　　　　　　　　B. 加权算术平均法

C. 简单算术平均法　　　　　　　　D. 首尾折半法

11. 下列数列中哪一个是动态数列（　　　）。

A. 学生按学习成绩分组形成的数列　　B. 工业企业按地区分组形成的数列

C. 职工按工资水平高低排列形成的数列　D. 出口额按时间先后顺序排列形成的数列

12. 已知某企业 1 月、2 月、3 月和 4 月的平均职工人数分别为 190 人、195 人、193 人和 201 人，则该企业第一季度平均职工人数的计算方法为（　　　）。

A. $\dfrac{(190+195+193+201)}{4}$　　　　　　B. $\dfrac{(190+195+193)}{3}$

C. $\dfrac{\left(\dfrac{190}{2}+195+193+\dfrac{201}{2}\right)}{4-1}$　　　　　　D. $\dfrac{\left(\dfrac{190}{2}+195+193+\dfrac{201}{2}\right)}{4}$

13. 说明现象在长时间内发展总速度的指标是（　　　）。

A. 环比发展速度　　B. 平均发展速度　　C. 定基发展速度　　D. 定基增长速度

14. 以 1980 年为基期，2013 年为报告期，计算某现象的平均发展速度应开（　　　）。

A. 33 次方　　　　　B. 32 次方　　　　　C. 31 次方　　　　　D. 30 次方

15. 增长 1% 的绝对值是（　　　）。

A. 水平指标

B. 速度指标

C. 速度与水平指标相结合的指标

D. 以上三种均可

16. 某地 2006～2010 年五年中，每年的总产值在 2005 年基础上增加 20 亿元、30 亿元、40 亿元、41 亿元和 53 亿元，则五年间平均年增长量为（　　　）。

A. 36.8 亿元　　　　B. 40 亿元　　　　C. 10 亿元　　　　D. 9 亿元

17. 某纺织厂上缴利税 2016 年比 2015 年增长 8%，2015 年比 2014 年增长 12%，则两年的平均增长速度为（　　　）。

A. 20%　　　　　B. 10%　　　　　C. 4%　　　　　D. 9.98%

18. 某单位某年 1 月、2 月初职工人数分别为 44 人、36 人；2 月、3 月职工平均人数分别为 37 人、40 人，则该单位该年第一季度月平均人数为（　　　）。

A. 38 人   B. 40 人   C. 42 人   D. 39 人

三、多项选择题（在备选答案中有两个以上是正确的，将它们全都选出并把标号填在题后的括号内）

1. 下列属于时点数列的有（   ）。

A. 历年年末耕地面积   B. 历年新增人口数

C. 历年商品销售额   D. 历年黄金储备

E. 历年资金利税率

2. 定基发展速度与环比发展速度的关系是（   ）。

A. 两者都属于速度指标

B. 环比发展速度的连乘积等于定基发展速度

C. 定基发展速度的连乘积等于环比发展速度

D. 相邻两个定基发展速度之比等于相应的环比发展速度

E. 相邻两个环比发展速度之比等于相应的定基发展速度

3. 累计增长量与逐期增长量（   ）。

A. 前者基期水平不变，后者基期水平总在变动

B. 两者存在关系式：逐期增长量之和等于累计增长量

C. 相邻的两个逐期增长量之差等于相应的累计增长量

D. 根据这两个增长量都可以计算较长时间内的平均每期增长量

E. 这两个增长量都属于速度分析指标

4. 统计中常用的序时平均数有（   ）。

A. 平均发展水平   B. 平均增长量   C. 增长 1% 的绝对值

D. 环比发展速度   E. 平均发展速度

5. 下列数列哪些属于由两个时期数列对比构成的相对数或平均数动态数列（   ）。

A. 工业企业全体人员劳动生产率动态数列

B. 百元产值利润率动态数列

C. 产品产量计划完成程度动态数列

D. 某单位人员构成动态数列

E. 产品合格率动态数列

6. 影响动态数列发展水平变化的因素主要有（   ）。

A. 长期趋势   B. 循环变动   C. 季节变动

D. 季节比率   E. 不规则变动

7. 增长 1% 的绝对值（   ）。

A. 等于前期水平除以 100

B. 等于逐期增长量除以环比增长速度

C. 等于逐期增长量除以环比发展速度

D. 表示增加一个百分点所增加的绝对量

E. 表示增加一个百分点所增加的相对量

8. 下列指标和时间构成的数列属于时期数列的是（　　　　）。

A. 人口数　　　　　B. 粮食产量　　　C. 合资企业数

D. 人均钢铁产量　　E. 商品销售额

9. 计算现象的平均发展速度多采用（　　　）。

A. 累计法或方程式法　B. 几何平均法　　C. 序时平均法

D. 半数平均法　　　　E. 算术平均法

10. 下列哪个属于序时平均数（　　　）。

A. 第一季度平均每月的职工人数

B. 某企业职工第四季度人均产值

C. 某产品产量某年各月的平均增长量

D. 某商场职工某月人均销售额

E. 某地区近几年出口商品贸易平均增长速度

四、判断题（把 "√" 或 "×" 填在题后的括号里）

1. 在各种动态数列中，指标值的大小都受到指标所反映的时期长短的制约。（　　　）

2. 发展水平就是动态数列中的每一项具体指标数值，它只能表现为绝对数。（　　　）

3. 若将某城市 1998～2007 年年末工业企业固定资产净值按时间先后顺序排列，此种
动态数列称为时点数列。　　　　　　　　　　　　　　　　　　　　　（　　　）

4. 序时平均数与一般平均数完全相同，因为它们都是将各个变量值的差异抽象化。
　　　　　　　　　　　　　　　　　　　　　　　　　　　　　　　　（　　　）

5. 若环比增长速度每年相等，则其逐期增长量也每年相等。　　　　　　（　　　）

6. 由间隔时点数列计算序时平均数，时假定现象的动态变化过程为均匀变动。
　　　　　　　　　　　　　　　　　　　　　　　　　　　　　　　　（　　　）

7. 根据间断时点数列计算序时平均数的公式为 $a = \sum af / \sum f$，利用此式进行计算
时假定指标值在两个时点之间的变动是均匀的。　　　　　　　　　　　（　　　）

8. 定基发展速度等于相应各个环比发展速度的连乘积，所以定基增长速度也等于相
应各个环比增长速度的连乘积。　　　　　　　　　　　　　　　　　　（　　　）

9. 增长 1% 的绝对值表示的是，速度指标增长 1% 而增加的水平值。　　　（　　　）

10. 季节变动是指现象受自然因素的影响而发生的一种有规律的变动。　　（　　　）

11. 可比性原则也是编制时间数列的一个重要原则。 （　　）

12. 间隔只能在时点数列中存在，而时期数列不存在间隔。 （　　）

13. 在相对数时间数列中，各个指标值可以相加。 （　　）

14. 在平均数时间数列中，各个指标值不能相加。 （　　）

15. 增长速度的计算结果可能为正，也可能为负。 （　　）

16. 序时平均数只能由绝对数时间数列计算。 （　　）

17. "水平法"也叫"几何平均法"，是用来计算平均增长量的基本计算方法。 （　　）

18. 用"半数平均法"和"最小平方法"配合的直线都是时间数列的最适合的直线。

（　　）

19. 季节变动不单单是指一年内四季的变动。 （　　）

五、简答题

1. 什么是时间数列？时间数列的构成要素有哪些？时间数列的种类有哪些？

2. 编制时间数列有何意义？编制时间数列应注意哪些基本要求？动态分析采用的分析指标有哪些？

3. 什么是时期数列和时点数列？两者比较有什么特点？

4. 什么是环比发展速度和定基发展速度？两者的关系如何？

5. 简述计算平均发展速度的水平法和累计法的特点？

6. 序时平均数和一般平均数有何区别与联系？

7. 为什么要注意速度指标和水平指标的结合应用？如何结合？

8. 什么是长期趋势？什么叫季节变动？为什么要研究长期趋势和季节变动？

9. 长期趋势测定的时距扩大法、移动平均法和数学模型法各有什么不同的特点？

六、计算题

1. 某地区人口自然增长情况如表 5-20 所示。

表 5-20　某地区人口自然增长情况　　　　　　　　　　　　单位：人

年份	2011	2012	2013	2014	2015
比上年增加人口	1656	1793	1729	1678	1639

根据表 5-20 试计算某地区在"十二五"期间年平均增加人口数。

2. 某煤矿某年 5 月份有关原煤产量如下：上半月共产原煤 35000 吨，16~20 日共产原煤 12000 吨，21~31 日共产原煤 30000 吨，试计算 5 月平均每日原煤产量。

3. 某单位 2017 年 3 月职工人数变动如下：1 日共 150 人，14 日调出 4 人，28 日新调入 5 人，试计算本月职工平均人数。

4. 某商店 2017 年各月月末商品库存额资料如表 5-21 所示。

表 5-21 某商品库存额 单位：万元

月份	1	2	3	4	5	6	8	11	12
月末库存额	60	55	48	43	40	50	45	60	68

注：本年 1 月 1 日商品库存额为 63 万元。

根据表 5-21 试计算上半年、下半年和全年的平均商品库存额。

5. 某商店 2017 年商品库存资料如表 5-22 所示。

表 5-22 某商品库存资料 单位：万元

日期	库存额	日期	库存额
1 月 1 日	63	7 月 31 日	48
1 月 31 日	60	8 月 31 日	45
2 月 29 日	55	9 月 30 日	54
3 月 31 日	48	10 月 31 日	57
4 月 30 日	43	11 月 30 日	60
5 月 31 日	40	12 月 31 日	68
6 月 30 日	50	—	—

根据表 5-22 试计算第一季度、第二季度、上半年、下半年和全年平均库存额。

6. 某企业 2017 年各月记录在册的工人数如表 5-23 所示。

表 5-23 某企业工人人数 单位：人

时间	1 月 1 日	2 月 1 日	4 月 1 日	6 月 1 日	9 月 1 日	12 月 1 日	12 月 31 日
在册工人数	325	330	335	408	414	412	420

根据表 5-23 试计算 2017 年月平均人数。

7. 某公司的两个企业 2017 年 4 月产量及每日工人在册资料如表 5-24 所示。

表 5-24 某公司两个企业的生产情况

企业	总产值（万元）	工人人数（人）		
		1~15 日	16~20 日	21~30 日
甲	41	330	312	345
乙	45	332	314	328

根据表 5-24 试计算各个企业和综合两个企业的月劳动生产率。

8. 某工业企业资料如表 5-25 所示。

表 5 - 25　某工业企业资料

指标	1 月	2 月	3 月	4 月
工业总产值（万元）	180	160	200	190
月初工人数（人）	600	580	620	640

根据表 5 – 25 试计算：（1）第一季度月平均劳动生产率。

（2）第一季度劳动生产率。

9. 某地区 2010 ~ 2015 年粮食产量资料如表 5 - 26 所示。

表 5 - 26　某地区粮食产量

年份	2010	2011	2012	2013	2014	2015
粮食产量（万吨）	200					
累计增长量（万吨）			31	40		
环比发展速度（%）		110			105	93

要求：（1）利用指标之间的关系计算表中所缺数字。

（2）计算该地区 2010 ~ 2015 年粮食产量的年平均增长量。

（3）计算按水平法计算年平均发展速度。

10. 有一份某地区农民家庭人均纯收入资料如表 5 – 27 所示。

表 5 - 27　某地区农民家庭人均纯收入　　　　　　　　单位：元

年份	2011	2012	2013	2014	2015	2016	2017
农民家庭人均纯收入	309	355	397	423	462	544	601

编制一张统计表，计算下列各种动态分析指标：（1）增减量；（2）发展速度；（3）增长速度；（4）增长 1% 的绝对值；（5）用水平法计算平均发展速度。

11. 某电器商店销售收录机四次降价，由原来的 580 元降到 305 元，计算平均每次降价的幅度是多少？

12. 某地区粮食产量 2010 ~ 2012 年平均发展速度是 103%，2013 ~ 2014 年平均发展速度是 105%，2015 年比 2014 年增长 6%，试计算 2010 ~ 2015 年的平均发展速度。

13. 甲、乙两个国家 2010 ~ 2015 年粮食产量资料如表 5 – 28 所示。

表 5 - 28　某两国粮食产量　　　　　　　　单位：万吨

年份	产量	
	甲国	乙国
2010	3190	4820
2011	3290	4940

续表

年份	产量	
	甲国	乙国
2012	3400	5040
2013	3620	5140
2014	3800	5242
2015	4000	5346

根据表 5 - 28 试计算: (1) 甲、乙两国产量的年平均增长速度 (以 2010 年为基期);

(2) 2015 年后按此速度, 两国同时增长, 甲国产量要在哪年赶上乙国?

(3) 如果甲国要在 2020 年赶上乙国的产量, 则 2015 年后每年应增长百分之几?

14. 已知某市人口资料如下: (1) 2005 年年平均人口数为 92 万人; (2) 2015 年人口数情况为: 1 月 1 日 124 万人, 4 月 1 日 129 万人, 7 月 1 日 133 万人, 10 月 1 日 134 万人, 12 月 1 日 136 万人; (3) 2015 年该市土地面积为 5600 平方千米。

要求: (1) 根据资料计算 2015 年年平均人口数;

(2) 2015 年人口密度;

(3) 2005 ~ 2015 年该市平均每年人口增长速度。

15. 某工厂的工业总产值 2014 年比 2013 年增长 7%, 2015 年比 2014 年增长 10%, 2016 年比 2015 年增长 7.8%, 2017 年比 2016 年增长 14.6%。

要求以 2013 年为基期计算 2014 ~ 2017 年该厂工业总产值的总增长速度和平均增长速度。

16. 某地区 2010 年年底人口数为 2005 万人, 假定以后每年以 9‰ 的增长率增长; 又假定该地区 2010 年粮食产量为 120 亿斤, 要求到 2015 年人均粮食达到 800 斤。

试计算: (1) 2015 年的粮食产量应达到多少斤?

(2) 粮食产量每年平均增长速度如何?

17. 某地区年粮食产量如表 5 - 29 所示。

表 5 - 29 某地区粮食产量 单位: 万吨

年份	产量	年份	产量
2008	230	2013	257
2009	236	2014	262
2010	241	2015	276
2011	246	2016	281
2012	252	2017	286

要求: (1) 检查该地区的粮食生产发展趋势是否接近于直线型?

（2）如果是直线型，请用最小平方法配合直线趋势方程，并预测2018年的粮食生产水平。

18. 某乳品厂的总产值资料如表5-30所示。

表5-30　某乳品厂总产值　　　　　　　　单位：万元

年份	一季度	二季度	三季度	四季度
2015	14	19	6	13
2016	16	23	9	14
2017	18	27	15	18

根据表5-30计算各季度的季节比率，并预测2018年各季度的总产值。

第六章

统计指数

第一节 统计指数的意义

一、统计指数的含义

统计指数简称指数，其含义有广义和狭义之分。广义指数泛指所有反映社会经济现象数量变动或差异程度的相对数，如第四章、第五章所讲的动态相对数、计划完成程度相对数、比较相对数等都属于广义指数；狭义指数是指用来综合反映那些不能直接相加总与不能直接对比的复杂社会经济现象总体在不同时间上数量变动的相对数，这是一种特殊的动态相对数。如零售物价指数，是反映所有零售商品价格总变动的动态相对数；工业产品产量指数，是表明在某一范围内全部工业产品实物量总变动的动态相对数等。统计中所讲的指数，主要是指狭义指数。统计指数分析主要研究狭义统计指数的编制和分析方法。

二、统计指数在经济活动分析中的作用

指数是一种重要的统计方法，在经济分析中有着广泛的应用，其作用可概括为以下四个方面。

（一）指数分析可以表明复杂现象变动的方向和程度

复杂现象是指由许多不能直接汇总或对比的不同现象所构成的总体。如工业产品产量是一个复杂现象，它包括许多不能直接相加、使用价值不同的产品的产量，利用指数分析可以反映工业产品产量的变动情况。

例如，某企业的总成本指数为 102%，这说明总成本上升了 2%；如果企业的销售额指数为 128%，这说明销售额提高了 28%。通过指数的计算，为企业下一步如何加强管理

提供了可靠的依据。又如，国家经常向社会公布的消费品零售价格指数、国内生产总值指数等，为国家宏观管理、进行经济决策提供了重要依据。

（二）分析复杂现象总体变动中各因素变动的影响方向和影响程度

社会现象的总变动，一般是由若干因素变动共同影响而形成的。比如，商品销售额的变动是商品价格和商品销售量两个因素变动综合影响的结果。利用指数可以分析商品价格和商品销售量两因素变动方向和变动程度对商品销售额变动的影响。如前述企业总成本指数为102%，即总成本上升了2%，具体是什么原因使企业的总成本上升了呢？通过分析可以找出影响总成本变动的因素有产量和单位成本，利用指数因素分析法就能从数量方面具体说明总成本变动的原因。

（三）指数可以分析各因素对平均指标的影响程度

总体平均指标的变动，不仅受组成总体的各部分水平变动的影响，而且还受各部分在总体中所占比重变动的影响。

（四）研究事物在长时期的变动趋势

利用指数数列，可以进行社会经济现象在长时间内的变动趋势分析；而且还可以把相互联系的指标指数数列进行对比分析，发现指标之间的相互依赖和制约的关系程度。

除此以外，由于指数在使用上的扩展，常用来分析多种产品计划的完成程度，以及复杂现象在不同地区或不同国家之间的对比，说明差异程度。

三、统计指数的基本分类

为了满足理论研究和实际应用的需要，有必要区分指数的不同种类。指数种类可以从不同的角度加以划分。

（一）统计指数按其研究的对象范围不同分为个体指数和总指数

1. 个体指数

个体指数是说明个别事物或现象变动程度的相对数。如某一产品报告期与基期产量或价格之比就是该种产品的个体产量指数和个体价格指数。个体指数通常记作 k，例如：

个体产品产量指数 $k_q = \dfrac{q_1}{q_0} \times 100\%$

个体产品价格指数 $k_p = \dfrac{p_1}{p_0} \times 100\%$

个体产品成本指数 $k_z = \dfrac{z_1}{z_0} \times 100\%$

式中：q 表示物量指标（如产量或销售量）；

p 表示价格；

z 表示单位产品成本；

下标 1 表示代表报告期；

下标 0 表示代表基期。

2. 总指数

总指数是说明全部现象综合变动程度的动态相对数。如反映各种商品价格综合变动程度的动态相对数，反映各种工农业产品产量或成本等总动态的相对数，都是总指数。总指数通常记作 $\bar{k}$，例如 $\bar{k}_p$、$\bar{k}_q$、$\bar{k}_z$ 分别表示产量总指数、价格总指数和成本总指数。

介于个体指数和总指数之间，还有一种指数。它是反映全部社会现象中部分现象变动程度的相对数，例如，研究物价总指数时，可就其生产资料价格或消费品的价格研究其动态变化，生产资料或消费品的价格指数可称为类指数。

（二）统计指数按其表明的统计指标的性质不同分为数量指标指数和质量指标指数

1. 数量指标指数

数量指标指数又称为外延指标指数，是反映现象总规模或总水平变动程度的指数，它说明生产、经营或经济工作等方面数量指标变动的程度。如产品产量指数、商品销售量指数、职工人数指数等。

2. 质量指标指数

质量指标指数又称为内含指标指数，是反映现象的相对水平、平均水平或工作质量变动程度的指数。如产品成本指数、价格指数、劳动生产率指数等。

（三）统计指数按其采用基期不同分为定基指数和环比指数

1. 定基指数

定基指数指在一个指数数列中，按照某一固定基期所编制的指数。它反映某种社会经济现象长期的变动程度。例如，以 2007 年元月为基期编制的各月物价指数，是用来说明各月销售商品价格比 1999 年元月价格的变动程度。

2. 环比指数

环比指数指在一个指数数列中，各时期的指数都以其前一时期为基期所编制的指数，它反映某种社会经济现象逐期的变动程度。例如，编制各月物价指数时，总是以前一个月作基期，反映本月商品价格比前一个月份变动的程度。

（四）统计指数按其编制方法不同分为综合指数和平均指数

1. 综合指数

综合指数是指通过一定的方法，先将不能直接汇总的个别同类现象综合起来，然后计算出反映各个个别同类现象综合对比情况的相对数。

2. 平均指数

平均指数是指先求反映各个个别同类现象对比情况的个体指数，然后对个体指数予以

平均，计算出反映各个个别同类现象平均对比情况的相对数。

四、统计指数的性质

就狭义指数而言，其主要性质如下：

（一）综合性

同一现象在各个项目之间变化的状况往往相差悬殊。例如零售商品，其价格的涨跌情况各不相同，要反映所有商品价格变动的程度，就必须综合每种商品价格的变动，所以指数反映的是总体的综合变动，而不是其中某一个别事物的变动。

（二）相对性

指数用对比的方法来反映事物变化的相对程度，先综合、后对比，或者是先对比后综合。其计算结果常用相对数或比率来表示，说明现象发展变化的程度。

（三）平均性

指数有平均式和综合式两种基本形式。平均式是个体指数的平均数，而综合式虽不是直接对个体指数的平均，但其计算结果也同样具有平均意义。例如，全社会商品零售物价指数为108%，说明的是就各项商品来说，价格有涨、有跌，但平均说来却上涨了8%，因此，指数具有平均性。

（四）代表性

在编制指数的实际工作中，往往不可能也没必要将总体所有单位的资料全部纳入计算，纳入计算的经常是从中选取的若干重要、数量较大、变动趋势具有代表性的单位的资料。

第二节　综合指数

一、综合指数的含义和编制的特点

指数方法论主要是研究总指数的计算问题。总指数的编制方法，其基本形式有两种：一是综合指数，二是平均指数，两种方法有一定的联系，但各有其特点。

综合指数是两个总量指标对比形成的指数。在总量指标中包含两个或两个以上的因素，将其中被研究因素以外的一个或一个以上的因素固定下来，仅观察被研究因素的变动。这样编制的指数称为综合指数，它的特点是先综合后对比。其编制方法是：首先引入同度量因素，解决复杂总体在研究指标上不能直接综合的问题，使其可以计算出总体的综合总量；其次将同度量因素固定，以消除同度量因素变动的影响；最后将两个时期的总量对比，其结果即为综合指数。它综合地反映了复杂总体的变动程度。

在实际应用上，同度量因素所属时期的选择是十分重要的，因为同度量因素不仅起同度量的作用，而且具有加权的作用，用不同时期的同度量因素计算，会得到不同的综合指数结果。

同度量因素所属时期的选择，应当从实际出发，服从研究的任务，根据编制指数的目的任务和研究对象的经济内容来确定适当的时期。在我国指数的理论和实践中，从指数计算的实际意义和指数体系的要求出发，对数量指标指数和质量指标指数有不同的解决办法。

二、数量指标综合指数的编制方法

根据数量指标编制的综合指数称为数量指标综合指数，它是在包含两个因素的综合指数中，固定质量指标因素，只观察数量指标因素变化的情况。

编制数量指标综合指数的一般原则是，采用基期的质量指标作同度量因素。这一原则有两层含义：一是编制数量指标指数应以质量指标作同度量因素，二是将同度量因素固定在基期。其计算公式为：

$$\overline{k}_q = \frac{\sum p_0 q_1}{\sum p_0 q_0} \times 100\%$$

式中：$\overline{k}_q$ 表示数量指标综合指数；

　　　q 表示数量指标；

　　　p 表示质量指标；

　　　下标 1 表示报告期；

　　　下标 0 表示基期。

【例 6 - 1】现以商品销售量指数的编制为例来说明数量指标综合指数编制的一般原则和方法。资料如表 6 - 1 所示。

表 6 - 1　某企业三种商品销售情况

商品	计量单位	销售量		销售价格（元）		销售额（元）		
		报告期	基期	报告期	基期	报告期	基期	假定
（甲）	（乙）	q_1	q_0	p_1	p_0	$p_1 q_1$	$p_0 q_0$	$p_0 q_1$
甲	千克	140	200	70	68	9800	13600	9520
乙	件	500	460	320	300	160000	138000	150000
丙	盒	180	120	200	240	36000	28800	43200
合计	—	—	—	—	—	205800	180400	202720

根据资料计算三种商品的销售量个体指数和总指数。

三种商品的个体销售量指数计算公式为：

$$k_q = \frac{q_1}{q_0} \times 100\%$$

式中：q_1 表示报告期销售量；

　　　q_0 表示基期销售量。

三种商品的个体销售量指数分别为：

甲商品销售量个体指数：$k_q = \frac{q_1}{q_0} \times 100\% = \frac{140}{200} \times 100\% = 70\%$

乙商品销售量个体指数：$k_q = \frac{q_1}{q_0} \times 100\% = \frac{500}{460} \times 100\% = 108.7\%$

丙商品销售量个体指数：$k_q = \frac{q_1}{q_0} \times 100\% = \frac{180}{120} \times 100\% = 150\%$

计算结果表明三种商品销售量的变动幅度是不同的。

根据要求，计算三种商品销售量综合指数，这是对复杂现象总体的销售量这一数量指标变动的研究。因为三种商品的计量单位不同、使用价值不同，三种商品的销售量无法直接加总，也就无法直接求出其销售量的总变动。如何解决这个问题呢？具体方法及步骤如下：

第一，确定同度量因素，解决复杂现象总体在研究指标上不能直接加总的问题。

因为销售量×销售价格＝销售额，上述三种商品的使用价值不同，其销售量不能直接加总，但通过此经济关系式中的销售价格，将不能加总的销售量过渡为可以加总的销售额，那么价格就是销售量的同度量因素。同度量因素是在编制综合指数时将不能直接加总的指标过渡为可以加总的指标的因素。三种商品的价格也不能直接加总，但通过销售量，将不能加总的价格过渡为可以加总的销售额，那么销售量也就是价格的同度量因素。在同一个经济关系式中，数量指标和质量指标互为同度量因素，也即数量指标的同度量因素是质量指标，质量指标的同度量因素为数量指标。

第二，将同度量因素固定在同一时期，消除同度量因素变动的影响。一般情况是以销售额的变动来反映销售量的变动，必须把同度量因素价格固定，即两个时期的销售额均采用同一时期的价格计算，并进行对比，借以消除价格变动的影响。

第三，选择同度量因素所属时期。同度量因素所属时期的选择是非常重要的问题，应根据编制指数的具体任务以及实际经济内容来确定。在我国最为普遍的选择方法是，编制数量指标综合指数将质量指标作为同度量因素，并将其固定在基期。

三种商品的销售量总指数 $\overline{k}_q$ 计算如下：

$$\overline{k}_q = \frac{\sum p_0 q_1}{\sum p_0 q_0} \times 100\% = \frac{202720}{180400} \times 100\% = 1.1237 \text{ 或 } 112.37\%$$

上述计算结果表明，三种商品销售量综合增长 12.3%。由于销售量的增长而增加的销售额为 $\sum p_0 q_1 - \sum p_0 q_0 = 202720 - 180400 = 22320（元）$。

从【例 6－1】中可以看出，用综合指数形式编制总指数有一个优点，它不仅可以综合地表明复杂总体变动的相对程度，而且由于用以对比的两个综合总量有着明确的经济内容，因而有利于从绝对数量上分析指数化指标变动所带来的绝对效果。不难看出，用以对比的两个总量 $\sum p_0 q_1$ 和 $\sum p_0 q_0$ 是销售额指标，分母 $\sum p_0 q_0$ 是基期销售额，分子 $\sum p_0 q_1$ 是报告期销售量和基期价格计算的销售额，两者之差（$\sum p_0 q_1 - \sum p_0 q_0$）也就是由于销售量的增加而增加的销售额。由于三种商品销售量总的增加 12.37%，而使销售额增加了 22320（202720 - 180400）元。

三、质量指标综合指数的编制方法

根据质量指标编制的综合指数称为质量指标综合指数，它是在包含两个因素的综合指数中固定数量指标因素，只观察质量指标因素变化情况。

编制质量指标综合指数的一般原则是采用报告期的数量指标作同度量因素。这一原则有两层含义：一是编制质量指标指数时以数量指标作同度量因素；二是将同度量因素固定在报告期。其计算公式如下：

$$\overline{k}_p = \frac{\sum p_1 q_1}{\sum p_0 q_1} \times 100\%$$

式中，$\overline{k}_p$ 表示质量指标综合指数。

【例 6 - 2】现以商品价格总指数的编制为例来说明质量指标综合指数编制的一般原则。资料如表 6 - 1 所示。

根据表 6 - 1 资料计算三种商品的个体价格指数（%）和总指数（$\overline{k}_p$）。

个体销售价格指数的计算公式如下：

$$k_p = \frac{p_1}{p_0} \times 100\%$$

式中：p_1 表示报告期销售价格；

　　　p_0 表示基期销售价格。

三种商品的个体价格指数（%）分别为：

甲商品个体销售价格指数：$k_p = \dfrac{p_1}{p_0} \times 100\% = \dfrac{70}{68} \times 100\% = 102.94\%$

乙商品个体销售价格指数：$k_p = \dfrac{p_1}{p_0} \times 100\% = \dfrac{320}{300} \times 100\% = 106.67\%$

丙商品个体销售价格指数：$k_p = \dfrac{p_1}{p_0} \times 100\% = \dfrac{200}{240} \times 100\% = 83.33\%$

三种商品的销售价格总指数（$\overline{k}_p$）计算如下：

$$\overline{k}_p = \frac{\sum p_1 q_1}{\sum p_0 q_1} \times 100\% = \frac{205800}{202720} \times 100\% = 1.0152 \ 或 \ 101.52\%$$

上述计算结果表明，三种商品销售价格综合上涨了 1.52%。由于销售价格的上涨而增加的销售额为：$\sum p_1q_1 - \sum p_0q_1 = 205800 - 202720 = 3080$（元）。

用综合指数形式计算价格总指数，不仅表明了价格的综合变动程度，而且还可以从绝对量上分析由于价格变动所带来的对销售额的影响。从计算过程不难看出，分子（$\sum p_1q_1$）是报告期实际销售额，分母（$\sum p_0q_1$）是用报告期销售量和基期价格计算的销售额。两者之差（$\sum p_1q_1 - \sum p_0q_1$）也就是由于价格上涨而增加的销售额。

【例6-2】中，由于三种商品价格总的上涨 1.52%，而使销售额增加了 3080 元。

从【例6-2】中如何来理解编制质量指标综合指数的一般原则的意义呢？这可以从用不同时期的销售量作同度量因素意义的比较分析中看出。虽然两者均可反映价格的综合变动程度，但从绝对量上看，则有着完全不同的意义。用报告期销售量作同度量因素计算的两个销售额（$\sum p_1q_1$ 和 $\sum p_0q_1$）可以理解为是观察报告期即现期所销售的商品，由于价格的变动而增加了多少销售额。如果用基期的销售量作为同度量因素计算销售额（$\sum p_1q_0$ 和 $\sum p_0q_0$），则其意义是观察在已经过去的时期（基期）所销售的商品，由于价格的变化而使销售额有什么变化。显然，在计算质量指标综合指数的时候，采用报告期的同度量因素更具有现实意义。

四、综合指数的编制原则与步骤

综合指数的编制原则：编制数量指标综合指数，把质量指标固定在基期作为同度量因素；编制质量指标综合指数，把数量指标固定在报告期为同度量因素。这是目前我国指数理论和实践中比较普遍的观点。

应当指出，立足现实经济意义的分析，来确定综合指数中的同度量因素所属时期，具有普遍的应用意义。但不是固定不变的原则，故而不能机械地加以应用。编制综合指数，往往要注意研究现象总体的不同情况以及分析任务的不同要求，来具体确定同度量因素所属时期。

因此，根据以上的分析和计算，可得出综合指数的编制步骤：①根据所掌握的资料和编制指数的目的、任务来选择指数公式。②根据有关资料列出计算表。③根据计算表中的数值，代入所选公式进行计算。④根据计算结果，进行分析和说明。

第三节　平均指数

一、平均指数的含义和编制特点

平均指数是以平均数形式表现的总指数。平均指数是计算总指数的另一种形式，平均指数是从个体指数出发编制的总指数。在解决复杂总体各构成要素不能直接相加与综合的问题上，平均指数与综合指数是不同的。平均指数是个体指数的加权平均数。它是先计算个体指数，然后将个体指数加权平均而计算的总指数，即先对比后综合。

用平均指数计算总指数的主要问题是平均的形式和方法。一般来说，对个体指数平均的形式有算术平均、调和平均和几何平均，其中，算数平均形式应用最为广泛。而几何平均形式则较少应用，从平均方法来看，无论采用哪种形式，原则上都应是加权平均，而不能简单平均。这是由于，无论什么样的复杂总体，其各个组成要素在总体中的重要性不可能是完全一样的。因此，对表明各要素变动情况的个体指数进行平均时，应当加权。在指数发展的初期曾采用过简单平均的方法，这是不科学的。

计算平均指数时，正确地选择权数是一个重要的问题。总的要求是，权数要能够评价复杂总体各要素在总体中的地位，也就是能较好地表明个体指数的重要性。平均指数的权数在形式上则比较灵活。平均指数既可以以某一总量指标为权数，采用绝对权数形式，也可以以某种比重指标为权数，采用相对权数形式；既可以是实际资料，也可以是估计和推算的资料，或者是实际与估计推算结合的资料；既可以是客观指标，也可以是主观指标（如根据专家经验的主观评价指标）。当然，无论采用哪种形式的权数，都要从能恰当评价各个体指数重要性的要求出发。

平均指数和综合指数是计算总指数的两种形式。它们之间既有区别，又有联系。从区别来看：其一，解决复杂总体不能直接同度量问题的思想不同。综合指数是通过引进同度量因素，先计算出总体的总量，然后进行对比，即先综合后对比；而平均指数是在个体指数的基础上计算总指数，即先对比后综合。其二，运用资料的条件上不同。综合指数需要研究总体的全面资料，对起综合作用的同度量因素的资料要求也比较严格。一般应采用与指数化指标有明确经济联系的指标，且应有一一对应的全面实际资料，如计算产品实物产量的综合指数，必须一一掌握各产品的实际价格资料。平均指数则既适用于全面的资料，也适用于非全面的资料。例如，根据一部分代表规格品的价格资料，便可用平均指数形式计算价格总指数。对于起综合作用的权数资料，如前所述，只要在正确评价各要素重要性的前提下，对资料的要求则比较灵活，不一定非用全面资料。

平均指数和综合指数的联系主要表现：在一定的权数条件下，两类指数间有变形关系。由于这种变形关系的存在，当掌握的资料不能直接用综合指数形式计算时，则可用它的变形平均指数形式计算，这种条件下的平均指数与其相应的综合指数具有完全相同的经济意义和计算结果。

平均指数的计算形式分为加权算术平均指数和加权调和平均指数两种。

二、加权算术平均指数

加权算术平均指数就是形式上像算术平均数的总指数。它是对个体指数按加权算术平均法加权计算的。其编制步骤如下：

第一，计算出所研究对象的个体指数。例如，将报告期物价除以基期物价，求得物价的个体指数，即 $k_p = \dfrac{p_1}{p_0} \times 100\%$ 或者将报告期物量除以基期物量，求得物量的个体指数，

即 $k_q = \dfrac{q_1}{q_0} \times 100\%$。

第二，给出或取得基期指标的 $p_0 q_0$ 资料。

第三，以个体指数为变量，基期指标 $p_0 q_0$ 为权数，以加权算术平均形式求得总指数。加权算术平均的物量指数公式与物价指数公式分别为：

$$\overline{k}_q = \frac{\sum p_0 q_1}{\sum p_0 q_0} \times 100\% = \frac{\sum k p_0 q_0}{\sum p_0 q_0} \times 100\%$$

$$\overline{k}_p = \frac{\sum p_1 q_1}{\sum p_0 q_1} \times 100\% = \frac{\sum k p_0 q_1}{\sum p_0 q_1} \times 100\%$$

【例 6 - 3】假定某企业生产有三种不同的产品，其产量及单位价格资料如表 6 - 2 所示。请按公式分别计算该企业的产量总指数与价格总指数。

表 6 - 2 某企业三种产品产量与价格情况及计算

产品名称	计量单位	产量		单价（元）		$k_q = \dfrac{q_1}{q_0}$	$k_p = \dfrac{p_1}{p_0}$	$p_0 q_0$	$k_q p_0 q_0$	$k_p p_0 q_0$
		报告期	基期	报告期	基期					
（甲）	（乙）	q_1	q_0	p_1	p_0					
甲	件	1500	1000	100	100	1.50	1.00	100000	115000	100000
乙	千克	2200	2000	40	50	1.10	0.8	100000	110000	80000
丙	公尺	3150	3000	25	20	1.05	1.05	60000	63000	75000
合计	—	—	—	—	—	—	—	260000	288000	255000

解（有关计算部分在表中进行）：

（1）产量总指数。

$$\overline{k}_q = \frac{\sum k p_0 q_0}{\sum p_0 q_0} \times 100\% = \frac{288000}{260000} \times 100\% = 110.77\%$$

（2）物价总指数。

$$\overline{k}_p = \frac{\sum k p_0 q_0}{\sum p_0 q_0} \times 100\% = \frac{255000}{260000} \times 100\% = 98.08\%$$

计算结果表明，该企业产品的产量指数为 110.77%，即综合平均增长了 10.77%。物价指数为 98.08%，即综合平均下降了 1.92%。

加权算术平均指数使用 $p_0 q_0$（基期指标）为权数，实质上相当于拉氏综合指数。其物量指数公式与物价总指数公式分别为：

$$物量总指数：\overline{k}_q = \frac{\sum \dfrac{q_1}{q_0} p_0 q_0}{\sum p_0 q_0} \times 100\% = \frac{\sum p_0 q_1}{\sum p_0 q_0} \times 100\%$$

$$物价总指数：\bar{k}_p = \frac{\sum \frac{p_1}{p_0} p_0 q_0}{\sum p_0 q_0} \times 100\% = \frac{\sum p_1 q_0}{\sum p_0 q_0} \times 100\%$$

三、调和平均指数的编制方法

加权调和平均指数是形式上如调和平均数的总指数，它是在计算个体指数的基础上，用加权调和平均法进行平均计算的。其编制步骤如下：

第一，计算出所研究对象的个体指数，例如，将报告期物价除以基期物价，求得物价的个体指数，即 $k_p = \frac{p_1}{p_0} \times 100\%$，或者将报告期物量除以基期物量，求得物量的个体指数，即 $k_q = \frac{q_1}{q_0} \times 100\%$。

第二，给出或取得报告期指标的 $p_1 q_1$ 资料。

第三，以个体指数的倒数为变量，报告期指标 $p_1 q_1$ 为权数，以加权调和平均形式求得总指数。加权调和平均的物价指数公式与物量指数公式分别为：

$$\bar{k}_p = \frac{\sum p_1 q_1}{\sum p_0 q_1} \times 100\% = \frac{\sum p_1 q_1}{\sum \frac{1}{k_p} p_1 q_1} \times 100\% = \frac{\sum p_1 q_1}{\sum \frac{p_0}{p_1} p_1 q_1} \times 100\%$$

$$\bar{k}_q = \frac{\sum p_0 q_1}{\sum p_0 q_0} \times 100\% = \frac{\sum p_0 q_1}{\sum \frac{1}{k_q} p_0 q_1} \times 100\%$$

$$或\bar{k}_q = \frac{\sum p_1 q_1}{\sum p_1 q_0} \times 100\% = \frac{\sum p_1 q_1}{\sum \frac{1}{k_q} p_1 q_1} \times 100\% = \frac{\sum p_1 q_1}{\sum \frac{q_0}{q_1} p_1 q_1} \times 100\%$$

【例6-4】例用上述资料（表6-2），用调和平均指数计算价格总指数与产量总指数，所需运算数据列在表6-3中。

表6-3　调和平均指数计算

产品名称	$k_q = \frac{q_1}{q_0} \times 100\%$	$k_p = \frac{p_1}{p_0} \times 100\%$	$p_1 q_1$	$\frac{1}{k_p} p_1 q_1$	$\frac{1}{k_q} p_1 q_1$
甲	1.15	1.00	150000	150000	130434.78
乙	1.10	0.80	88000	110000	80000.00
丙	1.05	1.25	7875	63000	60000.00
合计	—	—	316750	323000	270434.78

解：

（1）物价总指数。

$$\overline{k}_p = \frac{\sum p_1 q_1}{\sum p_0 q_1} \times 100\% = \frac{\sum p_1 q_1}{\sum \frac{1}{k_p} p_1 q_1} \times 100\% = \frac{316750}{323000} \times 100\% = 98.07\%$$

（2）产量总指数。

$$\overline{k}_q = \frac{\sum p_1 q_1}{\sum p_1 q_0} \times 100\% = \frac{\sum p_1 q_1}{\sum \frac{1}{k_q} p_1 q_1} \times 100\% = \frac{316750}{270434.78} \times 100\% = 117.13\%$$

计算结果表明，该企业三种商品的价格总指数为98.07%，即报告期比基期综合平均下降了1.93%；三种商品的产量总指数为117.13%，即报告期比基期综合平均增长了17.13%

加权调和平均指数使用 $p_1 q_1$（报告期指标）为权数，实质上相当于派氏综合指数。其物量指数公式与物价总指数公式分别为：

物量总指数：

$$\overline{k}_q = \frac{\sum p_1 q_1}{\sum p_1 q_0} \times 100\% = \frac{\sum p_1 q_1}{\sum \frac{1}{k_q} p_1 q_1} \times 100\% = \frac{\sum p_1 q_1}{\sum \frac{q_0}{q_1} p_1 q_1} \times 100\%$$

物价总指数：

$$\overline{k}_p = \frac{\sum p_1 q_1}{\sum p_0 q_1} \times 100\% = \frac{\sum p_1 q_1}{\sum \frac{1}{k_p} p_1 q_1} \times 100\% = \frac{\sum p_1 q_1}{\sum \frac{p_0}{p_1} p_1 q_1} \times 100\%$$

四、平均指数小结

如上所述，平均指数在一定权数条件下，可作为综合指数的变形形式使用。我们将讨论作为综合指数变形的平均指数的具体形式及相应的权数条件。

从理论上讲，任何一个综合指数形式均可变形为相应的加权算术平均指数和加权调和平均指数形式。这里我们着重讨论根据一般原则确定的数量指标综合指数和质量指标综合指数的变形形式。

如前所述，根据一般原则确定的数量指标综合指数公式和质量指标综合指数公式如下：

$$\overline{k}_q = \frac{\sum p_0 q_1}{\sum p_0 q_0} \times 100\%$$

$$\overline{k}_p = \frac{\sum p_1 q_1}{\sum p_0 q_1} \times 100\%$$

可以证明，与上述两类综合指数相对应的平均指数形式共有四种，其对应关系如表6-4所示。

表6-4　综合指数和平均指数计算公式

指标名称	综合指数公式	加权算术平均数指数公式	加权调和平均数指数公式
数量指标总指数	$\overline{k}_q = \dfrac{\sum p_0 q_1}{\sum p_0 q_0} \times 100\%$	$\overline{k}_q = \dfrac{\sum k p_0 q_0}{\sum p_0 q_0} \times 100\%$	$\overline{k}_q = \dfrac{\sum p_0 q_1}{\sum \dfrac{1}{k_q} p_0 q_1} \times 100\%$
质量指标总指数	$\overline{k}_p = \dfrac{\sum p_1 q_1}{\sum p_0 q_1} \times 100\%$	$\overline{k}_p = \dfrac{\sum k p_0 q_1}{\sum p_0 q_1} \times 100\%$	$\overline{k}_p = \dfrac{\sum p_1 q_1}{\sum \dfrac{1}{k_p} p_1 q_1} \times 100\%$

由表6-4综合指数和平均指数的对应关系中，不难看出，由综合指数变形为平均指数的一般方法：将综合指数变形为加权算术平均指数时，应以相应的综合指数的分母为权数；将综合指数变形为加权调和平均指数时，应以相应的综合指数的分子为权数。

理论上，表6-4中所列平均指数均可作相应的综合指数的变形形式应用。但在实际中，通常情况下从掌握资料的可能性看，能真正应用的只有两种形式，即数量指标指数的加权算术平均形式和质量指标指数的加权调和平均形式。只有这两种形式所需的权数资料是某一时期的实际总量指标，这种资料比较容易取得，而其他两种形式则需要分别掌握两个不同时期的数量指标和质量指标的资料才能计算。这在实际中常常难以做到。

综合上面所讲的内容，可得出作为综合指数变形的平均指数应用的一般原则如下：计算数量指标指数，应采用以基期的总最指标（$p_0 q_0$）为权数的加权算术平均指数形式；计算质量指标指数，应采用报告期的总量指标（$p_1 q_1$）为权数的加权调和平均指数形式。

第四节　指数体系和因素分析法

一、指数体系

（一）指数体系的概念

指数体系的概念有广义和狭义两种理解。从广义上说，指数体系是指由若干经济上具有一定联系的指数所构成的一个整体。从狭义上说，指数体系是指不仅经济上具有一定联系，而且具有一定数量上对等关系的三个或三个以上的指数所构成的一个整体。例如：

商品销售量指数×商品价格指数＝商品销售额指数

产品产量指数×产品价格指数＝总产值指数

产品产量指数×单位产品原材料消耗量指数×单位原材料价格指数＝原材料消耗额指数

上面列举的各个指数，不但经济上有联系，而且数量上还存在对等关系，所以每个整体都称为指数体系。可见，指数体系至少要由三个指数构成。指数体系中各指数间数量对等的关系，是基于现象间客观存在的经济联系。上述三个指数体系的依据是指标在数量上的对等关系。即：

商品销售量×商品价格＝商品销售额

产品产量×产品价格＝总产值

产品产量×单位产品原材料消耗量×单位原材料价格＝原材料消耗额

（二）指数体系的作用

指数体系在指数方法论中占有一定的地位，其作用表现在以下几个方面：

第一，证明因素指数内容及其结果的客观性。

第二，对总体现象变动进行因素分析。利用指数体系从相对数和绝对数两个方面分析总体现象受各个因素变动的影响。例如，商品销售量指数×商品价格指数＝商品销售额指数，在这个指数体系中，就可以将销售额的变动归结为销售量和销售价格两个因素变动影响的结果。

第三，指数体系还可用于各指数间的互相推算。例如，在三个指数形成的指数体系中，已知其中任意两个指数，就可依据指数体系，推算出未知的第三个指数。

（三）建立指数体系的要求

在一定的研究目的要求下，考虑总变动现象的各个构成因素之间的联系建立指数体系。因素指数的同度量因素必须相互适应。

（四）指数体系的内容

指数体系的内容包括满足统计分析需要而相互联系的两个方面：其一，相对内容——因素指数的乘积等于总变动指数；其二，绝对内容——因素指数分子、分母差额的总和等于总变动指数分子、分母的差额。

下面具体介绍运用指数体系进行因素分析的方法。

二、因素分析法

因素分析法是利用指数体系，对现象的综合变动从数量上分析其受各因素影响的一种分析方法，这一方法也简称为指数分析法。它是从数量上分析，研究现象总变动受各因素影响的方向、程度及绝对数量。在经济管理中，因素分析法对于揭露矛盾、挖掘潜力、发现现象的发展变化规律都有重要意义。

（一）因素分析法的种类

1. 按分析对象

按分析对象的特点不同，可分为简单现象因素分析和复杂现象因素分析。

2. 按分析指标

按分析指标的表现形式不同。可分为总量指标变动因素分析和平均指标、相对指标变动因素分析。总量指标可分解为水平型和数量型因素指标，平均指标和相对指标可分解为水平型和结构型因素指标。

3. 按影响因素

按影响因素多少的不同，可分为两因素分析和多因素分析。

4. 按内容

按内容分为相对数分析和绝对数分析。

（二）因素分析法的步骤与方法

第一，在定性分析的基础上，确定要分析的对象及影响的因素。这要求从研究的目的、任务出发，依据有关的科学理论知识确定。确定影响因素可以从多种不同的角度，如何确定影响因素关键取决于分析的目的、任务和分析对象的性质。

第二，根据指标间数量对等关系的基本要求，确定其分析所采用的对象指标和因素指标，并列出其关系式。对象和因素都可以有多种指标表现形式，例如，劳动量可用职工人数、实用工日或实用工时等指标表示，劳动生产率又有不同人员范围指标、不同时间单位指标、不同产量表现形式指标的区别。如果要从劳动要素角度分析诸因素对产品生产总量的影响，就需要具体确定劳动量因素和劳动生产率因素具体采用什么指标进行分析。选择指标的要求是，对象指标必须等于各因素指标连乘积。其关系式可用下式表示：

$E = ab$ 或 $E = abc\cdots$

其中：E 表示对象指标；a、b、c 表示因素指标。

第三，根据指标关系式建立分析指数体系及相应的绝对增减量关系式。指数体系中因素指数的个数与因素指标的个数相对应，因素指数按综合指数选择同度量因素时期的一般原则编制，即数量指标指数的同度量因素固定在基期，质量指标指数的同度量因素固定在报告期。绝对量关系式是根据指数体系中对应的各指数的分子和分母之差建立的。

两因素分析的指数体系及绝对量关系式的一般形式如下（设 a 为数量指标，b 为质量指标）。

$$\frac{E_1}{E_0} = \frac{a_1 b_1}{a_0 b_0} = \frac{a_1 b_0}{a_0 b_0} \times \frac{a_1 b_1}{a_1 b_0}$$

$$(E_1 - E_0) = (a_1 b_1 - a_0 b_0) = (a_1 b_0 - a_0 b_0) + (a_1 b_1 - a_1 b_0)$$

三因素分析的指数体系及绝对量关系式的一般形式如下（a、b、c 为先数量指标后质量指标顺序排列）：

$$\frac{E_1}{E_0} = \frac{a_1 b_1 c_1}{a_0 b_0 c_0} = \frac{a_1 b_0 c_0}{a_0 b_0 c_0} \times \frac{a_1 b_1 c_0}{a_1 b_0 c_0} \times \frac{a_1 b_1 c_1}{a_1 b_1 c_0}$$

$$(E_1 - E_0) = (a_1 b_1 c_1 - a_0 b_0 c_0) = (a_1 b_0 c_0 - a_0 b_0 c_0) + (a_1 b_1 c_0 - a_1 b_0 c_0) + (a_1 b_1 c_1 - a_1 b_1 c_0)$$

第四，应用实际资料，根据指数体系及绝对量关系式，依次分析每一个因素变动对对象变动影响的相对程度及绝对数量。每一个因素的影响是根据相应的因素指数公式及对应的绝对量差式计算的。在前例两因素分析的指数体系及绝对量关系式中，指数 $\dfrac{a_1 b_0}{a_0 b_0}$ 与差式 $(a_1 b_0 - a_0 b_0)$ 是表明 a 因素的相对程度及绝对量；指数 $\dfrac{a_1 b_1}{a_1 b_0}$ 与 $(a_1 b_1 - a_1 b_0)$ 是表明 b 因素的相对程度及绝对量。三因素分析中各因素指数及对应的差式的意义可类推。

（三）因素分析法的应用

由于分析对象及分析目的和任务的多样性，指数因素分析法的应用形式也是多种多样的。下面讲述几种常用的形式。

1. 总量指标变动的因素分析

（1）两因素分析实例。

其一，简单现象总体总量指标变动的因素分析。

【例 6-5】某企业职工年工资情况资料如表 6-5 所示。

表 6-5　某企业职工年工资情况

指标	符号	基期	报告期
工资总额（万元）	a	1000	1360
职工人数（人）	b	500	400
平均工资（万元）	c	2	3.4

该企业工资总额的变动：

工资总额指数：$k_a = \dfrac{a_1}{a_0} \times 100\% = \dfrac{b_1 c_1}{b_0 c_0} \times 100\% = \dfrac{1360}{1000} \times 100\% = 136\%$

工资总额的增加额：$= b_1 c_1 - b_0 c_0 = 1360 - 1000 = 360$（万元）

其中，职工人数变动的影响：

职工人数指数：$k_b = \dfrac{b_1}{b_0} \times 100\% = \dfrac{400}{500} \times 100\% = 80\%$

由于职工人数的变动而影响的工资额为：

$(b_1 - b_0) \times c_0 = (400 - 500) \times 2 = -200$（万元）

平均工资变动的影响：

平均工资指数：$k_c = \dfrac{c_1}{c_0} \times 100\% = \dfrac{3.4}{2} \times 100\% = 170\%$

由于平均工资的变动而影响的工资额为：

$(c_1 - c_0) \times b_1 = (3.4 - 2) \times 400 = 560$（万元）

上述各指数的关系如下：

$136\% = 80\% \times 170\%$

360（万元）$= 560$（万元）$+ (-200)$（万元）

计算结果表明，工资总额报告期比基期增加 360 万元，增长 36%。其中，由于职工人数降低 20% 而减少的工资额为 200 万元；由于职工平均工资提高 70% 而增加的工资额为 560 万元。

在上述分析中，可以看出，在进行简单现象总体因素分析时，相对数分析可以不使用同度量因素，而绝对数分析一定要使用同度量因素。

其二，复杂现象总体总量指标变动的因素分析。在复杂现象总体条件下，对总量指标的两个影响因素，应理解为组成复杂现象总体各要素单位数变动的综合影响，以及各要素水平变动的综合影响。必须利用综合指数的形式来分析。

【例 6-6】对表 6-1 某企业三种商品销售情况进行分析。

首先，计算出销售额的总变动：

销售额总指数：$\bar{k} = \dfrac{\sum p_1 q_1}{\sum p_0 q_0} \times 100\% = \dfrac{205800}{180400} \times 100\% = 114.08\%$

报告期比基期增加的销售额 $= \sum p_1 q_1 - \sum p_0 q_0 = 205800 - 180400 = 25400$（元）

计算结果表明，该企业三种商品的总销售额报告期比基期增长了 14.08%，增加了 25400 元，这种变动是由于销售量和销售价格两个因素变动的影响。

然后分析其原因如下：

（1）销售量的变动影响。

销售量指数：$\bar{k}_q = \dfrac{\sum p_0 q_1}{\sum p_0 q_0} \times 100\% = \dfrac{202720}{180400} \times 100\% = 112.37\%$

由于销售量的变动而影响的销售额为：

$\sum p_0 q_1 - \sum p_0 q_0 = 202720($元$) - 180400($元$) = 22320($元$)$

（2）销售价格的变动影响。

销售价格指数：$\bar{k}_p = \dfrac{\sum p_1 q_1}{\sum p_0 q_1} \times 100\% = \dfrac{205800}{202720} \times 100\% = 101.52(\%)$

由于销售价格的变动而影响的销售额为：

$\sum p_1 q_1 - \sum p_0 q_1 = 205800($元$) - 202720($元$) = 3080($元$)$

上述分析用指数体系表示为：

$$\bar{k} = \bar{k}_q \times \bar{k}_p$$

$$\frac{\sum p_1 q_1}{\sum p_0 q_0} = \frac{\sum p_0 q_1}{\sum p_0 q_0} \times \frac{\sum p_1 q_1}{\sum p_0 q_1}$$

$$114.08\% = 112.37\% \times 101.52\%$$

$$\left(\sum p_1 q_1 - \sum p_0 q_0 \right) = \left(\sum p_0 q_1 - \sum p_0 q_0 \right) + \left(\sum p_1 q_1 - \sum p_0 q_1 \right)$$

$$25400（元）= 22320（元）+ 3080（元）$$

由此可以看出，该企业三种商品的销售额报告期比基期增长了 14.08%，增加了

25400 元，是由于销售量增长 12.37% 使销售额增加了 22320 元和销售价格上涨 1.52% 使销售额增加了 3080 元两因素共同作用的结果。

（2）多因素分析实例。多因素分析主要是对总量指标变动分析而言的。社会经济现象总体总量变动分析，可以分解为两个因素变动分析，有时也可以分解为两个以上的因素变动分析。如下列指数体系，即可进行三个因素的变动分析。

产值指数 = 职工人数指数 × 工人占职工人数比重指数 × 工人劳动生产率指数

原材料消耗额指数 = 产品产量指数 × 单位产品原材料消耗量指数 ×

单位原材料价格指数

对多因素指数体系分析，应注意以下两个问题：

第一，在编制多因素指数体系时，其原理与综合指数编制原理基本相同。为了测定某一因素指标的变动影响，将其余因素指标一律视为同度量因素，均要确定固定时期。这时各因素指标被确定为数量指标或质量指标是有相对性的。比如，在产品产量、单位产品原材料消耗量、单位原材料价格三个指标中，单位产品原材料消耗量相对于产品产量是质量指标，而相对于单位原材料价格却是数量指标。

第二，多因素应要特别注意按照先数量指标、后质量指标的顺序排列。并依据数量指标指数化，将质量指标作为同度量因素，并且固定在基期；质量指标指数化，将数量指标作为同度量因素，并且固定在报告期的指数编制原理。

现就原材料消耗额的组成因素顺序来具体说明它们之间的关系。从下列分析中可以看到相邻的两个因素的乘积一定要有经济意义。

$$原材料消耗额 = \underbrace{产品产量 × \overbrace{单位产品原材料消耗量}^{单位产品原材料消耗额} × 单位原材料价格}_{原材料消耗量}$$

合理排列顺序后，就要确定其中的同度量因素所属时期，完成各因素的变动对现象总体变动影响作用的分析。

【例 6-7】举例说明复杂现象总体的三因素分析（见表 6-6）。

表 6-6　三因素分析计算

商品种类	单位	产品产量		单位产品原材料消耗量		单位原材料价格（元）	
		基期	报告期	基期	报告期	基期	报告期
（甲）	（乙）	q_0	q_1	m_0	m_1	p_0	p_1
甲	吨	150	200	10	9	100	110
乙	件	500	600	2	1.8	20	24
丙	套	300	400	5	6	50	40
合计	—	—	—	—	—	—	—

要求：分析原材料费用总额 $\sum qmp$ 的变动分别受产量、单位产品原材料消耗量和单

位原材料价格变动的影响。

采用表中符号，进行上述分析应依据的指数体系及绝对量关系式如下：

$$\frac{\sum q_1 m_1 p_1}{\sum q_0 m_0 p_0} = \frac{\sum q_1 m_0 p_0}{\sum q_0 m_0 p_0} \times \frac{\sum q_1 m_1 p_0}{\sum q_1 m_0 p_0} \times \frac{\sum q_1 m_1 p_1}{\sum q_1 m_1 p_0}$$

$$\left(\sum q_1 m_1 p_1 - \sum q_0 m_0 p_0 \right) = \left(\sum q_1 m_0 p_0 - \sum q_0 m_0 p_0 \right) + \left(\sum q_1 m_1 p_0 - \sum q_1 m_0 p_0 \right) +$$

$$\left(\sum q_1 m_1 p_1 - \sum q_1 m_1 p_0 \right)$$

根据指数体系及绝对量关系式所需要的各种原材料费用总额计算如表6-7所示。

表6-7 原材料费用总额计算 单位：万元

商品种类	原材料费用总额			
	$q_1 m_1 p_1$	$q_0 m_0 p_0$	$q_1 m_0 p_0$	$q_1 m_1 p_0$
甲	19.800	15.000	20.000	18.000
乙	2.592	2.000	2.400	2.160
丙	9.600	7.500	10.000	12.000
合计	31.992	24.500	32.400	32.160

原材料费用总额变动：

原材料费用总额指数：$\bar{k} = \dfrac{\sum q_1 m_1 p_1}{\sum q_0 m_0 p_0} \times 100\% = \dfrac{31.992}{24.500} \times 100\% = 130.58\%$

增加原材料费用额 $= \sum q_1 m_1 p_1 - \sum q_0 m_0 p_0 = 31.992 - 24.500 = 7.492$（万元）

其中：

其一，产品产量变动影响：

产品产量指数：$\bar{k}_q = \dfrac{\sum q_1 m_0 p_0}{\sum q_0 m_0 p_0} \times 100\% = \dfrac{32.400}{24.500} \times 100\% = 132.24\%$

产量变动影响增加原材料费用额 $= \sum q_1 m_0 p_0 - \sum q_0 m_0 p_0 = 32.400 - 24.500 = 7.9$（万元）

其二，单位产品原材料消耗量变动影响：

单位产品原材料消耗量指数：$\bar{k}_m = \dfrac{\sum q_1 m_1 p_0}{\sum q_1 m_0 p_0} \times 100\% = \dfrac{32.160}{32.400} \times 100\% = 99.26\%$

单位产品原材料消耗量影响增加原材料费用额 $= \sum q_1 m_1 p_0 - \sum q_1 m_0 p_0$

$= 32.160 - 32.400 = -0.24$（万元）

其三，原材料价格变动影响：

单位原材料价格指数：$\bar{k}_p = \dfrac{\sum q_1 m_1 p_1}{\sum q_1 m_1 p_0} \times 100\% = \dfrac{31.992}{32.160} \times 100\% = 99.48\%$

单位原材料价格影响增加原材料费用额 $= \sum q_1 m_1 p_1 - \sum q_1 m_1 p_0$
$$= 31.992 - 32.160 = -0.168（万元）$$

其四，综合影响分析：

$$\bar{k} = \bar{k}_q \times \bar{k}_m \times \bar{k}_p \quad 或 \quad \frac{\sum q_1 m_1 p_1}{\sum q_0 m_0 p_0} = \frac{\sum q_1 m_0 p_0}{\sum q_0 m_0 p_0} \times \frac{\sum q_1 m_1 p_0}{\sum q_1 m_0 p_0} \times \frac{\sum q_1 m_1 p_1}{\sum q_1 m_1 p_0}$$

$$130.58\% = 132.24\% \times 99.26\% \times 99.48\%$$

$$\left(\sum q_1 m_1 p_1 - \sum q_0 m_0 p_0 \right) = \left(\sum q_1 m_0 p_0 - \sum q_0 m_0 p_0 \right) + \left(\sum q_1 m_1 p_0 - \sum q_1 m_0 p_0 \right) +$$
$$\left(\sum q_1 m_1 p_1 - \sum q_1 m_1 p_0 \right)$$

$$7.492（万元）= 7.9（万元）+ (-0.24)（万元）+ (-0.168)（万元）$$

从以上计算可知，由于产品产量增长 32.24% 而使原材料费用增加 7.9 万元；由于单位产品原材料消耗量降低 0.74% 而节约原材料费用 0.24 万元；由于单位原材料价格降低 0.52% 而使原材料费用节约了 0.168 万元。三个因素共同影响使原材料费用增加 7.492 万元，增长 30.58%。

2. 平均指标变动的因素分析

（1）平均指标指数体系。两个平均指标在时间上对比的相对数，称为平均指标指数。

平均指标的大小受变量值和权数两个因素的影响。即 $\bar{x} = \dfrac{\sum xf}{\sum f} = \sum x \cdot \dfrac{f}{\sum f}$，那么两个

时期加权算术平均数进行对比时，即 $\dfrac{\bar{x}_1}{\bar{x}_0}$ 时，仍存在着这两个因素的影响。

平均指标指数是根据影响平均指标的两个因素分别编制成独立的指数，且使这三个指数在数量上保持密切关系，形成一个指数体系。它们是可变构成指数、固定构成指数和结构影响指数，其关系如下：

可变构成指数 = 固定构成指数 × 结构影响指数

（2）平均指标指数的编制方法

【例6-8】某工厂工人数及工资情况资料如表6-8所示。

表6-8 某工厂工人数及工资情况

工人组别	工人数（人）		月平均工资（元）		工资总额（元）		
	基期	报告期	基期	报告期	基期	报告期	假定
（甲）	f_0	f_1	x_0	x_1	$x_0 f_0$	$x_1 f_1$	$x_0 f_1$
熟练工	600	550	1300	1400	780000	770000	715000
非熟练工	400	700	800	850	320000	595000	560000
合计	1000	1250	1100	1092.0	1100000	1365000	1275000

根据表6-8资料，可知该工厂基期、报告期和假定总的月平均工资分别为：

$$\overline{x}_1 = \frac{\sum x_1 f_1}{\sum f_1} = \frac{1365000}{1250} = 1092 \text{（元）}$$

$$\overline{x}_0 = \frac{\sum x_0 f_0}{\sum f_0} = \frac{1100000}{1000} = 1100 \text{（元）}$$

通过计算可以看出，报告期平均工资比基期平均工资下降了8元。平均工资的下降不仅反映了各组月平均工资的变动影响，而且反映了各组工人数结构变动的影响。这种既反映各组月平均工资的变动影响，又反映各组工人数结构变动的影响的总平均工资指数，就是平均工资可变构成指数。其计算方法如下：

第一，可变构成指数。

$$\frac{\overline{x}_1}{\overline{x}_0} = \frac{\dfrac{\sum x_1 f_1}{\sum f_1}}{\dfrac{\sum x_0 f_0}{\sum f_0}} = \frac{1092}{1100} = 0.9927 \text{ 或 } 99.27\%$$

它是报告期总平均工资与基期平均工资的比率，反映各组平均工资水平和工人人数构成两个因素变动的共同影响，两者的绝对差额为：

$$(\overline{x}_1 - \overline{x}_0) = \left(\frac{\sum x_1 f_1}{\sum f_1} - \frac{\sum x_0 f_0}{\sum f_0} \right) = 1092 - 1100 = -8 \text{（元）}$$

可见，可变构成指数就是报告期平均指标与基期平均指标之比。以上计算表明，报告期平均工资比基期平均工资下降了0.73%，绝对额减少了8元。

第二，结构影响指数。

那么，如何分析工厂总平均工资变动中工人数结构变动的影响呢？为了分析产工人数结构（视为数量指标）的变动对该工厂总平均工资的变动影响，依据综合指数编制原理，就必须消除各组平均工资（视为质量指标）对工厂总平均工资的变动影响，把各组月平均工资固定在基期。这种只反映工人数结构变动的总平均工资指数，称为总平均工资的结构影响指数（视为数量指标指数）。其计算方法如下：

$$\frac{\overline{x}_n}{\overline{x}_0} = \frac{\dfrac{\sum x_0 f_1}{\sum f_1}}{\dfrac{\sum x_0 f_0}{\sum f_0}} = \frac{1020}{1100} = 0.9273 \text{ 或 } 92.73\%$$

它将各组月平均工资水平固定在基期，从而反映了工人人数构成的变动对总平均工资的影响，计算结果说明，非熟练工基期的比重为40%，而报告期却增加到56%，由于他们的工资水平相对较低，从而使全厂报告期的总平均工资减少了7.27%，减少的绝对额为：

$$(\overline{x}_n - \overline{x}_0) = \left(\frac{\sum x_0 f_1}{\sum f_1} - \frac{\sum x_0 f_0}{\sum f_0} \right) = 1020 - 1100 = -80 \text{（元）}$$

第三，固定构成指数。

$$\frac{\overline{x_1}}{\overline{x_n}} = \frac{\dfrac{\sum x_1 f_1}{\sum f_1}}{\dfrac{\sum x_0 f_1}{\sum f_1}} = \frac{1092}{1020} = 1.0706 \text{ 或 } 107.06\%$$

它将工人人数构成固定在报告期，从而反映了各组月平均工资的变动对总平均工资的影响，计算结果说明，熟练工和非熟练工工资水平的提高使总平均工资水平增加了7.06%，增加的绝对额为：

$$(\overline{x_1} - \overline{x_n}) = \left(\frac{\sum x_1 f_1}{\sum f_1} - \frac{\sum x_0 f_1}{\sum f_1} \right) = 1092 - 1020 = 72(\text{元})$$

（3）平均指标变动的因素分析。通过上述计算，可以看到，平均指标的可变构成指数分解为结构影响指数和固定构成指数，它们的关系如下：

可变构成指数 = 结构影响指数 × 固定构成指数

$$\frac{\overline{x_1}}{\overline{x_0}} = \frac{\overline{x_n}}{\overline{x_0}} \times \frac{\overline{x_1}}{\overline{x_n}}$$

$$\frac{\dfrac{\sum x_1 f_1}{\sum f_1}}{\dfrac{\sum x_0 f_0}{\sum f_0}} = \frac{\dfrac{\sum x_0 f_1}{\sum f_1}}{\dfrac{\sum x_0 f_0}{\sum f_0}} \times \frac{\dfrac{\sum x_1 f_1}{\sum f_1}}{\dfrac{\sum x_0 f_1}{\sum f_1}}$$

即 99.27% = 92.73% × 107.06%

这些指数表明该工厂总平均工资报告期比基期下降了0.73%，是由于各组工人人数结构的变动使总平均工资下降了7.27%，由于各组月平均工资的变动使总平均工资增加了7.06%。

从绝对数看，

$$(\overline{x_1} - \overline{x_0}) = (\overline{x_n} - \overline{x_0}) + (\overline{x_1} - \overline{x_n}) \left(\frac{\sum x_1 f_1}{\sum f_1} - \frac{\sum x_0 f_0}{\sum f_0} \right)$$

$$= \left(\frac{\sum x_0 f_1}{\sum f_1} - \frac{\sum x_0 f_0}{\sum f_0} \right) + \left(\frac{\sum x_1 f_1}{\sum f_1} - \frac{\sum x_0 f_1}{\sum f_1} \right)$$

代入数值得：(-8)（元）= (-80)（元）+ (72)（元）

这说明工厂总平均工资的报告期比基期减少了8元，各组工人人数构成的变动使总平均工资减少了80元和各组月平均工资水平的变动使总平均工资水平增加了72元两个因素共同作用的结果。

（4）总量指标指数分析与平均指标变动因素分析结合应用。在平均指标指数的基础上，还可以进一步将总量指标、相对指标和平均指标变动的因素分析结合起来，形成一个统一的指数体系与因素分析。比如，总量指标指数分析与平均指标指数因素分析的结合，它们的关系如下：

例如，工资总额指数 = 职工人数指数 × 总平均工资指数（可变构成指数）

或 = 职工人数指数 × 结构影响指数 × 固定构成指数

用符号表示：

$$\frac{\sum x_1 f_1}{\sum x_0 f_0} = \frac{\sum f_1}{\sum f_0} \times \frac{\overline{x_1}}{\overline{x_0}} = \frac{\overline{x_0}\sum f_1}{\overline{x_0}\sum f_0} \times \frac{\overline{x_1}\sum f_1}{\overline{x_0}\sum f_1}$$

$$\text{或} = \frac{\overline{x_0}\sum f_1}{\overline{x_0}\sum f_0} \times \frac{\sum x_0 f_1}{\overline{x_0}\sum f_1} \times \frac{\sum x_1 f_1}{\sum x_0 f_1}$$

$$\left(\sum x_1 f_1 - \sum x_0 f_0 \right) = \left(\overline{x_0}\sum f_1 - \overline{x_0}\sum f_1 \right) + \left(\sum x_0 f_1 - \overline{x_0}\sum f_1 \right) + \left(\sum x_1 f_1 - \sum x_0 f_1 \right)$$

将上例数据代入得：

$$\frac{1365000}{1100000} = \frac{1100 \times 1250}{1100 \times 1000} \times \frac{1275000}{1100 \times 1250} \times \frac{1365000}{1275000} \text{或} = \frac{1375000}{1100000} \times \frac{1275000}{1375000} \times \frac{1365000}{1275000}$$

即 相对数关系为：124.09% = 125% × 92.73% × 107.06%

绝对数关系为：（1365000 - 1100000）=（1375000 - 100000）+（1275000 - 1375000）+

（1365000 - 1275000）

265000 元 = 275000 元 +（-100000）元 + 90000 元

计算结果表明，该工厂报告期工资总额比基期多支付 24.09%，多支付的绝对金额为 265000 元。其中，由于工人数增加 25%，致使支付总额增加 275000 元；由于非熟练工人比重的上升，使支付总额减少 7.27%，少支付的金额为 100000 元；熟练工和非熟练工工人工资水平的提高使支付总额增加 70.6%，多支付金额为 90000 元。

综合练习与训练

一、填空题

1. 综合指数的编制方法是先_____后_____。

2. 统计指数从其计算的总体范围来划分，可以分为_____和_____两种；指数按其所表明的现象性质的不同，分为_____指数和_____指数。

3. 总指数的计算形式有_____指数和_____指数。

4. 统计中，把在经济上有联系、在数量上存在对等关系的三个或三个以上的指数称为_____。

5. 编制数量指标指数时，一般以_____指标为同度量因素；编制质量指标指数时，一般以_____指标为同度量因素。

6. 平均指数有两种计算形式，即_____指数和_____指数。

7. 因素分析就是利用_____来分析社会经济现象变动中各种因素变动发生作用的影响程度。

8. 某企业 2017 年产量比 2016 年增长了 10.5%，产品总成本增长了 8%，则该企业 2017 年单位成本增减的百分比为_____。

9. 平均指数有两种计算方法，即_____指数和_____指数。

10. 作为综合指数变形的加权算术平均数指数的权数是_____；加权调和平均数指数的权数是_____。

11. 某种商品销售的价格今年比去年上涨了 0.5%，销售额下降 5%，则该商品销售量增减百分比为_____。

12. 因素分析的基础是_____。

二、单项选择题（在备选答案中有一个是正确的，将其选出并把标号填在题后的括号内）

1. 甲表明两个企业工人劳动生产率水平对比的指标，乙表明 2011～2019 年某地区居民住房面积动态指标，则正确的选项是（   ）。

A. 甲是指数   B. 乙是指数   C. 甲、乙都是指数 D. 甲、乙都不是指数

2. 下列公式属于价格总指数的是（   ）。

A. $\dfrac{\sum p_1 q_1}{\sum p_0 q_0}$ B. $\dfrac{\sum p_0 q_0}{\sum p_1 q_0}$ C. $\dfrac{\sum p_1 q_1}{\sum p_0 q_1}$ D. $\dfrac{\sum p_0 q_1}{\sum p_1 q_1}$

3. 总指数有两种计算形式，即（   ）。

A. 个体指数和综合指数   B. 综合指数和平均指标指数

C. 算术平均指数和调和平均指数   D. 综合指数和平均指数

4. 按照价格个体指数和报告期销售额计算的价格指数是（   ）。

A. 综合指数   B. 平均指标指数

C. 加权算术平均指数   D. 加权调和平均指数

5. 下列指数中属于质量指标指数的是（   ）。

A. 产量指数   B. 商品销售量指数

C. 职工人数指数   D. 劳动生产率指数

6. 加权调和平均指数的公式为（   ）。

A. $\dfrac{\sum k_q p_0 q_0}{\sum p_0 q_0}$ B. $\dfrac{\sum p_1 q_1}{\sum \frac{1}{k_p} p_1 q_1}$ C. $\dfrac{\sum p_1 q_1}{\sum p_0 q_1}$ D. $\dfrac{\sum p_0 q_1}{\sum p_0 q_0}$

7. 某企业两个车间生产同一种产品，今年上半年同去年上半年相比较，由于两个分厂单位产品成本变化而使企业的总平均成本下降6%，由于产品结构变化而使公司总平均成本提高10%。则该公司总平均成本增减变动的百分比为（　　）。

    A. 3.4%   B. 103.4%   C. 3.8%   D. −3.4%

8. 已知某工厂生产三种产品，在掌握其基期、报告期生产费用和个体产量指数时，编制三种产品产量总指数应采用（　　）。

    A. 加权调和平均指数   B. 加权算术平均指数

    C. 数量指标综合指数   D. 固定加权算术平均指数

9. 统计指数分为个体指数和总指数的条件是（　　）。

    A. 计算是否加权   B. 指数化指标是否相同

    C. 包括的范围是否相同   D. 同度量因素是否相同

10. 数量指标指数和质量指标指数的划分依据是（　　）。

    A. 指数化指标的性质不同   B. 所反映的对象范围不同

    C. 编制指数的任务不同   D. 所比较的现象特征不同

11. 在一定情况下，商品销售量指数和工资水平指数的同度量因素分别为（　　）。

    A. 商品销售量、平均工资水平   B. 商品销售量、职工人数

    C. 单位商品销售价格、职工人数   D. 单位商品销售价格、平均工资水平

12. 已知某厂生产三种产品，在掌握其基期、报告期生产费用和个体产量指数时，编制三种产品产量总指数应采用（　　）。

    A. 加权调和平均数指数   B. 加权算术平均数指数

    C. 数量指标综合指数   D. 固定权数指数

13. 某管理局为了全面反映所属各企业生产某种产品平均成本总的变动情况，需要编制（　　）。

    A. 可变构成指数   B. 固定构成指数   C. 结构影响指数   D. 质量指标综合指数

三、多项选择题（在备选答案中有两个以上是正确的，将它们全都选出并把标号填在题后的括号内）

1. 下面属于平均指标指数的是（　　）。

    A. 可变构成指数   B. 固定构成指数   C. 算术平均指数

    D. 调和平均指数   E. 结构影响指数

2. 下面属于质量指标指数的是（　　）。

    A. 单位产品成本指数   B. 商品价格指数

    C. 工资水平指数   D. 商品销售额指数

E. 劳动生产率指数

3. 下面属于数量指标指数的是（　　　）。

A. 产品产量指数　　　　　　　　B. 产品总产值指数

C. 商品销售量指数　　　　　　　D. 职工人数指数

E. 工资总额指数

4. 2019 年甲地区工业总产值（用不变价格计算）为乙地区（用不变价格计算）的 125%，这个相对数是（　　　）。

A. 产量指数　　　　B. 静态指数　　　　C. 动态指数

D. 个体指数　　　　E. 总指数

5. 对某商店某时期商品销售额的变动情况进行分析，其指数体系包括（　　　）。

A. 销售量指数　　　B. 销售价格指数　　　C. 总平均价格指数

D. 销售额指数　　　E. 个体指数

6. 若用某企业职工人数和劳动生产率的分组资料来进行分析，则该企业总的劳动生产率的变动主要受到（　　　）。

A. 企业全部职工人数变动的影响

B. 企业劳动生产率变动的影响

C. 企业各类职工人数在全部职工人数中所占比重的变动影响

D. 企业各类工人劳动生产率的变动影响

E. 各组职工人数和相应劳动生产率两因素的影响

7. 同度量因素的作用是（　　　）。

A. 同度量作用　　　B. 比较作用　　　　C. 权数作用

D. 稳定作用　　　　E. 平衡作用

8. 对某商店某时期商品销售额的变动情况进行分析，其指数体系包括（　　　）。

A. 销售量指数　　　B. 销售价格指数　　　C. 总平均价格指数

D. 销售额指数　　　E. 个体指数

四、判断题（把"√"或"×"填在题后的括号里）

1. 编制产量总指数必须将质量指标的价格指数固定在报告期。　　　　（　　　）

2. 总指数的计算形式包括综合指数、平均指数、平均指标指数。　　　（　　　）

3. 总指数的计算有算术平均指数和调和平均指数两种形式。　　　　　（　　　）

4. 从指数化指标的性质来看，单位产品成本指数是数量指标指数。　　（　　　）

5. 若指数化指标是数量指标，则应以相联系的数量指标为同度量因素；若指数化指

标是质量指标，则应以质量指标为同度量因素。　　　　　　　（　　）

6. 平均指数是综合指数的一种变形。　　　　　　　　　　　（　　）

7. 如果商品零售价格上升 2%，销售量增加 5%，则零售额增长 7.1%。（　　）

8. 单项指数是一种个体指数。　　　　　　　　　　　　　　（　　）

9. 在实际应用中，计算价格指数通常以基期数量指标为同度量因素。（　　）

10. 从指数化指标的性质来看，单位产品成本指数是数量指标指数。（　　）

11. 为了使成本指数的计算符合现实的经济意义，则编制单位产品成本指数的同度量因素是报告期的产品产量。　　　　　　　　　　　　（　　）

12. 平均指数是综合指数的一种变形。　　　　　　　　　　（　　）

13. 在已掌握各种商品的销售量个体指数以及各种商品的基期销售额资料的情况下，计算销售量总指数应采用加权算术平均数指数公式。　　　（　　）

14. 如果各种商品的销售量平均上涨 5%，销售价格平均下降 5%，则销售额不变。
　　　　　　　　　　　　　　　　　　　　　　　　　　　（　　）

15. 计算综合指数时，要求同度量因素不变。　　　　　　　　（　　）

16. 在指数体系中，各指数间的关系是以相对数表现的乘积关系，绝对数之间的关系以绝对量表示的加减关系。　　　　　　　　　　　　　（　　）

五、简答题

1. 什么是指数？指数的特点有哪些？
2. 什么是简单现象总体？什么是复杂现象总体？统计指数研究哪一种总体？
3. 指数的作用有哪些？统计指数如何分类？
4. 综合指数编制的特点是什么？
5. 什么是指数化因素？什么是同度量因素？两者有何关系？
6. 综合指数与平均指数有何区别与联系？
7. 平均指数在什么条件下才能成为综合指数的变形？试列式证明两者之间的关系。与综合指数相比较，平均指数具有哪些特点？
8. 什么是平均指标指数？平均指标变动的因素分析应编制几种平均指标指数？
9. 平均指数与平均指标指数有何区别？
10. 什么是指数体系和因素分析？指数体系与因素分析的分类有哪些？指数体系与因素分析的内容有哪些？
11. 试述指数因素分析法的步骤并举例说明。
12. 什么是指数数列？指数数列的种类有哪些？

六、综合分析

1. 某市几种主要副食品价格和销售量的资料如表 6-9 所示。

表6-9　几种副食品价格和销售量

商品名称	基期		计算期	
	零售价（元/千克）	销售量（万吨）	零售价（元/千克）	销售量（万吨）
蔬菜	2.1	5.00	2.3	5.20
猪肉	17	4.46	17.8	5.52
鲜蛋	9	1.20	9.2	1.15
水产品	16.5	1.15	18.0	1.30

根据表6-9试计算：

（1）各商品零售物价的个体指数。

（2）四种商品物价总指数。

（3）由于全部商品价格变动使该市居民增加支出的金额。

2. 某工业企业生产甲、乙两种产品，基期和报告期的产量、单位成本和出厂价格资料如表6-10所示。

表6-10　某两种产品产量、单位成本和出厂价格

产品名称	产量（件）		单位成本（元/件）		出厂价格（元/件）	
	基期	报告期	基期	报告期	基期	报告期
甲	2000	2200	10.5	10.0	12.0	12.5
乙	5000	6000	6.0	5.5	6.2	6.0

根据表6-10试计算：

（1）以单位成本为同度量因素的产量总指数。

（2）以出厂价格为同度量因素的产量总指数。

（3）单位成本总指数。

（4）出厂价格总指数。

（5）分析出厂价格和产量变动对总产值的影响（从绝对数和相对数两方面分析）。

（6）分析单位成本和产量的变动对总成本的影响（从绝对数和相对数两方面分析）。

3. 某商店三种商品销售资料如表6-11所示。

表6-11　三种商品销售资料

商品名称	计量单位	销售量		销售价格（元）	
		2016年	2017年	2016年	2017年
甲	千克	300	360	42	45
乙	件	200	200	30	36
丙	袋	1400	1600	20	28

根据表 6-11 试从相对数和绝对数两方面分析该商店 2017 年比 2016 年三种商品销售额的增长情况,并分析其中由于销售量及销售价格变动的影响。

4. 某地区 2016 年、2017 年两类商品的收购价格类指数和收购额资料如表 6-12所示。

表 6-12 某地区商品收购价总额和收购价格指数

商品种类	收购总额（万元）		收购价格指数（%）
	2016 年	2017 年	$k_p = \dfrac{p_1}{p_0} \times 100\%$
	$p_0 q_0$	$p_1 q_1$	
甲	140	138.6	105
乙	60	78.4	98

根据表 6-12 试计算:

(1) 收购价格总指数和由于收购价格变动而增加的收购额。

(2) 收购量总指数和由于收购量变动而增加的收购额。

(3) 收购额总指数及增加的绝对值。

5. 某企业三种产品的产值和产量资料如表 6-13 所示。

表 6-13 某企业三种产品的产值和产量情况

产品名称	实际产值（万元）		2017 年比 2016 年产量增长的百分比（%）
	2017 年	2016 年	$k_q - 1$
甲	200	240	25
乙	450	485	10
丙	350	480	40

根据表 6-13 试计算:

(1) 三种产品的总产值指数。

(2) 产量总指数及由于产量变动而增加的产值。

(3) 利用指数体系推算价格指数。

6. 某市 2016 年社会商品零售额为 12000 元,2017 年增加至 15600 元。2017 年社会商品零售物价指数提高了 15%,问社会商品零售量指数为多少?

7. 某商店销售额增长 2.9%,价格下降 2%,问销售量指数为多少?

8. 某企业 2017 年比 2016 年产量增长 15%,产品成本下降 4%,2016 年企业总成本支付了 30 万元,问 2017 年总成本比 2016 年要多支付多少万元?

9. 甲、乙两个厂基期和报告期的总产值和工人数资料如表 6-14 所示。

表 6-14 某厂总产值和工人人数

企业名称	基期		报告期	
	总产值（万元）	工人数（人）	总产值（万元）	工人人数（人）
甲工厂	250	50	825	150
乙工厂	200	100	120	50

根据表 6-14 要求：

（1）计算总平均劳动生产率指数。

（2）对总平均劳动生产率变动进行因素分析。

10. 某管理局所属三个工厂生产同种产品，它们的单位产品成本和产量资料如表 6-15 所示。

表 6-15 某管理局产品产量和单位成本

产品名称	产量（万件）		单位成本（元/件）	
	2016 年	2017 年	2016 年	2017 年
甲	10	15	25	24
乙	10	10	24	24
丙	10	25	22	20

根据表 6-15 要求：

（1）根据上述资料分别计算三个工厂生产这种产品的 2016 年和 2017 年的总平均单位成本，并进一步计算平均单位成本指数，并分析由于平均单位成本下降节约的总成本金额。

（2）在平均单位成本的总变动中，分析各工厂成本水平变动及各工厂产量结构变动的影响程度和影响绝对值。

（3）计算并分析该工厂总成本的变动及其原因（分析原因时要把总量指标指数和平均指标指数结合起来应用）。

11. 某机床厂生产甲、乙两种机床的产量、原材料消耗量和原材料价格如表 6-16 所示。

表 6-16 某机床厂机床产量、原材料消耗和原材料价格

机床名称	原材料名称	产量（台）		每台机床原材料消耗量（吨/台）		原材料价格（元/吨）	
		基期	报告期	基期	报告期	基期	报告期
甲机床	生铁	1000	1200	2	1.6	100	100
	甲种钢			2	1.8	200	190
	乙种钢			3	2.8	190	185

机床名称	原材料名称	产量（台）		每台机床原材料消耗量（吨/台）		原材料价格（元/吨）	
		基期	报告期	基期	报告期	基期	报告期
乙机床	生铁	500	800	1.2	1	100	100
	甲种钢			2.2	2	200	190
	乙种钢			3.3	3	190	185

根据表6-16要求：请从相对数和绝对数两个方面分析产品的原材料总支出额变动中产量变动的影响、单位产品原材料消耗量变动的影响和原材料价格变动的影响。

12. 某企业职工按中老年和青年分成两组，有关职工人数和工资资料如表6-17所示。

表6-17 某企业职工资总额和职工人数

职工分组	工资总额（元）		职工人数（人）	
	基期	报告期	基期	报告期
中老年组	21000	31200	300	400
青年组	8000	25200	200	600

根据表6-17计算：

(1) 请计算由于职工总体内部结构的变化，使职工总平均工资发生怎样的变化（从相对数和绝对数两个方面分析）。

(2) 计算并分析工资总额的变动及其原因（从职工总人数、总平均工资水平、各组职工人数结构和各组工资水平变动这几方面进行计算分析）。

第七章
抽样推断

第一节　抽样推断的意义

一、抽样推断的含义

（一）抽样推断的特点

抽样推断又称为抽样估计，它是在抽样调查的基础上，根据样本的实际资料推断全及总体数量特征的一种统计方法。它是按照随机原则从全部研究对象中抽取一部分单位进行观察，并依据获得的数据对全部研究对象的数量特征做出具有一定可靠性的估计和判断，以达到对现象总体认识的一种方法。例如，从全国所有股份制企业中，抽取一部分企业，详细调查其生产经营状况，根据这一部分企业的调查资料，来推算所有股份制企业的生产经营状况，这就属于抽样推断。

抽样推断有以下几个特点：

1. 按随机原则从总体中抽取调查单位

所谓随机原则是指在抽取调查单位时，总体每个单位都有同等被抽中的机会，完全排除了人为主观意识的影响所产生系统性偏差的可能性，哪个单位被抽中与否纯粹是随机的、偶然的。按随机原则抽取调查单位是进行抽样推断的基本要求。

2. 根据被抽取的调查单位，计算各种指标，并对总体的指标做出估计

抽样调查是一种非全面调查，但调查的目的却不在于了解部分单位的情况，它只是作为进一步推断的手段，目的仍在于要认识总体的数量特征。抽样调查资料如果不进行抽样推断，这种资料就不会有什么价值。对社会经济现象的认识，有许多情况只能通过对部分单位组织调查，从而对总体的数量特征做出估计和判断。例如，我们要了解灯管的质量，就不能对每只灯管的使用寿命做破坏性检验；要了解居民家庭收支情况，也难以开展逐户调查。这就要求我们用抽样调查得到的部分资料，来推断总体的数量特征。

3. 抽样推断是运用概率估计的方法推断总体

利用样本指标来估计总体参数，在数学上运用不确定的概率估计法，而不是运用确定的数学分析法。抽样推断原则上把由样本观察值所决定的样本值看作随机变量。在实践中抽取一个样本，并计算样本指标值作为相应总体指标的估计值，接着需要研究的问题便是用这样的样本指标值来代表相应的总体指标值其可靠程度究竟有多大，这就是概率估计所要解决的问题。

4. 抽样推断中的抽样误差可以事先计算并加以控制

抽样推断是以部分资料推算总体，虽然存在着一定的抽样误差，但它与其他统计估算不同，抽样误差范围可以事先通过有关资料加以计算，并且可以采取必要的组织措施来控制这个误差范围，保证抽样推断的结果达到一定的可靠程度。从而保证抽样推断的结论符合预定的精确度和可靠度要求。

（二）抽样推断的作用

抽样推断是在抽样调查的基础上进行的，其具有适用范围广、成本低和时效性强等优势和特点，被广泛用于科学研究、经济管理、企业日常经营以及产品质量控制等各个领域。同时，伴随着抽样理论和技术的不断发展和成熟，抽样方法在世界各国统计调查方法体系中的地位越来越高，受到各方面的关注越来越多，发挥的作用越来越重要。概括起来，抽样推断的作用主要表现在以下几个方面：

1. 用于某些不可能进行全面调查的总体数量特征的推断

对于无限总体或者总体的范围过大时，不可能或者很难进行全面调查而又需要了解全面情况的社会经济现象，可以采用抽样推断方式去估计总体的数量特征。例如，对产品的质量进行检验，其中对某些物品的质量检验是属于破坏性或消耗性的，譬如对灯泡使用寿命的检验，对材料抗拉强度的检验，对饮料、罐头等食品的质量检验等，一经检验就将消耗或破坏它们的使用价值。在这种情况下，只能采用抽样推断方式。另外，对于无限总体也不可能进行全面调查，只能采用抽样推断方式。

2. 用于某些不必要或在经济上不允许经常采用全面调查的总体数量特征的推断

有些社会经济现象，从理论上来讲可以搞全面调查，可是由于调查对象包括的范围较广、单位较多，需要花费大量的人力、物力、财力和时间，最适宜采用抽样推断方式。例如，对于要了解产品市场需求情况、人口数量的调查、城乡居民的家庭的收入情况调查、旅游客源的调查、对于水、森林、矿藏等资源的调查等。虽然有些调查理论上可以采用全面调查，但由于总体涉及的范围较大，采用全面调查要花费大量的人力、物力、财力和时间，有时没有必要，有时条件也不允许。这时采用抽样推断方式，便可以达到节省人力、物力、财力和时间，达到全面调查效果的目的。

3. 对于需要及时了解情况的现象，也经常采用抽样推断方式

因为全面调查浪费人力、物力和财力，资料也不易及时取得，而抽样推断方式不仅节省人力、资金，且需要的时间短、方式灵活，能够及时满足了解情况的需要。例如，为了及时对旅游者的旅游目的、停留天数、购物等情况进行调查，需在旅游者启程之前和旅游过程中进行调查，就应采用抽样推断方式，以便及时获取所需的统计资料。

4. 用于对全面调查的资料进行检验、修正和控制

全面调查由于范围广、工作量大、参加的人员多，发生登记性误差的可能性就大。因此，为了保证全面调查资料的准确性，检验全面调查资料的质量，在全面调查之后，一般都要进行抽样推断。在总体中再抽取一部分单位重新调查，然后将两次调查的资料进行比较，计算出差错率，并据此对全面调查的资料加以修正。例如，我国人口普查规定，在人口普查工作完毕后，还要按照规定的调查方案抽取若干个地区进行复查，根据抽样调查的资料，计算人口普查的重复和遗漏的差错率，根据这个比率去修正普查资料，从而保证人口普查数据的质量。

5. 用于工业生产过程中的质量控制

对于成批或大量连续生产的工业产品，在其生产过程中采用抽样推断，可以检查生产过程是否有异常情况，并及时提供有关信息，有效地实施产品质量控制。这种质量控制在产品质量检验中的作用比事后检验要优越得多，它可以通过随时跟踪、抽查来保证质量。

二、抽样推断的基本概念

（一）总体和样本

总体又称全及总体。它是根据研究目的，由全部调查单位所组成的集合体。总体的单位数通常都是很大的，甚至是无限的，这样才有必要组织抽样调查，进行抽样推断。总体单位数一般用符号 N 表示。

样本又称子样。它是从总体中随机抽取出来的部分调查单位所组成的集合体。样本的单位数是有限的。样本单位数一般用符号 n 表示，也称样本容量。

对于某一特定研究问题来说，作为推断对象的总体是确定的，而且是唯一的，所以又成为参数。但由于从一个总体中可以抽取许多个样本，所以作为观察对象的样本，不是唯一的，而是可变的。明白这一点对于理解抽样推断原理是很重要的。

（二）总体指标和样本指标

总体指标又称参数。它是根据总体各单位的标志值或属性计算的综合指标。反映总体数量特征的综合指标为全及指标。全及指标是总体变量的函数，其数值是由总体各单位的标志值或标志属性决定的，一个全及指标的指标值是确定的、唯一的，所以称为参数。对于总体中的数量标志，可以计算的总体指标（总体参数）有总体平均数 $\overline{X}$、总体方差 σ^2（或总体标准差 σ）。

设总体变量 X 的取值为：X_1，X_2，X_3，…，X_N，则：

总体平均数：$\overline{X} = \dfrac{\sum X}{N}$ 或 $\overline{X} = \dfrac{\sum XF}{\sum F}$

总体标准差：

$$\sigma = \sqrt{\frac{\sum (X - \bar{X})^2}{N}} \text{ 或 } \sigma = \sqrt{\frac{\sum (X - \bar{X})^2 F}{\sum F}}$$

总体方差：

$$\sigma^2 = \frac{\sum (X - \bar{X})^2}{N} \text{ 或 } \sigma^2 = \frac{\sum (X - \bar{X})^2 F}{\sum F}$$

对于总体中的品质标志，由于各单位品质标志不能用数量来表示，因此，可以计算的总体指标有总体成数 $\bar{X}_P$、总体成数方差 σ^2（或总体成数标准差 σ_P）。

设 P 表示总体中具有某种性质的单位数在总体单位数中所占的比重，Q 表示总体中不具有某种性质的单位数在总体单位数中所占的比重。在总体 N 个单位中，有 N_1 个单位具有某种性质，N_0 个单位不具有某种性质，$N = N_1 + N_0$，则：

$$P = \frac{N_1}{N}, \quad Q = \frac{N_0}{N} = \frac{N - N_1}{N} = (1 - P)$$

如果总体中的品质表现只有"是""非"两种。例如，产品质量的标志表现为合格和不合格，人口性别的标志表现为男性和女性，则可以把"是"的标志表现表示为 1，而"非"的标志表现表示为 0。那么成数 P 就可以视为（0，1）分布的相对数，并可以计算相应的方差（或标准差）。其计算公式为：

$$\bar{X}_P = \frac{\sum XF}{\sum F} = \frac{1 \times N_1 + 0 \times N_0}{N_1 + N_0} = \frac{N_1}{N} = P$$

$$\sigma_P^2 = \frac{(0 - P)^2 N_0 + (1 - P)^2 \times N_1}{N_0 + N_1} = \frac{P^2 N_0 + Q^2 N_1}{N}$$

$$= P^2 Q + Q^2 P = PQ (P + Q) = P (1 - P)$$

例如，某批零件的合格率 $P = 80\%$，则：

$$\bar{X}_P = 80\%, \quad \sigma_P^2 = 80\% \times (1 - 80\%) = 16\%$$

在抽样推断中，总体指标的意义和计算方法是明确的，但总体指标的具体数值事先是未知的，需要用样本指标来估计它。

样本指标又称统计量。它是根据样本各单位的标志表现计算的、用来估计总体指标的综合指标。可以计算的样本指标有样本平均数 $\bar{x}$、样本方差 s^2 和样本成数 P 等。

设样本变量 x 的取值为 x_1，x_2，$\cdots$，x_n，则：

$$\bar{x} = \frac{\sum x}{n} \text{ 或 } \bar{x} = \frac{\sum xf}{\sum f}$$

$$s^2 = \frac{\sum (x - \bar{x})^2}{n} \text{ 或 } s^2 = \frac{\sum (x - \bar{x})^2 f}{\sum f}$$

$$p = \frac{n_1}{n}, \quad q = \frac{n_0}{n} = \frac{n - n_1}{n} = (1 - p)$$

$$\overline{x_P} = \frac{\sum xf}{\sum f} = \frac{1 \times n_1 + 0 \times n_0}{n_1 + n_0} = \frac{n_1}{n} = p$$

$$s_p^2 = \frac{(0-p)^2 n_0 + (1-p)^2 \times n_1}{n_0 + n_1} = \frac{p^2 n_0 + q^2 n_1}{n}$$

$$s = p^2 q + q^2 p = pq \ (p+q) \ = p \ (1-p)$$

在抽样推断中，样本指标的计算方法是确定的，但它的取值随着样本的不同，有不同的样本变量。所以，样本指标本身是随机变量，用它作为总体指标的估计值，有时误差大些，有时误差小些；有时产生正误差，有时产生负误差。

（三）样本容量和样本个数

样本容量和样本个数是两个有联系但完全不同的概念。样本容量是一个样本所包含的单位数。一个样本应该包含多少单位最合适，是抽样设计必须认真考虑的问题。必须结合调查任务的要求以及总体标志值的变异情况来考虑。样本容量的大小不但关系到抽样调查的效果，而且关系到抽样方法的应用。通常将样本单位数不少于 30 个的样本称为大样本，单位数不及 30 个的样本称为小样本。社会经济统计的抽样调查多属于大样本调查。

样本个数又称样本可能数目，是指从一个总体中可能抽取的样本个数。一个总体可能抽取多少样本和样本容量以及抽样方法等因素都有关系，是一个比较复杂的问题。一个总体有多少样本，则样本统计量就有多少种取值，从而形成该统计量的分布，而统计量的分布又是抽样推断的基础。虽然在实践上只抽取个别或少数样本，但要判断所取样本的可能性就必须联系到全部可能样本数目所形成的分布。

（四）重复抽样和不重复抽样

从抽样的方法来看，抽样有重复抽样和不重复抽样两种。

1. 重复抽样

重复抽样也称重置抽样。它是这样安排的，要从总体 N 个单位中随机抽取一个容量为 n 的样本，每次从总体中抽取一个单位，并把它看作是一次试验，连续进行 n 次试验构成一个样本。每次抽出一个单位把结果登记下来，又重新放回，参加下一次抽选。因而重复抽样的样本是由 n 次相互独立的连续试验构成的，每次试验是在完全相同的条件下进行，每个单位中选的机会在各次都完全相等。

从总体 N 个单位中，用重复抽样的方法，随机抽取 n 个单位构成一个样本，则共可抽取 N^n 个样本。

例如，总体为 A、B、C 三名技术人员，用重复抽样的方法从中随机抽取两名构成样本。首先从三人中抽取 1 人，登记后放回，然后仍从这三人中再抽取 1 人，将两次抽取的结果构成样本，这就是重复抽样。在重复抽样条件下，全部可能抽取的样本数目为 $3^2 = 9$ 个，具体样本组合如表 7 - 1 所示。

2. 不重复抽样

不重复抽样也称为不重置抽样、不放回抽样、不回置抽样等。它是这样安排的，要从

总体 N 个单位中抽取一个容量为 n 的样本，每次从总体中抽取一个单位，连续进行 n 次抽取构成一个样本，但每次抽出一个单位就不再放回参加下一次的抽选。因而不重复抽样有这样的特点：样本由 n 次连续抽取的结果构成，实质上等于一次同时从总体中抽 n 个样本单位，连续 n 次抽选的结果不是相互独立的。每次抽取的结果都影响下一次抽取，每抽一次总体单位数就少一个，因而每个单位的重选机会在各次是不相同的，从总体 N 个单位中，用不重复抽样的方法，抽取 n 个单位样本，全部可能抽取的样本数目为 $N\,(N-1)$ $(N-2)\,\cdots\,(N-n+1)$ 个。

表 7-1　样本数目与抽样方式

序　号	重复抽样	不重复抽样	
		考虑顺序	不考虑顺序
1	AA	AB	AB
2	AB	AC	AC
3	AC	BA	BC
4	BA	BC	
5	BB	CA	
6	BC	CB	
7	CA		
8	CB		
9	CC		

前例中，用不重复抽样的方法从中抽取两个单位构成样本，则全部可能抽取的样本数目为 $3\times2=6$（个），具体的样本组合参见表 7-1 所示。

用不重复抽样的方法从总体 N 个单位中抽取 n 个单位组成样本，可能得到的样本总数为 $A_N^n=\dfrac{N!}{(N-n)!}$。不考虑顺序的组合数为 $C_N^n=\dfrac{N!}{(N-n)!\,n!}$。

可见，在相同样本容量的要求下，不重复抽样可能得到的样本个数比重复抽样可能得到的样本个数少。当采用不重复抽样、而全及总体所包含的单位数又不多时，越到后来，留在总体中的单位就越少，被抽中的机会就越大。不过当全及总体单位数很多、样本总体单位数所占的比重很小时，则对先后抽出来的各个单位被抽中的机会影响不大。由于不重复抽样简便易行，所以在实际工作中经常被采用。

三、抽样推断的理论基础

抽样推断是建立在概率论大数定律基础上的。大数定律的一系列定理为抽样推断提供了数学依据。

大数定律是阐明大量随机现象平均结果稳定性的一系列定理总称。它说明如果被研究的总体由大量相互独立的随机因素所构成，而且每个因素对总体的影响都相对的小，那么对这些大量因素加以综合平均的结果，因素的个别影响将相互抵消，而呈现出共同作用的影响，使总体具有稳定的性质。这种规律性可通俗地从以下几方面加以描述。

第一，只有在掌握足够多的单位数目的情况时，大量现象规律性及大量过程倾向性才能充分显示出来，因此只有从大量现象的总体中，才能研究这些现象的规律性。

第二，现象的总体规律性，通常是以平均数的形式表现出来。

第三，当所研究的现象总体包含的单位越多，平均数也就越能够正确地反映出这些现象的规律性。

第四，各单位的共同倾向（它表现为主要的、基本的因素）决定着平均数的水平。而各单位对平均数的离差（它表现为次要的、偶然的因素），则会由于综合汇总的结果而相互抵消，趋于消失。

联系到抽样推断来看，大数法则证明：如果随机变量总体存在着有限的平均数和方差，则对于充分大的抽样单位数 n，可以几乎趋近于 1 的概率，期望抽样平均数和总体平均数的绝对离差为任意小。即随着抽样单位数 n 的增加，抽样平均数在概率上收敛于总体平均数。

大数法则论证了抽样平均数趋于总体平均数的趋势，这为抽样推断提供了重要的依据。但是，抽样平均数和总体平均数的离差究竟有多大？离差不超过一定范围的概率究竟有多少？这个离差的分布怎样？大数法则并没有在这方面给出什么信息。这个问题要利用另一个重要的定理，即中心极限定理来研究。中心极限定理是研究变量和分布序列的极限原理，论证：如果总体变量存在有限的平均数和方差，那么无论这个总体变量的分布如何，随着抽样单位数 n 的增加，抽样平均数的分布便趋近于正态分布。

在现实生活中，一个随机变量服从于正态分布未必很多。但多个随机变量和分布趋近于正态分布则是普遍存在的。抽样平均数也是一种随机变量的分布，因此在抽样单位数 n 充分大的条件下，抽样平均数也趋近于正态分布，这为抽样误差的概率估计提供了理论基础。

第二节　抽样误差

用抽样指标来估计全及指标是否可行，关键问题在于抽样误差，抽样误差大小表明抽样效果好坏，如果误差超过了允许的限度，抽样推断也就失去了价值，所以有必要加以专门讨论。

一、抽样误差的概念

抽样误差是指样本指标与被它估计的总体相应指标的差数。具体指样本平均数 $\bar{x}$ 与总

体平均数 $\bar{X}$ 的差，样本成数 p 与总体成数 P 的差。

在抽样推断中，用样本指标推断总体指标，总会存在一定的误差，其误差来源主要有两个方面：一是登记性误差。即在调查和整理资料的过程中，由于主、客观因素的影响而引起的误差，如在登记、汇总、计算、过录的过程中由于疏忽而产生的差错等。登记性误差不论全面调查或非全面调查都可能产生。二是代表性误差。即由于样本的结构情况不足以代表总体特征而导致的误差。代表性误差的产生又有两种情况：一种是违反了抽样推断的随机原则，如调查者有意地多选较好的单位或多选较差的单位来进行调查，这样计算出来的样本指标必然出现偏高或偏低的情况，造成系统性误差，也称为偏差。另一种情况是遵守了抽样推断的随机原则，但由于从总体中抽取样本时有多种多样的可能，当取得一个样本时，只要被抽中样本的内部结构与被研究总体的结构有所出入，就会出现或大或小偶然性的代表性误差，也称为随机误差。系统性误差和登记性误差都是由于抽样工作组织不好而导致的，应该采取预防措施避免发生。而偶然性的代表性误差是无法消除的。抽样误差就是指这种偶然性的代表性误差，即按随机原则抽样时，单纯由于不同的随机样本得出不同的估计量而产生的误差。抽样误差是抽样推断所固有的，虽然它无法避免，但可以运用大数定律的数学公式加以精确地计算，确定其具体的数量界限，并通过抽样设计加以控制。所以这种抽样误差也称为可控制误差。

二、抽样平均误差

(一) 抽样平均误差的概念

抽样平均误差就是所有可能出现的样本指标的平均离差，即抽样平均数 ($\bar{x}$) 或抽样成数 (p) 的标准差。它反映抽样平均数 (或抽样成数) 与总体平均数 (或总体成数) 的平均误差程度。由于样本是按随机原则抽取的，从同一总体抽取同样单位数的样本可以有多种不同取法。每个样本都有自己的抽样平均数和抽样成数，一系列的抽样平均数和一系列的抽样成数就可以计算抽样平均数 (或抽样成数) 的标准差 σ。又因为抽样平均数的平均数 ($\bar{\bar{x}}$) 等于总体平均数 $\bar{X}$，抽样成数的平均数 ($\bar{p}$) 等于总体成数 P，因而抽样平均数 (或抽样成数) 的标准差 σ 实际上就反映了抽样平均数 (或抽样成数) ($\bar{x}$ 或 p) 与总体平均数 (或总体成数) ($\bar{X}$ 或 P) 的平均误差程度。因此在抽样估计中，总是以平均误差作为计算误差范围的衡量尺度。下面分别讨论抽样平均数平均误差和抽样成数平均误差的计算问题。

(二) 抽样平均误差的计算

【例 7 - 1】设某总体由 A、B、C 三名技术人员组成，他们的小时工资分别为 5 元、7元和 9 元。现从该总体中随机抽取 2 人，求小时工资额的样本平均数。

根据已知资料算得：

总体平均数：

$$\overline{X} = \frac{\sum X}{N} = \frac{5 + 7 + 9}{3} = 7(元)$$

总体标准差：

$$\sigma = \sqrt{\frac{\sum (X - \overline{X})^2}{N}} = \sqrt{\frac{(5-7)^2 + (7-7)^2 + (9-7)}{3}} = 1.63(元)$$

（1）在重复抽样下，抽样结果如表7-2所示。

表7-2　重复抽样下抽样平均误差的计算

样本序号	样本代号	样本变量（x）	样本平均数（$\overline{x}$）	（$\overline{x} - \overline{X}$）	（$\overline{x} - \overline{X}$）^{2}
1	AA	5, 5	5	−2	4
2	AB	5, 7	6	−1	1
3	AC	5, 9	7	0	0
4	BA	7, 5	6	−1	1
5	BB	7, 9	7	0	0
6	BC	7, 7	8	1	1
7	CA	9, 5	7	0	0
8	CB	9, 7	8	1	1
9	CC	9, 9	9	2	4
合计	—	—	63	0	12

据此计算：

样本平均数的平均数：$\overline{\overline{x}} = \dfrac{\sum \overline{x}}{样本可能数目} = \dfrac{63}{9} = 7(元)$

样本平均数的标准差：$\sigma_{\overline{x}} = \sqrt{\dfrac{\sum (\overline{x} - \overline{X})^2}{样本可能数目}} = \sqrt{\dfrac{12}{9}} = 1.15(元)$

（2）在不重复抽样下，抽样结果如表7-3所示。

样本平均数的平均数：$\overline{\overline{x}} = \dfrac{\sum \overline{x}}{样本可能数目} = \dfrac{42}{6} = 7(元)$

样本平均数的标准差：$\sigma_{\overline{x}} = \sqrt{\dfrac{\sum (\overline{x} - \overline{X})^2}{样本可能数目}} = \sqrt{\dfrac{4}{6}} = 0.82(元)$

表7-3　不重复抽样下抽样平均误差的计算

样本序号	样本代号	样本变量（x）	样本平均数（$\overline{x}$）	（$\overline{x} - \overline{X}$）	（$\overline{x} - \overline{X}$）^{2}
1	AB	5, 7	6	−1	1
2	AC	5, 9	7	0	0
3	BA	7, 5	6	−1	1

样本序号	样本代号	样本变量 (x)	样本平均数 ($\bar{x}$)	($\bar{x} - \bar{X}$)	($\bar{x} - \bar{X}$)^2
4	BC	7, 7	8	1	1
5	CA	9, 5	7	0	0
6	CB	9, 7	8	1	1
合计	—	—	42	0	4

从【例 7 - 1】计算结果可见，抽样分布的特征值主要有两个，一个是 $\bar{x}$，另一个是 $\sigma_{\bar{x}}$。样本平均数的平均数等于总体平均数，样本平均数与总体平均数的离差和等于 0。样本平均数的标准差可以综合反映样本平均数与总体平均数之间离差的一般水平，标准差越小，其代表性越大，用来估计总体平均数时的效果也越好。另外还可以看到，不重复抽样的样本平均数的标准差小于重复抽样的样本平均数的标准差。

在实际工作中，只求得一个样本指标，无法得到抽样平均误差（即样本指标的标准差），因而常常是根据抽样平均误差和总体标准差的关系来推算。

样本平均数的抽样平均误差计算公式为：

$$\mu_{\bar{x}} = \sqrt{\frac{\sum (\bar{x} - \bar{X})^2 f}{\sum f}}$$

式中：$\mu_{\bar{x}}$ 表示样本平均数的抽样平均误差；

$\bar{x}$ 表示样本平均数；

$\bar{X}$ 表示总体平均数；

f 表示各个 $\bar{x}$ 出现的次数。

在一般情况下，总体平均数又是未知的。当样本较多时，可用样本平均数的平均数来代替（这已经得到证明）。而在实际工作中，通常只需从总体中抽取一个样本，这样就可以根据总体标准差和样本单位数的关系来计算。

（三）抽样平均数的平均误差

抽样平均误差的计算，与抽样方法和抽样组织形式有直接关系，不同的抽样方法和抽样组织形式计算抽样平均误差的公式是不同的。

1. 重复抽样条件下抽样平均数的平均误差的计算

数理统计可以证明：在重复抽样条件下，抽样平均误差与总体标准差成正比，与样本单位数的平方根成反比。故在已知总体标准差的条件下，可用下面的公式计算样本平均数的抽样平均误差：

$$\mu_{\bar{x}} = \frac{\sigma}{\sqrt{n}} = \sqrt{\frac{\sigma^2}{n}}$$

式中：σ 表示总体标准差；

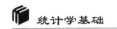

n 表示样本单位数。

在大样本（$n > 30$）下，如果没有总体标准差 σ 的资料，可用样本标准差 s 来代替，其公式为：

$$\mu_{\bar{x}} = \frac{s}{\sqrt{n}} = \sqrt{\frac{s^2}{n}}$$

2. 不重复抽样条件下抽样平均误差的计算

对上述重复抽样下的公式作如下修正：

$$\mu_{\bar{x}} = \sqrt{\frac{\sigma^2}{n}\left(\frac{N-n}{N-1}\right)} \text{或} = \sqrt{\frac{S^2}{n}\left(\frac{N-n}{N-1}\right)}$$

$$\mu_{\bar{x}} = \sqrt{\frac{\sigma^2}{n}\left(\frac{N-n}{N-1}\right)} = \sqrt{\frac{S^2}{n}\left(\frac{N-n}{N-1}\right)}$$

在总体单位数 N 很大的情况下，可以近似地表示为：

$$\mu_{\bar{x}} = \sqrt{\frac{\sigma^2}{n}\left(1 - \frac{n}{N}\right)} \text{或} = \sqrt{\frac{S^2}{n}\left(1 - \frac{n}{N}\right)}$$

不重复抽样的平均误差和重复抽样的平均误差公式，两者相差的因子 $\left(\frac{N-n}{N-1} \text{或} 1 - \frac{n}{N}\right)$ 永远小于 1。在不重复抽样下，抽中的单位不再放回，总体单位数逐渐减少，余下的每个单位被抽中的机会就会增大，所以不重复抽样的抽样平均误差小于重复抽样的抽样平均误差，这就是用因子 $\left(1 - \frac{n}{N}\right)$ 作为调整系数来修正原式的道理。但在抽中单位占全体单位的比重 $\frac{n}{N}$ 很小时，这个因子接近于 1，对于计算抽样平均误差所起的作用不大。因而实际工作中不重复抽样有时仍按重复抽样的公式计算。

【例 7 – 2】对某市 1500 名消费者进行购物调查，抽取 5% 的消费者作为样本，调查所得的资料：样本单位数 n 为 75 人，平均每人购物消费支出 $\bar{x}$ 为 434.4 元，购物消费的样本标准差 s 为 46.8 元，这样：

$$\mu_{\bar{x}} = \frac{\sigma}{\sqrt{n}} = \frac{s}{\sqrt{n}} = \frac{46.8}{\sqrt{75}} = \frac{46.8}{8.7} = 5.38 \text{（元）}$$

这就说明样本平均每人购物消费支出为 434.4 元，它与总体平均每人购物消费支出的平均误差为 5.38 元。

（四）抽样成数的平均误差

总体成数 P 可以表现为总体是非标志的平均数，即 $E(X) = P$，它的标准差是 $\sigma = \sqrt{P(1-P)}$。

根据抽样平均数和总体平均数的关系，而有即抽样成数 $E(x) = p$ 的平均数等于总体成数 $E(X) = P$。根据抽样平均误差和总体误差的关系，可以得到抽样成数的平均误差的计算公式。

1. 重复抽样条件下抽样成数的平均误差的计算

$$\mu_p = \sqrt{\frac{P(1-P)}{n}}$$

式中：P 表示总体成数；

n 表示样本单位数。

同样，在大样本下，如果 P 未知，可用样本成数 $E(x) = p$ 来代替，即：

$$\mu_p = \sqrt{\frac{p(1-p)}{n}}$$

总体成数方差还有一个特点，就是它的最大值是 $0.5 \times 0.5 = 0.25$，也就是说，当两类总体单位各占一半时，它的变异程度最大，方差为 25%，标准差则为 50%。因此，在总体成数方差值未知时，可用其最大值来代替，这样会使计算出来的抽样平均误差偏大一些，一般而言，这对推断认识有益而无害。

2. 不重复抽样条件下抽样成数的抽样平均误差的计算

$$\mu_p = \sqrt{\frac{P(1-P)}{n}\left(\frac{N-n}{N-1}\right)}$$

$$\text{或 } \mu_p = \sqrt{\frac{P(1-P)}{n}\left(1-\frac{n}{N}\right)}$$

式中：N 表示总体单位数；

$\dfrac{n}{N}$ 表示抽中单位占全部单位的比重。

$\left(\dfrac{N-n}{N-1}\text{或}1-\dfrac{n}{N}\right)$ 表示未抽中单位占全部单位的比重，又称为修正因子。

【例 7-3】对某洗浴中心购进的浴巾质量进行检验，抽取 200 条，其中不合格产品有 4 条，要求计算样本成数的抽样平均误差。

有关计算如下：

$$\mu_p = \sqrt{\frac{P(1-P)}{n}} = \sqrt{\frac{0.2 \times (1-0.2)}{200}} = 0.01 = 1\%$$

即样本成数的抽样平均误差为 1%。

抽样平均误差的计算，在抽样调查中占有相当重要的地位。抽样调查的优点在于它能计算出抽样平均误差，且以抽样平均误差作为用样本指标推断总体指标的重要补充指标。

三、影响抽样平均误差的因素

从以上计算可以看出，影响抽样平均误差大小主要有以下四个因素：

（一）样本单位数的多少

在其他条件不变的情况下，样本单位数越多，抽样误差就越小；反之，样本单位数越少，则抽样误差就越大。样本单位数越大，样本就越能反映总体的数量特征，如果样本单位数扩大到接近总体单位数时，抽样调查也就接近于全面调查，抽样误差就缩小到几乎完全消失的程度。

（二）总体被研究标志值的变异程度

在其他条件不变的情况下，总体各单位标志值变异程度越小，则抽样误差也越小，抽样误差和总体变异程度成正比变化。这是因为总体变异程度小，表示总体各单位标志值之间的差异小，则样本指标与总体指标之间的差异也就小。如果总体各单位标志值相等，则标志变异程度等于0，样本指标就完全等于总体指标，抽样误差也就不存在了。

（三）抽样方法

抽样方法不同，抽样误差也不同。在其他条件不变的情况下，不重复抽样下的样本比重复抽样下的样本代表性强，其抽样误差相应也要小。

（四）抽样的组织形式

在不同的抽样组织形式下，抽样误差也不同。一般来说，简单随机抽样和整群抽样的误差比机械抽样（有关标志排队法）和分类抽样的误差要大。

了解影响抽样误差的因素，对于控制和分析抽样误差十分重要。在上述影响抽样误差的四个因素中，标志值的变异程度是客观存在的因素，是调查者无法控制的，但样本单位数、抽样方法及抽样的组织形式却是调查者能够选择和控制的。因此，在实际工作中，应当根据研究的目的和具体情况，做好抽样设计和实施工作，以获得经济有效的抽样效果。

四、抽样平均误差计算实例

【例 7 - 4】以 10000 只灯泡的质量检验为例，随机抽取 100 只作为实际检验，所得资料整理如表 7 - 4 所示。

表 7 - 4　抽样平均误差计算

耐用时间（小时）	灯泡数（只）f	组中值 x	xf	$(x-\overline{x})^2$	$(x-\overline{x})^2 f$
900 以下	3	850	2550	83521	250563
900 ~ 1000	7	950	6650	35721	250047
1000 ~ 1100	28	1050	29400	7921	221788
1100 ~ 1200	32	1150	36800	121	3872
1200 ~ 1300	20	1250	25000	12321	246420
1300 以上	10	1350	13500	44521	445210
合计	100	—	113900	—	1417900

另：该企业规定灯泡耐用时间在 1000 小时以上为合格品。试求，抽样平均数的平均

误差 $\mu_{\bar{x}}$ 和成数的抽样平均误差 μ_p 各是多少?

解：有关指标数值计算见表 7 - 4。

1. 平均指标的抽样误差（平均耐用时数的抽样误差）

(1) 由表可求得样本平均数。

$$\bar{x} = \frac{\sum xf}{\sum f} = \frac{113900}{100} = 1139（小时）$$

(2) 样本变量的方差。

$$s^2 = \frac{\sum (x - \bar{x})^2 f}{\sum f} = \frac{1417900}{100} = 14179（小时）$$

(3) 在重复抽样条件下平均耐用时数的抽样误差。

$$\mu_{\bar{x}} = \frac{s}{\sqrt{n}} = \sqrt{\frac{s^2}{n}} = \sqrt{\frac{14179}{100}} = 11.91 \quad（小时）$$

(4) 在不重复抽样条件下平均耐用时数的抽样误差。

$$\mu_{\bar{x}} = \sqrt{\frac{\sigma^2}{n}\left(1 - \frac{n}{N}\right)} = \sqrt{\frac{s^2}{n}\left(1 - \frac{n}{N}\right)} = \sqrt{\frac{14179}{100}\left(1 - \frac{100}{10000}\right)}$$

$$= \sqrt{141.79 \times 0.99} = \sqrt{140.3721} = 11.85 \quad（小时）$$

2. 成数指标的抽样误差（合格率的抽样误差）

(1) 由表可求得样本成数平均数。

$$\bar{x}_p = \frac{n_1}{n} = p = \frac{28 + 32 + 20 + 10}{100} = 0.9 = 90\%$$

(2) 样本变量的方差：

$$s_p^2 = p(1 - p) = 90\% \times (1 - 90\%) = 0.09 = 9\%$$

(3) 在重复抽样条件下合格率的抽样误差。

$$\mu_p = \sqrt{\frac{P(1-P)}{n}} = \sqrt{\frac{0.9 \times (1 - 0.9)}{100}} = \sqrt{\frac{0.09}{100}} = 0.03 = 3\%$$

(4) 在不重复抽样条件下合格率的抽样误差。

$$\mu_p = \sqrt{\frac{P(1-P)}{n}\left(1 - \frac{n}{N}\right)} = \sqrt{\frac{0.9 \times (1 - 0.9)}{100}\left(1 - \frac{100}{10000}\right)}$$

$$= \sqrt{\frac{0.09}{100 \times 0.99}} = 0.0298 \text{ 即} = 2.98\%$$

五、抽样极限误差

(一) 抽样极限误差的概念

抽样极限误差是从另一个角度来考虑抽样误差问题的。用样本指标推断总体指标时，要想达到完全准确和毫无误差，几乎是不可能的。样本指标和总体指标之间总会有一定的差距，所以在估计总体指标时就必须同时考虑误差的大小。我们不希望误差太大，因为这会影响样本资料的价值。误差越大，样本资料的价值便越小，当误差超过一定限度时，样本资料也就毫无价值了。所以在进行抽样推断时，应该根据所研究对象的变异程度和分析任务的需要确定允许的误差范围，在这个范围内的数字就算是有效的。这就是抽样极限误差的问题。

抽样极限误差是指样本指标和总体指标之间抽样误差的可能范围。由于总体指标是一个确定的数，而样本指标则是围绕着总体指标附近变动的量，它与总体指标可能产生正离差，也可能产生负离差，样本指标变动的上限或下限与总体指标之差的绝对值就可以表示抽样误差的可能范围，我们将这种以绝对值形式表示的抽样误差可能范围称为抽样极限误差。抽样极限误差用符号 Δ 表示，其基本计算公式为：

$$\Delta = t\mu$$

设 $\Delta_{\bar{x}}$、Δ_p 分别表示样本平均数的抽样极限误差和样本成数的抽样极限误差，则有：

$$\Delta_{\bar{x}} = |\bar{x} - \bar{X}|$$
$$\Delta_p = |p - P|$$
$$|\bar{x} - \bar{X}| \leqslant \Delta_{\bar{x}}$$
$$|p - P| \leqslant \Delta_p$$

上式 $\bar{x}$ 与 p 都表示样本平均数和样本成数可允许的上限或下限数值。它也可以变换为下列不等式关系：

$$\bar{x} - \Delta_{\bar{x}} \leqslant \bar{X} \leqslant \bar{x} + \Delta_{\bar{x}}$$
$$p - \Delta_p \leqslant P \leqslant p + \Delta_p$$

上面第一式表明样本平均数 $\bar{x}$ 是以总体平均数 $\bar{x}$ 为中心，在 $\bar{x} - \Delta_{\bar{x}}$ 至 $\bar{x} + \Delta_{\bar{x}}$ 之间变动的，区间称 $(\bar{x} - \Delta_{\bar{x}}, \bar{x} + \Delta_{\bar{x}})$ 为样本平均数的估计区间或称平均数的置信区间。在这个区间内，样本平均数和总体平均数之间的绝对离差不超过 $\Delta_{\bar{x}}$。同样，上面第二式表明被估计的总体成数是以抽样成数 p 为中心，在区间 $p - \Delta_p$ 至 $p + \Delta_p$ 之间变动。在 $(p - \Delta_p, p + \Delta_p)$ 区间内，抽样成数与总体成数之间的绝对离差不超过 Δ_p。

由于总体平均数和总体成数是未知的，它需要用实测的样本平均数和样本成数来估计，因而抽样极限误差的实际意义是希望估计区间 $(\bar{x} \pm \Delta_{\bar{x}})$ 能以一定的可靠程度覆盖总体平均数 $\bar{X}$，$p \pm \Delta_p$ 能以一定的可靠程度覆盖总体成数 P。

（二）抽样极限误差的计算

基于概率估计的要求，抽样极限误差通常需要以抽样平均误差 $\mu_{\bar{x}}$ 或 μ_p 为标准单位衡量。把抽样极限误差 $\Delta_{\bar{x}}$ 或 Δ_p 分别除以 $\mu_{\bar{x}}$ 或 μ_p 得相对数 t，它表示误差范围为抽样平均误差的若干倍，t 是测量估计可靠程度的一个参数，称为抽样误差的概率度。

$$t = \frac{\Delta_{\bar{x}}}{\mu_{\bar{x}}} = \frac{|\bar{x} - X|}{\mu_{\bar{x}}} 或 \Delta_{\bar{x}} = t\mu_{\bar{x}}$$

$$t = \frac{\Delta_p}{\mu_p} = \frac{|p - P|}{\mu_p} \text{ 或 } \Delta_p = t\mu_p$$

抽样估计的概率度是表明样本指标和总体指标的误差不超过一定范围的概率保证程度。由于样本指标随着样本的变动而变动，它本身是一个随机变量，因而样本指标和总体指标的误差仍然是一个随机变量，并不能保证误差不超过一定范围的这个事件是必然事件，而只能给以一定程度的概率保证。因此，就有必要计算样本指标落在一定区间范围内的概率，这种概率称为抽样估计的概率保证程度。

根据抽样极限误差的基本公式 $\Delta = t\mu$ 得出，概率度 t 的大小要根据对推断结果要求的把握程度来确定，即根据概率保证程度的大小来确定。概率论和数理统计证明，概率度 t 与概率保证程度 $F(t)$ 之间存在着一定的函数关系，给定 t 值，就可以计算出 $F(t)$ 来；相反，给出一定的概率保证程度 $F(t)$，则可以根据总体的分布，获得对应的 t 值。在实际应用中，因为我们所研究的总体大部分为正态总体，对于正态总体而言，为了应用的方便，编有《正态概率表》以供使用。根据《正态概率表》，已知概率度 t 可查得相应的概率保证程度 $F(t)$；相反，已知概率保证程度 $F(t)$ 也可查得相应的概率度 t。现将几个常用的对应数值列于表 7 – 5 中。

表 7 – 5　常用概率度与概率保证程度

概率度 t	概率保证程度 $F(t)$（%）
0.5	38.29
1.00	68.27
1.64	90.00
1.96	95.00
2.00	95.45
2.58	99.00
3.00	99.73

从抽样极限误差的计算公式来看，抽样极限误差 Δ 与概率度 t 和抽样平均误差 μ 三者之间存在如下关系：

第一，在 μ 值保持不变的情况下，增大 t 值，抽样极限误差 Δ 也随之扩大，这时估计的精确度将降低；反之，要提高估计的精确度，就得缩小 t 值，此时概率保证程度也会相应降低。

第二，在 t 值保持不变的情况下，如果 μ 值小，则抽样极限误差 Δ 就小，估计的精确度就高；反之，如果 μ 值大，抽样极限误差 Δ 就大，估计的精确度就低。

由此可见，估计的精确度与概率保证程度是一对矛盾，进行抽样估计时必须在两者之间进行慎重的选择。

第三节　抽样估计

抽样估计是指利用实际调查的样本指标的数值来估计相应的总体指标的数值的方法。由于总体指标是表明总体数量特征的参数，例如总体平均数、总体成数等，所以抽样估计也称为参数估计。

一、抽样估计的特点

（一）它在逻辑上运用归纳推理，而不是演绎推理

演绎推理是从一般命题导出特殊结论的逻辑方法。归纳推理是从研究个别命题出发达到一般性的认识。结论的内容大于前提，所以前提正确未必导致结论正确，前提正确也可能有错误结论。因为抽样估计运用归纳推理，从局部的前提来达到对总体的认识，所以不能保证绝对正确。

（二）它在方法上运用不确定的概率估计法，而不是运用确定的数学分析方法

抽样估计虽然也是利用样本数据来推断总体数量特征，但由于样本数据和总体数量特征之间并不存在严格对应的自变量和因变量的关系，因此不可能运用数学函数关系建立一定的数学模型，自变量代入样本数据来推算因变量的总体特征值。抽样估计在实际工作中，首先抽取一个样本，计算相应的样本指标，然后要解决的问题是用样本指标来代替相应的总体指标，其可靠程度即概率有多大，这就是概率估计法。

（三）抽样估计存在抽样误差

抽样误差总是和抽样估计的可靠程度联系在一起的。抽样误差和抽样估计的可靠程度即概率的关系是：允许的误差范围越大，则概率保证程度也越大；反之，允许误差范围越小，则概率保证程度也越小。

二、抽样估计的优良标准

用样本指标估计总体指标，我们总希望估计得好一点，那么应该满足什么要求呢？一般地说有三个要求或标准，满足了这三个要求就可以认为是合格的优良的估计。

（一）无偏性

无偏性的直观意义是没有系统性误差，无偏性要求用样本指标估计总体指标时达到：

抽样指标的平均数等于被估计的总体指标。数理统计可以证明，样本平均数的平均数等于总体平均数，即 $\overline{\overline{x}} = \overline{x}$；样本成数的平均数等于总体成数，即 $\overline{p} = P$，所以，样本平均数 $\overline{x}$ 和样本成数 p 是总体平均数和总体成数的无偏估计量。

另外，数理统计证明，样本方差 s^2 不是总体方差 σ^2 的无偏估计量，而样本修正方差 s_{n-1}^2 才是总体方差 σ^2 的无偏估计量。在样本容量 n 不大时，应用 s_{n-1}^2 来估计 σ^2 更为准确。当 n 很大时，因为 $n-1 \approx n$，所以也可用 s^2 来估计 σ^2。

（二）一致性

一致性又称为相合性，它要求用样本指标估计总体指标时要达到：当样本容量 n 充分大时，样本指标充分靠近总体指标，即随着 n 的无限增大，样本指标与未知的总量指标之间的绝对离差任意小的可能性趋于实际。数理统计证明样本平均数和样本成数都满足这个条件。

（三）有效性

有效性要求样本指标估计总体指标时，作为估计量的方差比其他估计量的方差小。数理统计证明样本平均数更靠近总体平均数，样本成数也满足这个条件。

总之，样本平均数和样本成数估计总体平均数和总体成数均能满足优良估计的三条标准。

三、参数估计的精度、置信度

（一）参数估计的精度

根据实际调查的样本指标的具体数值来估计相应的总体指标而完全没有误差，实在是难以达到的，因此在进行抽样估计时总要计算误差率和提出估计精度的要求，以便作为评价估计好坏的标准。

误差率以样本平均数为基数。其计算公式为：

$$误差率 = \frac{\Delta_{\overline{x}}}{\overline{x}} = \frac{|\overline{x} - \overline{X}|}{\overline{x}}$$

并根据误差率再计算估计精度。

$$估计精度 = 1 - 误差率 = 1 - \frac{\Delta_{\overline{x}}}{\overline{x}} = 1 - \frac{|\overline{x} - \overline{X}|}{\overline{x}}$$

【例 7-5】根据样本计算得某产品耐用的平均时数为 8000 小时，抽样极限误差为 800 小时，则其误差率为：$= \frac{\Delta_{\overline{x}}}{\overline{x}} = \frac{800}{8000} = 0.1$

并根据误差率计算估计精度为：$1 - 误差率 = 1 - 0.1 = 0.9$

（二）参数估计的置信度

我们已经学习了确定允许的抽样误差范围，从主观愿望说，当然希望抽样调查的结果、样本指标的估计值都能够落在允许的误差范围内，但并非都能实现。由于抽样指标值随着样本的变动而变动，它本身是个随机变量，因而抽样指标与总体指标的误差仍然是个随机变量，并不能保证误差不超过一定的范围，而只能给以一定程度的概率保证 $F(t)$。

抽样估计置信度就是表明抽样指标和总体指标的误差不超过一定范围的概率保证程度 $F(t)$。

所谓概率 $F(t)$ 就是指在对随机事件进行的大量试验中，某种事件出现的可能性大小，它通常可以用某种事件出现的频率来表示。参数估计的概率保证程度 $F(t)$ 就是指抽样误差不超过一定范围的概率大小。

四、抽样估计方法

参数估计有点估计和区间估计两种方法。

（一）点估计

点估计的基本特点是，根据样本资料计算样本指标，再以样本指标数值直接作为相应的总体指标的估计值。例如，以实际计算的样本平均数作为相应总体平均数的估计值，以实际计算的样本成数作为相应总体成数的估计值等。设以样本平均数 $\overline{x}$ 作为总体平均数 $\overline{X}$ 的估计值，样本成数 p 作为总体成数 P 的估计值，则有：

$$\overline{x} = \overline{X}, \ p = P$$

点估计的优点是原理直观，计算简便，在实际工作中经常被采用。不足之处是这种估计方法没有考虑到抽样估计的误差，更没有指明误差在一定范围内的概率保证程度。因此，当抽样误差较小，或抽样误差即使较大也不妨碍对问题的认识和判断时，才可以使用这种方法。

（二）区间估计

1. 区间估计的含义

区间估计是根据给定的置信要求，指出总体参数被估计的上限和下限。区间估计的基本特点是，根据给定的概率保证程度 $F(t)$ 的要求，利用实际样本资料，给出总体指标估计值的上限和下限，即指出可能覆盖总体指标的区间范围。也就是说，区间估计要解决两个问题：

第一，根据样本指标和误差范围估计出一个可能包括总体指标的区间，即确定出估计区间的上限和下限。

第二，确定出估计区间覆盖总体未知参数的概率保证程度。

区间估计的基本公式有：

（1）总体平均数的区间估计。

$$\overline{X} = \overline{x} \pm \Delta_{\overline{x}} = \overline{x} \pm t\mu_{\overline{x}}$$

$$\overline{x} - \Delta_{\overline{x}} \leqslant \overline{X} \leqslant \overline{x} + \Delta_{\overline{x}}$$

即 $(\overline{x} - t\mu_{\overline{x}},\ \overline{x} + t\mu_{\overline{x}})$

（2）总体成数的区间估计。

$$P = p \pm \Delta_p = p \pm t\mu_p$$

$$p - \Delta_p \leqslant P \leqslant p + \Delta_p$$

即 $(p - t\mu_p,\ p + t\mu_p)$

由极限误差的公式 $\Delta = t\mu$ 可见，当给定置信度即概率保证程度（概率）$F(t)$ 或概率度 t 时，样本容量越大则误差越小，估计的精确性越高。反之，则估计的精确性就越低。但当样本容量 n 一定时，所要求的可靠性越大，即 t 越大，则误差越大，估计的精确性越低，反之估计的精确性越高。所以，在样本容量一定的条件下，估计的精确性与可靠性是相互矛盾的。实际中，一般在预先给定可靠性的条件下，去求得尽可能精确的估计。

2. 区间估计的模式

在进行区间估计的时候，根据所给定条件的不同，总体平均数和总体成数的估计有以下两套模式可供选择使用。

（1）根据已给定的误差范围，求概率保证程度。具体步骤：第一步，抽取样本，计算样本指标，即计算样本平均数 $\overline{x}$ 或样本成数 p，作为总体指标的估计值，并计算样本标准差 s 以推算抽样平均误差。第二步，根据给定的抽样极限误差 Δ，估计总体指标的上限和下限。第三步，将抽样极限误差 Δ 除以抽样平均误差 μ，求出概率度 t，再根据 t 值查《正态分布概率表》，求出相应的概率保证程度。

（2）根据已给定的概率保证程度，求抽样极限误差。具体步骤：第一步，抽取样本，计算样本指标，即计算样本平均数 $\overline{x}$ 或样本成数 p，作为总体指标的估计值，并计算样本标准差 s 以推算抽样平均误差。第二步，根据给定的概率保证程度 $F(t)$，查《正态分布概率表》求得概率度 t 值。第三步，根据概率度 t 和抽样平均误差 μ 推算出抽样极限误差 Δ，并根据抽样极限误差求出被估计总体指标的上限和下限。

3. 区间估计应用实例

（1）总体平均数的区间估计

【例 7 - 6】仍用表 7 - 4 资料，从 10000 只灯泡中，以重复抽样方式，随机抽取 100 只作为样本检验其质量，要求保证程度为 95.45%，试对 10000 只灯泡的平均耐用时间进行区间估计。

样本平均数 $\overline{x} = 1139$（小时），抽样平均误差 $\mu_{\overline{x}} = 11.91$（小时）。

（1）重复抽样条件下，估计量 $\overline{X}$ 的极限误差

解：$\because F(t) = 95.45\%$ $\therefore t = 2$

又 $\Delta_{\overline{x}} = t\mu_{\overline{x}} = 2 \times 11.91 = 23.82$（小时）故总体指标在 $1139 - 23.82 \leqslant \overline{X} \leqslant 1139 + 23.82$

即 $1115.18 \leqslant \overline{X} \leqslant 1162.82$

这就是说，那 10000 只灯泡的平均耐用时间，在 1115.18 小时至 1162.82 小时，这个估计有 95.45% 的保证程度。

（2）不重复抽样条件下，估计量 $\bar{x}$ 的极限误差。

例中如果改成不重复抽样，其极限误差：

$\because \Delta_{\bar{x}} = t\mu_{\bar{x}}$，又 $\mu_{\bar{x}} = 11.85$（小时）

$\therefore \Delta_{\bar{x}} = 2 \times 11.85 = 23.70$（小时）

故总体指标在 $1139 - 23.70 \leqslant \bar{X} \leqslant 1139 + 23.70$

即 $1115.30 \leqslant \bar{X} \leqslant 1162.70$

所以说，那 10000 只灯泡的平均耐用时间，在 1115.30 小时至 1162.70 小时，这个估计有 95.45% 的保证程度。

（2）总体成数的区间估计。

其一，重复抽样条件下，估计量 P 的极限误差。

【例 7 - 7】仍用表 7 - 4 资料，要求保证程度为 95%，试对 10000 只灯泡的合格率进行区间估计（$p = 90\%$，$\mu_p = 3\%$）。

解：$\because F(t) = 95\%$ $\therefore t = 1.96$

$\Delta_p = t\mu_p = 1.96 \times 3\% = 5.88\%$

故总体成数在：

$p - \Delta_p \leqslant P \leqslant p + \Delta_p$

即 $p - t\mu_p \leqslant P \leqslant p + t\mu_p$

$90\% - 5.88\% \leqslant P \leqslant 90\% + 5.88\%$

即 $84.12\% \leqslant P \leqslant 95.88\%$

所以说，那 10000 只灯泡的合格率是 84.12% ~ 95.88%，这个估计有 95% 的保证程度。

其二，不重复抽样条件下，估计量 P 的极限误差。

【例 7 - 8】仍用表 7 - 4 资料，要求保证程度为 95%。试对 10000 只灯泡的合格率进行区间估计（$p = 90\%$，$\mu_p = 2.98\%$）。

解：$\because F(t) = 95\%$ $\therefore t = 1.96$

$\Delta_p = t\mu_p = 1.96 \times 2.98\% = 5.84\%$

故总体成数在：

$p - \Delta_p \leqslant P \leqslant p + \Delta_p$

即 $p - t\mu_p \leqslant P \leqslant p + t\mu_p$

$90\% - 5.84\% \leqslant P \leqslant 90\% + 5.84\%$

即 $84.16\% \leqslant P \leqslant 95.84\%$

所以说，那 10000 只灯泡的合格率是 84.16% ~ 95.84%，这个估计有 95% 的保证程度。

【例 7 - 9】对工厂生产设备中某种型号的机械零件进行耐磨性能检验，抽查的样本资料见表 7 - 6，要求耐磨时数的允许误差范围为 10 小时（$\Delta_{\bar{x}} = 10$ 小时）。试估计这批机械零件的平均耐磨时数。

表7-6 某型号机械零件耐磨性能资料

耐磨时数（小时）	组中值（小时）x	零件数（个）f	xf	$(x-\bar{x})^2$	$(x-\bar{x})^2f$
900 以下	875	1	875	32580.25	32580.25
900~950	925	2	1850	17030.25	34060.5
950~1000	975	6	5850	6480.25	38881.5
1000~1050	1025	35	35875	930.25	32558.75
1050~1100	1075	43	46225	380.25	16350.75
1100~1150	1125	9	10125	4830.25	43472.25
1150~1200	1175	3	3525	14280.25	42840.75
1200 以上	1225	1	1225	28730.25	28730.25
合计	—	100	105550	105252	269475

第一步，计算 $\bar{x}$，$s_{\bar{x}}^2$，$\mu_{\bar{x}}$。

$$\bar{x} = \frac{\sum xf}{\sum f} = \frac{105550}{100} = 1055.5（小时）$$

$$s^2 = \frac{\sum (x-\bar{x})^2 f}{\sum f} = \frac{269475}{100} = 2694.75（小时）$$

$$\mu_{\bar{x}} = \frac{s}{\sqrt{n}} = \sqrt{\frac{s^2}{n}} = \sqrt{\frac{2694.75}{100}} = \sqrt{26.9475} = 5.1911 （小时）$$

（总体标准差 σ 以样本标准差 s 代替）

第二步，根据给定的 $\Delta_{\bar{x}} = 10$ 小时，计算总体平均数的上限、下限：

下限：$\bar{x} - \Delta_{\bar{x}} = 1055.5 - 10 = 1045.5 （小时）$

上限：$\bar{x} + \Delta_{\bar{x}} = 1055.5 + 10 = 1065.5 （小时）$

第三步，根据 $t = \frac{\Delta_{\bar{x}}}{\mu_{\bar{x}}} = \frac{10}{5.1911} \approx 1.93$，查《正态分布概率表》得概率保证程度 $F(t) = 94.64\%$。

抽样推断的结论：根据要求耐磨时数的允许误差范围为 10 小时，估计这批机械零件的耐磨时数在（1045.5，1065.5）之间，其概率保证程度为 94.64%。

【例7-10】用表7-6中的资料，设该种型号零件质量标准规定，耐磨时数达 1000 小时以上为合格品，要求合格率估计的允许误差范围不超过 4%，试估计该批机械零件的合格率。

第一步，计算 p，s_p^2，μ_p。

$$p = \frac{n_1}{n} = \frac{91}{100} = 91\%$$

$$s_p^2 = p(1-p) = 0.91 \times 0.09 = 0.0819 \text{ 或 } 8.19\%$$

$$\mu_p = \sqrt{\frac{P(1-P)}{n}} = \sqrt{\frac{0.0819}{100}} = 2.86\%$$

第二步，根据给定的 $\Delta_p = 4\%$，求总体合格率的上限、下限。

下限：$p - \Delta_p = 91\% - 4\% = 87\%$

上限：$p + \Delta_p = 91\% + 4\% = 95\%$

第三步，根据 $t = \dfrac{\Delta_p}{\mu_p} = \dfrac{4\%}{2.86\%} = 1.3986 \approx 1.4$，查《正态分布概率表》得概率保证程度 $F(t) = 83.85\%$。

抽样推断的结论：根据要求，合格率允许误差范围不超过 4%，估计这批零件的合格率在（87%，95%）之间，其概率保证程度为 83.85%。

【例 7-11】对我国某中等城市进行居民家庭年人均旅游消费支出调查，随机抽取 400 户居民家庭，调查得知居民家庭年人均旅游消费支出额为 400 元，标准差为 100 元，要求以 95% 的概率保证程度，估计该市年人均旅游消费支出额。

第一步，根据已知资料算得：

年人均消费支出额 $\bar{x} = 400$（元）

样本标准差 $s = 100$（元）

$\mu_{\bar{x}} = \dfrac{s}{\sqrt{n}} = \dfrac{100}{\sqrt{400}} = 5$（元）

（总体标准差 σ 以样本标准差 s 代替）

第二步，根据给定的概率保证程度 $F(t) = 95\%$，查《正态分布概率表》得 $t = 1.96$。

第三步，计算 $\Delta_{\bar{x}} = t\mu_{\bar{x}} = 1.96 \times 5 = 9.80$（元），则该市居民家庭年人均旅游消费支出额：

下限：$\bar{x} - \Delta_{\bar{x}} = 400 - 9.80 = 390.20$（元）

上限：$\bar{x} + \Delta_{\bar{x}} = 400 + 9.80 = 409.80$（元）

结论：在 95% 的概率保证程度下，估计该市居民家庭年人均旅游消费支出额在（390.20，409.80）之间。

【例 7-12】为了解国内旅游人数情况，在一些地区随机调查 5000 人，结果发现 800 人有当年国内旅游计划，要求以 95% 的概率保证程度，估计国内旅游人数比率的可能范围。

第一步，根据已知资料算得。

样本国内旅游人数比率：$p = \dfrac{n_1}{n} = \dfrac{800}{5000} = 16\%$

样本方差：$s_p^2 = p(1-p) = 0.16 \times 0.84 = 0.1344$ 或 13.44%

抽样平均误差：$\mu_p = \sqrt{\dfrac{P(1-P)}{n}} = \sqrt{\dfrac{0.1344}{5000}} = 0.518\%$

（总体方差 $P(1-P)$ 用样本方差 $p(1-p)$ 代替）

第二步，根据给定的概率保证程度 $F(t) = 95\%$，查《正态分布概率表》得概率度 $t = 1.96$。

第三步，计算 $\Delta_p = \mu_p = 1.96 \times 0.518\% = 1.015\%$ ，则总体国内旅游人数比率的上限、下限：

下限：$p - \Delta_p = 16\% - 1.015\% = 14.985\%$

上限：$p + \Delta_p = 16\% + 1.015\% = 17.015\%$

结论：在 95% 的概率保证程度下，估计国内旅游人数的比率在（15%，17%）之间。

4. 区间估计小结

（1）总体平均数的区间估计

第一，样本抽取以后，用简单算术平均数或加权算术平均数的方法计算样本平均数。

第二，搜集总体数量标志方差的经验数或计算样本数量标志方差 s^2。

第三，计算抽样平均数平均误差。

$$\mu_{\bar{x}} = \frac{\sigma}{\sqrt{n}} = \sqrt{\frac{\sigma^2}{n}} = \sqrt{\frac{s^2}{n}}（重复抽样）$$

$$\mu_{\bar{x}} = \sqrt{\frac{\sigma^2}{n}\left(1 - \frac{n}{N}\right)} = \sqrt{\frac{s^2}{n}\left(1 - \frac{n}{N}\right)}（不重复抽样）$$

第四，根据概率 $F(t)$ 确定 t，计算平均数的极限误差 $\Delta_{\bar{x}} = t\mu_{\bar{x}}$

第五，确定总体平均数 $\bar{x}$ 的置信区间（$\bar{x} - \Delta_{\bar{x}}$，$\bar{x} + \Delta_{\bar{x}}$）

（2）总体成数的区间估计

第一，样本抽取以后，计算样本成数 $p = \frac{n_1}{n}$。

第二，用样本是非标志方差 $p(1-p)$ 或经验数据代替总体是非标志方差 $P(1-P)$。

第三，计算抽样成数平均误差，即：

$$\mu_p = \sqrt{\frac{P(1-P)}{n}} = \sqrt{\frac{p(1-p)}{n}}（重复抽样）$$

$$\mu_p = \sqrt{\frac{P(1-P)}{n}\left(1 - \frac{n}{N}\right)} = \sqrt{\frac{p(1-p)}{n}\left(1 - \frac{n}{N}\right)}（不重复抽样）$$

第四，根据概率 $F(t)$ 确定 t，计算成数的极限误差：$\Delta_p = t\mu_p$。

第五，确定总体平均数 P 的置信区间：（$p - \Delta_p$，$p + \Delta_p$）。

第四节 必要样本单位数的确定

一、样本单位数的确定

科学地组织抽样调查，保证随机抽样条件的实现，并合理有效地取得各项数据，是抽样设计中一个至关重要的问题。在抽样设计中，要注意以下问题：

首先要保证随机原则的实现。随机抽样是抽样推断的前提，失去这个前提，抽样推断的理论和方法也就失去了存在的意义。从理论上说，随机原则就是要保证总体中的每一个单位都有同等的中选机会。但在实践中，要保证这个原则的实现，需要考虑许多因素和可能采用的方法。

其次，样本单位数究竟多大才算是适度的？例如在民意测验中，一般要调查多少人才能反映全国十几亿人口的态度和意见；商家需要调查多少消费者才能了解人们对于该商店所提供服务的满意程度等。样本单位数太大会增加调查费用，造成不必要的浪费；样本单位数太少又不能有效地反映真实情况，直接影响推断的效果。因此，在抽样设计中应该重视研究现象变异程度、估计误差的要求和样本单位数之间的关系，做出科学的抉择。

最后，要认识到不同的抽样组织形式，会有不同的抽样误差，因而推断的效果也是不同的。一种科学的组织形式应该是以尽可能少的样本单位数取得尽可能好的推断效果。因此，抽样设计必须选择合适的组织形式，并对所用形式的抽样误差做出正确的估计，进一步和其他组织形式的抽样误差进行对比，做出必要的效果分析。

在抽样设计中还必须重视调查费用这个基本因素。实际上，任何一项抽样调查都是在一定费用的限制下进行的。抽样设计应该力求采用调查费用最省的方案。一般地说，提高精确度的要求与节省费用的要求往往是矛盾的，抽样误差要求越小，则调查费用需要得越多。因此，抽样误差最小的方案并非是最好的方案，在许多情况下，一定范围的误差仍能够满足分析的要求。我们的任务就是在允许的误差要求下，选择费用最少的抽样设计方案。

综上所述，抽样设计应该掌握两个基本原则：第一，保证实现抽样的随机原则，即保证总体各单位的相互独立性，以及任何一个单位在每次抽样中被抽中机会的均等性。第二，保证实现最大的抽样效果原则，即在一定的调查费用下，选取抽样误差最小的方案；或在给定调查精确度的要求下，选取调查费用最省的方案。

（一）根据平均数的抽样极限误差确定样本单位数

影响抽样误差的因素之一，是样本单位数的多少。在抽样调查中，事先确定必要的样本单位数，是一项重要的工作。由于样本单位数 n 是抽样极限误差公式的组成部分，所以可以根据抽样极限误差公式推导出样本单位数。以简单随机抽样为例，测定总体平均数所必要的样本单位数 n。

1. 重复抽样条件下

$$n = \frac{t^2 \sigma^2}{\Delta_{\bar{x}}^2}$$

2. 不重复抽样条件下

$$n = \frac{t^2 N \sigma^2}{N \Delta_{\bar{x}}^2 + t^2 \sigma^2}$$

（二）根据成数的抽样极限误差确定样本单位数

1. 重复抽样条件下

$$n = \frac{t^2 P(1-P)}{\Delta_p^2}$$

2. 不重复抽样条件下

$$n = \frac{t^2 N P(1-P)}{N\Delta_p^2 + t^2 P(1-P)}$$

样本单位数是指在抽样误差不超过预先规定的数值，即满足抽样极限误差小于或等于 Δ 的条件下，至少应抽取的样本单位数。

（三）确定必要样本单位数应注意的问题

在确定必要样本单位数的过程中，可能会遇到一些应用性问题，主要应注意以下几个方面：

1. 总体指标未知的问题

公式中涉及总体标准差与总体成数资料时，一般可利用以前的经验数据或样本数据来代替。若遇到不止一个的经验数据或样本数据时，宜选择最大的一个。若总体成数未知，可选取使成数方差达到最大（0.25）或接近最大的 P 值代入。

2. 估计对象导致数目不相等的问题

对于同一资料既要估计平均数又要估计成数时，根据这两种估计所求的必要样本单位数可能不相等，这时应选择其中样本单位数较大的进行抽样，以保证抽样推断的精确性和可靠性。

3. 抽样方式导致数目不相等的问题

按重复抽样公式计算的必要样本单位数要比按不重复抽样公式确定的必要样本单位数大。在条件允许的情况下，为保证抽样推断的精确度和可靠程度，原则上，一切抽样调查在计算必要样本单位数时，都可采用重复抽样公式计算。

二、影响样本单位数的因素

影响样本单位数的因素主要有以下几个：

（一）总体标准差

在其他条件不变的情况下，总体标准差与样本单位数成正比。总体标准差大，说明总体差异程度高，总体各单位标志值较平均数的离散程度高，则样本单位数就多；反之，总体标准差小，则样本单位数就少。

（二）抽样极限误差

在其他条件不变的情况下，抽样极限误差与样本单位数成反比。如果允许的误差范围

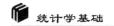
越大，对抽样估计的精确度要求越低，则样本单位数就越少；反之，若允许的误差范围越小，对精确度的要求越高，则样本单位数就越多。

（三）抽样方法及抽样的组织形式

抽样方法和抽样组织形式不同，样本单位数的多少也不同。在其他条件不变的情况下，重复抽样条件下的样本单位数多于不重复抽样条件下的样本单位数；在适宜的条件下，类型抽样比简单重复抽样的样本单位数少。

此外，样本单位数的多少，一方面要考虑耗费的人力、财力、物力和时间条件的允许；另一方面要考虑能否达到研究的预期目的。一般而言，样本单位数越多，抽样误差越小，样本的代表性越大。但是，样本单位数越多，耗费的人力、物力、财力和时间也越多，从而又导致研究结果的时效性差。因此，在确定样本单位数时，还要考虑到这个方面的需要与可能。

【例7-13】仍利用表7-6中的资料，确定必要样本单位数。

根据表7-5中的已知资料计算得到：

$\bar{x} = 1055.5$ 小时，$s = 51.91$ 小时，$\Delta_{\bar{x}} = 10$ 小时，$t = 1.93$，$p = 90\%$（耐磨时数达 1000 小时以上的比重），$\Delta_p = 4\%$。

按样本平均数的重复抽样公式，确定必要样本单位数为：

$$n = \frac{t^2 \sigma^2}{\Delta_{\bar{x}}^2} = \frac{1.93^2 \times 51.91^2}{10^2} \approx 100.4$$

按样本成数的重复抽样公式，确定必要样本单位数为 100 个。

$$n = \frac{t^2 P(1-P)}{\Delta_p^2} = \frac{1.93^2 \times 0.9 \times (1-0.9)}{0.04^2} \approx 209.5$$

根据计算结果，进行抽样调查时所确定的必要样本单位数应为 210 个。

第五节　抽样的组织形式

一、简单随机抽样

简单随机抽样又称纯随机抽样。它对总体中的所有单位不进行任何分组、排队，而是完全随机地直接从总体 N 个单位中抽取 n 个单位作为一个样本进行调查，在抽样中保证总体中每个单位都有同等被抽中的机会。

简单随机抽样是抽样中最基本、最单纯的组织形式，它适用于均匀总体，即具有某种特征的单位均匀地分布于总体的各个部分，使总体的各个部分都是同等分布的。

（一）简单随机抽样的具体做法

获得简单随机样本的具体做法主要有两种：

1. 抽签法

抽签法就是将总体各单位编号，以抽签的方式从中任意抽取所需样本单位的方法。

2. 查随机数表法

所谓随机数表是指含有一系列组别的随机数字的表格。表中数字的出现及其排列是随机的。查随机数表时，可以竖查、横查、顺查、逆查；可以用每组数字左边的头几位数，也可以用其右边的后几位数，还可以用中间的某几位数字。这些都需要事先定好。但一经决定采用某一种具体做法，就必须保证对整个样本的抽取完全遵从同一规则。

在上一节中已知道简单随机抽样平均数和成数的抽样平均误差和极限误差公式为：

1. 抽样平均误差

（1）重复抽样条件下：

平均数的平均抽样误差：$\mu_{\bar{x}} = \dfrac{\sigma}{\sqrt{n}} = \sqrt{\dfrac{\sigma^2}{n}}$

成数的平均抽样误差：$\mu_p = \sqrt{\dfrac{P(1-P)}{n}}$

（2）不重复抽样条件下：

平均数的平均抽样误差：

$$\mu_{\bar{x}} = \sqrt{\dfrac{\sigma^2}{n}\left(1 - \dfrac{n}{N}\right)}$$

成数的平均抽样误差：

$$\mu_p = \sqrt{\dfrac{P(1-P)}{n}\left(1 - \dfrac{n}{N}\right)}$$

2. 样本的极限抽样误差

平均数的抽样极限误差：$\Delta_{\bar{x}} = t\mu_{\bar{x}}$

成数的抽样极限误差：$\Delta_p = t\mu_p$

3. 样本单位数

根据预先对估计精确性和可靠性的要求，可确定所需抽取的最少样本单位数为：

（1）重复抽样条件下：

抽样平均数的必要抽样单位数：

$$n = \dfrac{t^2\sigma^2}{\Delta_{\bar{x}}^2}$$

抽样成数的必要抽样单位数：

$$n = \dfrac{t^2 P(1-P)}{\Delta_p^2}$$

（2）不重复抽样条件下：

抽样平均数的必要抽样单位数：

$$n = \frac{t^2 N \sigma^2}{N \Delta_{\bar{x}}^2 + t^2 \sigma^2}$$

抽样成数的必要抽样单位数：

$$n = \frac{t^2 N P (1 - P)}{N \Delta_p^2 + t^2 P (1 - P)}$$

（二）在确定抽样单位数同时的注意事项

其一，抽样单位数受允许误差范围 Δ 的制约，Δ 要求越小则单位数 n 就需要越多，但两者并不是保持按比例的变化。以重置抽样来说，在其他条件不变的情况下，当误差范围 Δ 缩小一半，则单位数必须增加到四倍，而 Δ 扩大一倍，则单位数只需原来的 1/4。

其二，一个总体往往需要同时计算抽样平均数和抽样成数，由于它们的方差和允许的误差范围不同，因此需要的抽样单位数也可能不同。为了防止由于单位数不足而扩大抽样误差，在实际工作中往往根据单位数比较大的一个数目进行抽样，以满足共同的需要。

【例 7 - 14】某市开展职工家计调查，根据历史资料，该市职工家庭平均每人每年收入的标准差为 250 元，而家庭消费的恩格尔系数（即家庭食品支出占消费支出的比重）为 65%。现在用重复抽样的方法，要求在 95.45% 的概率保证下，平均收入的极限误差不超过 20 元，恩格尔系数的极限误差不超过 4%，求必要的样本单位数。

根据公式，在重复抽样条件下：

$\sigma = 250 (户)$，$\Delta_p = 4\%$，$\Delta_{\bar{x}} = 20 (户)$，$t = 2$，$P = 65\%$

样本平均数的单位数：

$$n = \frac{t^2 \sigma^2}{\Delta_{\bar{x}}^2} = \frac{2^2 \times 250^2}{20^2} = 625 (户)$$

样本成数的单位数：

$$n = \frac{t^2 P (1 - P)}{\Delta_p^2} = \frac{2^2 \times 0.65 \times (1 - 0.65)}{0.04^2} = 569 (户)$$

两个抽样指标所要求的单位数不同，应采取其中比较多的单位数，即抽取 625 户进行家庭调查，以满足共同的要求。

（三）简单随机抽样局限性

简单随机抽样在理论上最符合随机原则。但在实际应用中有很大的局限性：

第一，无论用抽签法还是用查随机数表法取样，均需对总体各个单位逐一编号。而抽样推断中的总体单位数很多，编号查号的工作量很大。

第二，当总体各单位标志变异程度较大时，简单随机抽样的代表性就比较差。

第三，对某些事物根本无法进行简单随机抽样，如对正在连续生产的大量产品进行质量检验，就不可能对全部产品进行编号抽检。所以简单随机抽样适用于所调查的总体单位数不多，且各单位标志变异程度较小的情况。

二、类型抽样

(一) 类型抽样的概念和特点

类型抽样亦称分类抽样或分层抽样。它是先将总体各单位按主要相关标志分组（或分类），然后在各组（或各类）中再按随机原则抽取样本单位的组织形式。例如，在进行城市职工家庭旅游消费支出抽样调查时，首先把职工按所属国民经济部门分类，然后再在各部门中抽取若干个调查户；再如，进行星级宾馆入住情况调查时，先将各宾馆按星级标准分为五星、四星、三星、二星和一星五类，然后再在各类宾馆中抽取若干个调查单位。

设总体由 N 个单位组成，把总体划分为 K 组，使 $N = N_1 + N_2 + \cdots + N_g$。然后从每组的 N_i 中抽取 n_i 单位构成样本容量为 n 的抽样总体，使 $n = n_1 + n_2 + \cdots + n_g$。这种抽样方法称为类型抽样。

类型抽样实质上是分组法和抽样原理结合运用。先将全及总体划分出性质不同的各个组，以减少组内标志值之间的变异程度；然后按照随机原则，从各组中抽取调查单位。此方法可以避免标志值比较接近的单位同时被抽中，使样本单位的分布更接近总体分布。这样，可以提高样本的代表性。类型抽样对每个组都要抽取样本单位，因此对于所有组来说，实际上是全面调查。所以，类型抽样所抽取的样本代表性较高，抽样误差小，能够以较少的样本单位数获得比较准确的推断结果。特别是当总体各单位标志值相差很大，各组间标志值变异程度很大时，类型抽样则更为优越。

类型抽样的特点是，样本单位数不是从整个总体，而是从各类中分别抽取，且彼此独立。

(二) 类型抽样的方法

类型抽样的样本单位数在各组之间的分配一般有两种方法：

1. 不等比例抽样

即各类型组所抽取的单位数，按各类型组标志值的变异程度来确定，变异程度大则多抽一些单位，变异程度小则少抽一些单位。各组的抽样比例与对应的总体中各组单位数所占的比例是不相等的。这种方法又称为类型适宜抽样或称一般抽样。

2. 等比例抽样

即按各类型组的单位数占总体单位数的比重进行抽样。在实际工作中，由于事先很难了解各组的标志变异程度，因此，大多数类型抽样采用等比例抽样法。其表达式为：

$$\frac{n_i}{n} = \frac{N_i}{N} \text{或} n_i = \frac{N_i}{N} n$$

(三) 类型抽样的抽样误差的计算

以等比例抽样中的重复抽样为例，要先求各类的方差 σ^2，然后以其加权算术平均数作为总体方差。

1. 平均数的抽样平均误差

（1）重复抽样：

$$\mu_{\bar{x}} = \sqrt{\frac{\overline{\sigma^2}}{n}}$$

式中：$\overline{\sigma^2}$ 表示平均组内方差，是各个组的方差的平均数$\left(\text{计算公式为 } \overline{\sigma^2} = \dfrac{\sum \sigma_i^2 N_i}{N}\right)$；

式中：N_i 表示各类型组单位数；

$\quad\quad\ N$ 表示总体单位数。

在等比例抽样的条件下，N_i 和 N 可用各组的样本单位数 n_i 和样本总体 n 代替。

（2）不重复抽样：

$$\mu_{\bar{x}} = \sqrt{\frac{\overline{\sigma^2}}{n}\left(1 - \frac{n}{N}\right)}$$

2. 成数的抽样平均误差

（1）重复抽样：

$$\mu_p = \sqrt{\frac{\overline{P\ (1-P)}}{n}}$$

$$\overline{p(1-p)} = \frac{\sum p_i(1-p_i)N_i}{N}$$

（2）不重复抽样：

$$\mu_p = \sqrt{\frac{\overline{P\ (1-P)}}{n}\left(1 - \frac{n}{N}\right)}$$

【例 7-15】某地区全部粮食耕地 5000 亩，按平原和山区面积比例抽取样本容量 630 亩，计算各组平均亩产量 $\bar{x}$ 和标准差 σ_i 如表 7-7 所示。求抽样平均亩产量 $\bar{x}$，抽样平均误差 $\mu_{\bar{x}}$，并以 95% 的概率保证程度对该地区粮食平均亩产量做区间估计（资料见表 7-7）。

表 7-7　某地区粮食产量抽样调查

地形分组	全部面积（亩）N_i	抽样面积（亩）n_i	抽样平均亩产量（斤）x_i	亩产标准差（斤）σ_i
平原	4000	504	960	200
山区	1000	126	750	400
合计	5000	630	918	253

$$\bar{x} = \frac{\sum x_i n_i}{n} = \frac{960 \times 504 + 750 \times 126}{630} = 918(\text{斤})$$

$$\overline{\sigma^2} = \frac{\sum \sigma_i^2 n_i}{N} = \frac{200^2 \times 504 + 400^2 \times 126}{630} = 64000(\text{斤})$$

$$\mu_{\overline{x}} = \sqrt{\frac{\overline{\sigma^2}}{n}} = \sqrt{\frac{64000}{630}} = 10.08 \text{（斤）}$$

概率保证程度为 5%，其对应的 t 值为 1.96。所以

$$\Delta_{\overline{x}} = t\mu_{\overline{x}} = 1.96 \times 10.08 \text{（斤）} = 19.76 \text{（斤）}$$

$$\overline{X} = 918 \pm 19.76 \text{（斤）}$$

即总体平均亩产量 $\overline{x}$ 在 898.24～937.76 斤，该地区粮食总产量在 4491200～4688800 斤。

三、等距抽样

（一）等距抽样的概念和特点

等距抽样亦称机械抽样或系统抽样。它是先把总体各单位按照某一标志排队，然后按相等的距离抽取样本单位的组织形式。

设总体单位数为 N，样本容量为 n，且抽样间距为 $K = \dfrac{N}{n}$，把依次排列的每 k 个总体单位称为一个"抽样间隔"。抽取的方法是在第一抽样间隔，即第 1 个至第 k 个总体单位中，随机抽取一个单位作为起点，假定为第 i 个单位。然后依次每隔 k 个单位抽取一个样本，于是得：i，$i+k$，$i+2k$，$\cdots$，$i+(n-1)k$。共 n 个单位组成样本。

（二）等距抽样的方法

按照总体单位的排列顺序，等距抽样可分为无序等距抽样和有序等距抽样。

1. 无序等距抽样

如果总体单位的排列顺序与所要调查的主要标志无关，则称为无序等距抽样。如在居民家庭生活调查中，将居民按姓氏笔画、人名册、户口簿及按地图上的地理位置排列，而居民的生活水平，是与姓氏笔画无关的。又如，在产品质量的抽样检查中，每隔一定时间抽取一次产品，而产品质量通常是与时间无关的。

在无序等距抽样中，虽然当第一个样本确定后，整个样本便随之确定，但由于总体单位的排列是与主要标志无关的，所以等距抽样仍不失其随机性。它在本质上相当于简单随机抽样。只是等距抽样大大简化了抽样方法，使它在实际中很容易进行，并且，由于每隔一定距离抽出一个单位，样本单位在总体中的分布比较均匀，从而有可能使样本的代表性增强。

2. 有序等距抽样

如果总体单位的顺序是按照调查的主要标志排列的，则称为有序等距抽样。如在居民家庭生活调查中，按居民家庭人口、工资收入、工龄长短等排列。又如，在对商店销售额的调查中，按商店职工人数或以往销售额大小排列。再如，进行我国粮食产量抽样调查，由省抽县，县抽乡，乡抽村，都是按前三年的粮食平均亩产量排队的。有序等距抽样在排

队时，需要预先知道和利用总体的已知信息或辅助资料进行排列，能使被研究对象标志值的变动均匀地分布在总体中，一般可以增强样本的代表性，估计效率也要高些。

（三）等距抽样的抽样平均误差计算

等距抽样的抽样平均误差的计算，一般认为，按无关标志排队等距抽样的抽样误差的计算方法比较复杂，一般可以用不重复简单随机抽样误差公式来代替。按有序等距抽样多一些，每一个组中只抽一个单位，因此，等距抽样的抽样误平均差的计算可用类型抽样的抽样误差公式计算。

1. 平均数的抽样平均误差

（1）重复抽样：

$$\mu_{\bar{x}} = \sqrt{\frac{\overline{\sigma^2}}{n}}$$

（2）不重复抽样：

$$\mu_{\bar{x}} = \sqrt{\frac{\overline{\sigma^2}}{n}\left(1 - \frac{n}{N}\right)}$$

2. 成数的抽样平均误差：

（1）重复抽样：

$$\mu_p = \sqrt{\frac{P(1-P)}{n}}$$

（2）不重复抽样：

$$\mu_p = \sqrt{\frac{P(1-P)}{n}\left(1 - \frac{n}{N}\right)}$$

四、整群抽样

（一）整群抽样的概念和特点

整群抽样也称为集团抽样或成组抽样。它是将总体各单位划分为许多群，然后从其中随机抽取部分群，对中选群的所有单位进行全面调查的抽样组织方式。

前面介绍的三种抽样组织形式，都是一个一个地抽取样本单位，故称为个体抽样。整群抽样则是一批一批地抽取样本单位，每抽取一批时，对其中所有的单位都进行登记调查。抽取的形式，既可用简单随机抽样形式，也可以用等距抽样形式，一般常用后者。例如，要按10％的比例对饭店餐具进行卫生检验，即可每隔5小时从已消毒的餐具中抽取一次消毒过的全部产品作为一群，然后按比例要求抽满群数组成样本，并对每群进行逐个登记。

整群抽样容易组织，多用于进行产品的质量检查。缺点是由于样本在总体中太集中，分布不均匀，与其他几种抽样方式比较，误差较大，代表性较差。但是如果群内差异大而群间差异小，即群内方差大，群间方差小，则可使样本代表性提高，使抽样误差减少。考虑到编制名单和抽取样本的工作比其他各种组织形式简便易行，调查也集中方便，这时整群抽样又是有益的。在缺乏总体抽样框的情况下，宜采用整群抽样方式。整群抽样的组织工作比较简单，节约费用，一般都采用不重复抽样，但抽样误差往往较大。

　　整群抽样的特点：若把总体划分为 R 个群，从 R 个群中抽取 r 个群加以全面调查，抽样方式为不重复抽样。它的误差视各群方差大小而定。各群方差的加权平均数，是计算抽样平均误差的依据。从公式的形式上看，它与类型抽样的公式类似。

（二）整群抽样的方法

　　整群抽样首先要把全及总体根据需要划分为若干群，分群的基本原则是，在可能的情况下，使群间方差尽可能小；其次将各群按时间顺序或空间顺序排列，再根据简单随机抽样或等距离抽样的方法抽取样本群。

（三）整群抽样的抽样误差的计算

1. 平均数的抽样平均误差

$$\mu_{\bar{x}} = \sqrt{\frac{\sigma_{\bar{x}}^2}{r}\left(\frac{R-r}{R-1}\right)}$$

式中：R 表示总体群数；

　　　　r 表示样本群数；

　　　　$\sigma_{\bar{x}}^2$ 表示平均数的群间方差。

$$\sigma_{\bar{x}}^2 = \frac{\sum (\bar{x_i} - \bar{x})^2}{R}$$

式中：$\bar{X_i}$ 表示全及总体各群平均数；

　　　　$\bar{X}$ 表示全及总体平均数。

缺乏全及总体资料，可用样本数据计算 $s_{\bar{x}}^2$，即：

$$s_{\bar{x}}^2 = \frac{\sum (\bar{x_i} - \bar{x})^2}{R}$$

2. 成数的抽样平均误差

即 $\mu_p = \sqrt{\frac{\sigma_p^2}{r}\left(\frac{R-r}{R-1}\right)}$

式中：σ_p^2 表示成数的群间方差，$\sigma_p^2 = \dfrac{\sum (P_i - P)^2}{R}$；

　　　　P_i 表示为全及总体各群成数。

缺乏全及总体资料时，可用样本资料计算 S_p^2，即 $S_p^2 = \dfrac{\sum (p_i - p)^2}{R}$

式中，当 R 的数目较大时，$\dfrac{R-r}{R-1}$ 可用 $1-\dfrac{r}{R}$ 代替。

【例 7 – 16】某地区有 300 个村，根据历史资料估算，各村平均亩产量的方差为 12 千克，现抽取 30 个村进行农产量调查，根据整群抽样计算抽样平均误差为：

$$\mu_{\bar{x}} = \sqrt{\frac{\sigma_{\bar{x}}^2}{r}\left(\frac{R-r}{R-1}\right)} = \sqrt{\frac{12}{30}\times\left(\frac{300-30}{300-1}\right)} = 0.60 \text{（千克）}$$

【例 7 – 17】某企业大量连续生产，即 24 小时连续生产，为掌握某月某产品的一级品率，采用整群抽样方法，在全月连续生产的 720 小时中，每隔 24 小时抽取一个小时的产品进行检验，调查结果为，一级品率为 85%，群间方差为 6%。则抽样平均误差为：

$$\mu_p = \sqrt{\frac{\sigma_p^2}{r}\left(\frac{R-r}{R-1}\right)} = \sqrt{\frac{0.06}{30}\times\left(\frac{720-30}{720-1}\right)} = 0.044 \text{ 或 } 4.4\%$$

式中，$r = 720 \div 24 = 30$（小时）

综合练习与训练

一、填空题

1. 在抽样调查中，抽取样本的方法有_____和_____。

2. 根据总体各单位的标志值或标志属性计算的，反映总体数量特征的综合指标称为_____。样本指标是根据_____的标志值或标志属性计算的综合指标。

3. 在纯随机重复抽样的条件下，若其他条件不变，抽样平均误差缩小一半，则样本单位数_____；若抽样平均误差增加一倍，则样本单位数_____。

4. 影响抽样误差大小的因素主要有：总体各单位标志值的变异程度、_____、_____和抽样的组织形式。

5. 抽样误差是由于抽样的_____而产生的误差，这种误差不可避免，但可以_____。

6. 影响样本单位数的因素主要有_____、_____、_____及_____。

7. 抽样估计的方法有_____和_____两种。

8. 常用的抽样组织形式有_____、_____、_____及_____四种。

9. 在缺少总体方差 σ^2 时，可用_____代替来计算抽样平均误差。

10. 如果全及总体平均数落在区间（990，1040）内的概率是 0.9545，则抽样平均误差为_____。

11. 抽样单位数增加 2 倍，随机重复抽样平均误差缩小为原来的_____倍；当抽样单位数减少 20%，重复抽样平均误差扩大为原来的_____倍。

12. 区间估计就是根据估计的可靠程度的要求，选定概率度 t 以及极限误差 Δx，在利用抽样调查所取得的抽样平均数，定出估计上限 $x + \Delta_{\bar{x}}$ 和 $x - \Delta_{\bar{x}}$。区间 $\left(x - \Delta_{\bar{x}},\ x + \Delta_{\bar{x}} \right)$ 称为_____，估计可靠程度为_____。

13. 用样本指标估计总体指标时，判断估计的优良标准是_____、_____和_____。

14. 总体参数（总体指标）的区间估计必须同时具备_____、_____和_____三个要素。

15. 抽样平均误差和总体标志变动度的大小成_____比；而和样本单位数的平方根成_____比。

二、单项选择题（在备选答案中有一个是正确的，将其选出并把标号填在题后的括号内）

1. 在其他条件不变的情况下，重复抽样的误差（　　）。

A. 一定大于不重复抽样的误差　　　　B. 一定大于重复抽样的误差

C. 一定等于重复抽样的误差　　　　　D. 不一定

2. 在其他条件不变的情况下，若重复抽样的抽样极限误差变为原来的二倍，则样本单位数为（　　）。

A. 原来的二倍　　B. 原来的四倍　　　C. 原来的二分之一　　D. 原来的四分之一

3. 反映样本指标与总体指标之间抽样误差的可能范围指标是（　　）。

A. 抽样平均误差　　B. 抽样极限误差　　C. 抽样误差　　　　D. 概率度

4. 抽样推断的主要目的是（　　）。

A. 用样本指标来推算总体指标　　　　B. 对调查单位做深入研究

C. 计算和控制抽样误差　　　　　　　D. 广泛运用数学方法

5. 抽样推断所必须遵循的基本原则是（　　）。

A. 准确性原则　　B. 随机性原则　　　C. 可靠性原则　　　　D. 灵活性原则

6. 抽样误差是指（　　）。

A. 调查中所产生的登记性误差　　　　B. 调查中所产生的系统性误差

C. 随机抽样产生的代表性误差　　　　D. 由于违反了随机原则而产生的误差

7. 在一定的抽样平均误差条件下（　　）。

A. 扩大抽样极限误差范围，可以提高推断的可靠程度

B. 扩大抽样极限误差范围，会降低推断的可靠程度

C. 缩小抽样极限误差范围，可以提高推断的可靠程度

D. 缩小抽样极限误差范围，不改变推断的可靠程度

8. 在其他条件不变的情况下，提高抽样估计的可靠程度，其精确度将（　　）。

A. 保持不变　　　　B. 随之扩大　　　　C. 随之缩小　　　　D. 无法确定

9. 事先将总体各单位按某一标志排列，然后依排列顺序并按相同的间隔来抽取样本单位的形式称为（　　）。

A. 简单随机抽样　B. 类型抽样　　　　C. 等距抽样　　　　D. 整群抽样

10. 连续生产的电子管厂，产品质量检验是这样安排的，在一天中，每隔一小时抽取5分钟的产品进行检验，这是（　　）。

A. 简单随机抽样　B. 类型抽样　　　　C. 等距抽样　　　　D. 整群抽样

11. 先将总体各单位按主要标志分组，再从各组中随机抽取一定单位组成样本，这种抽样组织形式，被称为（　　）。

A. 纯随机抽样　　B. 机械抽样　　　　C. 分层抽样　　　　D. 整群抽样

12. 先将总体各单位划分成若干群，再以群为单位从中按随机原则抽取一些群，对抽中的群的所有单位进行全面调查，这种抽样组织形式，被称为（　　）。

A. 纯随机抽样　　B. 机械抽样　　　　C. 分层抽样　　　　D. 整群抽样

13. 没有重复抽样的抽样组织形式为（　　）。

A. 纯随机抽样　　B. 机械抽样　　　　C. 分层抽样　　　　D. 整群抽样

14. 某工厂产品是连续性生产，为检查产品质量，在24小时中每隔30分钟，取下一分钟的产品进行全部检查，这是（　　）。

A. 纯随机抽样　　B. 机械抽样　　　　C. 分层抽样　　　　D. 整群抽样

三、多项选择题（在备选答案中有两个以上是正确的，将它们全都选出并把标号填在题后的括号内）

1. 抽样估计中的抽样误差（　　）。

A. 是不可避免要产生的　　　　　　B. 是可以通过改进调查方法来消除的

C. 是可以事先计算出来的　　　　　D. 只有在调查结果之后才能计算

E. 其大小是可以控制的

2. 影响抽样误差的因素有（　　）。

A. 是有限总体还是无限总体　　　　B. 抽样的组织形式

C. 是重复抽样还是不重复抽样　　　D. 总体各单位标志值的变异程度

E. 样本单位数的多少

3. 从一个总体中可以抽取许多个样本，因此（　　）。

A. 样本指标的数值不是唯一确定的　　B. 样本指标是用来估计总体指标的

C. 总体指标是随机变量　　D. 样本指标是随机变量

E. 样本指标称为统计量

4. 从总体中抽取样本单位的方法有（　　　）。

A. 简单随机抽样　B. 重复抽样　　　C. 不重复抽样

D. 等距抽样　　　E. 类型抽样

5. 在抽样推断中，样本单位数的多少取决于（　　　）。

A. 总体标准差的大小　　　　　B. 允许误差的大小

C. 抽样估计的把握程度　　　　D. 总体参数的大小

E. 抽样方法和组织形式

6. 总体参数的区间估计必须同时具备的三个要素是（　　　）。

A. 样本单位数　　　　　　　　B. 样本指标，相应总体指标的估计值

C. 抽样误差范围　　　　　　　D. 概率保证程度

E. 抽样平均误差

7. 常用的抽样组织形式包括（　　　）。

A. 重复抽样　　　B. 简单随机抽样　　C. 不重复抽样

D. 等距抽样　　　E. 类型抽样和整群抽样

8. 在计算抽样误差时。如果没有总体方差或总体标准差的材料。方差或标准差的解决办法有（　　　）。

A. 用估计材料　　　　　　　　B. 用过去调查所得到的材料

C. 用总体平均数　　　　　　　D. 用总体成数

E. 用样本方差的材料代替总体方差

9. 抽样调查具有的特点是（　　　）。

A. 用一部分单位的指标数值去推断总体的指标数值

B. 抽选调查单位时，要遵循随机原则

C. 抽选调查单位时，要严格遵守标准时间

D. 抽样调查会产生抽样误差，但不能加以控制

E. 抽样调查会产生抽样误差，但可以加以控制

10. 在分类抽样中，影响抽样误差的有（　　　）。

A. 组内方差　　　B. 组间方差　　　C. 抽样数目的多少

D. 是否采用不重复抽样的方法　　　E. 抽样的组织方式

11. 机械抽样中的有关标志排队法。实质上（　　　）。

A. 可以看作是一种特殊的整群抽样

B. 可以看作是一种特殊的分类抽样

C. 与无关标志排队法在计算抽样误差的方法上是无差别的

D. 可以用分类抽样的抽样误差公式来计算抽样误差

E. 与简单随机抽样计算误差的方法一样

12. 分类抽样（　　）。

A. 能提高样本的代表性　　　　　　B. 会降低样本的代表性

C. 能降低影响抽样误差的方差　　　D. 会提高影响抽样误差的方差

E. 能多抽一些样本单位数

四、判断题（把"√"或"×"填在题后的括号里）

1. 人们可以有意识地控制抽样误差的大小，因为可以调整总体方差。（　　）

2. 重复抽样误差大于不重复抽样误差。（　　）

3. 抽样准确度要求高，则可靠性低。（　　）

4. 抽样推断是利用总体中的一部分进行推断，则不可避免地会出现误差。（　　）

5. 在抽样推断中，作为推断对象的总体和作为观察对象的样本都是确定的、唯一的。

（　　）

6. 不知道总体方差或标准差时无法计算抽样误差。（　　）

7. 抽样平均误差总是小于抽样极限误差。（　　）

8. 抽样误差是由于抽样的偶然因素而产生的误差，这种误差既可以避免，也可以控制其大小。（　　）

9. 样本平均数的标准差或样本成数的标准差是衡量抽样误差一般水平的尺度。

（　　）

10. 点估计就是以样本指标的实际值直接作为相应总体指标的估计值。（　　）

11. 抽样估计的置信度就是表明样本指标和总体指标的误差不超过一定范围的概率保证程度。（　　）

五、简述题

1. 什么是抽样推断？抽样调查的特点及其作用有哪些？

2. 影响抽样误差大小的因素有哪些？

3. 点估计与区间估计有什么区别？

4. 影响抽样数目的因素主要有哪些？

5. 根据允许误差的公式看，Δ 与 μ、t 三者之间存在着怎样的关系？

6. 抽样调查的组织方式有几种，各有什么特点？怎样应用？

7. 重复抽样和不重复抽样有什么不同，为什么不重复抽样误差总是小于重复抽样误差？为什么可以用重复抽样误差公式来代替不重复抽样误差公式？

8. 抽样误差和一般的调查误差有什么不同？试从误差的角度进一步论述抽样调查与全面调查的优缺点。

六、综合分析

1. 从某大学 4500 名学生中，随机抽取 20%，调查每人每月看电影的次数，所得的分配数列如表 7-8 所示。

表 7-8　学生看电影次数资料

看电影次数（次）	学生数占总数的比重（%）
0 ~ 2	8
2 ~ 4	22
4 ~ 6	40
6 ~ 8	25
8 ~ 10	5

试以 95.45% 的概率保证程度：

（1）估计平均每人每月看电影的次数；

（2）确定每月看电影在 4 次以上的学生所占的比重。

2. 某学院有 500 名学生，从中随机抽取 20%，调查在校期间撰写论文（或调查报告）的情况，所得分配数列如表 7-9 所示。

表 7-9　学生撰写论文（或调查报告）篇数资料

撰写论文或调查报告篇数（篇）	0	1	2	3	4
学生数占总数的比重（%）	8	22	40	25	5

试以 0.9545 的概率保证程度计算：

（1）估计在校期间平均每人撰写论文或调查报告的篇数。

（2）确定撰写论文或调查报告在 4 篇以上的学生所占的比重，其误差不超过 3%。

3. 对 10000 只某型号的电子元件进行耐用性能检查。根据以往资料，求得平均耐用时数的标准差为 50.81 小时，合格率标准差为 25.62%，试计算：

（1）概率保证程度为 68.27%，元件平均耐用时数的误差范围不超过 9 小时，在重复抽样条件下，需要抽取多少元件？

（2）概率保证程度为 99.73%，合格率的极限误差不超过 5%，在重复抽样条件下，需要抽取多少元件？

（3）在不重复抽样条件下，要同时满足（1）（2）的要求，需要抽取多少元件？

4. 某企业生产某产品日产量为10000只标准件，根据以往经验，产品的一级品率为90%，现在用重复抽样的方法进行产品质量检验，要求一级品率的抽样极限误差不超过2%，而概率保证程度不低于95.45%，试计算应该抽取多少产品。

5. 对某公司职工的工资进行抽样调查，共抽取600名职工，其中400名工人，200名职员，工资资料如表7-10所示。

表7-10 某公司职工工资资料

工 人		职 员	
月工资（元/人）	人数（人）	月工资（元/人）	人数（人）
500～600	100	700～800	70
600～700	180	800～900	80
700～800	120	900～1000	50
合计	400	合计	200

要求：（1）计算类型抽样的抽样平均误差。

（2）计算简单随机抽样的抽样平均误差，并加以比较。

6. 某县从全县100个村中随机抽取10个村，调查农户的家禽饲养只数，整群抽样结果为：平均每户饲养家禽35只，各村平均数的方差为16只。试以95.45%的概率保证程度估计全县平均每户的家禽饲养只数。

7. 某高校有8000名学生，从中随机抽取5%，调查其每周上网时间，所得分组资料如表7-11所示，试按不重复抽样方法，以95.45%的概率保证程度推断该校全部学生每周上网时间的可能范围。

表7-11 学生每周上网时间资料

每周上网时间（小时）	学生人数（人）
2以下	50
2～4	120
4～6	180
6～8	110
8～10	40
合计	500

8. 工商部门对某大型超市销售的某种小食品进行重量合格抽查，规定每包重量不低于70克，从2000包中抽取1%进行检验，结果如表7-12所示。

表 7 – 12　某超市小包装休闲食品重量资料

按重量分组（克/包）	包数（包）
66 ~ 68	2
68 ~ 70	5
70 ~ 72	6
72 ~ 74	4
74 ~ 76	3
合计	20

试以 99.73% 的概率保证程度：

（1）估计这批食品的平均每包重量的范围，以确定其是否符合规定要求。

（2）若每包食品重量低于 70 克为不合格，求合格率的置信区间。

9. 从某牙签厂仓库中随机抽查 100 盒进行检验，结果发现平均每盒牙签为 99 支，样本标准差为 3 支。计算把握程度为 99.73% 时，该仓库平均每盒牙签支数的区间范围。如果允许误差减少到原来的 1/2，把握程度仍为 99.73%，问需要抽查多少盒牙签？

10. 随机抽取某市 400 户家庭作为样本，调查结果为 80 户家庭有一台及一台以上电脑。试确定一个以 99.73% 的概率保证来估计该市有一台及一台以上电脑的家庭的比率区间？

11. 某电子产品使用寿命在 3000 小时以下为不合格，现用简单随机抽样的方式，从 5000 个产品中抽取 100 个，并对其使用寿命进行调查，其结果如表 7 – 13 所示。

表 7 – 13　某电子产品使用寿命情况

使用寿命（小时）	产品个数（个）
3000 以下	2
3000 ~ 4000	30
4000 ~ 5000	50
5000 以上	18
合计	100

要求：（1）按重复抽样和不重复抽样计算该产品平均寿命的抽样平均误差；

（2）按重复抽样和不重复抽样计算该产品合格率的抽样平均误差；

（3）根据按重复抽样计算的抽样平均误差，以 68.27% 的概率保证程度，对该产品的平均使用寿命和合格率进行区间估计。

12. 假定某统计总体有 5000 个总体单位，其被研究标志的方差为 400，若要求抽样极限误差不超过 3，概率保证程度为 0.9545，试问采用不重复抽样应抽取多少个样本单位？

第八章
相关分析与回归分析

第一节　相关分析

一、相关关系的概念

在自然界和人类社会中，存在着无数不同的事物和现象，这些不同的事物和现象不是孤立的，而是直接或间接地彼此联系着的，每一事物和现象的存在与发展同周围其他事物和现象的存在与发展相联系，并为周围的这些事物和现象所影响和制约。与此相对应，作为客观事物和现象数量特征的诸变量之间，也就必然产生和存在一定的联系：某一变量不同程度地决定另外一个或一组（即两个或两个以上）变量，这种关系通常叫做变量关系。变量关系可以借助一个或一组数学关系式来表示。在大量变量关系中，可以区分为函数关系和相关关系两种类型。

函数关系指的是变量之间存在着严格的依存关系，即一个变量的数值完全由另一个（或一组）变量的数值所确定、控制。函数的一般性数学表现为：$y = f(x)$。具体可以有各个公式，如 $y = a + bx$，$y = ax^n$，等等，其中 a、b、n 都是常数，x 为自变量，y 为因变量，也就是函数值。例如，圆的面积同其半径的关系为 $S = \pi r^2$，自由落体落下的距离同时间的关系为 $H = \dfrac{1}{2}gt^2$ 等。

相关关系是指变量之间确实存在的但关系值不固定的相互依存的关系，在这种关系中，当一个（或几个）变量的值确定后，另一个变量的值虽与它（或它们）有关系，但都不能完全确定。在这些数值之间表现出一定的波动性，但又总是围绕着它们的平均数，并遵循一定的规律而变动。例如，每亩耕地的粮食产量与施肥量之间存在着一定的依存关系。在一般条件下，施肥量适当增加，亩产量便相应地提高，但两者之间并不存在严格的依存关系。因为除施肥量以外，种子、土壤、降雨量等也影响亩产量的高低。但是，亩产量与施肥量之间仍然存在着一定的规律性，即在一定的范围内，随着施肥量的增加，亩产量便相应地有所提高。现象变量之间这类关系的本质，可以通过相关分析和回归分析来加以考察。相关分析是研究一个变量（y）与另一个变量（x）或另一组变量（x_1，x_2，…，x_n）之间相关方向和相关密切程度的一种统计分析方法。

回归分析是用来研究变量之间关系的可能形式的统计方法。它把两个或两个以上变量之间的变动关系加以模型化，用数学函数表达变量之间的关系。运用这种方法时，最终的目的通常在于预测或估计与某一个或某几个变量的给定值相对应的另一个变量的数值。

相关分析与回归分析既有区别，又有联系。就其研究对象来说。两者都是研究变量之间的相互关系，但就彼此研究的变量之间关系的性质来看，两者存在着明显的区别，主要是变量的性质不同。相关关系泛指两个变量之间的相互依存关系，两个相对应的变量，不必区别自变量与因变量，两个变量属于对等的关系。而在回归分析中，必须根据研究的目的，分别确定其中的自变量与因变量，这两个变量属于非对等的关系。所以回归关系是指有一定方向的相互关系。在进行回归分析时将给定的自变量代入回归分析方程，求出估计的因变量，反映两变量之间的因果变动关系。

如同所有的统计分析方法一样，有效地运用回归分析和相关分析，要求对所研究的现象能从本质上做出深刻的理论研究，以便确定现象之间是否存在相关关系。数学模型的形式及其所包括的因素的确定，必须以严格的经济理论分析为依据，否则回归分析和相关分析的结果，可能会得出毫无意义的结论。

统计学中，将这些在社会经济现象之间普遍存在的数量依存关系，都称为相关关系。在本章，我们主要介绍那些能用函数关系来描述的具有经济统计意义的相关关系。

二、相关关系的特点

（一）现象之间确实存在数量上的依存关系

如果一个现象发生数量上的变化，则另一个现象也会发生数量上的变化。在相互依存的两个变量中，可以根据研究目的，把其中的一个变量确定为自变量，把另一个对应变量确定为因变量。例如，把身高作为自变量，则体重就是因变量。

（二）现象之间数量上的关系是不确定的

相关关系的全称是统计相关关系，它属于变量之间的一种不完全确定的关系。这意味着一个变量虽然受另一个（或一组）变量的影响，却并不由这一个（或一组）变量完全确定。例如，前面提到的身高和体重之间的关系就是这样一种关系。

三、相关关系的种类

现象之间的相互关系是很复杂的，从不同的角度看，相关关系有不同的种类。

（一）简单相关与复相关

按相关关系涉及的变量（或因素）的多少，可以分为简单（单）相关与复相关。简单相关也称一元相关，是指两个变量之间的相关关系，即一个变量与另一变量之间的依存关系。例如研究稻谷每亩产量与施肥量的相关关系是一元相关；又如职工的生活水平与工资之间的关系就是单相关。复相关是指多个变量之间的相关关系，即一个因变量与两个及两个以上自变量的复杂依存关系，所以复相关又称多元相关。例如研究稻谷每亩产量与施肥量、浇水量的相关关系是一种多元相关关系；又如同时研究成本、市场供求状况、消费倾向对利润的影响时，这几个因素之间的关系是复相关。在多元相关中，可以在测定一个随机变量（y）与某个或某些随机变量或非随机变量之间的相互关系后，y 与某一新增加的随机变量或非随机变量之间的相关关系，又称为偏相关或净相关。

（二）线性相关和非线性相关

从变量之间相互关系的表现形式来看，相关关系可分为线性相关和非线性相关。线性相关是指对于两个具有相关关系的变量，当一个变量数值发生变动，另一个变量数值随之发生大致均等的变动，从图形上看，其观察点的分布近似表现为直线形式，这样的关系通称为线性相关，又称为直线相关。非线性相关是指两个变量的对应取值在坐标轴上大致呈一条曲线，当一个变量数值发生变动，另一个变量数值也随之变动，但是这种变动是不均等的，如果画在图上，其观察点的分布表现为各种不同的曲线形式，这种相关关系通称为非线性相关，又称为曲线相关，如抛物线、双曲线、指数曲线。例如，施肥量和亩产量之间的关系，在一定数量界限内，施肥量增加，亩产量相应增加，但一旦施肥量超过一定数量，亩产量反而出现下降的情况，这就是一种非线性相关。

（三）正相关和负相关

按相关的方向，线性相关可以分为正相关和负相关。当一个变量的数值增加，另一个变量的数值也相应的增加，这样的相关关系就是正相关。例如，企业的工业生产性固定资产年平均价值与产品总量之间就存在着这样的关系，当生产性固定资产年平均价值增加，则产品总量也随之增加。但是另外有些情形则不是这样，有些现象的相关关系表现为：当一个变量的数值增加时，另一个变量的数值随之减少，这种情形就是负相关。例如，商品价格与销售量之间的关系，一般来说，商品价格提高，而销售量就会下降。

（四）完全相关、不完全相关、不相关

按变量之间的相关程度来分，相关关系可以分为完全相关、不完全相关和不相关三种。如果一个变量的值完全由另一个或另一组变量的值所决定，则变量之间的相关关系表现为完全相关，所以完全相关也就是变量之间一种确定的函数关系。如果一个变量的值不但与另一个或另一组变量的值有关，而且受随机因素的影响，则变量之间的相关关系表现为不完全相关。如果一个变量的值不受另一个或另一组变量的值影响，彼此独立，则变量之间没有相关关系，即为不相关。由于大量社会经济现象的数量表现具有随机的性质，因此它们之间的关系通常表现为不完全相关。相关与回归分析的主要对象就是具有随机性质的变量之间的数量关系。完全相关和不完全相关可视为相关关系中的特例。

四、相关分析的内容和方法

对现象之间数量关系的研究，统计上是从两个方面进行的：一方面是分析现象之间数量变化的密切程度，这是相关分析；另一方面是找出现象之间数量变化的规律，这是回归分析。

相关分析的主要目的，就是对现象间的相互关系的密切程度和变化规律，有一个具体的数量概念，进一步找出相关关系的模式，以便进行统计预测和推算，为制订计划、决策提供统计信息。

狭义相关分析的主要内容是，定性和定量分析相结合，正确选择变量，确定变量之间有无相关关系，并确定相关关系的表现形式、密切程度和方向。

广义的相关关系，除了分析狭义相关关系的内容外还包括：对具有相关关系的变量如何建立它们之间的数学模型（通常称为回归方程），并对建立的回归方程及其参数回归系数进行相关性检验，如通过检验，可用建立的回归方程来确定；当自变量值有一定变化时，因变量值如何变化，以便揭示变量之间依存关系数量上的规律性。这也是进行判断、推算、预测的根据。另外，根据一个或几个变量的数值，预测或控制另一个变量的数值，并且了解这种预测或控制的精确度也是广义相关分析的内容。通过测定因变量估计值和实际观测值之间的差异大小，可以认识因变量估计值的代表性。相关分析的主要内容如下：

（一）确定现象之间有无关系

这是相关与回归分析的起点，只有存在相互依存关系，才有必要进行进一步的分析。具体分析方法有对现象进行定性分析和定量分析两种。定性分析是根据现象的规律，运用理论知识、专业知识、实践经验来进行判断和分析。例如，根据经济理论来判断居民的货币收入与社会商品购买力是否存在相关关系；根据生物遗传理论，来判断父母的身高与子女的身高是否存在相关关系等。定性分析是在进行相关分析的基础上，根据需要通过编制相关表和绘制相关图来进行分析。定量分析是通过相关表（见表8－1、表8－2）和相关图（见图8－1）来进行确定。

（二）确定相关关系的表现形式

只有判明现象之间相关关系的具体表现形式，确定恰当的数学模型，以便对其进行回归分析。如果把曲线相关误认为是直线相关，按直线相关来分析，便会出现认识上的偏差，导致结论错误。

（三）测定相关关系的密切程度和方向

运用恰当的方法，对具有相关关系的变量，求得一个表明其相关密切程度的指标——相关系数，来反映现象之间相关关系的密切程度。只有对达到一定密切程度的相关关系，才可配合具有一定意义的回归方程。

（四）测定因变量估计值的误差程度

根据已确定的变量之间相关的直线方程或曲线方程，在给定若干自变量值时，可求出因变量相应的估计值。一般来说，估计值与实际值是有一定出入的，相关分析要通过科学方法测定估计值与实际值的误差程度，从而确认相关与回归分析的可靠性大小。

五、相关关系的判断

（一）相关关系的一般判断

要分析说明现象之间相关关系的具体数量表现，首先要根据对客观事物的定性认识来判断。任何事物都有质的规定性，它表明了事物自身和其他事物的联系。对事物这种质的规定性的认识和分析，就是定性分析。按照人们认识的一般顺序，先有对事物和现象的定性判断，才能据此进行量的分析和判断。

若对客观现象和事物的定性分析，判明了它们之间没有什么关系，就用不着进行相关分析了。然而，定性分析往往不准确，如果现象之间确实存在依存关系时，必然会贻误对现象的认识和研究。因此，除搞好定性分析之外，对现象之间有无相关关系做出定量判断，是相关关系十分重要的一项工作。

（二）相关表

相关表是一种反映变量之间相关关系的统计表。将一变量按其取值的大小排列，然后再将与其相关的另一变量的对应值平行排列，便可得到简单的相关表。

【例 8 - 1】对某社区居民家庭月收入（x）与消费支出（y）进行调查得到原始资料，如表 8 - 1 所示。

表 8 - 1　居民家庭月收入和消费支出的原始资料　　　　　　单位：元

家庭编号	1	2	3	4	5	6	7	8	9	10
月收入	2500	1500	3000	6200	8800	2000	9200	4000	1800	7500
消费支出	2000	1200	2800	4200	6000	1800	6500	3600	1500	5300

根据表 8 - 1 中的原始资料，将月收入按从小到大的顺序排列，可编制相关表（见表 8 - 2）。

表 8 - 2 居民家庭月收入和消费支出 单位：元

月收入	1500	1800	2000	2500	3000	4000	6200	7500	8800	9200
消费支出	1200	1500	1800	2000	2800	3600	4200	5300	6000	6500

从表 8 - 2 中可以看出，随着家庭月收入的提高，居民的消费支出也有相应提高的趋势，两者之间存在明显的正相关关系。

（三）相关图

相关图又称散点图。它是以直角坐标系的横轴代表变量 x，纵轴代表变量 y，将两个变量间相对应的变量值用坐标点的形式描绘出来，用来反映两变量之间相关关系的图形。

根据表 8 - 2 的资料绘制相关图，如图 8 - 1 所示。

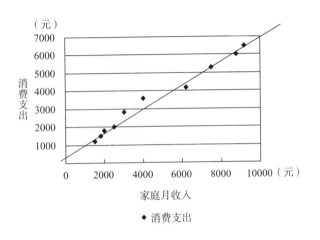

图 8 - 1 居民家庭月收入和消费支出

从图 8 - 1 中可以看出，居民家庭月消费支出随着家庭月收入的增加而增加，并且散布点的分布近似地表现为一条直线。由此可以判断居民家庭月收入与消费支出两个变量之间存在着直线正相关关系。

（四）相关关系的测定——相关系数

相关表和相关图大体说明变量之间有无关系，但它们的相关关系的紧密程度却无法表达，因此，需运用数学解析方法，构建一个恰当的数学模型来显示相关关系及其密切程度。对现象之间的关系做出确切的数量说明，就需要计算相关系数，通常用 r 表示。

1. 相关系数的计算

相关系数是在直线相关条件下，说明两个现象之间关系密切程度的统计分析指标，记为 r。相关系数的计算公式为：

$$r = \frac{\sigma_{xy}^2}{\sigma_x \sigma_y} = \frac{\frac{1}{n} \sum (x - \bar{x}) \sum (y - \bar{y})}{\sqrt{\frac{1}{n} \sum (x - \bar{x})^2} \sqrt{\frac{1}{n} (y - \bar{y})^2}}$$

式中：n 表示资料项数；

$\bar{x}$ 表示 x 变量的算术平均数；

$\bar{y}$ 表示 y 变量的算术平均数；

σ_y 表示 y 变量的标准差；

σ_x 表示 x 变量的标准差；

σ_{xy}^2 表示 x、y 两个变量的协方差。

在实际问题中，如果根据原始资料计算相关系数，可运用相关系数的简捷法计算，其计算公式为：

$$r = \frac{n \sum xy - \sum x \sum y}{\sqrt{n \sum x^2 - (\sum x)^2} \sqrt{n \sum y^2 - (\sum y)^2}}$$

【例 8-2】根据表 8-2 中的资料，已知居民家庭月收入与消费支出之间为直线相关，计算居民家庭月收入与消费支出的相关系数，如表 8-3 所示。

表 8-3 居民家庭月收入与消费支出情况

编号	月收入（百元）x	消费支出（百元）y	x^2	y^2	xy
1	15	12	225	144	180
2	18	15	324	225	270
3	20	18	400	324	360
4	25	20	625	400	500
5	30	28	900	784	840
6	40	36	1600	1296	1440
7	62	42	3844	1764	2604
8	75	53	5625	2809	3975
9	88	60	7744	3600	5280
10	92	65	8464	4225	5980
合计	465	349	29751	15571	21429

$$r = \frac{n \sum xy - \sum x \sum y}{\sqrt{n \sum x^2 - (\sum x)^2} \sqrt{n \sum y^2 - (\sum y)^2}}$$

$$= \frac{10 \times 21429 - 465 \times 349}{\sqrt{10 \times 29751 - 465^2} \times \sqrt{10 \times 15571 - 349^2}} = 0.99$$

2. 相关系数的意义

相关系数是在直线相关条件下，说明两个现象之间相关关系密切程度的统计指标。相关系数的取值范围在 −1 和 +1 之间，即 $-1 \leqslant r \leqslant 1$。现将相关系数的性质归纳如下：

（1）当 $|r| = 1$ 时，则表示两个现象 x 与 y 变量完全直线相关。x 与 y 之间存在着确定的函数关系。

（2）当 $0 < |r| < 1$ 时，表示 x 与 y 变量存在着一定的线性相关。$|r|$ 越大，越接近于 1，表示 x 与 y 变量直线相关程度越高；反之，$|r|$ 越小，越接近于 0，表示 x 与 y 变量直线相关程度越低。通常判断标准是，相关系数 $|r| < 0.3$ 称为微弱相关，$0.3 \leqslant |r| < 0.5$ 称为低度相关，$0.5 \leqslant |r| < 0.8$ 是显著相关，$0.8 \leqslant |r| < 1$ 是高度直线相关，$|r| = 1$ 为完全相关。

（3）当 $r > 0$ 时，表示 x 与 y 为正相关；当 $r < 0$ 时，表示 x 与 y 为负相关。

（4）当 $r = 0$ 时，表示 x 与 y 为无相关，即 x 与 y 完全没有直线关系。

【例 8−2】中计算的相关系数为 0.99，说明消费支出与居民家庭月收入呈高度正相关，也就是家庭收入越高，消费支出也越高。

第二节　回归分析

一、回归分析的意义

相关关系说明现象之间有关系，但它不能说明一个现象发生一定数量变化时，另一个变量将会发生多大的变化，也就是说，它不能说明两个变量之间的一般关系值。

回归分析是指对具有相关关系的现象，根据其变量之间的数量变化形态，选择一个合适的数学表达式描述它们之间的关系，并进行估算和预测的一种统计方法。它实际上是相关现象间不确定、不规则的数量关系一般化、规则化的一种方法。

根据回归分析建立的数学表达式称为回归方程（或回归模型）。按照回归的形态分，有线性回归（直线回归）和非线性回归（曲线回归）。回归方程为线性方程的，称为线性回归；回归方程为非线性方程的称为非线性回归，其中线性回归是基本的。按自变量的个数分，有一元回归和多元回归。两个变量（一个自变量和一个因变量）之间的回归称为一元回归，又称简单回归；三个或三个以上变量之间的回归称为多元回归，又称复回归。

二、回归分析的特点

回归分析与相关分析相比具有以下特点：

其一，在相关分析中，各变量都是随机变量；而在回归分析中，必须根据研究目的，确定哪个是自变量，哪个是因变量。因变量是随机变量，自变量不是随机的，而是给定的数值。以简单线性回归分析方法为例，自变量一般用 x 代表，因变量一般用 y 代表，相应

的回归方程是:

$$y_c = a + bx$$

式中,作为自变量的 x,一般是可控制的随机变量,而作为因变量的 y,除受 x 影响外,还受其他随机因素影响,所以是随机变量。y 与 x 的对应关系是一种平均意义的数量关系。

其二,相关分析中,各变量之间是对等关系,调换变量的位置,不影响计算的结果;而在回归分析中,回归方程 $y_c = a + bx$ 的作用在于给出自变量的数值,来估计因变量的可能值,因变量可能值又称理论值或估计值,由于自变量与因变量之间不是对等的关系,自变量 x 一般是非随机变量,所建立的回归方程也是不能逆转的。自变量和因变量调换其位置,将得到不同的回归方程。因此,在进行回归分析时,必须根据研究目的,先确定哪一个是自变量,哪一个是因变量。一个回归方程只能做一种推算,即由 x 推算 y,而不是由 y 推算 x。推算的结果,表明变量之间的因果对应关系。

其三,相关分析计算的相关系数是一个绝对值在 0 与 1 之间的抽象系数,其数值的大小反映变量之间相关关系的程度;而回归分析建立的回归方程反映的是变量之间的具体变动关系,不是抽象的系数。根据回归方程,利用自变量的给定值可以估计或推算出因变量的数值。在直线回归方程中,自变量的系数 b 称为回归系数,表明 y 对 x 的回归关系。回归系数符号 b 与相关系数的符号一致,其数值为正表示正相关,为负表示负相关。

三、回归分析的主要内容

（一）建立相关关系的回归方程

利用回归分析方法,配合一个表明变量之间数量上相关的方程式,而且根据自变量 x 的变动来预测因变量 y 的变动。

（二）测定因变量的估计值与实际值的误差程度

通过计算估计标准误差指标,可以反映因变量估计值的准确程度,从而将误差控制在一定范围内。

综上所述,相关分析的方法主要由以下几个步骤构成:

第一,根据研究的目的,通过观察或实验以取得资料。对相关分析来说,有时需要对资料进行适当加工以转化成为可比的。

第二,整理资料。通过分组编制相关表,以便于进行分析。

第三,绘制相关图。把成对相关资料绘成散布图或曲线图,从图形中不仅可以看出变量之间是否有关系存在,而且可以近似地把关系的形式反映出来。

第四,相关关系的解析。通过建立回归方程,计算估计标准误差、相关系数等,以反映变量之间的关系、误差大小及密切程度,并运用数理统计方法进行检验和评价,这是相关分析中最重要的内容。

四、一元线性回归方程的拟合

在回归分析中，最简单、最基本的形式就是一元线性回归，也就是通常所说的配合直线方程式的问题。若通过观察或实验，得到 n 对数据 (x_1, y_1)，(x_2, y_2)，…，(x_n, y_n) 的相关。图上的散布点接近分布在一条直线上，就可以认为变量 x 与 y 之间存在着线性关系，可设经验公式为：

$$y_c = a + bx$$

式中，a 与 b 为待定参数，也就是需要根据实际资料求解的数值，a 为直线的截距，b 为直线的斜率，也称回归系数，表示自变量 x 每变动一个单位时，因变量 y 的平均变动量。a、b 值确定了直线的位置，a、b 一旦确定，这条直线就被唯一确定了。但用于描述这 n 组数据的直线有许多条，究竟用哪条直线来代表两个变量之间的关系，需要一个明确的原则。我们希望选择离各散布点最近的一条直线来代表 x 与 y 之间的关系，以便更好地反映变量之间的关系。根据这一思想确定未知参数 a、b 的方法，称为最小二乘法，也就是通过 $Q = \sum (y - \bar{y})^2$ 为最小值来确定 a、b 的方法。可见，用最小二乘法得到的直线与所有数据 (x_i, y_i) 的离差平方和为最小。

要使 Q 为最小值，就要用数学中对二元函数求极值的原理，求 Q 关于 a 和 b 的偏导数，并令其等于 0，整理得出直线回归方程中求解参数 a、b 的标准方程组为：

$$\sum y = na + b \sum x$$

$$\sum xy = a \sum x + b \sum x^2$$

解方程组得：

$$b = \frac{\sum (x - \bar{x})(y - \bar{y})}{\sum (x - \bar{x})^2}$$

或 $b = \dfrac{n \sum xy - \sum x \sum y}{n \sum x^2 - (\sum x)^2} = \dfrac{L_{xy}}{L_{xx}}$

$$a = \frac{\sum y - b \sum x}{n} = \frac{\sum y}{n} - b \frac{\sum x}{n} = \bar{y} - b \bar{x}$$

【例 8-3】根据表 8-3 中的数据，拟合某社区居民家庭月收入水平 (x) 与消费支出 (y) 的回归直线方程。

根据表 8-3 中的计算结果，得：

$$b = \frac{n \sum xy - \sum x \sum y}{n \sum x^2 - (\sum x)^2} = \frac{10 \times 21429 - 465 \times 349}{10 \times 29751 - 465^2} = 0.6398$$

$$a = \bar{y} - b \bar{x} = \frac{349}{10} - 0.6398 \times \frac{465}{10} = 5.1493$$

将 a 和 b 代入回归方程式得：

$y_c = a + bx = 5.1493 + 0.6398x$

式中：y_c代表消费支出，x代表家庭月收入。回归系数 $b = 0.6398$，表示家庭月收入每提高 1 个单位（百元），消费支出平均增加 0.6398 个单位（百元）。$a = 5.1493$ 代表即使月收入为 0 的情况下，消费支出也需要 5.1493（百元）。

利用直线方程可以进行预测。如某家庭月收入为 150（百元），在其他条件相对稳定时，可以预测其消费支出为

$y_c = a + bx = 5.1493 + 0.6398 \times 150 = 101.1193$（百元） $= 10111.93$（元）

五、估计标准误差

（一）估计标准误差的意义

回归方程的一个重要作用在于根据自变量的已知值推算因变量的可能值 y_c，这个可能值或称估计值、理论值、平均值，它和真正的实际值 y 可能一致，也可能不一致，因而就产生了估计值的代表性问题。当 y_c 值与 y 值一致时，表明推断准确；当 y_c 值与 y 值不一致时，表明推断不够准确。显而易见，将一系列 y_c 值与 y 值加以比较，可以发现其中存在着一系列离差，有的是正差，有的是负差，还有的为零。而回归方程的代表性如何，一般是通过计算估计标准误差指标来加以检验的。估计标准误差指标是用来说明回归方程代表性大小的统计分析指标，是反映观察值 y 与估计值 y_c 的平均变异程度的指标，也简称为估计标准差或估计标准误差，其计算原理与标准差基本相同。估计标准误差说明理论值（回归直线）的代表性。若估计标准误差小，说明回归方程准确性高，代表性大；反之，估计不够准确，代表性小。

（二）估计标准误差的计算

估计标准误差，是指因变量实际值与理论值离差的平均数。其计算公式为：

$$S_{yx} = \sqrt{\frac{\sum (y - y_c)^2}{(n-2)}}$$

式中：S_{yx} 表示估计标准误差，其下标 yx 代表 y 依 x 而回归的方程；

y_c 表示根据回归方程推算出来的因变量的估计值；

y 表示一因变量的实际值；

n 表示数据的项数；

$n-2$ 表示称为回归估计自由度（因为模型 $y_c = a + bx$ 中包括参数 a 和 b，因此失去了两个自由度）。

$\sum (y - y_c)^2 \leftrightarrow$ 剩余变差

估计标准误差的简化计算公式为：

$$S_{yx} = \sqrt{\frac{\sum y^2 - a\sum y - b\sum xy}{(n-2)}}$$

【例8－4】依据表8－3的资料，计算估计标准误差。

$$S_{yx} = \sqrt{\frac{\sum y^2 - a\sum y - b\sum xy}{(n-2)}}$$

$$= \sqrt{\frac{15571 - 5.1493 \times 349 - 0.6398 \times 21429}{10 - 2}} = 2.82(百元)$$

（三）估计标准误差与相关系数的关系

估计标准误差是分析回归误差的一个重要尺度，它和相关系数有密切关系，两个指标在数量上具有如下关系：

$$r = \sqrt{1 - \frac{S_{yx}^2}{\sigma_y^2}}$$

$$S_{yx}^2 = \sigma_y\sqrt{1 - r^2}$$

式中：r 表示相关系数；

$\qquad$ σ_y 表示因变量数列的标准差；

$\qquad$ s_{yx} 表示估计标准误差。

从上面的计算公式中可以看出 r 和 S_{yx} 的变化方向是相反的。当 r 越大时，S_{yx} 越小，这时相关密切程度较高，回归直线的代表性较大；当 r 越小时，S_{yx} 越大，这时相关密切程度较低，回归直线的代表性较低。

综合练习与训练

一、填空题

1. 现象之间的相关关系按相关的程度分有_____相关、_____相关和_____相关；按相关关系的方向分有_____相关和_____相关；按相关关系的表现形态分有_____相关和_____相关；按自变量的多少分有_____相关和_____相关。

2. 相关系数等于0，说明两变量之间_____；直线相关系数等于1，说明两变量之间_____；直线相关系数等于－1，说明两变量之间_____。

3. 一个回归方程只能作一种推算，即给出_____的数值，估计_____的可能值。

4. 已知直线回归方程 $y_c = a + bx$ 中，$n = 6$，$\sum x = 30$，$\sum y = 400$，$\sum x^2 = 160$，$\sum xy = 1971$，则可知 $a = $ _____。

5. 配合回归方程的最合适方法是_____。

6. 在回归方程 $y_c = a + bx$ 中，a 表示_____，b 表示_____。估计待定参数常用

的方法是_____。

7. 在相关分析中，相关系数只能说明两个变量相关关系的_____，不能说明两个变量之间在数量上的_____。

8. 在回归分析中，x 为自变量，y 为因变量，其回归方程为_____；y 为自变量，x 为因变量，其回归方程为_____。

9. 估计标准误差与相关系数的关系是_____。

10. 在回归分析中，自变量和因变量的关系是_____；在相关分析中，自变量和因变量的关系是_____。

11. 完全相关即是_____相关，其相关系数为_____。

12. 相关系数是在_____相关条件下用来说明两个变量相关_____的统计分析指标。

13. 用来说明回归方程代表性大小的统计分析指标是_____指标。

14. 当变量 x 按一定数额变动时，变量 y 也按一定的数额变动，这时变量 x 与 y 之间存在着_____关系。

15. 一个回归方程只能作一种推算，即给出_____的数值，估计_____的可能值。

二、单项选择题（在备选答案中有一个是正确的，将其选出并把标号填在题后的括号内）

1. 在商品价格不变的情况下，销售额和销售量之间存在着（　　）。
A. 相关关系　　　B. 函数关系　　　　　C. 回归关系　　　　　D. 依存关系

2. 通过相关系数的计算，可说明（　　）。
A. 线性相关还是非线性相关　　　　　B. 变量之间的因果数量关系
C. 变量之间的相互依存关系　　　　　D. 相关关系的性质和密切程度

3. 相关系数的取值范围是（　　）。
A. $0 \leqslant r \leqslant 1$　　　B. $-1 \leqslant r \leqslant 0$　　　C. $r \leqslant 0$　　　D. $-1 \leqslant r < 1$

4. 变量之间的相关程度越低，则相关系数的数值（　　）。
A. 越小　　　B. 越接近于 0　　　C. 越接近于 -1　　　D. 越接近于 1

5. 回归分析中的两个变量（　　）。
A. 都是随机变量　　　　　B. 关系是对等的
C. 都是给定的量　　　　　D. 一个是给定的量，一个是随机变量

6. 2007 年某地区每 1 元人均收入（元）与商品销售额（万元）变动的回归方程为 $y_c = 26.92 + 0.92x$，这意味着（　　）。
A. 人均收入每增加 1 元，商品销售额平均增加 0.92 万元

B. 人均收入每增加 1 元，商品销售额平均增加 26 万元

C. 人均收入每增加 1 元，商品销售额平均增加 26.92 万元

D. 人均收入每增加 1 元，商品销售额平均降低 0.92 万元

7. 估计标准误差说明回归直线的代表性，因此（　　）。

A. 估计标准误差数值越大，说明回归直线的代表性越大

B. 估计标准误差数值越大，说明回归直线的代表性越小

C. 估计标准误差数值越小，说明回归直线的代表性越小

D. 估计标准误差与回归直线的代表性没有直接关系

8. 当自变量的数值确定后，因变量的数值也随之完全确定，这种关系属于（　　）。

A. 相关关系　　　B. 函数关系　　　　C. 回归关系　　　　D. 随机关系

9. 测定变量之间相关密切程度的代表性指标是（　　）。

A. 估计标准误差　　　　　　　　　B. 两个变量的协方差

C. 相关系数　　　　　　　　　　　D. 两个变量的标准差

10. 某校对学生的考试成绩和学习时间的关系进行测定，建立了考试成绩与学习时间的直线回归方程为：$y_c = 180 - 5x$，该方程明显有错，错误在于（　　）。

A. a 值的计算有误，b 值是对的　　　　B. b 值的计算有误，a 值是对的

C. a 值和 b 值的计算都有误　　　　　D. 自变量和因变量的关系搞错了

三、多项选择题（在备选答案中有两个以上是正确的，将它们全都选出并把标号填在题后的括号内）

1. 下列属于正相关的现象是（　　）。

A. 家庭收入越多，其消费支出也越多

B. 某产品产量随工人劳动生产率的提高而增加

C. 流通费用率随商品销售额的增加而减少

D. 生产单位产品所耗工时随劳动生产率的提高而减少

E. 产品产量随生产性固定资产价值的减少而减少

2. 相关关系按相关程度可以分为（　　）。

A. 完全相关　　　B. 不完全相关　　　C. 不相关　　　　D. 正相关

E. 负相关

3. 下列相关现象中，属于负相关的是（　　）。

A. 商品流转的规模越大，流通费用水平越低

B. 商品销售价格提高，商品销售量降低

C. 家庭的消费支出随工资收入的增加而增加

D. 农产品产量随播种面积扩大、施肥量增加而增加

E. 产品成本越高，则利润越低

4. 计算相关系数时（　　）。

A. 相关的两个变量都是随机变量

B. 相关的两个变量是对等的关系

C. 相关的两个变量一个是随机变量，另一个是可控变量

D. 相关系数有正负号，可判断相关的方向

E. 可以计算出自变量和因变量两个相关系数

5. 估计标准误差是反映（　　）。

A. 回归方程代表性大小的指标

B. 估计值与实际值平均误差程度的指标

C. 自变量与因变量离差程度的指标

D. 因变量估计值的可靠程度的指标

E. 回归方程实用价值大小的指标

6. 测定现象之间有无相关关系的方法是（　　）。

A. 编制相关表   B. 绘制相关图

C. 对客观现象做定性分析   D. 计算估计标准误差

E. 配合回归方程

7. 在直线回归分析中（　　）。

A. 自变量是可控制量，因变量是随机的

B. 两个变量不是对等的关系

C. 利用一个回归方程，两个变量可以互相推算

D. 根据回归系数可判定相关的方向

E. 对于没有明显关系的两个变量可求得两个回归方程

8. 在直线回归方程 $y_c = a + bx$ 中，b 称为回归系数，回归系数的作用是（　　）。

A. 可确定两个变量之间因果的数量关系

B. 可确定两个变量的相关方向

C. 可确定两个变量相关的密切程度

D. 可确定因变量的实际值与估计值的变异程度

E. 可确定当自变量增加一个单位时，因变量的平均增加值

9. 可用来判断现象之间相关方向的指标有（　　）。

A. 估计标准误差   B. 相关系数

C. 回归系数   D. 两个变量的协方差

E. 两个变量的标准差

10. 工人的工资（元）依劳动生产率（千元）的回归方程为 $y_c = 10 + 70x$，这意味着（　　）。

A. 如果劳动生产率等于 1000 元，则工人工资为 70 元。

B. 如果劳动生产率每增加 1000 元，则工人的工资平均提高 70 元。

C. 如果劳动生产率每增加 1000 元，则工人工资平均减少 70 元。

D. 70 为回归系数。

E. 10 为回归直线的起点值。

四、判断题（把"√"或"×"填在题后的括号里）

1. 相关系数是测定变量之间相关密切程度的唯一方法。（　　）

2. 只有当相关系数接近于 1 时，才能说明两变量之间存在高度相关关系。（　　）

3. 若变量 x 的值减少时变量 y 的值也减少，说明变量 x 与 y 之间存在正的相关关系。（　　）

4. 回归系数 b 和相关系数 r，都可用来判断现象之间相关的密切程度。（　　）

5. 估计标准误差指的就是实际值 y 与估计值 y_c 的平均误差程度。（　　）

6. 在任何相关条件下，都可以用相关系数说明变量之间相关的密切程度。（　　）

7. 根据自变量对因变量的不同反映，可以把现象总体数量上的依存关系划分为函数关系和相关关系。（　　）

8. 按直线回归方程 $y_c = 170 - 2.5x$，则变量 x 和 y 之间存在负的相关关系。（　　）

9. 按直线回归方程 $y_c = a + bx$ 配合的直线，是一条具有平均意义的直线。（　　）

10. 在回归分析中，对于没有明显关系的两个变量，可以建立 y 依 x 变动和 x 依 y 变动的两个回归方程。（　　）

11. 由于变量 y 依变量 x 回归和自变量 x 依变量 y 回归所得到的回归方程之所以不同，主要是因为方程中参数表示的意义不同。（　　）

12. 正相关指的就是因素标志与结果标志的数量变动方向都是上升的。（　　）

13. 相关系数的正负，取决于自变量和因变量离差乘积的总和。（　　）

14. 积差法和简捷法计算的相关系数是相等的。（　　）

15. 回归系数的符号与相关系数的符号相同。（　　）

16. 在回归分析中，随着自变量和因变量的更换，回归方程也不同。（　　）

17. 数量上相关，就一定说明现象相关。（　　）

18. 在回归分析中，自变量和因变量的关系都是因果关系。（　　）

19. 利用估计标准误差计算的相关系数，可以反映正、负相关。（　　）

20. 估计标准误差说明回归方程的可靠程度。（　　）

21. 回归系数是当其他自变量固定不变时，某一自变量的平均值。（　　）

22. 相关系数等于 1 时，实际观察值与相对应的理论值相等。 （　　）

五、简述题

1. 什么是相关关系？它和函数关系的联系与区别是什么？
2. 相关分析和回归分析的联系与区别是什么？
3. 说明相关系数的取值范围及其判断标准。
4. 相关系数与估计标准误差的关系是什么？
5. 根据变量值直接计算出相关系数与根据回归分析计算的相关系数的异同是什么？
6. 相关分析和回归分析应注意什么问题？
7. 论述相关分析的意义？
8. 谈谈相关分析为什么要坚持定性分析和定量分析相结合的原则。
9. 拟合回归方程 $y_c = a + bx$ 有什么要求？回归方程中参数 a、b 的经济含义是什么？
10. 回归系数 b 和相关系数 r 的关系如何？
11. 什么是估计标准误差？这个指标有什么作用？
12. 区别下列现象为相关关系或为函数关系
（1）物体体积随温度升高而膨胀，随压力加大而收缩。
（2）测量的次数越多，其平均长度越接近实际长度。
（3）家庭收入越多，其消费支出越有增长的趋势。
（4）秤砣的误差越大，权衡的误差也越大。
（5）物价越上涨，商品的需求量越小。
（6）文化程度越高，人口的平均寿命也越长。
（7）圆的半径越长，圆周也越长。
（8）农作物的收获量和雨量、气温、施肥量有密切的关系。

六、综合分析

1. 为研究数学考试成绩与统计考试成绩之间的关系，现从某学校中随机抽取 10 人进行调查，所得结果如表 8-4 所示。

表 8-4　某学校数学考试成绩和统计考试成绩

学生编号	1	2	3	4	5	6	7	8	9	10
数学成绩（分）	86	90	79	76	83	96	68	80	76	60
统计成绩（分）	81	91	63	81	81	96	67	90	78	54

根据表 8-4 要求：（1）应用 Excel 将所给的数据绘制相关图，判断数学考试成绩与统计考试成绩之间的相关关系形态。

（2）计算数学考试成绩与统计考试成绩之间的相关系数。

2. 银行为了了解居民每年收入与储蓄的关系，以便制订发展存款业务计划，对月收入在 500～2000 元的 100 个居民进行了调查。设月收入为 x（元），储蓄金额为 y（元），经初步整理与计算，得到如下结果：

$$\sum x = 1239, \sum y = 879, \sum xy = 11430, \sum x^2 = 17322$$

要求：确定以储蓄金额为因变量的直线回归方程，并解释 b 的意义。

3. 已知 $n = 6, \sum x = 21, \sum y = 426, \sum x^2 = 79, \sum y^2 = 30268, \sum xy = 1481, \sigma_y = 2$。

要求：（1）计算相关系数；

（2）建立一元回归直线方程；

（3）计算估计标准误差。

4. 有 10 个同类企业的生产性固定资产年平均价值和工业增加值资料如表 8-5 所示。

表 8-5 10 个同类工业企业生产性固定资产和增加值

企业编号	生产性固定资产价值（万元）	工业增加值（万元）
1	318	524
2	910	1019
3	200	638
4	409	815
5	415	913
6	502	928
7	314	605
8	1210	1516
9	1022	1219
10	1225	1624
合计	6252	9801

根据表 8-5 试计算：（1）相关系数，说明两个变量相关的方向和程度；

（2）编制直线回归方程，指出方程参数的经济意义；

（3）估计标准误差；

（4）估计生产性固定资产（自变量）为 1100 万元时，工业增加值（因变量）的可能值。

5. 根据某地区历年人均收入（元）与商品销售额（万元）资料计算的有关数据如下（x 代表人均收入，y 代表销售额）：

$$n = 9, \sum x = 546, \sum y = 260, \sum x^2 = 34362, \sum xy = 16918$$

试计算：（1）建立以商品销售额为因变量的直线回归方程，并解释回归系数的含义；

（2）若 2006 年人均收入为 2300 元，试推算该年商品销售额。

6. 某地经回归分析，其每亩地施肥量（x）和每亩粮食产量（y）的回归方程为：$y_c = 500 + 10.5x$，试解释式中回归系数的经济含义。若每亩最高施肥量为 40 斤，最低施肥量为 20 斤。问每亩粮食产量的范围为多少？

7. 根据某企业产品销售额（万元）和销售利润率（%）资料计算出如下数据：

$n = 7$，$\sum x = 1890$，$\sum y = 31.1$，$\sum x^2 = 535500$，$\sum y^2 = 174.15$，$\sum xy = 9318$

试计算：（1）确定以利润率为因变量的直线回归方程；

（2）解释式中回归系数的经济含义；

（3）当销售额为 500 万元时，利润率为多少？

8. 由某地区家计调查资料得到：每户平均年收入为 6800 元，均方差为 800 元，每户平均年消费支出为 5200 元，均方差为 40000 元，支出对于收入的回归系数为 0.2。

试计算：（1）收入与支出的相关系数；

（2）拟合支出对于收入的直线回归方程；

（3）估计年收入在 7300 元时的消费支出额；

（4）收入每增加 1 元，支出平均增加多少元？

9. 某部门 8 个企业产品销售额和销售利润资料如表 8-6 所示。

表 8-6　某部门 8 个企业产品销售额和销售利润额

企业编号	产品销售额（万元）	销售利润额（万元）
1	170	8.1
2	220	12.5
3	390	18.0
4	430	22.0
5	480	26.5
6	650	40.0
7	950	64.0
8	1000	69.0
合计	4290	260.1

要求：（1）计算产品销售额与利润额的相关系数；

（2）建立以利润额为因变量的直线回归方程，说明斜率的经济意义；

（3）当企业产品销售额为 500 万元时，销售利润额为多少？

10. 已知 x、y 两个变量的相关系数 $r = 0.8$，$\bar{x} = 20$，$\bar{x} = 20$，$\bar{y} = 50$，σ_x 为 σ_y 的两倍，求 y 依 x 的回归方程。

11. 已知 x、y 两个变量，$\bar{x} = 15$，$\bar{y} = 41$，在直线回归方程中，当自变量 x 等于 0 时，$y_c = 5$，又已知 $\sigma_x = 1.5$，$\sigma_y = 6$，试求估计标准误差。

12. 某地区 1998～2007 年个人消费支出和收入资料如表 8-7 所示。

表 8 – 7　某地区 1998 ~ 2007 年个人消费支出和收入　　　　单位：万元

年份	个人收入	消费支出	年份	个人收入	消费支出
1998	164	156	2003	207	188
1999	170	160	2004	225	202
2000	177	166	2005	243	218
2001	182	170	2006	265	236
2002	192	178	2007	289	255

要求：（1）判断两者为何种相关，计算两者相关系数；

（2）若为直线相关，试利用所给资料建立回归方程；

（3）计算回归方程的估计标准误差；

（4）若个人收入为 300 万元时，试估计个人消费支出额。

实训——相关与回归分析在经济中的运用的实训

一、实训目的

相关和回归分析是研究现象之间相关关系的一种定量分析方法。通过本实训的学习，目的是使学生熟悉相关与回归分析的基本原理及其应用，掌握相关与回归分析在实际运用中的技巧与方法。

二、实训资料

企业产品销售预测与分析。

某企业 2002 ~ 2007 年某产品销售情况如表 8 – 8 所示。

表 8 – 8　某企业 2002 ~ 2007 年某产品销售情况

年份	产品销售量（万台）	销售网点个数（个）
2002	80	2
2003	89	4
2004	115	14
2005	130	20
2006	121	18
2007	139	28
合计	674	86

为实现 2008 年企业经营目标，具体安排生产计划，组织生产，使产销适应，提高企

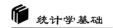

业的经济效益和社会效益，需进行哪些方面的预测和分析？

三、实训提示

为实现 2008 年企业经营目标，具体安排生产计划，组织生产，使产销适应，提高企业的经济效益和社会效益，需进行产品销售预测和分析。

该企业通过长期趋势分析，可以预测下一年的销售量；通过相关分析，可以确定影响销售量的主要因素。

1. 销售量的长期趋势预测

在一个时间数列中，影响现象升降变动的因素是多方面的。其中，系统性因素是长期起决定作用的，它促使数列沿着一定方向变动，表现为长期趋势。该企业最近几年的销售量具有长期大致相同的增长趋势，故可以采用最小平方法拟合直线方程进行趋势预测。

2. 市场销售量的相关分析与回归分析

相关因素的选取是进行回归预测的关键。对于工业企业来说不可控制的因素很多，只能调整其中可控制的因素。一般来讲，产品销售量的变动受多种因素的影响，比如，产品质量、成本、价格、用户情况、同类产品生产情况、流通渠道等。进行回归预测，首先应进行相关分析，对各种影响因素进行筛选，确定主要因素的影响程度。在本案例中，经过筛选，可分析销售网点变动对销售量的影响。

四、实训要求

1. 上述两种产品销售量预测中分别应采用哪两种统计分析方法？它们有何不同？

2. 根据资料计算：（1）销售量的长期趋势预测；（2）市场销售量的相关分析与回归分析等指标，并进行分析说明。

3. 在什么情况下可以使用上述两种统计分析方法进行市场预测？

五、实训形式

分组讨论。

六、实训时间

1 学时，在完成第八章的理论教学后进行。

七、实训地点

教室或机房。

第九章
统计综合分析

第一节 统计综合分析的概念和种类

一、统计综合分析的概念和特点

（一）统计综合分析的概念

统计是社会认识最有力的武器之一。认识的根本任务在于认识事物的本质和规律性。然而，社会经济现象是非常复杂的，其存在和发展是以各种因素相互依存、相互制约、相互联系为条件的。如果只运用一种方法，仅从表面现象来认识，或者只从几个指标数值而不是从联系中综合分析，就不能全面深入地认识事物。所以，通过统计设计、调查搜集了所需要的材料并经过整理之后，必须进行综合分析。前面有关章节所讲的统计分析只是就某一方面阐述某种方法和手段的应用，还没有就一个过程、阶段阐述统计综合分析问题。为完整地了解统计分析，必须阐述统计综合分析。

统计综合分析，就是指根据分析研究的目的，在实质性科学正确地指导下运用统计方法，以统计资料为依据，结合具体情况，从定性与定量结合上，对客观事物进行科学分析和综合研究，揭示其本质和规律性，提出解决矛盾的办法的一种逻辑思维活动。它是整个统计工作的一个重要阶段，是统计工作的最终环节，其好坏直接影响统计的质量。在统计实践中，只有开展统计综合分析。才能更好地发挥统计的作用，为各级领导和有关方面的公众提供有数据、有情况、有分析的资料，为制订计划和规划，实行宏观调控，制定有关方针、政策提供科学依据。

（二）统计综合分析的特点

1. 以统计数据为基础，定量与定性分析相结合

统计综合分析是对所研究事物进行剖析，从有关统计指标数值中研究其联系、差别、矛盾，摆情况、揭矛盾、找措施。所以，统计综合分析离不开统计数字。但统计综合分析也并非单纯地数字罗列，而是将真实的数据与生动的情况相结合，定量分析与定性分析相结合，综合掌握事物的联系和变化过程，掌握事物量变的关键点、最佳度，综合深入探索事物变化、发展的根本原因，进而提出可行的对策。

2. 统计综合分析的目的在于提出办法，解决问题

分析方法是手段，解决问题是目的。统计综合分析要求对所计算和研究的问题做出周密的分析和正确的判断与评价，进而提出解决问题的方向和办法，所以，统计综合分析绝不仅仅是分析方法的总和，而是认识和研究问题的更高级的分析研究阶段。

3. 综合运用多种分析方法

统计综合分析要认识问题的全貌，掌握现象运动的全过程，这就不能只限于运用一种分析方法，而必须综合运用多种分析方法；更不局限于运用统计分析方法，而是要运用有关科学，诸如经济计量学、系统工程等分析方法。在进行综合分析时要根据研究事物的特点和研究目的，选择符合实际需要的一整套分析方法体系来进行综合分析研究。

上述统计综合分析的概念和特点是针对统计综合分析的实践活动而言的，在统计学中，不可能具体研究和阐述统计综合分析活动实际的复杂内容。统计学中所阐述的统计综合分析是以统计数据为基础，定性与定量分析相结合，综合运用多种方法，对事物进行剖析，认识其本质和规律性的方法论。

二、统计综合分析的任务

统计综合分析与整个统计工作的任务是一致的，其主要任务就是"占有资料，加以分析，找出矛盾，提出办法"。它和统计工作其他阶段的不同之处在于：①统计综合分析提供的资料不是原始的，而是经过整理加工提炼的资料；②统计综合分析提供的资料，不仅有调查、整理的资料，而且有形成一定观点的综合分析资料；③统计综合分析不仅提出问题、剖析问题、揭示矛盾，而且提出解决矛盾的措施、办法和建议。可见，统计综合分析资料的质量比调查、整理的资料的质量要高得多，从而，统计综合分析的任务也要复杂和困难得多。其任务可以归纳为以下几点：

第一，综合分析研究国民经济和社会发展的现状。诸如，进行国情国力、国民经济中的主要比例、经济效益、产品质量、科学技术的发展、教育结构、社会治安、环境保护等方面的分析，找出矛盾，发现问题，做出正确判断，提出解决办法，及时为有关方面提出进行宏观调控、预警和监督的建议。

第二，综合分析研究社会经济发展的历史资料，研究其规律性问题。诸如，国民经济和社会发展变化的趋势，人民生活水平和物质文化生活需要日益增长变化趋势，以及其他有关社会经济情况的变化规律性等问题，认识规律，驾驭规律，促进国民经济发展和人民物质文化生活水平的不断提高。

第三，在国民经济和社会经济现状与发展变化规律性问题分析的基础上，进行预测分析。由于社会经济现象较自然现象复杂，多种因素交织在一起，交错影响。统计预测分析，要将定性与定量很好结合，综合运用各种科学方法，进行正确分析，以使预测分析更接近实际，进而为决策提供参考数据和建议。

第四，综合分析研究社会经济发展及其他某些专门问题，揭示其先进与后进的差距，展示优劣、快慢，揭露矛盾，及时发现新情况、新问题，为改进工作、开创新局面提供依据。

上述四个方面的任务是相互联系、相辅相成的。现状分析和历史分析是基础、是重点，预测、决策分析是历史规律性分析的继续和深入。

三、统计综合分析的形式

根据统计综合分析的任务和研究重点不同，其形式综合归纳起来，主要有以下四种：

（一）专题性的分析

专题性的分析主要是就社会经济现实状况某一方面或某一问题而进行的专题调查的研究分析。专题性分析的范围虽然可以是一个部门或综合部门，题目可大也可小，内容可多也可少。但是，一般都强调内容的专门性、形式的多样性、表达的灵活性和剖析的深刻性。这种分析一般不受时间和空间的限制，要求分析研究具有针对性，单刀直入，深刻解剖，摆观点、揭矛盾、提建议。这种分析最忌面面俱到，泛而不专。这种分析同其他分析比较，目标更集中，重点更突出，认识更深刻，是最常用的一种分析。

（二）总结性的分析

总结性的分析主要是从多方位和一定过程的角度进行综合研究。其主要特点是全面性、系统性和综合性。例如，对微观企业的人、财、物，供、产、销运营情况进行综合评价。又如，宏观地将整个国民经济全局的发展速度、重要比例、经济效益，生产、分配、流通、消费与积累联系起来，进行分析研究等。此种分析的目的是对全局做出总评价，反映总变动趋势，从错综复杂的联系和发展中揭示存在的主要问题，找出原因，探寻对策。这种分析要求实事求是。正确总结，科学评价，切不可浮夸虚假。

（三）进度性的分析

进度性的分析主要是从事物发展的历程角度所进行的分析。如生产进度、工程进度、工作进程等分析。进度性的分析分为一般性进度分析和战略性进度分析两种。前者主要是就各级领导关心和社会敏感性很强的问题进行分析；后者主要是就影响全局未来发展的、较大的趋势性问题进行研究。进度性的分析要求有很强的时效性，它最忌讳"雨后送伞""马后炮"。

（四）预测决策性的分析

预测决策性的分析是在分析历史和现实的基础上，运用统计预测方法，对所研究事物的未来发展趋势做出的科学推理判断和定量预计。预测的目的是为增强预见性。预测分析的要求是赖以预测的基础数据要准确，进行预测计算上要定量分析与定性分析紧密结合，提出预测的分析结果具有置信区间和可信度。在进行预测分析的基础上，进行一定的决策分析，为实施正确决策提供参考依据。

第二节　统计综合分析的一般原则、程序和方法

一、统计综合分析的一般原则

科学地进行统计综合分析必须遵循"实事求是"这个基本原则。"实事"就是客观存在着的一切事物，"是"就是客观事物的内部联系，即规律性，"求"就是我们去研究。实事求是也可以说是统计综合分析的灵魂。具体说要注意如下几点：

第一，必须坚持社会主义道路、人民民主专政、党的领导和马列主义、毛泽东思想四项基本原则。

第二，必须坚持辩证唯物主义的观点，从客观实际出发，从事物的联系中以全面的、发展的观点进行分析研究，决不能按主观臆想去抓问题、找例证、弄情况、凑数字。

第三，必须坚持定量分析与定性分析相结合，根据科学方法进行正确的计算研究，依照有关科学理论、政策、法规剖析客观生动的情况。

第四，必须在一般与具体的结合中进行分析研究。只有这样，才能对客观事物的本质和规律性进行正确的、深刻的分析说明。

二、统计综合分析的一般程序

统计综合分析从选题到写出报告，一般程序选择并确定研究课题；课题研究设计；采集、积累与鉴别资料；进行系统周密分析；得出结论，提出建议；根据分析结果形成分析报告。具体程序可依实际条件灵活安排。

（一）选择并确定研究课题

统计综合分析要有针对性，这是进行统计综合分析首先需要解决的问题，它集中体现在研究课题上。研究课题体现着研究目的和所要分析的问题。所以，选择并确定课题是统计综合分析的初始环节，是课题研究设计的前提。研究课题的选择与确定是否恰当直接影响统计综合分析的效果。研究课题要从实际出发，根据客观需要来选择和确定。选择和确定的课题，应当是关键问题，并且要有相当的预见性，能超前提出即将出现的问题。具体来说有多种渠道、多方面来源。既可根据党和政府在各时期的方针、政策和工作重心的要

求、选择领导关心的问题，也可根据生产、经营管理工作中的难点来选择；既可选择社会各界关注的热点、焦点和有争论的问题，也可选择改革、开放中出现的新情况、新问题。

在选题中要正确处理好需要与可能的关系。课题虽好，但尚无条件，可暂时不搞；课题虽不太好，但掌握材料，只要能反映出值得重视的问题也可以搞。前种情况可积极创造条件，后种情况可进一步努力提高质量。

（二）课题研究的设计

选择并确定课题之后，接着就要设计课题研究计划。这是统计综合分析的重要一环。研究课题的设计内容一般包括：分析研究的目的、要求；课题研究的必要性和可行性；指导思想、理论、政策和法规依据；分析研究的内容纲目；分析研究所需资料及其来源；分析研究课题的实施步骤、方法与组织。分析研究课题设计是指导性文件，但在具体实施时，并不是一成不变的，它还要根据分析研究中发现的新情况和新问题进行补充、修改。

（三）采集、积累与鉴别资料

统计综合分析以统计数据资料为基础。因此，在选定课题并进行设计之后，就要采集足够丰富和充分可靠的资料。不仅要采集有关普查、抽样调查、重点调查的资料，还要进行科学推算；不仅要适当利用定期统计报表资料，还要积累有关会议文件、总结和简报资料；不仅要采集并积累平时掌握的比较丰富的系统材料，还要根据需要，深入实际，深入群众，进行调查研究，掌握典型材料，补充新材料，探索解决矛盾的切实办法。采集、积累什么材料，主要取决于研究课题的内容和所涉及的领域。有的主要是本单位、本地区或本国的材料，有的则要用到外单位、外地区或外国的材料。

由于所采集和涉及的材料不同、来源各异，从而材料的总体范围、指标口径、计算方法、准确程度等都会有差别，这就需要对材料进行审查和鉴别。对所采集的资料要进行质量评价，根据需要决定取舍，并进行调整、估计和换算。特别是在利用外域和历史资料时，要特别注意资料的范围、口径、计算方法是否一致，各自的条件如何，要根据具体情况进行必要的调整、换算，否则就会导致结论错误。

对经过审查、鉴别、调整、换算的材料，要根据课题研究设计需要，进一步加工整理，使其成为系统、完整的材料，以提供分析研究的直接依据。

（四）运用各种方法进行系统、周密的分析

这是统计综合分析研究中的最重要的环节，它是依据经过鉴别、整理的资料，进行刻苦、细致的思考，系统周密地分析的过程。进行系统周密的分析，要运用各种统计方法，诸如分组法、综合指标法、时间数列法、指数法、抽样推断法、相关与回归分析法、预测估算法等。这些方法中既有静态分析，又有动态分析；既有描述方法，又有推算方法；既有实际的剖析，又有预测分析。众所周知，方法是达到目的的手段，了解并掌握每种方法的作用、应用条件和实施过程，对于搞好统计综合分析十分重要。这些方法已在有关章节讲述了，这里无须再赘述。但从系统周密分析角度。从总体上研究其运用问题则十分必要。

第一，要根据所研究对象的特点和分析研究的任务来选用适当的有效方法，它既可以是几种方法的有机结合，也可以是多种方法的综合运用。

第二，从各种方法特点出发，灵活运用比较和对照，既可进行纵向对比，也可进行横向比较。进行综合分析错综复杂的现象并进行对比时，要注意比得合理，比得恰当，比得有效。

第三，从统计认识活动总任务出发，深刻认识事物的本质和规律性，把比较法、剖析法、分解法结合起来。统计中的比较对照研究可谓比较法，分组法可谓剖析法，指数法可谓分解法。为认识事物的本质，要进行比较对照、层层剖析、细细分解，以便揭露矛盾，抓住症结。

第四，运用一般分析方法进行逻辑推理和判断，准确分清一般与个别，正确划分正常与非正常、主要与次要、必然与偶然、系统与非系统，综合概括，得出正确的结论。

第五，在运用统计方法进行系统周密的分析时，切忌单纯用统计方法反复计算纷繁的数字，就数字论数字，脱离实际，无视生动的情况，胡乱发表议论，而应当将数字与情况结合，定量与定性结合，实事求是地下结论。

（五）得出结论，提出建议

这是系统周密分析的深化过程，也可说是系统周密分析的结果。这一过程并非凭空臆想，而是以实际材料为依据，将丰富的感性材料加以去粗取精，去伪存真，由此及彼，由表及里地改造制作，形成概念和系统的理论，从感性认识跃进到理性认识。在这个环节中一定要抓住主要矛盾，找出根本原因，透过现象看本质，通过数据的变化看趋势，得出结论，提出积极建议。

（六）根据分析结果形成分析报告

这是统计综合分析的最后程序。分析报告是分析研究成果的集中表现。在统计综合分析中，应根据研究目的和内容，采用灵活多样的形式来表现，以供有关方面使用或参考。一般来说，搞好统计分析关键是真实丰富的材料、完整的内容和正确的观点，但恰当的表现形式也是统计分析发挥作用的重要方面。统计综合分析结果的表现形式有多种，其中分析报告是主要的，分析报告是写给别人看的，因而一定要认真考虑叙述的逻辑问题，写好分析报告。

三、统计综合分析一般方法概述

统计各种方法已在有关章节阐述，这里从综合分析角度，从综合运用各种方法方面做一概述，也可谓统计综合分析基本思想观点。

（一）统计综合分析中多层次、多种方法的综合运用

这是指分析方法的多层性问题，它并非分析阶段所特有的，但在分析阶段，这个问题

特别重要，必须正确认识和运用。

第一，使用最高层次的哲学方法，即唯物辩证法。在统计分析阶段中它不仅直接发生作用，而且对于统计分析特有方法的选择、确定和使用起着指导作用。这就是说，统计分析必须在哲学方法指导下进行。

第二，使用一般性的科学方法，如数学方法、社会调查研究方法、系统工程方法等，这些方法的结合运用会扩展统计综合分析的领域，保证统计综合分析的质量，提高统计综合分析的水平。

第三，使用统计综合分析所特有的方法，即对于社会经济总体的数量方面的分析方法。统计综合分析方法的多层性，不是封闭的，而是开放的，只要有助于社会经济总体数量方面的分析，无论属于哪门科学，都可引用。

（二）问题与方法的交错性

统计综合分析中所要研究的是统计综合分析的问题，如现状分析、历史分析、预测决策分析。分析所应用的手段，则是指分析的方法。问题与方法是交错的，一个问题可用多种方法来分析，一种方法可应用于多种问题的分析研究，在统计综合分析中，要善于运用多种方法，并使其结合进行综合分析。

（三）统计综合分析中质与量的结合

统计综合分析中质与量的结合即定性与定量的结合，它贯穿于统计的全过程，但各个阶段各有侧重。统计设计阶段，是从定性到定量的过渡，即设计统计指标和统计分组的质的规定性和量化方法；统计整理阶段，是从采集的个体数字资料中，整理出反映总体的数值，达到对总体现象的与定性相结合的定量认识；统计分析阶段，则是在取得大量统计资料的基础上，通过进一步的质与量相结合的分析，达到对事物更深刻的认识。

在统计综合分析中，质与量的结合主要有以下几个方面：

1. 从量变到质变的分析中的质与量的结合

研究事物从量变到质变问题，首先要从定性入手，明确有关事物的含义，即质的规定性。比如，研究人民生活水平由贫困变为温饱再变为小康的问题，研究企业经营由粗放型变为集约型的问题，研究国内生产总值增长率和积累率由有利变为不利的关节点（最佳度）问题。首先要明确贫困、温饱、小康和粗放型、集约型以及产值年增长率最佳度、积累率最佳度等概念的含义，然后、根据科学的含义，从有关的事物中筛选出具有代表性的若干指标，再搜集这些指标的具体数字，并且采用必要的方法进行分析，得出结论性意见。定量研究的结果反过来又可以深化对事物的定性认识。

2. 从现象到原因分析中的质与量的结合

分析事物的变化，无论是一般的量的变化，还是达到质变关节点的变化，都是回答"是什么"的问题，但是，这远远不够，统计综合分析还必须探讨"为什么"的问题，即分析其发生的原因，这是一个从表面现象的认识逐步向实质性认识发展的过程。

3. 从原因到决策分析中的质与量的结合

质与量的结合在对社会经济现象产生的原因进行分析之后，还要进行决策分析，这就是说在回答了"为什么"之后，还要问答"怎么办"的问题。这是一个从事物现状的认识到改造事物的认识逐步深化的过程，而改造事物是为了推动它发生符合决策目标的量的变化或质的变化。

4. 统计综合分析结果得出正确判断结论的质与量分析的结合

统计综合分析要通过多层次交叉比较研究的方法，对所分析的事物做出正确判断结论。这同样要将定性分析与定量分析相结合，反复思考和认识研究。在这个问题上要注意：①统计综合分析结果的判断要有科学的理论指导；②统计综合分析结果的正确判断要掌握适当的度；③统计综合分析结果的正确判断要将其置于系统之中。

第三节　统计比较

一、统计比较的概念和作用

比较对照是人们认识客观事物时普遍使用的一种逻辑思维方法，是统计综合分析研究中最常用的一种有效方法。所谓统计比较是将统计指标所反映的实际数量状况与有关标准进行对照，计算出数量上的差别和变化，进而做出评价和判断的思维过程。它是比较法的一种。其主要特征是总体数量的比较，是客观实际数量状况的比较。统计比较是统计综合分析研究中基本的常用的方法，其作用主要有以下几个方面：

第一，可以更深入、更明确地认识事物。一个单独的统计指标数值或一群指标数值只能说明总体的实际数量状况，只靠它是得不到明确而深刻的认识的。只有经过综合分析比较，从数量的差别和变化中，才可以更深入、更明确地认识事物，帮助人们做出评价。

第二，可以进行监督检查，深入分析原因，找出解决办法。将某种事物的存在和发展状况同有关政策规定进行比较，看其是否符合要求标准规定，进行某些监督检查，并据此进一步深入分析其原因，进而找出解决的办法。

第三，可以发挥更大、更广泛的促进作用。监督也会起促进作用，但统计比较的促进作用比监督更广泛。应用统计指标在各地区、各单位之间进行比较，在单位内部进行比较，会发现它们之间的差别，产生促后进赶先进的作用。使用规定若干统计指标进行比较，有组织地进行评比竞赛，能发挥更大的促进作用。

统计比较是统计分析中经常使用的方法，在许多情况下，统计分析往往是从比较开始的，而且在统计分析的许多其他方法中，都糅合着比较的内容。例如，统计指数实际是一种综合比较方法，相关分析要通过比较才能判明相关程度等。

统计比较看起来简单易行，但要使用得好也是不容易的，要注意到这种方法的局限性。

二、统计比较的种类

为了更深入、更系统地了解统计比较的真实含义，以便更好地通过统计比较进行统计综合分析，统计比较可以从许多不同的角度来进行分类。一般来说，主要有以下几种分类：

（一）静态比较和动态比较

统计比较按其时间状况不同可以分为静态比较和动态比较两类。静态比较也叫横向比较，是同一时间（时期或时点）条件下的数量比较，如不同地区的比较，不同部门的比较，实际完成情况和计划目标的比较。动态比较也叫纵向比较，是同一统计指标不同时间上统计数值的比较，它反映随历史发展而发生的数量上的变化。根据统计综合分析的需要，这两种比较可以单独使用，但在实际应用中常常要把两者结合使用。数量比较的结果统称为比较指标，分别称为静态比较指标和动态比较指标。

（二）相比比较和相差比较

按比较方式不同分为相比（除）比较和相差（减）比较。相比比较是将比较对象和比较标准相除而进行的，比较的结果表现为相对数，如系数、倍数、分数、成数、百分数、千分数、万分数等。相比比较表明静态差别的比率或者动态变化的程度。相差比较是将比较对象和比较标准相减而进行的，相减的结果表明两者相差的绝对量。这两种比较方式给人们不同的感受。有时可以单独使用，但以结合使用为好。结合使用可使人们的认识比较完整，既可了解差别或变化的程度，也可了解相差的绝对量。

（三）单项比较和综合比较

按比较对象内容范围不同可分为单项比较和综合比较（综合评价）两种。单项比较是指比较某种总体现象某一方面、某一局部，它可以使用单独一个统计指标，也可以将反映某一方面、某一局部的若干指标联系起来进行比较分析。综合比较是指对总体或若干方面的全面评价比较，通常称为综合评价。例如，宏观方面的国民经济和社会发展情况的全面评价和比较；微观方面的同类企业经济效益的综合评价和比较；对某种产品质量的综合评价和比较等。

三、统计比较标准

统计比较是将比较显示的对象总体的统计数据与相比较对照（通称对照组、对照群、对照总体）的现象总体数据进行对比研究。作为相比较对照（对照组、对照群、对照总体）根据的统计数据称为比较标准，也称为比较基础数据或比较基数。依研究目的不同

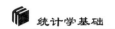

有各种各样的比较标准，常用的主要有如下几种：

（一）经验数据标准

经验数据是根据大量的或长期的资料总结计算而得的正常值，在一定条件下具有相对的稳定性，可以用来作为比较标准。例如，有的专家计算，根据我国若干年经验，在当前条件下，积累率以 25% ~ 30% 比较适度。又如，国际上一般认为，偿债率（每年偿还外债的本息额占出口创汇总额的比重）大体以 25% 为警戒线，超过了就会使偿债发生困难。这类经验数据是很多的，在实际工作中很有用。这种比较标准有助于评价和判断事物发展是否正常。

（二）理论数据标准

理论数据标准是根据有关科学理论研究确定的一定的正常值作为比较标准。这种正常值不是根据经验总结出来的，而是根据理论推算设定的。例如，根据经济学理论确定积累率的比较标准时，以保证原有人口和新增人口不低于当前的消费水平为积累的最高限，把保证新增劳动力就业所需固定资产装备基金和流动基金，以及新增人口所需要的非生产性基金和流动基金作为最低限等，根据这个道理计算出来的积累率的界限，就是理论标准。

（三）时间数据标准

时间数据标准是以时间上的数据为标准，一般是用比较对象本身的历史数据作为比较标准，观察和分析研究现象本身的发展变化。有时也可以用其他空间单位的历史数据作为比较标准。例如，以某一时期外国的历史数据作为比较标准等。时间数据标准有以下几种：

1. 前期数据标准

如本年与上年比较，本月与上月比较，本年某月与去年同月相比较等。

2. 历史最好时期标准

即以较长一段时间内水平最高时期的数据作为比较标准。例如，我国以 1984 年的人均粮食产量（396 千克）作为比较标准等。

3. 历史转折前期数据标准

即以历史发展中阶段性变化开始前期的数据作为比较标准。例如，以第一个五年计划开始前一年的 1952 年的数据作为比较标准，以党的十一届三中全会召开的 1978 年作为比较标准，以跨入 21 世纪的前一年的 2000 年作为比较标准等。

（四）空间数据标准

空间数据标准是以某一空间数据作为比较标准。通常是将同一时间上的比较对象不同空间（包括不同系统、不同单位、不同地区）的数据进行比较。空间数据标准，主要有以下几种：

1. 平均水平标准

即以一定范围（全世界、全国、一省、一市、一部门等）内的平均实际水平作为比较标准，判定比较对象的水平在平均水平以上或以下，相差多少。

2. 先进水平标准

即以一定范围内的最好水平作为比较标准，比较结果表明与最好水平的差距，有促后进赶先进的作用。

3. 相似空间标准

即使用与比较对象条件大体相似的其他空间的数据作为比较标准。

4. 互为标准

即各地区、各单位相互比较。竞赛评比排名次时就使用这种比较方法。

（五）计划或政策规定数据标准

计划或政策规定数据标准，是以国家计划部门、业务部门或公司、企业单位所制订的有关计划、方针政策规定的数据作为比较标准。通常是在检查监督计划或政策的执行状况时用此标准。由于检查的时间要求不同，可以按月、按季、按年或更长些时间来检查，从而进行比较分析时，有进度比较和期终总结性比较两种。

上述五类比较标准，是为了对比较标准有个明确的概念而归纳的。在实际进行统计比较时，应根据分析研究的目的选择适当的比较标准，并综合运用，以使人们得到正确而明晰的认识，否则就难以做出正确的评价。

四、统计比较具体规则

在统计综合分析中，绝大部分方法都属于对照比较的方法。在一定意义上可以说，统计比较是统计综合分析的基本方法。本章的第二节中所阐述的统计综合分析的一般原则，在统计比较中是必须遵循的。这里讲的统计比较规则是指进行统计比较所必须遵守的具体规则。主要有以下几点：

（一）统计比较事物的联系性

统计比较的目的在于通过比较和对照，显现事物的差别、比例、联系程度和变化速度。因此，所比较的事物必须有联系才有意义。统计比较事物联系性规则是相对的，要具体分析判断，其主要依据是研究目的。依研究目的所确定的有联系的事物进行统计比较，才能发挥统计比较的效用，才有意义。这是统计比较可比性规则的最基本的规则。

（二）统计比较指标含义的一致性

统计比较指标含义的一致性主要指它的内涵和口径的一致性，无论进行静态比较或是动态比较都必须遵守这个规则。指标含义的一致性要从实质上看，而不能从形式上看。例如，从形式上看，我国粮食产量和外国粮食产量指标名称完全相同，但实际内容不同，不能直接比较。我国粮食（通称粮豆薯）产量中包括大豆和薯类，而外国粮食（通称谷物）产量中则不包括大豆和薯类。由于指标含义和口径不一，就不能直接进行比较。

（三）统计比较时间限制的一致性

一般来说，静态比较时应是同一时期或同一时点的数据。动态比较时，时期指标的时期范围应该一致，年度数据和前期的年度数据可以比较，月度数据和以前的月度数据可以比较。时点指标的时间间隔根据特殊分析说明的需要虽然可以不一致，但在通常情况下以一致为好。

（四）统计比较空间范围的一致性

空间范围主要是指地区范围和组织系统范围。例如，省、自治区、市、县等的范围，各个组织机构、企业和事业单位的隶属关系的范围。它们有时会发生变化，这时，即使行政区划或组织系统的名称没有改，也不能直接进行比较（除非是要特地了解这种变化和结果）。

（五）统计比较指标计算方法的一致性

统计指标的计算方法与指标含义和口径是相联系的，指标含义不同，计算方法也就不相同，但某些指标是可以按不同方法计算的，这时只有同口径、同方法的才可以进行比较。计算方法不同就不能比较，要比较就要进行必要的调整或换算。

（六）统计比较指标的计量单位的一致性

表面看来，这个问题比较简单，但实际上这却是个相当复杂的问题，它涉及计算对象本身的差别。实物指标表现的实物本身就有差别。钢材有各种不同种类和型号，都以"万吨"为单位计算的生产量并不能准确反映生产成果。汽车也包含各种不同型号、不同载重量，如果以"万吨"为单位计算，且仅为了粗略地了解数量，这种比较有一定的价值。但要做深入了解和研究，就远远不够了。因此，使用实物指标进行比较时既要求计量单位一致，同时要注意到计量单位一致时所存在的实物本身的差别。以货币为计量单位的价值指标问题更为复杂。就国内来讲，有各种不同的价格，而且经常发生变动。因此，就产生了使用哪个环节的价格以及价格指标是否包括变动因素的问题，这些问题要按照研究目的来决定。

总的来讲，可比性是统计比较的重要规则，也可以说是统计比较的前提条件。上述六个方面并不能概括可比性的所有问题。例如，由于社会结构不同、历史条件不同、风俗习惯不同等，会使某些统计指标不能够用来比较。因此，可比性问题要对具体问题进行具体分析。

五、统计比较主要指标

统计比较无论是静态比较或动态比较、相比（除）比较或相差（减）比较、单项比较或综合比较，都要用一些指标。统计比较的结果也表现为统计指标。因而研究统计比较指标极为重要。就统计比较而言，至少要具备两方面指标：一是欲比较显示的对象指标，通称对象指标；二是作为比较基础的标准指标，通称标准指标。在统计比较中。总量指标、平均指标和相对指标都可作为对象指标和标准指标进行统计分析比较，它们已在有关章节中进行了阐述，在此不再赘述。这里仅从统计比较结果角度进一步阐明统计比较指标。

（一）统计比较指标的概念

从统计比较结果角度观察，统计比较指标是反映有联系、可进行比较的事物之间在时间、空间及事物内部或各事物之间的联系程度与差别的指标，通常称为比率、比例、比重、程度、速度和差数。

（二）统计比较指标一般计算公式及表现形式

统计比较指标，从其比较方式来说，可以进行相比（除）比较和相差（减）比较，则一般公式主要有两类。

1. 相比（除）比较指标的计算公式

一般是比较对象指标被比较标准指标除，其公式为：

$$相比（除）比较指标 = \frac{比较对照指标}{比较标准指标} \times 100\%$$

相比（除）比较的结果表明比较对象指标相当于比较标准指标的程度，它减去 1（或 100%）则表示比较对象指标多于或大于比较标准指标的程度。

相比（除）比较的结果一般通称为相对指标，其数值表现为相对数。相对数的具体表现形式有系数、倍数、翻番数、成数、一般分数、百分数（%）、百分点、千分数、千分点等无名数及复名数。

2. 相差（减）比较指标计算公式

一般是比较对象指标减比较标准指标，其公式为：

相差比较指标 = 比较对象指标 − 比较标准指标

相差（减）比较结果表明比较对象指标数值与比较标准指标数值相差的数量，当比较对象指标值大于或多于比较标准指标数值时为正差量，否则为负差量。这种指标数值的计量单位同对象指标与标准指标数值的计量单位相等。不同时间、空间的相比（除）比较指标还可以相减，计算其相差数量。

第四节 综合评价

一、综合评价概述

一般来说，评价是指对事物的评定、判别和估计。这里的综合评价是指根据统计数据，结合各种定性材料，在一定的认识基础上，通过数量的比较、计算、研究和论证，对被评对象做出明确的评定、判断和估价。综合评价的结果表现为排出名次顺序、分出等级，做出判断的结论。如判断经济运行状况是否正常、过热或过冷等。综合评价是统计综合分析的重要方法。如果说，统计比较是统计综合分析的基本方法，统计比较指标是统计综合分析的主要工具，那么综合评价则是统计综合分析的核心内容。综合评价的结果涉及各方面，仅对被评对象来说，会涉及它的荣誉和物质利益等方面。综合评价在统计综合分析中占有重要地位。

综合评价有单项评价和综合评价两种。单项评价是指用一项指标评定被评对象某一侧面的情况。综合评价可以是对被评对象的全面评价，如对某个国家综合国力的评价，对某个国家或地区社会经济发展水平的评价，对某个企业管理水平等级的评价等；也可以是对被评对象某个领域的全面评价，如对全国宏观经济动态的监测，对某个国家或地区生态环境的综合评价，对某个企业经济效益的综合评价等。

综合评价可以用一个指标作为"代表"来进行评定。例如，国际上流行的用国内生产总值来评价国家的经济实力，用它的增长速度来评价经济运行情况，用全要素生产率评价经济效益等。这种方法的好处是简明易懂，但存在一定的局限性，使用不当会产生认识上的片面性。因此产生了应用多个指标进行综合评价的方法。这就遇到了一系列的问题，如评价指标体系的选择和确定，评价标准的选择，如何解决由于计量单位不同而不能度量的问题（通常称为量纲不同），以及按各指标的重要程度不同确定权数和合成方法的问题等。所以，综合评价是统计学中有待研究和发展的一个重要的理论和实际问题，本章仅做简要介绍。

二、综合评价的步骤

第一，选择评价指标，确定评价指标体系。如果选择一个指标做全面评价，则要检查这个指标的代表性和可行性。多指标综合评价则要选择一套反映各个侧面的指标组成的评价指标体系。这是所有综合评价中首先要解决的重要问题。

第二，选择综合评价方法。综合评价方法多种多样，有的简单，有的复杂。综合评价方法的主要内容是确定使不能同度量的指标能够同度量的方法（一般称为无量纲化）和分指标评价值合成的总评价值的方法。

第三，根据综合评价方法的要求确定有关的标准值。包括无量纲化时使用的临界值（阈值）和参数，以及合成时反映评价指标重要程度不同的权数等。

第四，将指标实际值转化为评价值。

第五，将分指标的评价值合成为总评价值，用于排序或其他分析研究。

在这五个步骤中，前三个步骤是准备工作，后两个步骤是实际操作。关键在于评价指标体系的确定和综合方法的选择。

三、评价指标体系的确定

在多指标综合评价中，评价指标体系的确定是最重要的问题，是综合评价能否准确反映全面情况的前提。如果评价指标选择不当，再好的综合评价方法也会出现差误，甚至完全失败。

评价指标的选择主要建立在对评价事物定性研究的基础上，选择评价指标的主要原则是科学性、目的性、全面性和可行性。

（一）科学性

科学性是指要根据评价事物的性质、特点和运动过程来选择影响大的重要指标。在这里，对评价事物本身含义的理解是个重要问题，如对经济效益的理解不同，显然会选择不同的指标。对事物全过程的理解也是重要的，例如，对森林工业企业作综合评价，不能只使用采伐及经营方面的指标，还应该有造林、育林方面的指标，包括树木再生产过程是林业企业的特点。再如，宏观经济监测要选择反映经济运行轨迹的指标等。

（二）目的性

对同样的被评价事物，要根据综合评价的目的选择评价指标。分析研究目的或管理的要求不同，评价的侧重点不同，需要选择不同的指标。例如，微观评价和宏观评价的目的不同，各时期管理上强调的重点不同等。可以用更换指标的办法，在有些情况下，也可以采用增加或缩小某个指标权数的办法来解决这个问题。

（三）全面性

全面性是指所选择的指标能够代表被评价对象或其某个领域全面的、整体的情况指标。指标数量的多少主要取决于被评事物的性质和评价目的，不一定越多越好，而且应避免使用性质、作用相同的指标。从目前实际使用的情况来看，有多有少。少的如生活质量指数只有三个指标（成人识字率指数、婴儿死亡率指数、一岁期望寿命指数），而社会发展水平综合评价常常使用 100 多个指标。

（四）可行性

可行性是指所选择的指标可以量化或通过一定的方法量化，可以评价和合成；并且这些指标的实际数值是可以取得的。在实际工作中常常会碰到由于资料限制，不得不取消某些指标或采用代用指标。

四、综合评价的主要方法

综合评价的方法很多，本书限于篇幅，只概述一些常用的主要方法。

（一）关键指标法

关键指标法是指选用一项重要指标为代表对被评对象或某个领域做出全面评价。它的特点是具有综合性或关键性。其好处是简单明了，重点突出。它的主要缺点是有一定的局限性，使用不当时会产生认识上的片面性，因而产生副作用。例如，我国曾经以工业总产值发展速度来判断经济运行情况和成绩，从而发生单纯追求产值、攀比速度，而忽视经济效益和比例关系的问题。作为一种简单明了的综合评价方法，关键指标法在一定条件下还是可以使用的。

（二）简易打分法

根据评价事物选择若干指标后，规定打分标准和打分方法，然后根据各项指标的实际数值，按规定的办法打分，将所有指标的分值相加得出总分，做全面评价，可以排出名次顺序或分出等级。现实有许多不同的打分标准和打分方法，因篇幅所限仅举下述三种：

1. 名次计分法

类似于体育竞赛中团体总分的计分法。先按各个评比指标的优劣排出被评对象的名次，名次在前得高分，名次在后得低分，然后相加得总分以排定总名次。例如，有 15 个单位作为评价对象，用六项指标，则先按六项指标排序，第 1 名得 15 分，第 2 名得 14 分……第 15 名得 1 分。然后将六项指标得分相加得出总分，按总分排出名次顺序。

这种方法的优点是简单易行，缺陷是各项指标等同看待，并且无论差别大小，一律以相差 1 分进行计算，过于简单。

2. 百分法

以标准总分为 100 分，对各个指标分别规定占多少分，可以等分。例如，十项指标每项占 10 分；也可以不等分，有的多有的少，这相当于加权，同时规定打分标准。然后根据实际值按各项标准打分，将各项指标得分加总为总评价分，总分高者为优。

这种方法计算工作简单，主要困难在于规定各项指标的分值和打分标准。等分法简单，但各指标同等看待；不等分法规定分数时则有一定的主观因素。打分标准一般采用按该指标最高值和最低值（或再高一些或再低一些）分段计分的办法。这和名次计分法存在同样的问题，因为分段不可能太多，无论差别大小，一律都以一定分数为计算单位，可能发生实际相差不多但分数却相差较多的情况。

3. 掐头去尾法

有些主观指标难以客观量化，只能靠评判员根据规定标准打分。评判员很多，为了避免评判员由于某种偏好或偏心而给予不合实际的分数，在加总时去掉一个最高分和一个最低分，然后用其余的得分总和或平均分作为总评价分。这种方法早已在体育竞赛（如体操、跳水等）和文艺比赛中使用。这种方法可以单独使用，也可以作为总分评定的一部分使用。

简易打分法的好处是简单易行，评价比较全面，而且品质标志也可以设法计量并参与综合评价。主要缺陷是在无量纲化的处理上不够细致。

（三）个体比较指标加权平均法

1. 一般步骤

一般步骤包括：①选择评价指标；②确定比较标准值（如计划数、过去的实际数、一定范围的平均数等）；③根据重要程度确定每项指标的权数；④将每个指标的实际值和标准值相比较得出个体比较指标；⑤根据个体比较指标和权数用算术平均法或几何平均法进行合成计算。计算结果一般用百分数表示，高者为优。

2. 注意问题

使用这种方法有两个问题要注意：其一，逆指标（数值越低越好的指标）要转换为正指标才能进行合成计算，方法是取其倒数；其二，比较标准影响综合评价的内容。用计划数做标准时评价的是被评事物的计划完成情况。用时间标准时评价的是被评事物的增长情况，这有时只适用于自身评价，不能在各被评对象间排序。用平均数作标准是比较好的，如果用固定的平均数作标准，则既可以横比，也可以纵比。

（四）综合评价指数法

在进行不同国家、地区、单位经济实力与水平综合评价时，通常采用指标体系来综合观察比较。但是，评价指标体系中的各指标的量纲（即计量单位，下同）的表现形式又不一致，从而无法汇总，无法对比，评价也就无法进行。为解决各指标不同量纲无法进行综合汇总问题，一般是在完成数据采集后，对数据进行同度量处理。通常是采用相对化处理后再进行综合比较评价。相对化处理一般是先对评价指标设定比较标准值，然后用各指标实际值与相应的标准值进行比较，再以此比较结果进行综合比较。这种方法称为综合评价指数法。所谓综合评价指数（又称综合指数）是指以评价指标相对化处理结果的相对数为变量值，采用简单平均法或加权平均法计算出的平均数，又称为综合评价指数法。

第五节　统计分析报告

一、统计分析报告的概念、特点和分类

（一）统计分析报告的概念和分类

统计分析结果可以通过表格式、图形式和文章式等多种形式表现出来。文章式是统计分析报告的主要形式，它是全部表现形式中最完善的形式。这种形式可以综合而灵活地运用表格、图形等形式；可以表现出表格式、图形式难以充分表现的情况；可以使分析结果鲜明、生动、具体；可以进行深刻的定性分析。

统计分析报告，就是指运用统计资料和统计分析方法，以独特的表达方法和结构特点，表现所研究事物本质和规律性的一种应用文章。统计分析报告是统计分析研究过程中所形成的论点、论据、结论的集中表现，它不同于一般的总结报告、议论文、叙述文和说明文，更不同于小说、诗歌和散文，它是运用统计资料和统计方法、数字与文字相结合，对客观事物进行分析研究结果的表现。统计分析报告的主要特点，可以概括为以下几点：

1. 统计分析报告是以统计数据为主体

统计分析报告主要以统计数字语言，来直观地反映事物之间各种复杂的联系，以确凿数据来说明具体时间、地点、条件下社会经济领域的成就和经验、问题与教训、各种矛盾及其解决办法，它不同于用艺术形象刻画的文艺作品，也不同于旁征博引进行探讨研究的各种论文，而是以统计数字为主体，用简洁的文字来分析叙述事物量的方面及其关系，进行定量分析。

2. 统计分析报告是以科学的指标体系和统计方法来进行分析研究说明

统计是社会认识的武器，着眼于社会经济现象总体的量的方面，并在质与量的辩证统一中进行研究。因此，统计分析报告是通过一整套科学的统计指标体系，进行数量研究，进而说明事物的本质。在整个分析研究中，运用一整套科学的方法，进行灵活、具体的分析。但它又不同于数学分析。数学分析方法撇开事物的质量，只分析抽象的数量关系和空间的形式。而统计分析报告是在质与量的辩证统一中研究量的方面的基础上，说明事物质的规定性。

3. 统计分析报告具有独特的表达方式和结构特点

统计分析报告属于应用文体，基本表达方式是以事实来叙述，让数字说话，在阐述中议论，在议论中分析。在表现事物时，不是用夸张、虚构、想象等手法，而是用较少的文字，精确的数据，言简意赅，精练准确地表达丰富的内涵。统计分析报告在结构上的突出特点是脉络清晰、层次分明。一般是先摆数据、事实，进行各种科学的分析，进而揭明问

题，亮出观点，最后有针对性地提出建议、办法和措施。统计分析报告的行文，通常是先后有序，主次分明，详略得当，联系紧密，做到统计资料与基本观点统一，结构形式与文章内容统一，数据、情况、问题和建议融为一体。

（二）统计分析报告的分类

统计分析报告的分类，长期以来，争论比较大，可从各自的角度做许多分类。按统计的领域可分为工业、农业、建筑业、交通运输业、商业、饮食业和服务业等分析报告。按对象层次可分为微观、中观和宏观统计分析报告。按内容范围可分为综合分析和专题分析报告。按时间可分为定期统计分析报告和不定期统计分析报告。按认识的深度可分为状态分析、规律分析和预测分析报告。按写作的形式可分为调查报告、综合分析报告、专题分析报告和预测分析报告。按具体写作类型分为总结型、调查型、说明型、分析型、研究型、公报型、资料型、信息型和预测型等分析报告。但按主要作用、基本内容和结构形式特征归纳起来，主要分以下四种：

1. 专题性的分析报告

专题性的分析报告是就某一方面或某一问题进行专门调查研究而写成的统计分析报告。专题性的分析报告的范围虽然可以是一个部门，也可以是综合部门，题目可大也可小，内容可多也可少，但是，一般则强调内容的单一性、形式的多样性、表达的灵活性和意义的深刻性。它不受时间和空间的限制，要求写作具有针对性，单刀直入，深刻剖析、摆观点、揭矛盾、提建议，它最忌平铺直叙，面面俱到，泛而不专。专题性的分析报告较其他分析报告，目标更集中，重点更突出，认识更深刻，是最常见的一种分析报告。

2. 总结性的分析报告

总结性的分析报告是从国民经济和社会发展多方位、全过程的角度综合研究总结性的分析报告。它的对象可以是整个国民经济，也可以是一个地区或一个企业。它的主要特点是全面性、系统性、综合性和总结性，目的是总结经验、教训，提供有益于科学管理和战略决策的结构。

3. 进度性的分析报告

进度性的分析报告是根据定期统计资料，反映和分析事物的进度及其影响原因而编写的文字分析报告。一般分为一般性进度分析报告和战略性进度分析报告两种。前者主要是就各级领导关心的和社会敏感的问题进行分析；后者主要就具有影响全面和未来发展较大的新趋势问题的研究。进度分析报告要求有很强的时效性，它最忌讳"雨后送伞"，"马后炮"。

4. 预测决策性的分析报告

预测决策性分析报告是在分析历史和现实统计资料的基础上，运用统计预测方法，对所研究事物未来发展趋势做出科学的推理判断和定量分析预计的分析报告。预测决策性的分析报告要求数据准确，定量分析与定性分析结合，提出预测决策结果具有的置信区间和可信度。

二、统计分析报告的质量要求

统计分析报告，除要具有一般文章的准确、鲜明、生动的要求外，具体到统计分析报告的质量要求可归纳概括为"四性"（即准确性、针对性、时效性、逻辑性）和"三求"（即求实、求新、求深）。

（一）"四性"

1. 准确性

就是要数字准确，情况真实，观点正确，分析符合客观实际，依据数据分析，判断、提炼的观点必须准确。

2. 针对性

就是有明确的目的性和实用性，为一定对象服务。要"适销对路"，对准需要，不应"无的放矢"。

3. 时效性

就是要保证统计信息的价值。统计分析报告要适时地提供给有关领导和部门。一般来说，进度性的分析要争分夺秒，越快越好；专题性的分析和预测决策性的分析要适时对路，掌握提供时机。

4. 逻辑性

就是要遵循逻辑规律，正确进行统计分析阐述。统计分析依据统计资料，运用判断、推理的方法，得出合乎逻辑的结论，前后一致，反映客观事物的内在联系。

（二）"三求"

在上述"四性"的前提下，还要"求实""求新""求深"。

1. 求实

"求实"即要如实反映，实实在在，不能华而不实，装腔作势。

2. 求新

"求新"即要开拓新天地，涉及尚未研究的领域，要写具有新情况、新问题、新经验的分析报告，立意要新，材料要新。

3. 求深

"求深"即要研究问题的立脚点要高一些，剖析问题要深一些，要透过现象抓本质，深剖深揭，由表及里。

三、统计分析报告的编写格式及应注意的问题

统计分析报告是文字与数字相结合的一种特定文体，其格式一般包括标题、开头、主题、正文和结尾几项内容。它的具体格式应依分析研究的任务、内容和种类而有所不同，灵活确定，一般要注意以下几点：

（一）标题要确切、简明、有吸引力

标题，又称题目。一篇文章的题目是总标题，即篇名，文内的题目，按层次划分，设

小标题。标题是文章的基本思想、中心内容的集中表现。其任务是吸引读者，影响读者，指导读者阅读和理解。一篇好的分析报告标题要做到确切、简明、有吸引力。确切，即要准确揭示分析报告的内容，题文相符，要确切地体现文章的观点，运用文字要准确，不发生误解。简明，即标题要简明扼要，高度概括，用简练的文字揭示全文内容。有吸引力，即标题新颖醒目，扣人心弦，能吸引读者和影响读者，引起读者的重视。

标题可以采用多种多样的形式，如论点题、事实题、设问题、加重语气的题、对比题，以及运用比喻、警句、古语、诗词等。在统计分析报告中，比较常用的有以下三种：其一，论点题。这种题目能揭明主题，摆出观点。其二，设问题。这种题能引起读者疑问、思考，刺激读者阅读欲望。如《住房为什么紧张?》等。其三，比喻、对比、加重语气题。这种题能通过对比引人注意。如《"骨之不强"，肉将焉附? ——谈投资结构问题》，显得新颖别致，醒目强烈。

（二）开头要简短、精悍、形式新

开头，又称导语，是全文的引子。它的内容是概括交代文章的目的和内容，介绍全文的主题和基本结构体系以及文章的意义等，使人一看就能了解全文的概貌、特征及其主要方面。好的开头要简短、精悍、形式新，引起读者兴趣。人们常说"开头难"，但只要细心琢磨，是能有好的开头的。开头的方法有起笔点题、总揽观点、阐明题由、起句发问、强调意义、先声夺人等，在统计分析报告中常用前四种。

1. 起笔点题

开头就说明题意，用寥寥数语，清楚地交代题意，显得干脆、直接。

2. 总揽观点

开头即亮出全文的观点，总说全文，使读者所关心的问题，开头就有答案，心里踏实明确。

3. 说明题由题意

有的开头就说明文章的目的和由来，解释题意，使读者了解文章的来头和必要性，引起注意。

4. 起句发问，造成悬念

分析报告作者在文章开头自设问题，造成读者疑问和悬念，自然会接着看下文，获得答案。

（三）主题要突出、正确、鲜明、集中

在写作中常提到"主题"一词，所谓主题，即笔者在文章作品中所表达的中心思想或基本观点。它在不同文章体裁中，有不同的称谓。在记叙文里称"中心思想"，在议论文中称"中心论点"，在文艺作品中称为"主题思想"，在统计分析报告等财经应用文中则称"主题"或"观点"。

主题或观点是分析报告的纲，像一根主线贯穿全篇，成为全文的中心。分析报告的选材、结构、语言、表达，都以主题为依据，受主题的约束，也可谓分析报告的灵魂，统帅全篇。对主题的基本要求如下：

第一，突出。一篇文章中，只有一个主题思想，起统帅作用，其余都从属于主题，服务于主题。

第二，正确。主要符合四项基本原则，符合党的路线、方针、政策，符合客观实际。

第三，鲜明。主题要明确表示赞成什么，反对什么，观点明确，态度明朗，旗帜鲜明。

第四，集中。全文要围绕主题，说深说透，选材要力争选那些最能说明观点的材料，去掉次要的、枝节的材料，以利于突出观点。

（四）正文要严谨、分明、清晰

正文是统计分析报告的主体部分。这部分结构要严谨；层次要分明，条理要清晰。结构是指文章的内部组织、内部构造，是对文章内容进行安排的形式。结构的实质是笔者如何认识事物的问题。只有正确的思维，深刻地认识事物，文章结构才会严谨。好的结构，会使文章中心鲜明突出，内容层次清楚，材料衔接自然，思路贯通清晰，前后起伏照应，使文章集中统一协调完整，从而增强论事说理的逻辑性与表现力，使文章的形式具有一定的美感。结构的格式是多种多样的，可以是情况、问题、建议三段式，也可以是情况、问题、根源、建议四部分，还可加预测部分，但不是一成不变千篇一律的。

结构的形式具体体现在层次、段落上。层次即指内容的先后次序。常见的如下：

其一，序时连贯式，即按事物发展经过和时间顺序安排层次，各层意思之间是连贯关系。

其二，序事递进式，即指文章各部分内容，按事理的发展顺序排列。它可以是先因后果或先果后因的因果序事式；也可以是按事理发展的连续性，每一阶段一个层次；还可以是按事理意义上的一层进一层，层层深入的递进关系的递进式。

其三，总分式，即先总起来说，然后分开说；或者先分开说，后总起来说；或者前后都有总说，中间分开说。因叙述内容的不同，可以是平行总分式、对比总分式、递进总分式和序时总分式。

其四，平列式，即各部分内容相对独立，各层意思之间是平行并列关系。这种结构形式可以是同事平列式，也可以是异事平列式。

其五，简要式，一般是篇幅短小、层次简单的分析报告，多用于快报、信息、简讯、小分析报告。

结构、层次是着重于事理的划分，文章中在文字表达上的体现就是分段。分段要清楚地表现分析报告的内容层次，一般要注意单一性和完整性，即每一段只说一个中心意思。层段既分明又连贯，层次与段落关系十分密切。

层次与层次、段落与段落之间需要过渡，它是指不同意思能够自然转换的一种写作技巧。过渡常用过渡段、过渡句或过渡词来实现其自然转换。其转换可以用意义上的连续、递进关系，可以用段意上的延续、呼应关系；可运用小标题；可以运用顺序码设置层次或段落。

（五）结尾要自然完满，简短有力

结尾，是统计分析报告的结束语。它是文章思路发展或问题分析、解决的自然结果，也是文章思想内容的必然归宿。好的结尾，可以帮助读者明确题旨，加深认识，引起读者的联想和思考。对结尾的要求是自然完满、简短有力，不拖泥带水、画蛇添足。统计分析报告结尾的主要内容：总结全文，照应开头；重申观点，强调对问题的看法和建议；补充说明，强调导语和正文未提到的问题；以饱满的热情展示前景，提出新问题，预测发展趋势。统计分析报告的结尾的写法并没有硬性规定，主要由文章思想内容决定，要不落俗套，不断创新，一般的写法如下：总括全文，做出结论，展示意义；指示今后，预测未来，指明趋势；呼应题目，补充说明，深化题旨；综合全篇，强调基本观点，突出中心思想，使读者进一步明确全文内容。

四、统计分析报告的表达

统计分析报告的表达是笔者运用书面语言，将构思中形成的对客观事物的认识，完整恰当地表现出来，从而撰写成文章的过程，其方式采用文章形式的书面语言，以便于交流和传播。

（一）统计分析报告的表达方式

统计分析报告中普遍运用的表达方式有叙述、说明和议论。

1. 叙述

这是指对事件或人物活动过程的述说。主要用于：①交代统计调查工作情况；②记叙某些事情的经过；③阐明作为证据的具体事实；④对措施或经验进行阐述。叙述的方法，一般是按照事情发生、发展的过程和时间顺序来叙述。要求头绪清楚、交代明白，以便于读者了解具体的事实。

2. 说明

这是指对事物的情况、性质、状态、特征、成因、构造、性能等所做的具体解说或阐述。主要用于：①阐明写作目的；②解释统计指标或统计方法；③解说统计数字变化的意义；④表明现状的数量情况；⑤介绍地理环境、自然资源及历史沿革情况；⑥介绍某些单位或部门（行为）的概况；⑦统计图表的运用和说明。统计分析报告的说明，要求准确地把握事物的真实情况，客观地、科学地加以说明，不要在说明中掺杂笔者的感情和主观臆想。

3. 议论

这是运用事实和事理材料进行逻辑推理，判明是非，论证自己的见解和主张。议论由论点、论据和论证三个要素组成。主要用于：①对情况做出概括和评价；②对事物的特点做出判断；③判明存在的问题及问题的性质；④对原因进行剖析；⑤阐明主张与建议；⑥篇首开宗明义。从明理角度看，议论就是归纳法、演绎法、类比法、引证法、反证法、归谬法等说理方法的表达。在议论中应遵守逻辑规则，注意有关的前提和条件，以保证议论的正确性。

在统计分析报告中，很少运用描写和抒情方式，为了增加生动性和感染力，恰当地运用一点也可以。

（二）统计分析报告的语言的运用

统计分析报告的语言运用不同于文学作品和理论文章，要求精练、准确、生动、具体，要注意以下"十性"：

1. 直接性

要开门见山，直入文意，避免套话，不要说空话。

2. 真实性

要实事求是地反映情况，讲真话，不要说假话，也不能说半真半假话。

3. 实在性

要具有实在性的内容，言之有物，不讲玄话。

4. 准确性

有一说一，有二说二，说准确的，不说大概、大约的话，不能随意估计和猜测。

5. 平易性

语气要平易近人，切忌武断、生硬、摆架子，不说指教人的话。

6. 鲜明性

语言要明快、直截了当，不隐讳、不曲折，更不可讲暧昧不明的话。

7. 通俗性

要运用通俗语言，不要用令人费解的深奥难懂的语言。

8. 朴实性

要用朴实无华的语言，不要滥用文言、欧化语和浮华的形容词。

9. 简练性

语言要干脆利落，简练紧凑，简明扼要，不要繁杂冗长、不着边际、东拉西扯。

10. 可读性

要适当运用修辞手法，引起读者兴趣，不要用平淡无味、枯燥乏味的语言。

（三）统计分析报告的数字表达

数字是统计的语言，是统计报告论事说理的工具，必须很好地运用。在统计分析报告中，数字的表达一般有以下十种方法：

1. 显示法

是指用统计数字做引题、正题、副题、小标题，以引起读者重视。

2. 指示法

是向读者直接指示统计数字或指明统计数字的意义，以引起读者对数字的注意。

3. 密度法

是指适当控制统计分析报告的数字密度，数字不应太多，也不要过少，一般控制在全文的 10% ~ 30%，其分布要均衡。

4. 概略法

是指把复杂的统计数字概算、扩算或简化，使读者易读易记、惊叹。它可采用概数、大单位数、范围数、代表数、代替数等方法。

5. 明晰法

是指把一些比较抽象、复杂的统计数字采用抽象数变具体数或数字加解说的办法，使其变得更清晰、更明确。

6. 对称法

是指将差别较大的两种事实数字对照，引起读者注意。

7. 揭示法

是指揭示统计数字背后的实质，加强统计数字的效果。

8. 联系法

是指运用突出的事实、典型的事例，引起人们注意，加强统计数字效果。

9. 形象法

是指利用比喻、夸张等手法使统计数字变得形象、具体，以使读者理解。

10. 图表法

是指通过统计图表来表达统计数字，给读者直观印象，以增强统计数字效果，但图表不宜用得过多，内容不宜复杂。

五、统计分析报告例析

近些年来，我国有关部门出版发行了许多统计分析报告的书籍。例如，《优秀统计分析报告选编》《统计分析报告选编》《基层统计分析文选》《基层统计分析写作理论与实践》等。有关报刊也登载过许多统计分析的文章。有志于深入研究者，可学习参考。本书限于篇幅，现选几篇具有代表性的分析报告介绍如下：

[实例 1]

中华人民共和国 2017 年国民经济和社会发展统计公报①

中华人民共和国国家统计局

2018 年 2 月 28 日

2017 年，各地区各部门在以习近平同志为核心的党中央坚强领导下，不断增强政治

---

① 本公报中数据均为初步统计数。各项统计数据均未包括香港特别行政区、澳门特别行政区和台湾地区。部分数据因四舍五入的原因，存在着与分项合计不等的情况。

意识、大局意识、核心意识、看齐意识，深入贯彻落实党的十八大和十八届三中、四中、五中、六中、七中全会精神，认真学习贯彻党的十九大精神，以习近平新时代中国特色社会主义思想为指导，按照中央经济工作会议和《政府工作报告》部署，坚持稳中求进工作总基调，坚定不移贯彻新发展理念，坚持以提高发展质量和效益为中心，统筹推进"五位一体"总体布局和协调推进"四个全面"战略布局，以供给侧结构性改革为主线，统筹推进稳增长、促改革、调结构、惠民生、防风险各项工作，经济运行稳中有进、稳中向好、好于预期，经济社会保持平稳健康发展。

一、综合

初步核算，全年国内生产总值①827122亿元，比上年增长6.9%。其中，第一产业增加值65468亿元，增长3.9%；第二产业增加值334623亿元，增长6.1%；第三产业增加值427032亿元，增长8.0%。第一产业增加值占国内生产总值的比重为7.9%，第二产业增加值比重为40.5%，第三产业增加值比重为51.6%。全年最终消费支出对国内生产总值增长的贡献率为58.8%，资本形成总额贡献率为32.1%，货物和服务净出口贡献率为9.1%。全年人均国内生产总值59660元，比上年增长6.3%。全年国民总收入②825016亿元，比上年增长7.0%。2013~2017年国内生产总值及其增长速度如图9-1所示，2013~2017年三次产业增加值占国内生产总值比重如图9-2所示。

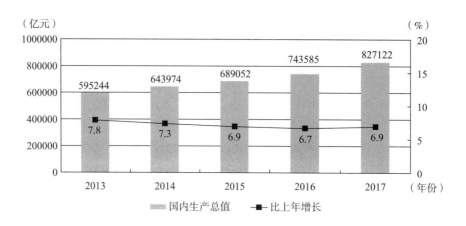

图 9-1　2013~2017年国内生产总值及其增长速度

---

① 国内生产总值、各产业增加值和人均国内生产总值绝对数按现价计算，增长速度按不变价格计算。
② 国民总收入，原称国民生产总值，是指一个国家或地区所有常住单位在一定时期内所获得的初次分配收入总额。它等于国内生产总值加上来自国外的初次分配收入净额。

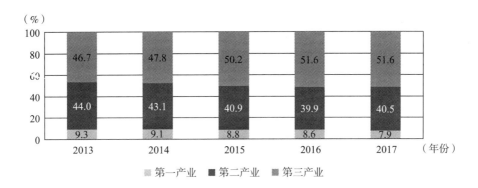

图 9 - 2　2013 ~ 2017 年三次产业增加值占国内生产总值比重

年末全国内地总人口 139008 万人，比上年末增加 737 万人，其中城镇常住人口 81347 万人，占总人口比重（常住人口城镇化率）为 58.52%，比上年末提高 1.17 个百分点。户籍人口城镇化率为 42.35%，比上年末提高 1.15 个百分点。全年出生人口 1723 万人，出生率为 12.43‰；死亡人口 986 万人，死亡率为 7.11‰；自然增长率为 5.32‰。全国人户分离的人口①2.91 亿人，其中流动人口②2.44 亿人。2017 年年末人口数及其构成如表 9 -1 所示。

表 9 - 1　2017 年年末人口数及其构成

指标	年末人口数（万人）	比重（%）
全国总人口	139008	100.00
其中：城镇	81347	58.52
乡村	57661	41.48
其中：男性	71137	51.20
女性	67871	48.80
其中：0 ~ 15 岁（含不满 16 周岁）③	24719	17.80
16 ~ 59 岁（含不满 60 周岁）	90199	64.90
60 周岁及以上	24090	17.30
其中：65 周岁及以上	15831	11.40

年末全国就业人员 77640 万人，其中城镇就业人员 42462 万人。全年城镇新增就业 1351 万人，比上年增加 37 万人。年末城镇登记失业率为 3.90%，比上年末下降 0.12 个

---

① 人户分离的人口是指居住地与户口登记地所在的乡镇街道不一致且离开户口登记地半年及以上的人口。

② 流动人口是指人户分离人口中扣除市辖区内人户分离的人口。市辖区内人户分离的人口是指一个直辖市或地级市所辖区内和区与区之间，居住地和户口登记地不在同一乡镇街道的人口。

③ 2017 年年末，0 ~ 14 岁（含不满 15 周岁）人口为 23348 万人，15 ~ 59 岁（含不满 60 周岁）人口为 91570 万人。

百分点。全国农民工①总量 28652 万人，比上年增长 1.7%。其中，外出农民工 17185 万人，增长 1.5%；本地农民工 11467 万人，增长 2.0%。2013～2017 年城镇新增就业人数如图 9-3 所示。

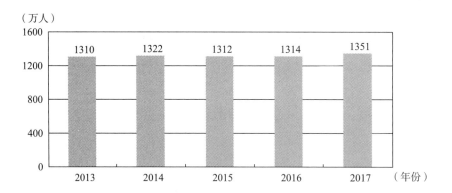

图 9-3　2013～2017 年城镇新增就业人数

全年居民消费价格比上年上涨 1.6%。工业生产者出厂价格上涨 6.3%。工业生产者购进价格上涨 8.1%。固定资产投资价格上涨 5.8%。农产品生产者价格②下降 3.5%。2017 年居民消费价格月度涨跌幅度如图 9-4 所示。

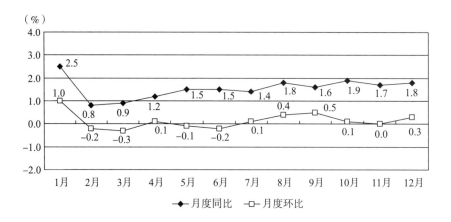

图 9-4　2017 年居民消费价格月度涨跌幅度

2017 年居民消费价格比上年涨跌幅度如表 9-2 所示。

---

① 年度农民工数量包括年内在本乡镇以外从业 6 个月及以上的外出农民工和在本乡镇内从事非农产业 6 个月及以上的本地农民工两部分。

② 农产品生产者价格是指农产品生产者直接出售其产品时的价格。

表 9 - 2　2017 年居民消费价格比上年涨跌幅度　　　　　　单位:%

指标	全国	城市	农村
居民消费价格	1.6	1.7	1.3
其中：食品、烟酒	- 0.4	- 0.2	- 1.1
衣着	1.3	1.2	1.3
居住①	2.6	2.5	2.7
生活用品及服务	1.1	1.0	1.2
交通和通信	1.1	1.0	1.4
教育、文化和娱乐	2.4	2.4	2.3
医疗保健	6.0	6.8	4.2
其他用品和服务	2.4	2.5	2.4

12 月 70 个大中城市新建商品住宅销售价格月同比上涨的城市个数为 61 个，比 1 月减少 5 个；下降的为 9 个，增加 5 个。2017 年新建商品住宅销售价格城市变化情况如图 9 - 5 所示。

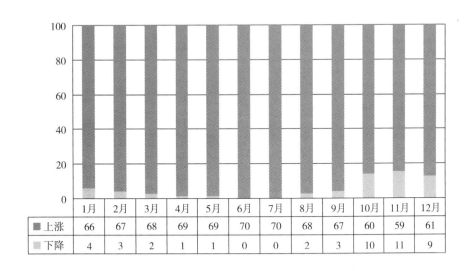

	1月	2月	3月	4月	5月	6月	7月	8月	9月	10月	11月	12月
上涨	66	67	68	69	69	70	70	68	67	60	59	61
下降	4	3	2	1	1	0	0	2	3	10	11	9

图 9 - 5　2017 年新建商品住宅销售价格月同比上涨、下降城市个数变化情况

年末国家外汇储备 31399 亿美元，比上年年末增加 1294 亿美元。全年人民币平均汇率为 1 美元兑 6.7518 元人民币，比上年贬值 1.6%。2013 ~ 2017 年年末国家外汇储备如图 9 - 6 所示。

---

① 居住类价格包括租赁房房租、住房保养维修及管理、水电燃料等价格。

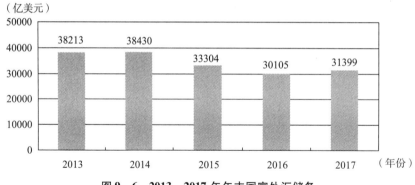

（亿美元）

图 9 - 6　2013～2017 年年末国家外汇储备

供给侧结构性改革扎实推进。全年全国工业产能利用率①为 77.0%，比上年提高 3.7 个百分点。其中，煤炭开采和洗选业产能利用率为 68.2%，比上年提高 8.7 个百分点；黑色金属冶炼和压延加工业产能利用率为 75.8%，提高 4.1 个百分点。年末商品房待售面积 58923 万平方米，比上年末减少 10616 万平方米。其中，商品住宅待售面积 30163 万平方米，减少 10094 万平方米。年末规模以上工业企业资产负债率为 55.5%，比上年年末下降 0.6 个百分点。全年规模以上工业企业每百元主营业务收入中的成本为 84.92 元，比上年下降 0.25 元；每百元主营业务收入中的费用为 7.77 元，下降 0.2 元。全年生态保护和环境治理业、公共设施管理业、农业固定资产投资（不含农户）分别比上年增长 23.9%、21.8% 和 16.4%。

新动能、新产业、新业态加快成长。全年规模以上工业战略性新兴产业②增加值比上年增长 11.0%。高技术制造业③增加值增长 13.4%，占规模以上工业增加值的比重为 12.7%。装备制造业④增加值增长 11.3%，占规模以上工业增加值的比重为 32.7%。全年新能源汽车产量 69 万辆，比上年增长 51.2%；智能电视产量 9666 万台，增长 3.8%；工业机器人产量 13 万台（套），增长 81.0%；民用无人机产量 290 万架，增长 67.0%。全年规模以上服务业⑤中，战略性新兴服务业⑥营业收入 41235 亿元，比上年增长 17.3%；

---

①　产能利用率是指实际产出与生产能力（均以价值量计量）的比率。企业的实际产出是指企业报告期内的工业总产值；企业的生产能力是指报告期内，在劳动力、原材料、燃料、运输等保证供给的情况下，生产设备（机械）保持正常运行，企业可实现的、并能长期维持的产品产出。

②　工业战略性新兴产业包括节能环保产业，新一代信息技术产业，生物产业，高端装备制造产业，新能源产业，新材料产业，新能源汽车产业七大产业中的工业相关行业。

③　高技术制造业包括医药制造业，航空、航天器及设备制造业，电子及通信设备制造业，计算机及办公设备制造业，医疗仪器设备及仪器仪表制造业，信息化学品制造业。

④　装备制造业包括金属制品业，通用设备制造业，专用设备制造业，汽车制造业，铁路、船舶、航空航天和其他运输设备制造业，电气机械和器材制造业，计算机、通信和其他电子设备制造业，仪器仪表制造业。

⑤　规模以上服务业包括年营业收入 1000 万元及以上，或年末从业人员 50 人及以上的交通运输、仓储和邮政业，信息传输、软件和信息技术服务业，房地产业（不含房地产开发经营），租赁和商务服务业，科学研究和技术服务业，水利、环境和公共设施管理业，教育，卫生和社会工作；年营业收入 500 万元及以上，或年末从业人员 50 人及以上的居民服务、修理和其他服务业，文化、体育和娱乐业法人单位。

⑥　战略性新兴服务业包括节能环保产业，新一代信息技术产业，生物产业，高端装备制造产业，新能源产业，新材料产业，新能源汽车产业七大产业中的服务业相关行业。

实现营业利润 7446 亿元，增长 30.2%。全年高技术产业投资① 42912 亿元，比上年增长 15.9%，占固定资产投资（不含农户）的比重为 6.8%；工业技术改造投资② 105912 亿元，增长 16.3%，占固定资产投资（不含农户）的比重为 16.8%。全年网上零售额③ 71751 亿元，比上年增长 32.2%。其中网上商品零售额 54806 亿元，增长 28.0%，占社会消费品零售总额的比重为 15.0%。在网上商品零售额中，吃类商品增长 28.6%，穿类商品增长 20.3%，用类商品增长 30.8%。2016 年年末全国 25.1% 的村有电子商务配送站点。2013～2017 年全国一般公共预算收入如图 9-7 所示。

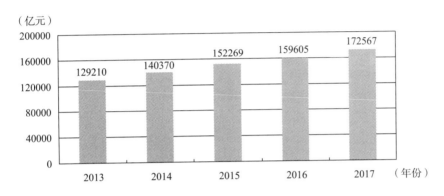

图 9-7　2013～2017 年全国一般公共预算收入

注：图中 2013 年至 2016 年数据为全国一般公共预算收入决算数，2017 年为执行数。

　　发展质量效益改善。全年全国一般公共预算收入 172567 亿元，比上年增长 7.4%。④ 其中税收收入 144360 亿元，比上年增加 13999 亿元，增长 10.7%。全年规模以上工业企业实现利润 75187 亿元，比上年增长 21.0%。从经济类型看，国有控股企业实现利润 16651 亿元，比上年增长 45.1%；集体企业 400 亿元，下降 8.5%，股份制企业 52404 亿元，增长 23.5%，外商及港澳台商投资企业 18753 亿元，增长 15.8%；私营企业 23753 亿元，增长 11.7%。从门类看，采矿业实现利润 4587 亿元，比上年增长 2.6 倍；制造业 66511 亿元，增长 18.2%；电力、热力、燃气及水生产和供应业 4089 亿元，下降 10.7%。全年规模以上服务业企业实现营业利润 23645 亿元，比上年增长 24.5%。全年全员劳动

---

　　① 高技术产业投资包括医药制造、航空航天器及设备制造等六大类高技术制造业投资和信息服务、电子商务服务等九大类高技术服务业投资。
　　② 工业技术改造投资是指工业企业利用新技术、新工艺、新设备、新材料对现有设施、工艺条件及生产服务等进行改造提升，实现内涵式发展的投资活动。
　　③ 网上零售额是指通过公共网络交易平台（主要从事实物商品交易的网上平台，包括自建网站和第三方平台）实现的商品和服务零售额。其中，网上零售额包括的服务，以及少部分用于生产经营用或被转卖的商品不统计在社会消费品零售总额中。
　　④ 为推进财政资金统筹使用，2017 年 1 月 1 日起将新增建设用地土地有偿使用费、南水北调工程基金、烟草企业上缴专项收入 3 项政府性基金调整转列一般公共预算。为此，在 2016 年基数中考虑 3 项政府性基金转列一般公共预算的影响，并以此为基础计算同口径同比增减额和增减幅。

生产率①为 101231 元/人，比上年提高 6.7%。全年制造业产品质量合格率②为 93.71%。2013～2017 年全员劳动生产率如图 9-8 所示。

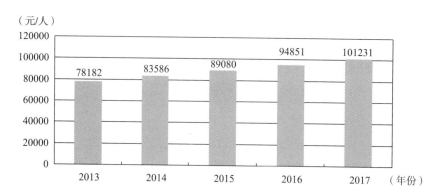

图 9-8 2013～2017 年全员劳动生产率

二、农业

2017 年全年粮食种植面积 11222 万公顷，比上年减少 81 万公顷。其中，小麦种植面积 2399 万公顷，减少 20 万公顷；稻谷种植面积 3018 万公顷，减少 0.2 万公顷；玉米种植面积 3545 万公顷，减少 132 万公顷。棉花种植面积 323 万公顷，减少 12 万公顷。油料种植面积 1420 万公顷，增加 7 万公顷。糖料种植面积 168 万公顷，减少 1 万公顷。2013～2017 年粮食产量如图 9-9 所示。

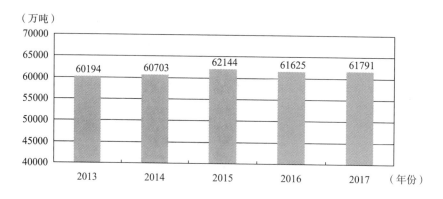

图 9-9 2013～2017 年粮食产量

---

① 全员劳动生产率为国内生产总值（以 2015 年价格计算）与全部就业人员的比率。
② 制造业产品质量合格率是指以产品质量检验为手段，按照规定的方法、程序和标准实施质量抽样检测，判定为质量合格的样品数占全部抽样样品数的百分比，统计调查样本覆盖制造业的 29 个行业。

2017年全年粮食产量61791万吨，比上年增加166万吨，增产0.3%。其中，夏粮产量14031万吨，增产0.8%；早稻产量3174万吨，减产3.2%；秋粮产量44585万吨，增产0.4%。全年谷物产量56455万吨，比上年减产0.1%。其中，稻谷产量20856万吨，增产0.7%；小麦产量12977万吨，增产0.7%；玉米产量21589万吨，减产1.7%。

2017年全年棉花产量549万吨，比上年增产3.5%。油料产量3732万吨，增产2.8%。糖料产量12556万吨，增产1.7%。茶叶产量255万吨，增产6.0%。

2017年全年猪牛羊禽肉产量8431万吨，比上年增长0.8%。其中，猪肉产量5340万吨，增长0.8%；牛肉产量726万吨，增长1.3%；羊肉产量468万吨，增长1.8%；禽肉产量1897万吨，增长0.5%。禽蛋产量3070万吨，下降0.8%。牛奶产量3545万吨，下降1.6%。年末生猪存栏43325万头，下降0.4%；生猪出栏68861万头，增长0.5%。

2017年全年水产品产量6938万吨，比上年增长0.5%。其中，养殖水产品产量5281万吨，增长2.7%；捕捞水产品产量1656万吨，下降5.8%。

2017年全年木材产量7682万立方米，比上年下降1.2%。

2017年全年新增耕地灌溉面积109万公顷，新增高效节水灌溉面积144万公顷。

三、工业和建筑业

2017年全年全部工业增加值279997亿元，比上年增长6.4%。规模以上工业增加值增长6.6%。在规模以上工业中，分经济类型看，国有控股企业增长6.5%；集体企业增长0.6%，股份制企业增长6.6%，外商及港澳台商投资企业增长6.9%；私营企业增长5.9%。分门类看，采矿业下降1.5%，制造业增长7.2%，电力、热力、燃气及水生产和供应业增长8.1%。2013~2017年全部工业增加值及其增长速度如图9-10所示。

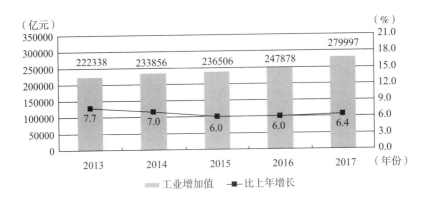

图9-10 2013~2017年全部工业增加值及其增长速度

2017年全年规模以上工业中，农副食品加工业增加值比上年增长6.8%，纺织业增长4.0%，化学原料和化学制品制造业增长3.8%，非金属矿物制品业增长3.7%，黑色金属冶炼和压延加工业增长0.3%，通用设备制造业增长10.5%，专用设备制造业增长

11.8%，汽车制造业增长12.2%，电气机械和器材制造业增长10.6%，计算机、通信和其他电子设备制造业增长13.8%，电力、热力生产和供应业增长7.8%。六大高耗能行业①增加值增长3.0%，占规模以上工业增加值的比重为29.7%。2017年主要工业产品产量及其增长速度如表9-3所示。

表9-3 2017年主要工业产品产量及其增长速度

产品名称	单位	产量	比上年增长（%）
纱	万吨	4050.0	8.5
布	亿米	868.1	-4.3
化学纤维	万吨	4919.6	0.7
成品糖	万吨	1470.6	1.9
卷烟	亿支	23448.3	-1.6
彩色电视机	万台	15932.6	1.0
其中：液晶电视机	万台	15755.9	0.3
家用电冰箱	万台	8548.4	0.8
房间空气调节器	万台	17861.5	24.5
一次能源生产总量	亿吨标准煤	35.9	3.6
原煤	亿吨	35.2	3.3
原油	万吨	19150.6	-4.1
天然气	亿立方米	1480.3	8.2
发电量	亿千瓦小时	64951.4	5.9
其中：火电②	亿千瓦小时	46627.4	5.1
水电	亿千瓦小时	11898.4	0.5
核电	亿千瓦小时	2480.7	16.3
粗钢	万吨	83172.8	3.0
钢材③	万吨	104958.8	0.1
十种有色金属	万吨	5501.0	2.9
其中：精炼铜（电解铜）	万吨	897.0	6.3
原铝（电解铝）	万吨	3329.0	2.0
水泥	亿吨	23.4	-3.1
硫酸（折100%）	万吨	9212.9	0.9
烧碱（折100%）	万吨	3365.2	5.1

① 六大高耗能行业包括石油加工、炼焦和核燃料加工业，化学原料和化学制品制造业，非金属矿物制品业，黑色金属冶炼和压延加工业，有色金属冶炼和压延加工业，电力、热力生产和供应业。

② 火电包括燃煤发电量，燃油发电量，燃气发电量，余热、余压、余气发电量，垃圾焚烧发电量，生物质发电量。

③ 钢材产量数据中含企业之间重复加工钢材约24000万吨。

产品名称	单位	产量	比上年增长（%）
乙烯	万吨	1821.8	2.3
化肥（折100%）	万吨	6184.3	−6.7
发电机组（发电设备）	万千瓦	11830.4	−9.8
汽车	万辆	2901.8	3.2
其中：基本型乘用车（轿车）	万辆	1194.5	−1.4
运动型多用途乘用车（SUV）	万辆	1004.7	9.9
大中型拖拉机	万台	41.8	−32.4
集成电路	亿块	1564.6	18.7
程控交换机	万线	1240.8	−14.9
移动通信手持机①	万台	188982.4	2.2
微型计算机设备	万台	30678.4	5.8

2017年年末全国发电装机容量177703万千瓦，比上年末增长7.6%。其中②，火电装机容量110604万千瓦，增长4.3%；水电装机容量34119万千瓦，增长2.7%；核电装机容量3582万千瓦，增长6.5%；并网风电装机容量16367万千瓦，增长10.5%；并网太阳能发电装机容量13025万千瓦，增长68.7%。

2017年全年全社会建筑业增加值55689亿元，比上年增长4.3%。全国具有资质等级的总承包和专业承包建筑业企业实现利润7661亿元，增长9.7%。其中国有控股企业2313亿元，增长15.1%。2013～2017年建筑业增加值及其增长速度如图9-11所示。

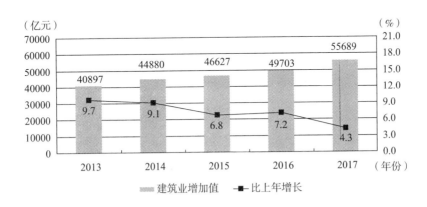

图9-11 2013～2017年建筑业增加值及其增长速度

---

① 移动通信手持机、钢材2016年产量根据有关专项调查进行了调整，2017年产量增速均按可比口径计算。

② 少量发电装机容量（如地热等）公报中未列出。

四、固定资产投资

全年全社会固定资产投资 641238 亿元，比上年增长 7.0%。① 其中固定资产投资（不含农户）631684 亿元，增长 7.2%。分区域看②，东部地区投资 265837 亿元，比上年增长 8.3%；中部地区投资 163400 亿元，增长 6.9%；西部地区投资 166571 亿元，增长 8.5%；东北地区投资 30655 亿元，增长 2.8%。

在固定资产投资（不含农户）中，第一产业投资 20892 亿元，比上年增长 11.8%；第二产业投资 235751 亿元，增长 3.2%；第三产业投资 375040 亿元，增长 9.5%。基础设施投资③ 140005 亿元，增长 19.0%，占固定资产投资（不含农户）的比重为 22.2%。民间固定资产投资④ 381510 亿元，增长 6.0%，占固定资产投资（不含农户）的比重为 60.4%。六大高耗能行业投资 64430 亿元，下降 1.8%，占固定资产投资（不含农户）的比重为 10.2%。2013～2017 年三次产业投资占固定资产投资（不含农户）比重如图 9-12、图 9-13 所示。

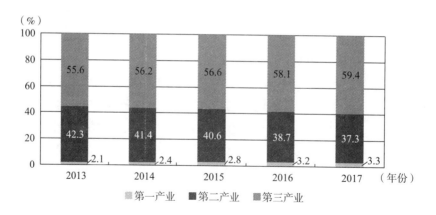

图 9-12 2013～2017 年三次产业投资占固定资产投资（不含农户）比重

2017 年分行业固定资产投资（不含农户）及其增长速度如表 9-4 所示。

---

① 根据第三次农业普查结果对 2016 年固定资产投资基数进行调整，2017 年增速按可比口径计算。

② 固定资产投资（不含农户）按东部、中部、西部和东北地区计算的合计数据小于全国数据，是因为有部分跨地区的投资未计算在地区数据中。其中，东部地区是指北京、天津、河北、上海、江苏、浙江、福建、山东、广东和海南 10 省（市）；中部地区是指山西、安徽、江西、河南、湖北和湖南 6 省；西部地区是指内蒙古、广西、重庆、四川、贵州、云南、西藏、陕西、甘肃、青海、宁夏和新疆 12 省（区、市）；东北地区是指辽宁、吉林和黑龙江 3 省。

③ 基础设施投资是指建造或购置为社会生产和生活提供基础性、大众性服务的工程和设施的支出。公报中的基础设施投资包括交通运输、邮政业，电信、广播电视和卫星传输服务业，互联网和相关服务业，水利、环境和公共设施管理业投资。

④ 民间固定资产投资是指具有集体、私营、个人性质的内资企事业单位以及由其控股（包括绝对控股和相对控股）的企业单位建造或购置固定资产的投资。

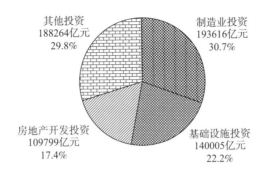

图 9-13 2017 年按领域分固定资产投资（不含农户）及其占比

表 9-4 2017 年分行业固定资产投资（不含农户）及其增长速度

行业	投资额（亿元）	比上年增长（%）
总计	631684	7.2
农、林、牧、渔业	24638	9.1
采矿业	9209	-10.0
制造业	193616	4.8
电力、热力、燃气及水生产和供应业	29794	0.8
建筑业	3648	-19.0
批发和零售业	16542	-6.3
交通运输、仓储和邮政业	61186	14.8
住宿和餐饮业	6107	3.9
信息传输、软件和信息技术服务业	6987	12.8
金融业	1121	-13.3
房地产业①	139734	3.6
租赁和商务服务业	13304	14.4
科学研究和技术服务业	5932	9.4
水利、环境和公共设施管理业	82105	21.2
居民服务、修理和其他服务业	2686	2.4
教育	11084	20.2
卫生和社会工作	7327	18.1
文化、体育和娱乐业	8732	12.9
公共管理、社会保障和社会组织	7931	-2.0

2017 年固定资产投资新增主要生产与运营能力如表 9-5 所示。

---

① 房地产业投资除房地产开发投资外，还包括建设单位自建房屋以及物业管理、中介服务和其他房地产投资。

表 9 - 5 2017 年固定资产投资新增主要生产与运营能力

指标	单位	绝对数
新增 220 千伏及以上变电设备	万千伏安	24263
新建铁路投产里程	千米	3038
其中：高速铁路①	千米	2182
增、新建铁路复线投产里程	千米	3223
电气化铁路投产里程	千米	4583
新改建公路里程	千米	313607
其中：高速公路	千米	6796
港口万吨级码头泊位新增通过能力	万吨/年	24858
新增民用运输机场	个	11
新增光缆线路长度	万千米	705

2017 年全年房地产开发投资 109799 亿元，比上年增长 7.0%。其中住宅投资 75148 亿元，增长 9.4%；办公楼投资 6761 亿元，增长 3.5%；商业营业用房投资 15640 亿元，下降 1.2%。

2017 年全年全国城镇棚户区住房改造开工 609 万套，棚户区改造基本建成 604 万套，公租房基本建成 82 万套。全年全国农村地区建档立卡贫困户危房改造 152.5 万户。② 2017 年房地产开发和销售主要指标及其增长速度如表 9 - 6 所示。

表 9 - 6 2017 年房地产开发和销售主要指标及其增长速度

指标	单位	绝对数	比上年增长（%）
投资额	亿元	109799	7.0
其中：住宅	亿元	75148	9.4
其中：90 平方米及以下	亿元	22367	-9.7
房屋施工面积	万平方米	781484	3.0
其中：住宅	万平方米	536444	2.9
房屋新开工面积	万平方米	178654	7.0
其中：住宅	万平方米	128098	10.5
房屋竣工面积	万平方米	101486	-4.4
其中：住宅	万平方米	71815	-7.0
商品房销售面积	万平方米	169408	7.7
其中：住宅	万平方米	144789	5.3
本年到位资金	亿元	156053	8.2
其中：国内贷款	亿元	25242	17.3
个人按揭贷款	亿元	23906	-2.0

---

① 高速铁路是指线路最大速度 200 千米/小时及以上的铁路和 200 千米/小时以下仅运行动车组列车的铁路。

② 各省（自治区、直辖市）汇总上报截至 2017 年 12 月底建档立卡贫困户农村危房改造实际竣工数。

五、国内贸易

2017 年全年社会消费品零售总额 366262 亿元，比上年增长 10.2%。按经营地统计，城镇消费品零售额 314290 亿元，增长 10.0%；乡村消费品零售额 51972 亿元，增长 11.8%。按消费类型统计，商品零售额 326618 亿元，增长 10.2%；餐饮收入额 39644 亿元，增长 10.7%。2013~2017 年社会消费品零售总额如图 9-14 所示。

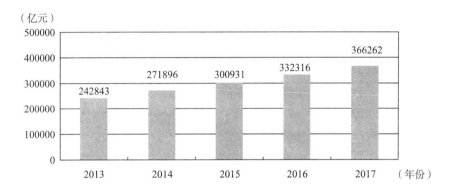

图 9-14 2013~2017 年社会消费品零售总额

在限额以上企业商品零售额中，粮油、食品、饮料、烟酒类零售额比上年增长 9.7%，服装、鞋帽、针纺织品类增长 7.8%，化妆品类增长 13.5%，金银珠宝类增长 5.6%，日用品类增长 8.0%，家用电器和音像器材类增长 9.3%，中西药品类增长 12.4%，文化办公用品类增长 9.8%，家具类增长 12.8%，通信器材类增长 11.7%，建筑及装潢材料类增长 10.3%，汽车类增长 5.6%，石油及制品类增长 9.2%。

六、对外经济①

2017 年全年货物进出口总额 277923 亿元，比上年增长 14.2%。其中，出口 153321 亿元，增长 10.8%；进口 124602 亿元，增长 18.7%。货物进出口差额（出口减进口）28718 亿元，比上年减少 4734 亿元。对"一带一路"②沿线国家进出口总额 73745 亿元，比上年增长 17.8%。其中，出口 43045 亿元，增长 12.1%；进口 30700 亿元，增长 26.8%。2013~2017 年货物进出口总额及其增长速度如图 9-15 和表 9-7 所示。

---

① 货物进出口、服务进出口、吸收外资采用人民币计价。对外投资和对外承包工程由于技术原因仍主要沿用美元计价。

② "一带一路"是指"丝绸之路经济带"和"21 世纪海上丝绸之路"。

图 9 - 15   2013 ~ 2017 年货物进出口总额

表 9 - 7   2017 年货物进出口总额及其增长速度

指标	金额（亿元）	比上年增长（%）
货物进出口总额	277923	14. 2
货物出口额	153321	10. 8
其中：一般贸易	83325	11. 7
加工贸易	51381	8. 8
其中：机电产品	89465	12. 1
高新技术产品	45150	13. 3
货物进口额	124602	18. 7
其中：一般贸易	73299	23. 2
加工贸易	29180	11. 3
其中：机电产品	57785	13. 3
高新技术产品	39501	14. 1
货物进出口差额（出口减进口）	28718	—

2017 年主要商品进出口数量、金额及其增长速度如表 9 - 8 和表 9 - 9 所示。

表 9 - 8   2017 年主要商品出口数量、金额及其增长速度

商品名称	单位	数量	比上年增长（%）	金额（亿元）	比上年增长（%）
煤（包括褐煤）	万吨	817	- 7. 0	75	64. 7
钢材	万吨	7541	- 30. 5	3700	3. 1
纺织纱线、织物及制品	—	—		7441	7. 4
服装及衣着附件	—	—		10656	2. 3
鞋类	万吨	450	6. 5	3269	5. 0
家具及其零件	—	—		3385	7. 4
自动数据处理设备及其部件	万台	154208	- 3. 1	10710	18. 1

商品名称	单位	数量	比上年增长（%）	金额（亿元）	比上年增长（%）
手持或车载无线电话	万台	121087	-4.8	8503	11.3
集装箱	万个	300	50.6	567	103.2
液晶显示板	万个	193367	1.6	1737	2.3
汽车	万辆	104	43.1	898	27.2

表9-9 2017年主要商品进口数量、金额及其增长速度

商品名称	单位	数量	比上年增长（%）	金额（亿元）	比上年增长（%）
谷物及谷物粉	万吨	2559	16.4	440	17.2
大豆	万吨	9553	13.8	2688	19.6
食用植物油	万吨	577	4.4	307	11.3
铁矿砂及其精矿	万吨	107474	5.0	5175	35.0
氧化铝	万吨	287	-5.3	75	29.5
煤（包括褐煤）	万吨	27090	6.1	1536	63.7
原油	万吨	41957	10.1	11003	42.7
成品油	万吨	2964	6.4	982	33.3
初级形状的塑料	万吨	2868	11.5	3284	20.1
纸浆	万吨	2372	12.6	1039	28.5
钢材	万吨	1330	0.6	1027	18.2
未锻轧铜及铜材	万吨	469	-5.2	2115	21.3
集成电路	亿个	3770	10.1	17592	17.3
汽车	万辆	124	15.7	3422	16.3

2017年对主要国家和地区货物进出口额及其增长速度如表9-10所示。

表9-10 2017年对主要国家和地区货物进出口额及其增长速度

国家和地区	出口额（亿元）	比上年增长（%）	占全部出口比重（%）	进口额（亿元）	比上年增长（%）	占全部进口比重（%）
欧盟	25199	12.6	16.4	16543	20.2	13.3
美国	29103	14.5	19.0	10430	17.3	8.4
东盟	18902	11.9	12.3	15942	22.8	12.8
日本	9301	8.9	6.1	11204	16.3	9.0
中国香港	18899	-0.4	12.3	495	-54.9	0.4
韩国	6965	12.6	4.5	12013	14.4	9.6
中国台湾	2979	12.2	1.9	10512	14.5	8.4

续表

国家和地区	出口额（亿元）	比上年增长（%）	占全部出口比重（%）	进口额（亿元）	比上年增长（%）	占全部进口比重（%）
巴西	1962	35.2	1.3	3974	31.4	3.2
印度	4615	19.8	3.0	1107	42.4	0.9
俄罗斯	2906	17.8	1.9	2790	31.0	2.2
南非	1004	18.4	0.7	1649	12.1	1.3

2017 年全年服务进出口[①]总额 46991 亿元，比上年增长 6.8%。其中，服务出口 15407 亿元，增长 10.6%；服务进口 31584 亿元，增长 5.1%。服务进出口逆差 16177 亿元。

全年吸收外商直接投资（不含银行、证券、保险）新设立企业 35652 家，比上年增长 27.8%。实际使用外商直接投资金额 8776 亿元（折 1310 亿美元），增长 7.9%，增速比上年加快 3.8 个百分点。其中"一带一路"沿线国家对华直接投资新设立企业 3857 家，增长 32.8%；对华直接投资金额 374 亿元（折 56 亿美元）。全年高技术制造业实际使用外资 666 亿元，增长 11.3%。2017 年外商直接投资（不含银行、证券、保险）及其增长速度如表 9 - 11 所示。

表 9 - 11　2017 年外商直接投资（不含银行、证券、保险）及其增长速度

行业	企业数（家）	比上年增长（%）	实际使用金额（亿元）	比上年增长（%）
总计	35652	27.8	8776	7.9
其中：农、林、牧、渔业	706	26.5	72	-41.6
制造业	4986	24.3	2259	-1.9
电力、燃气及水生产和供应业	372	19.6	235	68.1
交通运输、仓储和邮政业	517	21.7	374	13.6
信息传输、计算机服务和软件业	3169	116.6	1389	157.1
批发和零售业	12283	30.7	770	-23.9
房地产业	737	95.0	1133	-10.4
租赁和商务服务业	5087	9.9	1125	7.5
居民服务和其他服务业	349	42.5	38	16.0

2017 年全年对外直接投资额（不含银行、证券、保险）8108 亿元，按美元计价为 1201 亿美元，比上年下降 29.4%。其中，对"一带一路"沿线国家直接投资额 144 亿美元。2017 年对外直接投资额及其增长速度如表 9 - 12 所示。

---

① 服务进出口按照《国际收支手册（第六版）》标准统计，增速按可比口径计算。

表 9 – 12　2017 年对外直接投资额（不含银行、证券、保险）及其增长速度

行业	对外直接投资金额（亿美元）	比上年增长（%）
总计	1201	-29.4
其中：农、林、牧、渔业	22	-25.3
采矿业	83	-4.4
制造业	191	-38.4
电力、热力、燃气及水生产和供应业	32	26.5
建筑业	73	37.5
批发和零售业	249	-9.6
交通运输、仓储和邮政业	30	-16.9
信息传输、软件和信息技术服务业	103	-49.3
房地产业	22	-79.6
租赁和商务服务业	349	-17.3

2017 年全年对外承包工程业务完成营业额 11383 亿元，按美元计价为 1686 亿美元，比上年增长 5.8%。其中，对"一带一路"沿线国家完成营业额 855 亿美元，增长 12.6%，占对外承包工程业务完成营业额比重为 50.7%。对外劳务合作派出各类劳务人员 52 万人，增长 5.7%。

七、交通、邮电和旅游

2017 年全年货物运输总量 479 亿吨，比上年增长 9.3%。货物运输周转量 196130 亿吨公里，增长 5.1%。全年规模以上港口完成货物吞吐量 126 亿吨，比上年增长 6.4%，其中外贸货物吞吐量 40 亿吨，增长 5.7%。规模以上港口集装箱吞吐量 23680 万标准箱，增长 8.3%。2017 年各种运输方式完成货物运输量及其增长速度如表 9 – 13 所示。

表 9 – 13　2017 年各种运输方式完成货物运输量及其增长速度

指标	单位	绝对数	比上年增长（%）
货物运输总量	亿吨	479.4	9.3
铁路	亿吨	36.9	10.7
公路	亿吨	368.0	10.1
水运	亿吨	66.6	4.3
民航	万吨	705.8	5.7
管道	亿吨	7.9	7.3
货物运输周转量	亿吨千米	196130.4	5.1
铁路	亿吨千米	26962.2	13.3
公路	亿吨千米	66712.5	9.2

指标	单位	绝对数	比上年增长（%）
水运	亿吨千米	97455.0	0.1
民航	亿吨千米	243.5	9.5
管道	亿吨千米	4757.2	13.4

全年旅客运输总量185亿人次，比上年下降2.6%。旅客运输周转量32813亿人千米，增长5.0%。2017年各种运输方式完成旅客运输量及其增长速度如表9-14所示。

表9-14　2017年各种运输方式完成旅客运输量及其增长速度

指标	单位	绝对数	比上年增长（%）
旅客运输总量	亿人次	185.1	-2.6
铁路	亿人次	30.8	9.6
公路	亿人次	145.9	-5.4
水运	亿人次	2.8	4.1
民航	亿人次	5.5	13.0
旅客运输周转量	亿人千米	32812.7	5.0
铁路	亿人千米	13456.9	7.0
公路	亿人千米	9765.1	-4.5
水运	亿人千米	77.9	7.7
民航	亿人千米	9512.8	13.5

年末全国民用汽车保有量21743万辆（包括三轮汽车和低速货车820万辆），比上年末增长11.8%，其中私人汽车保有量18695万辆，增长12.9%。民用轿车保有量12185万辆，增长12.0%，其中私人轿车11416万辆，增长12.5%。

全年完成邮政行业业务总量①9764亿元，比上年增长32.0%。邮政业全年完成邮政函件业务31.5亿件，包裹业务0.3亿件，快递业务量400.6亿件；快递业务收入4957亿元。全年完成电信业务总量②27557亿元，比上年增长76.4%。电信业全年新增移动电话交换机容量③23646万户，达到242186万户。年末全国电话用户总数161125万户，其中移动电话用户141749万户。移动电话普及率上升至102.5部/百人。固定互联网宽带接入

---

①　邮政行业业务总量按2010年价格计算。

②　电信业务总量按2015年价格计算。

③　移动电话交换机容量是指移动电话交换机根据一定话务模型和交换机处理能力计算出来的最大同时服务用户的数量。

用户①34854 万户，比上年增加5133 万户，其中固定互联网光纤宽带接入用户②29392 万户，比上年增加6627 万户；移动宽带用户③113152 万户，增加19077 万户。移动互联网接入流量246 亿G，比上年增长162.7%。互联网上网人数7.72 亿人，增加4074 万人，其中手机上网人数④7.53 亿人，增加5734 万人。互联网普及率达到55.8%，其中农村地区互联网普及率达到35.4%。软件和信息技术服务业⑤完成软件业务收入55037 亿元，比上年增长13.9%。2013～2017 年快递业务量及其增长速度如图9-16 所示。

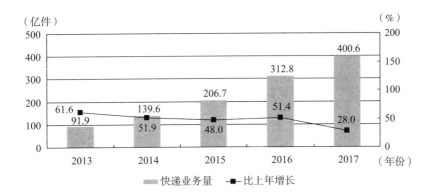

图9-16　2013～2017 年快递业务量及其增长速度

2013～2017 年年末固定互联网宽带接入用户和移动宽带用户数如图9-17 所示。

图9-17　2013～2017 年年末固定互联网宽带接入用户和移动宽带用户数

---

① 固定互联网宽带接入用户是指报告期末在电信企业登记注册，通过 XDSL、FTTx + LAN、FTTH/O 以及其他宽带接入方式和普通专线接入公众互联网的用户。

② 固定互联网光纤宽带接入用户是指报告期末在电信企业登记注册，通过 FTTH 或 FTTO 方式接入公众互联网的用户。

③ 移动宽带用户是指报告期末在计费系统拥有使用信息，占用3G 或 4G 网络资源的在网用户。

④ 手机上网人数是指过去半年通过手机接入并使用互联网的6 周岁及以上中国居民数量。

⑤ 软件和信息技术服务业包括软件开发，信息系统集成服务，信息技术咨询服务，数据处理和存储服务，集成电路设计和其他信息技术服务等行业。

全年国内游客 50 亿人次，比上年增长 12.8%；国内旅游收入 45661 亿元，增长 15.9%。入境游客 13948 万人次，增长 0.8%。其中，外国人 2917 万人次，增长 3.6%；香港、澳门和台湾同胞 11032 万人次，与上年持平。在入境游客中，过夜游客 6074 万人次，增长 2.5%。国际旅游收入 1234 亿美元，增长 2.9%。国内居民出境 14273 万人次，增长 5.6%。其中因私出境 13582 万人次，增长 5.7%；赴港澳台出境 8698 万人次，增长 3.6%。

八、金融

年末广义货币供应量（M2）余额 167.7 万亿元，比上年末增长 8.2%；狭义货币供应量（M1）余额 54.4 万亿元，增长 11.8%；流通中货币（M0）余额 7.1 万亿元，增长 3.4%。

全年社会融资规模增量①19.4 万亿元，按可比口径计算比上年多 1.6 万亿元；年末社会融资规模存量②174.6 万亿元，比上年末增长 12.0%。年末全部金融机构本外币各项存款余额 169.3 万亿元，比年初增加 13.7 万亿元，其中人民币各项存款余额 164.1 万亿元，增加 13.5 万亿元。全部金融机构本外币各项贷款余额 125.6 万亿元，增加 13.6 万亿元，其中人民币各项贷款余额 120.1 万亿元，增加 13.5 万亿元。2017 年年末全部金融机构本外币存贷款余额及其增长速度如表 9-15 所示。

表 9-15　2017 年年末全部金融机构本外币存贷款余额及其增长速度

指标	年末数（亿元）	比上年末增长（%）
各项存款	1692727	8.8
其中：境内住户存款	651983	7.5
其中：人民币	643768	7.7
境内非金融企业存款	571641	7.7
各项贷款	1256074	12.1
其中：境内短期贷款	411153	8.2
境内中长期贷款	750894	18.2

年末主要农村金融机构（农村信用社、农村合作银行、农村商业银行）人民币贷款余额 149820 亿元，比年初增加 15602 亿元。全部金融机构人民币消费贷款余额 315194 亿元，增加 64717 亿元。其中，个人短期消费贷款余额 68041 亿元，增加 18724 亿元；个人中长期消费贷款余额 247154 亿元，增加 45993 亿元。

---

① 社会融资规模增量是指一定时期内实体经济（境内非金融企业和个人）从金融体系获得的资金总额。

② 社会融资规模存量是指一定时期末（月末、季末或年末）实体经济（境内非金融企业和个人）从金融体系获得的资金余额。

全年上市公司通过境内市场累计筹资 40836 亿元，比上年减少 12244 亿元。其中，首次公开发行 A 股完成申购 419 只，筹资 2186 亿元；A 股现金再融资（包括公开增发、定向增发、配股、优先股）9209 亿元，减少 4178 亿元；上市公司通过沪深交易所发行债券（包括公司债、可转债、可交换债和企业资产支持证券）筹资 28105 亿元，减少 8563 亿元。全年全国中小企业股份转让系统①新增挂牌公司 2176 家，筹资 1336 亿元，减少 3.95%。

全年发行公司信用类债券②5.64 万亿元，比上年减少 2.59 万亿元。

全年保险公司原保险保费收入③36581 亿元，比上年增长 18.2%。其中，寿险业务原保险保费收入 21456 亿元，健康险和意外伤害险业务原保险保费收入 5291 亿元，财产险业务原保险保费收入 9835 亿元。支付各类赔款及给付 11181 亿元。其中，寿险业务给付 4575 亿元，健康险和意外伤害险赔款及给付 1518 亿元，财产险业务赔款 5087 亿元。

九、居民收入消费和社会保障

全年全国居民人均可支配收入④25974 元，比上年增长 9.0%，扣除价格因素，实际增长 7.3%。全国居民人均可支配收入中位数⑤22408 元，增长 7.3%。按常住地分，城镇居民人均可支配收入 36396 元，比上年增长 8.3%，扣除价格因素，实际增长 6.5%。城镇居民人均可支配收入中位数 33834 元，增长 7.2%。农村居民人均可支配收入 13432 元，比上年增长 8.6%，扣除价格因素，实际增长 7.3%。农村居民人均可支配收入中位数 11969 元，增长 7.4%。按全国居民五等份收入分组⑥，低收入组人均可支配收入 5958 元，中等偏下收入组人均可支配收入 13843 元，中等收入组人均可支配收入 22495 元，中等偏上收入组人均可支配收入 34547 元，高收入组人均可支配收入 64934 元。全国农民工人均月收入 3485 元，比上年增长 6.4%。

全国居民人均消费支出 18322 元，比上年增长 7.1%，扣除价格因素，实际增长 5.4%。按常住地分，城镇居民人均消费支出 24445 元，增长 5.9%，扣除价格因素，实际增长 4.1%；农村居民人均消费支出 10955 元，增长 8.1%，扣除价格因素，实际增长 6.8%。恩格尔系数为 29.3%，比上年下降 0.8 个百分点，其中城镇为 28.6%，农村为 31.2%。2013~2017 年全国居民人均可支配收入及其增长速度如图 9-18 所示。

---

① 全国中小企业股份转让系统又称"新三板"，是 2012 年经国务院批准设立的全国性证券交易场所。

② 公司信用类债券包括非金融企业债务融资工具、企业债券以及公司债、可转债等。

③ 原保险保费收入是指保险企业确认的原保险合同保费收入。

④ 全国居民收入名义增速快于分城乡居民收入增速的原因是：在城镇化过程中，一部分在农村收入较高的人口进入城镇地区，但在城镇属于较低收入人群，他们的迁移对城乡居民收入人均有拉低作用。但无论在城镇还是在农村，其收入增长效应都会体现在全体居民收入增长中。

⑤ 人均收入中位数是指将所有调查户按人均收入水平从低到高（或从高到低）顺序排列，处于最中间位置调查户的人均收入。

⑥ 全国居民五等份收入分组是指将所有调查户按人均收入水平从高到低顺序排列，平均分为五个等份，处于最高 20% 的收入群体为高收入组，依此类推依次为中等偏上收入组、中等收入组、中等偏下收入组、低收入组。

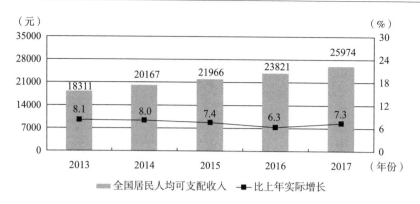

图 9-18 2013~2017 年全国居民人均可支配收入及其增长速度

2017 年全国居民人均消费支出及其构成如图 9-19 所示。

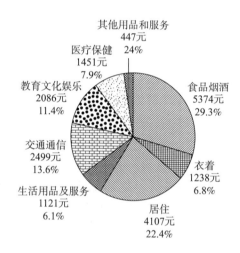

图 9-19 2017 年全国居民人均消费支出及其构成

按照每人每年 2300 元（2010 年不变价）的农村贫困标准计算，2017 年年末农村贫困人口 3046 万人，比上年年末减少 1289 万人[①]；贫困发生率[②]3.1%，比上年下降 1.4 个百分点。贫困地区[③]农村居民人均可支配收入 9377 元，比上年增长 10.5%，扣除价格因素，实际增长 9.1%。

年末全国参加城镇职工基本养老保险人数 40199 万人，比上年年末增加 2269 万人。参加城乡居民基本养老保险人数 51255 万人，增加 408 万人。参加基本医疗保险人数 117664 万人，增加 43272 万人。其中，参加职工基本医疗保险人数 30320 万人，增加

---

① 减贫人口等于当年贫困人口减去上年贫困人口，也相当于当年脱贫人口减去当年返贫人口。
② 贫困发生率是指贫困人口占目标调查人口的比重。
③ 贫困地区包括集中连片特困地区和片区外的国家扶贫开发工作重点县，原共有 832 个县。2017 年开始将新疆阿克苏地区纳入贫困监测范围。

789 万人；参加城乡居民基本医疗保险人数 87343 万人①，增加 42483 万人。参加失业保险人数 18784 万人，增加 695 万人。年末全国领取失业保险金人数 220 万人。参加工伤保险人数 22726 万人，增加 836 万人，其中参加工伤保险的农民工 7807 万人，增加 297 万人。参加生育保险人数 19240 万人，增加 789 万人。年末全国共有 1264 万人享受城市居民最低生活保障，4047 万人享受农村居民最低生活保障，467 万人享受农村特困人员②救助供养。全年资助 5203 万人参加基本医疗保险，医疗救助 3536 万人次。国家抚恤、补助各类优抚对象 859 万人。2013～2017 年年末全国农村贫困人口如图 9-20 所示。

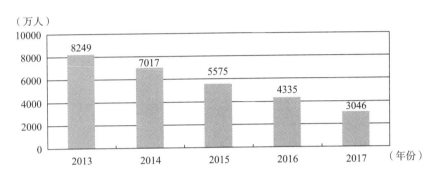

图 9-20　2013～2017 年年末全国农村贫困人口

十、教育、科学技术和文化体育

2017 年全年研究生教育③招生 80.5 万人，在学研究生 263.9 万人，毕业生 57.8 万人。普通本专科招生 761.5 万人，在校生 2753.6 万人，毕业生 735.8 万人。中等职业教育④招生 582.4 万人，在校生 1592.5 万人，毕业生 496.9 万人。普通高中招生 800.1 万人，在校生 2374.5 万人，毕业生 775.7 万人。初中招生 1547.2 万人，在校生 4442.1 万人，毕业生 1397.5 万人。普通小学招生 1766.6 万人，在校生 10093.7 万人，毕业生 1565.9 万人。特殊教育招生 11.1 万人，在校生 57.9 万人，毕业生 6.9 万人。学前教育在园幼儿 4600.1 万人。九年义务教育巩固率为 93.8%，高中阶段毛入学率为 88.3%。

2017 年全年研究与试验发展（R&D）经费支出 17500 亿元，比上年增长 11.6%，与国内生产总值之比为 2.12%，其中基础研究经费 920 亿元。全年国家重点研发计划

---

①　参加城乡居民基本医疗保险人数增加较多，一是原参加新型农村合作医疗人员并入城乡居民基本医疗保险参保人员统计；二是开展全民参保登记，基本医疗保险覆盖面进一步扩大。

②　农村特困人员是指无劳动能力，无生活来源，无法定赡养、抚养、扶养义务人或者其法定义务人无履行义务能力的农村老年人、残疾人以及未满 16 周岁的未成年人。

③　2017 年研究生招生、在学研究生指标口径发生变化（增加非全日制研究生）。

④　中等职业教育包括普通中专、成人中专、职业高中和技工学校。

共安排 42 个重点专项 1115 个科技项目，国家科技重大专项共安排 454 个课题，国家自然科学基金共资助 43935 个项目。截至 2017 年年底，累计建设国家重点实验室 503 个，国家工程研究中心 131 个，国家工程实验室 217 个，国家企业技术中心 1276 家。国家科技成果转化引导基金累计设立 5 支子基金，资金总规模 247.2 亿元。全年境内外专利申请 369.8 万件，授予专利权 183.6 万件；PCT 专利申请受理量①为 5.1 万件。截至年底，有效专利 714.8 万件，其中境内有效发明专利 135.6 万件，每万人口发明专利拥有量 9.8 件。全年共签订技术合同 36.8 万项，技术合同成交金额 13424 亿元，比上年增长 17.7%。2013~2017 年普通本专科、中等职业教育及普通高中招生人数如图 9-21 所示。

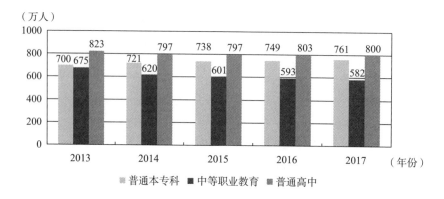

图 9-21　2013~2017 年普通本专科、中等职业教育及普通高中招生人数

2013~2017 年研究与试验发展（R&D）经费支出及其增长速度如图 9-22 所示。

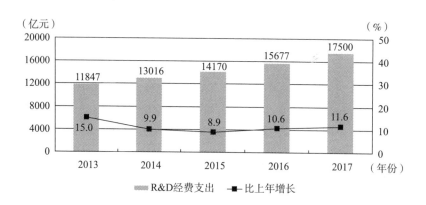

图 9-22　2013~2017 年研究与试验发展（R&D）经费支出及其增长速度

---

① PCT 专利申请受理量是指国家知识产权局作为 PCT 专利申请受理局受理的 PCT 专利申请数量。PCT（Patent Cooperation Treaty）即专利合作条约，是专利领域的一项国际合作条约。

表 9 – 16 2017 年专利申请、授权和有效专利情况

指标	专利数（万件）
专利申请数	369.8
其中：境内专利申请	351.3
其中：发明专利申请	138.2
其中：境内发明专利	123.4
专利授权数	183.6
其中：境内专利授权	170.5
其中：发明专利授权	42.0
其中：境内发明专利	32.0
年末有效专利数	714.8
其中：境内有效专利	620.4
其中：有效发明专利	208.5
其中：境内有效发明专利	135.6

2017 年全年成功完成 17 次宇航发射。首颗高轨道高通量通信卫星实践十三号、首颗大型硬 X 射线空间探测卫星"慧眼"卫星成功发射；北斗导航全球卫星系统组网首发双星成功发射；天舟一号货运飞船成功发射，完成与天宫二号交会对接。"墨子号"量子卫星成功实现预定科学目标，暗物质粒子探测卫星"悟空"发现反常电子信号，C919 大型客机、"鲲龙" AG600 水陆两栖飞机首飞成功。

2017 年年末，全国共有产品检测实验室 35000 个，其中国家检测中心 739 个。全国现有产品质量、体系认证机构 401 个，已累计完成对 140250 个企业的产品认证。全国共有法定计量技术机构 4037 个，全年强制检定计量器具 8326 万台（件）。全年制定、修订国家标准 3811 项，其中新制定 2684 项。

2017 年年末，全国文化系统共有艺术表演团体 2054 个，博物馆 3217 个。全国共有公共图书馆 3162 个，总流通[1] 72641 万人次；文化馆 3327 个。有线电视实际用户 2.20 亿户，其中有线数字电视实际用户 1.98 亿户。年末广播节目综合人口覆盖率为 98.7%，电视节目综合人口覆盖率为 99.1%。全年生产电视剧 310 部 13310 集，电视动画片 83599 分钟。全年生产故事影片 798 部，科教、纪录、动画和特种影片[2] 172 部。出版各类报纸 368 亿份，各类期刊 26 亿册，图书 90 亿册（张），人均图书拥有量[3] 6.49 册（张）。年末全国共有档案馆 4237 个，已开放各类档案 13806 万卷（件）。2016 年，文化及相关产业增加值 30785 亿元，比上年增长 13.0%；占国内生产总值的比重为 4.14%，比上年提

---

① 总流通人次是指本年度内到图书馆场馆接受图书馆服务的总人次，包括借阅书刊、咨询问题以及参加各类读者活动等。
② 特种影片是指那些采用与常规影院放映在技术、设备、节目方面不同的电影展示方式，如巨幕电影、立体电影、立体特效（4D）电影、动感电影、球幕电影等。
③ 人均图书拥有量是指在一年内全国平均每人能拥有的当年出版图书册数。

高 0.19 个百分点。

全年我国运动员在 24 个运动大项中获得 106 个世界冠军，共创 6 项世界纪录。全年我国残疾人运动员在 11 项国际赛事中获得 160 个世界冠军。2016 年，体育产业增加值 6475 亿元，比上年增长 17.8%；占国内生产总值的比重为 0.9%，比上年提高 0.1 个百分点。

十一、卫生和社会服务

年末全国共有医疗卫生机构 99.5 万个，其中医院 3.0 万个，在医院中有公立医院 1.2 万个，民营医院 1.8 万个；基层医疗卫生机构 94.0 万个，其中乡镇卫生院 3.7 万个，社区卫生服务中心（站）3.5 万个，门诊部（所）23.0 万个，村卫生室 63.8 万个；专业公共卫生机构 2.2 万个，其中疾病预防控制中心 3482 个，卫生监督所（中心）3133 个。年末卫生技术人员 891 万人，其中执业医师和执业助理医师 335 万人，注册护士 379 万人。医疗卫生机构床位 785 万张，其中医院 609 万张，乡镇卫生院 125 万张。全年总诊疗人次[1] 81.0 亿人次，出院人数[2] 2.4 亿人。2013～2017 年年末卫生技术人员人数如图 9 - 23 所示。

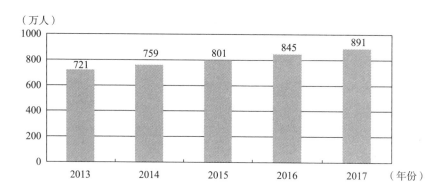

图 9 - 23　2013～2017 年年末卫生技术人员人数

年末全国共有各类提供住宿的社会服务机构 3.2 万个，其中养老服务机构 2.9 万个，儿童服务机构 656 个。社会服务床位[3] 749.5 万张，其中养老服务床位 714.2 万张，儿童服务床位 9.6 万张。年末共有社区服务中心 2.5 万个，社区服务站 13.9 万个。

---

① 总诊疗人次指所有诊疗工作的总人次数，包括门诊、急诊、出诊、预约诊疗、单项健康检查、健康咨询指导（不含健康讲座）人次。

② 出院人数指报告期内所有住院后出院的人数，包括医嘱离院、医嘱转其他医疗机构、非医嘱离院、死亡及其他人数，不含家庭病床撤床人数。

③ 社会服务床位数除收养性机构外，还包括救助类机构、社区类机构以及军休所、军供站等机构的床位。

十二、资源、环境和安全生产

2017 年全年全国国有建设用地供应总量①60 万公顷,比上年增长 16.4%。其中,工矿仓储用地 12 万公顷,增长 1.6%;房地产用地②11.5 万公顷,增长 7.2%;基础设施等用地 36.5 万公顷,增长 26.1%。

2017 年资源总量 28675 亿立方米。全年平均降水量 640 毫米。年末全国监测的 604 座大型水库蓄水总量 3518 亿立方米,比上年末蓄水量有所增加。全年总用水量 6090 亿立方米,比上年增长 0.8%。其中,生活用水增长 2.8%,工业用水增长 0.2%,农业用水增长 0.6%,生态补水增长 1.7%。万元国内生产总值用水量③78 立方米,比上年下降 5.6%。万元工业增加值用水量 49 立方米,下降 5.9%。人均用水量 439 立方米,比上年增长 0.3%。

2017 年完成造林面积 736 万公顷,其中人工造林面积 390 万公顷,占全部造林面积的 53.0%。森林抚育面积 830 万公顷。截至年底,自然保护区达到 2750 个,其中国家级自然保护区 463 个。新增水土流失治理面积 5.6 万平方千米。

初步核算,全年能源消费总量 44.9 亿吨标准煤,比上年增长 2.9%。煤炭消费量增长 0.4%,原油消费量增长 5.2%,天然气消费量增长 14.8%,电力消费量增长 6.6%。煤炭消费量占能源消费总量的 60.4%,比上年下降 1.6 个百分点;天然气、水电、核电、风电等清洁能源消费量占能源消费总量的 20.8%,上升 1.3 个百分点。全国万元国内生产总值能耗下降 3.7%。重点耗能工业企业单位烧碱综合能耗下降 0.3%,吨水泥综合能耗下降 0.1%,吨钢综合能耗下降 0.9%,吨粗铜综合能耗下降 4.8%,每千瓦时火力发电标准煤耗下降 0.8%。全国万元国内生产总值二氧化碳排放下降 5.1%。2013 ~ 2017 年清洁能源消费量占能源消费总量的比重如图 9 – 24 所示。

图 9 – 24 2013 ~ 2017 年清洁能源消费量占能源消费总量的比重

---

① 国有建设用地供应总量是指报告期内市、县人民政府根据年度土地供应计划依法以出让、划拨、租赁等方式将土地使用权提供给单位或个人使用的国有建设用地总量。
② 房地产用地是指商服用地和住宅用地的总和。
③ 万元国内生产总值用水量、万元工业增加值用水量和万元国内生产总值能耗按 2015 年价格计算。

近岸海域 417 个海水水质监测点中，达到国家一类、二类海水水质标准的监测点占 67.8%，三类海水占 10.1%，四类、劣四类海水占 22.1%。

在监测的 338 个地级及以上城市中，城市空气质量达标的城市占 29.3%，未达标的城市占 70.7%。细颗粒物（PM2.5）未达标城市（基于 2015 年 PM2.5 年平均浓度未达标的 262 个城市）年平均浓度 48 微克/立方米，比上年下降 5.9%。

在监测的 323 个城市中，城市区域声环境质量好的城市占 5.9%，较好的占 65.0%，一般的占 27.9%，较差的占 0.9%，差的占 0.3%。

2017 年平均气温为 10.39℃，比上年上升 0.03℃。共有 8 个台风登陆。

2017 年全年农作物受灾面积 1848 万公顷，其中绝收 183 万公顷。全年因洪涝和地质灾害造成直接经济损失 1910 亿元，因旱灾造成直接经济损失 375 亿元，因低温冷冻和雪灾造成直接经济损失 19 亿元，因海洋灾害造成直接经济损失 58 亿元。全年大陆地区共发生 5.0 级以上地震 13 次，成灾 11 次，造成直接经济损失 148 亿元。全年共发生森林火灾 3223 起，森林火灾受害森林面积 2.5 万公顷。

2017 年各类生产安全事故共死亡 37852 人。工矿商贸企业就业人员 10 万人生产安全事故死亡人数 1.639 人，比上年下降 3.7%；道路交通事故万车死亡人数 2.06 人，下降 3.7%；煤矿百万吨死亡人数 0.106 人，下降 32.1%。

资料来源：

本公报中户籍人口城镇化率、民用汽车、交通事故数据来自公安部；城镇新增就业、登记失业率、社会保障、技工学校数据来自人力资源社会保障部；外汇储备、汇率数据来自外汇局；财政数据来自财政部；制造业产品质量合格率、质量检验、国家标准制定修订等数据来自质检总局；水产品产量数据来自农业部；木材产量、林业、森林火灾数据来自林业局；灌溉面积、水资源、水土流失治理数据来自水利部；发电装机容量、新增 220 千伏及以上变电设备数据来自中电联；新建铁路投产里程、增新建铁路复线投产里程、电气化铁路投产里程、铁路运输数据来自铁路总公司；新改建公路里程、港口万吨级码头泊位新增通过能力、公路运输、水运、港口货物吞吐量数据来自交通运输部；新增民用运输机场、民航数据来自民航局；新增光缆线路长度、电信业务总量、电话交换机容量、电话用户、宽带用户、移动互联网接入流量、上网人数、互联网普及率、软件业务收入等数据来自工业和信息化部；棚户区住房改造、公租房、农村地区建档立卡贫困户危房改造数据来自住房城乡建设部；货物进出口数据来自海关总署；服务进出口、外商直接投资、对外直接投资、对外承包工程、对外劳务合作等数据来自商务部；管道数据来自中石油、中石化、中海油；邮政业务数据来自邮政局；农村地区互联网普及率数据来自中国互联网络信息中心；旅游数据来自旅游局、公安部；货币金融、公司信用类债券数据来自人民银行；上市公司数据来自证监会；保险业数据来自保监会；城乡低保、农村特困人员救助供养、社会服务、农作物受灾面积、洪涝地质灾害造成直接经济损失、旱灾造成直接经济损失、低温冷冻和雪灾造成直接经济损失来自民政部；教育数据来自教育部；重点研发计划、科技重大专项、国家重点实验室、科技成果转化引导基金、技术合同等数据来自科技部；自然科学基金项目数据来自自然基金委；国家工程研究中心、国家工程实验室、企业技术中心、万元国内生产总值二氧化碳排放等数据来自发展改革委；专利数据来自知识产权局；宇航发射数据来自国防科工局；艺术表演团体、博物馆、公共图书馆、文化馆数据来自文化部；广播电视、电影、报纸、期刊、图书数据来自新闻出版广电总局；档案数据来自档案局；体育数据来自体育总局；残疾人运动员数据来自中国残联；卫生数据来自卫生计生委；国有建设用地供应数据来自国土资源部；自然保护区、环境监测数据来自环境保护部；平均气温、登陆台风数据来自气象局；海洋灾害造成直接经济损失数据来自海洋局；地震次数、地震灾害直接经济损失数据来自地震局；安全生产数据来自安全监管总局；其他数据均来自国家统计局。

[实例2]

重庆"一小时经济圈"农民现金收入快速增长

2008年上半年，重庆"一小时经济圈"农村经济平稳发展，农民收入实现快速增长。

一、"一小时经济圈"农民收入水平大幅提高

"一小时经济圈"是以重庆主城区为中心，涵盖23个区县，是重庆的经济主体、产业聚集区和区域经济发展格局中的"火车头"，城镇化建设和现代农业发展推进较快，农民增收优势明显。据国家统计局重庆调查总队对"一小时经济圈"4590个农户的抽样调查显示，2008年上半年"一小时经济圈"农民人均现金收入2886元，比上年同期增加555元，增长23.8%，增幅比全市平均水平高出1.1个百分点。与全市农民平均水平相比，上半年"一小时经济圈"农民人均现金收入高出579元，现金收入增额高出147元。

二、"一小时经济圈"农民收入结构更加优化

随着"一小时经济圈"区域经济加速发展，农村市场经济活跃，产业化结构不断优化，务工收入较快增加，第二产业、第三产业发展迅猛，"一小时经济圈"农民收入结构更加优化。调查显示，2008年上半年"一小时经济圈"农民现金收入中，工资性收入、家庭经营收入、财产性收入和转移性收入分别达到1328元、1201元、100元和257元，分别增长24.7%、26.0%、12.2%和14.9%，其构成比重为46∶42∶3∶9，对农民增收的贡献率分别为47.4%、44.7%、1.9%和6.0%。其中家庭经营现金收入中，农民人均第二产业、第三产业现金收入222元，占现金收入的比重达到7.7%。

三、"一小时经济圈"农民增收速度加快

加快"一小时经济圈"经济发展，切实增加农民收入是统筹城乡发展、解决"三农"问题工作的重中之重。由于工资性收入和家庭经营收入占农民现金收入近九成，因此增加农民务工和家庭经营活动中获取的收入对增加农民收入具有更为重要的意义。调查显示，2008年上半年"一小时经济圈"农民现金收入中，人均工资性收入和家庭经营现金收入合计达到2529元，占现金收入的比重达到88.0%。其中，工资性收入比上年同期增加

263 元，其增加额比全市农民平均水平多 123 元，增幅高 7.6 个百分点。外出务工人数也比去年同期增加 6.5%，人均外出从业收入同比增加 132 元，增长 25.3%，对农民人均现金收入的贡献率为 23.8%。

（资料来源：国家统计局重庆调查总队　2008 - 08 - 01 09：10：17）

[实例 3]

五年来我国高技术制造业蓬勃发展

第三次全国经济普查结果显示，五年来我国高技术制造业规模不断扩大，研发投入大幅度增加，创新能力稳步提高，新产品销售收入比重逐步上升。

一、高技术制造业方兴未艾

一是产业规模不断扩大。企业数量平稳增长。截至 2013 年年底，我国规模以上高技术制造业共有企业 26894 家，比 2008 年增加 1077 家；占规模以上制造业企业数的比重为 7.8%，比 2008 年提高 1.3 个百分点。企业就业规模扩大。2013 年我国高技术制造业从业人员 1293.7 万人，比 2008 年增长 36.9%；占全部制造业企业的比重为 15.1%，比 2008 年提高 2.9 个百分点。主营业务收入较快增长。2013 年我国高技术制造业实现主营业务收入 116048.9 亿元，比 2008 年增长 108.2%；占全部制造业企业的比重为 12.8%，比 2008 年提高 0.8 个百分点。

二是经济效益较快增长。2013 年我国高技术制造业实现利润总额 7233.7 亿元，比 2008 年增长 165.5%，增幅比其他制造业平均水平高出 11.5 个百分点；高技术制造业利润总额占全部制造业的比重为 13.1%，比 2008 年提高 0.5 个百分点。高技术制造业利润总额与主营业务收入之比为 6.2%，比 2008 年提高 1.3 个百分点，比其他制造业平均水平高 0.1 个百分点。

三是创新能力稳步提高。研发投入较快增长。2013 年我国规模以上高技术制造业投入研发经费 2034.3 亿元，比 2008 年增长 178.2%，增幅比其他制造业平均水平高 8.7 个百分点。高技术制造业研发经费与主营业务收入之比为 1.75%，比 2008 年提高 0.44 个百分点，比其他制造业平均水平高 1 个百分点。产出水平稳步提升。2013 年我国高技术制造业申请发明专利 7.4 万件，比 2008 年增长 179%；实现新产品销售收入 3.1 万亿元，比 2008 年增长 127%。

二、工业企业研发投入不断增加

一是研发经费较快增长。2013 年全国规模以上工业企业投入研发经费 8318.4 亿元，比 2008 年增长 170.7%。研发经费与主营业务收入之比为 0.8%，比 2008 年提高 0.23 个百分点。研发经费占全社会研发经费的比重为 70.2%，比 2008 年提高 3.6 个百分点，工业企业研发经费投入的主体地位进一步增强。

二是高技术行业引领作用突出。2013 年我国规模以上全部工业中研发经费超过 500 亿元的有以计算机、通信和其他电子设备制造业等为代表的 7 个行业大类，这 7 个行业大类的研发经费为 5101.7 亿元，比 2008 年增长 151.6%。这些研发经费规模相对较大的行业对提高我国工业企业自主创新能力发挥了重要的引领作用。

三是区域集聚效应进一步明显。2013 年在全国规上工业企业中，研发经费位居前三名的地区是江苏、广东和山东，分别为 1239.6 亿元、1237.5 亿元和 1052.8 亿元，这三个地区研发经费占全部规模以上工业企业的份额达 42.4%，比 2008 年提高 6.8 个百分点。

四是内资企业主体地位得到巩固。2013 年内资企业研发经费为 6303.3 亿元，占全国规模以上工业企业的 75.8%，比 2008 年提高 2.6 个百分点。2008～2013 年，内资企业对规模以上工业企业研发经费增长的贡献为 77.3%，内资企业对提升我国规模以上工业企业自主创新能力发挥了重要作用。

三、工业企业新产品销售收入快速增长

作为企业研发产出的重要成果形式之一，2013 年规模以上工业企业新产品的销售收入较快增长，新产品销售收入占主营业务收入的比重有所提高。

2013 年，我国规模以上工业企业实现新产品销售收入 128460.7 亿元，比 2008 年增长 125.3%；新产品销售收入占主营业务收入的比重为 12.4%，比 2008 年提高 1.8 个百分点。

分登记注册类型看，内资企业新产品销售所占份额最大，外商投资企业新产品销售收入占主营业务收入的比重最高。2013 年，内资、港澳台商和外商投资企业实现新产品销售收入分别为 83742.1 亿元、14021.7 亿元和 30696.9 亿元，分别比 2008 年增长 141.7%、130.9% 和 88.2%；新产品销售收入占主营业务收入的比重分别为 10.5%、15.8% 和 19.9%，相应比 2008 年的 9.8%、12.1% 和 16.9% 均有所提高。

分国民经济行业大类看，2013 年，计算机、通信和其他电子设备制造，汽车制造业，电气机械和器材制造业 3 个行业实现新产品销售收入分别超过 1 万亿元，共实现新产品销售收入 53108.1 亿元，比 2008 年增长 111.6%，占全国规模以上工业企业的 41.3%；新产品销售收入占主营业务收入的比重为 26.6%，比 2008 年提高 0.4 个百分点。

（资料来源：国家统计局 国务院第三次全国经济普查办公室 发布时间：2014 - 12 - 16 10：00）

[实例4]

我国人口平均预期寿命达到 74.83 岁

人口平均预期寿命，指同时出生的一批人若按照某一时期各个年龄死亡率水平度过一生平均能够存活的年数，是综合反映人们健康水平的基本指标。

2010 年第六次全国人口普查资料表明，随着我国社会经济的快速发展，人民生活水平的不断提高以及医疗卫生保障体系的逐步完善，我国人口平均预期寿命继续延长，婴儿死亡率进一步下降，国民整体健康水平有较大幅度的提高。

一、平均预期寿命比 2000 年提高 3.43 岁

根据 2010 年第六次全国人口普查详细汇总资料计算，我国人口平均预期寿命达到 74.83 岁（见表 9 - 17），比 2000 年的 71.40 岁提高 3.43 岁。分性别看，男性为 72.38 岁，比 2000 年提高 2.75 岁；女性为 77.37 岁，比 2000 年提高 4.04 岁。男女平均预期寿命之差与十年前相比，由 3.70 岁提高到 4.99 岁。表明，在我国人口平均预期寿命不断提高的过程中，女性提高速度快于男性，并且两者之差也进一步扩大。这与世界其他国家平均预期寿命的变化规律是一致的。

表 9 - 17　平均预期寿命变化　　　　　　　　单位：岁

年份	合计	男	女	男女之差
1981	67.77	66.28	69.27	- 2.99
1990	68.55	66.84	70.47	- 3.63
2000	71.40	69.63	73.33	- 3.70
2010	74.83	72.38	77.37	- 4.99

2010 年世界人口的平均预期寿命为 69.6 岁，其中高收入国家及地区为 79.8 岁，中等收入国家及地区为 69.1 岁。可见，我国人口平均预期寿命不仅明显高于中等收入国家及地区，也大大高于世界平均水平，但比高收入国家及地区平均水平低 5 岁左右。从提高幅度看，2000 ~ 2010 年我国人口平均预期寿命提高 3.43 岁，比世界平均提高 2.4 岁快 1 岁左右。一般说来，平均预期寿命越高，提高速度越慢。但随着医药技术的发展和改善，一些平均预期寿命已处于较高水平的国家同期提高的速度也比较快，比如韩国提高 4.9 岁、新加坡 3.6 岁、巴西 3.0 岁、越南 2.9 岁、英国 2.7 岁、法国 2.4 岁、澳大利亚 2.5 岁、德国 2.1 岁等。

二、婴儿死亡率继续呈下降趋势

人口平均预期寿命的提高，是各年龄死亡率水平下降综合作用的结果，而婴儿死亡率（指同时出生的一批婴儿未能存活到 1 岁的比例）的下降起着尤为重要的作用。

2010 年我国婴儿死亡率为 13.93‰（见表 9 - 18），比 2000 年的 28.38‰下降 14.45 个千分点，平均每年下降 1.45 个千分点。而 1990 ~ 2000 年我国婴儿死亡率下降 4.51 个千分点，平均每年下降 0.45 个千分点。可见，随着我国经济的发展，人民生活水平和妇幼保健服务水平的提高，我国的婴儿死亡率不仅继续呈下降趋势，而且下降速度加快。

表 9 - 18 婴儿死亡率变化 单位:‰

年份	合计	男	女	男女之差
1990	32.89	32.36	33.48	- 1.12
2000	28.38	23.92	33.75	- 9.83
2010	13.93	13.62	14.30	- 0.68

资料来源：国务院第六次全国人口普查领导小组办公室发布时间：2012 - 09 - 21 15：51。

综合练习与训练

一、填空题

1. 统计综合分析是根据分析研究的目的，在实质性科学正确地指导下运用统计方法，以_____为依据，结合具体情况，从_____与_____结合上，对客观事物进行科学分析和综合研究，揭示其本质和规律性，提出解决矛盾的办法的一种_____活动。

2. 统计综合分析是以_____为基础，定量与定性分析相结合。

3. 统计综合分析的形式主要有_____、_____、_____和_____四种。

4. 统计综合分析必须遵循的基本原则是_____。

5. 统计综合分析的一般程序是：（1）_____；（2）_____；（3）_____；（4）_____；（5）_____；（6）_____。

6. 统计比较主要有_____、_____和_____三种。

7. 常用的统计比较的标准：（1）_____；（2）_____；

（3）_____；（4）_____；（5）_____。

8. 综合评价有_____和_____两种。

9. 综合评价的主要方法有_____、_____、_____和_____。

10. 统计分析结果可以通过_____、_____和_____等多种形式表现出来。_____是统计分析报告的主要形式和最完善的形式。

11. 统计分析报告主要有四种，它们分别是_____、_____、_____和_____。

12. 统计分析报告的表达方式有_____、_____和_____。

二、单项选择题

1. （　　）是对研究过程进行表述的文章，是统计分析结果的主要形式。

A. 统计数据分析　　　　　　　　B. 统计分析报告

C. 动态分析方法　　　　　　　　D. 定性分析方法

2. （　　）是对文章基本思想的浓缩，在文章中占有重要的地位。

A. 标题　　　　B. 导语　　　　C. 结束语　　　　D. 论点

3. 按照"现状—原因""现状—原因—结果""历史—现状—未来""简单—复杂"等整体结构的统计分析报告的结构是（　　）。

A. 并列结构　　　B. 序时结构　　　C. 递进结构　　　D. 三者都不是

三、多项选择题

1. 统计分析报告的特点有（　　）。

A. 以统计数据为主体　　　　　　B. 以定性分析为主

C. 具有独特的表达方式和结构特点　　D. 是对研究过程的高度概括

E. 以科学的指标体系和统计方法来进行分析研究说明

2. 统计分析报告的质量要求主要有（　　）。

A. 准确性、时效性、针对性、逻辑性　　B. 准确性、时效性、全面性、逻辑性

C. 求实、求新、求深　　　　　　D. 确切、简明、有吸引力

E. 正确、鲜明、集中

3. 撰写统计分析报告应注意的问题有（　　）。

A. 标题的拟定　　　　　　　　B. 导语的撰写

C. 报告的主体层次结构　　　　　D. 结束语的撰写

E. 主题的观点

4. 常见的标题形式有（　　　）。

A. 论点题　　　　B. 设问题　　　　C. 加重语气题　　　D. 事实题

E. 对比题

5. 导语的形式主要有（　　　）。

A. 起笔点题　　　B. 总揽观点　　　C. 说明题由题义　　D. 起句发问

E. 先声夺人

6. 统计分析报告中结束语的常见种类有（　　　）。

A. 总括全文　　　B. 提出看法和建议　C. 首尾呼应　　　D. 重申观点

E. 照应开头

7. 无论用什么形式的结束语要注意的几点有（　　　）。

A. 当止则止　　　B. 合情合理　　　C. 首尾照应　　　D. 简短有力

E. 自然完满

8. 数字运用中常见的问题有（　　　）。

A. 数字罗列过多，缺乏重点　　　B. 作为论据的统计数字不能说明论点

C. 数字运用含义不清或表述不当　　D. 数字运用不准

E. 数字搬家

9. 统计分析报告质量的评价标准有（　　　）。

A. 科学性　　　　B. 逻辑性　　　　C. 创新性　　　　D. 时效性

E. 综合性

10. 综合评价指标体系选择的原则（　　　）。

A. 针对性　　　　B. 科学性　　　　C. 全面性　　　　D. 目的性

E. 可行性

四、判断题

1. 统计分析报告属于说明文。　　　　　　　　　　　　　　　　　　　（　　　）

2. 材料，是统计分析报告的灵魂，是观点的统帅。　　　　　　　　　　（　　　）

3. 统计分析要用数字说话，用数字说服人，一开头定可不必过多引用领导人的指示作为论据。　　　　　　　　　　　　　　　　　　　　　　　　　　　　（　　　）

4. 统计分析报告的质量要求是准确、及时、全面、系统。　　　　　　　（　　　）

5. 统计分析报告的开头是全文的引子，又称导语。　　　　　　　　　　（　　　）

6. 统计分析报告的纲是写作的观点。　　　　　　　　　　　　　　　　（　　　）

7. 总结性的分析报告是统计分析报告中最常见的一种分析报告。　　　　（　　　）

8. 统计分析报告是以文字叙述为主体。 （   ）

9. 统计比较的结果表现为统计指标。 （   ）

10. 统计综合分析是统计工作的最终环节。 （   ）

五、简述题

1. 什么是统计综合分析？统计综合分析的特点有哪些？

2. 统计综合分析的任务有哪些？

3. 统计综合分析的一般原则是什么？

4. 统计综合分析的一般程序及一般方法有哪些？

5. 统计比较的种类有哪些？统计比较具体规则有哪些？

6. 综合评价的步骤有哪些？

7. 简述统计综合评价的主要方法。

8. 简述统计分析报告的特点和主要分类。

9. 简述统计分析报告的质量要求。

10. 简述统计分析报告的编写格式及应注意的问题。

第⧾章
Excel 在统计中的应用

第一节　Microsoft Excel 系统及其在统计中的功能

一、Microsoft Excel 简介

Microsoft Excel 是美国微软公司开发的 Windows 环境下的电子表格系统。微软公司从 1982 年开始电子表格软件的研发工作，经过数年的改进，终于在 1987 年 Excel 2.0 投入使用。其后经过 Excel 5.0、Excel 95、Excel 2003、Excel 2007 等多个版本的升级，奠定了 Excel 在电子表格软件领域的霸主地位。如今，Excel 几乎成了电子表格的代名词，并被誉为世界上迄今为止最优秀的十大软件之一。

（一）中文版 Excel 2010 概述

Microsoft Excel 2010 是 Microsoft Office 2010 办公软件家族中的一员，是一个功能强大、操作方便、具有人工智能特性的电子表格系统。Excel 2010 强大的数据处理功能、大量的函数以及多种多样的分析工具，能够帮助统计人员卓有成效地从事统计工作。

（二）Excel 的主要功能

Excel 的功能大致可以分为五类，如图 10 - 1 所示。

二、Excel 在统计中的功能

本章主要介绍 Excel 在统计分析中的功能，其他内容就不进行赘述了。

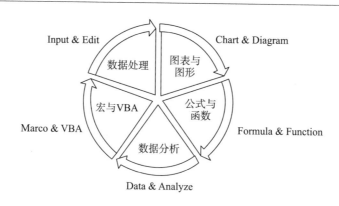

图 10 - 1　Excel 的功能示意图

（一）数据处理功能

"数据处理"是一个非常广义的概念，包含了与数据这个对象共同产生的一切活动。具体地说，Excel 拥有强大的计算、传递和共享功能，可以帮助用户将繁杂的数据转化为信息。在统计中，大到多表格视图的精确控制，小到一个单元格的格式设置，Excel 几乎能为用户做到他们处理表格时想做的一切。例如，数据有效性功能可以帮助用户设置允许输入和不允许输入的数据，从而利用 Excel 检验输入数据的正确性，如图 10 - 2 所示。

	A	B	C		D	E	F
1	凭证号	摘要	科目编码	▼	目名称	借方	贷方
2			科目编码	▲			
3			1001				
4			1002				
			100201				
5			100202				
			1009				
6			100903				
			1111	▼			
7							
8							

图 10 - 2　Excel 的数据录入示意图

（二）图表与图形功能

所谓"一图胜千言"。一份精美切题的图表可以让原本复杂枯燥的数据表格和总结文字立即变得生动起来。Excel 的图表图形功能可以帮助用户迅速创建满足各种需求的图表，直观形象地传达信息。图 10 - 3 展示了 3 份在 Excel 中绘制的精美商业图表。

（三）公式与函数功能

公式是 Excel 工作表中进行数值计算的等式。函数即是预先定义，执行计算、分析等处理数据任务的特殊公式。内置充足又实用的函数是 Excel 的一大特点。Excel 内置了 300多个函数，分为多个类别，如图 10-4 所示。其中，以统计函数最多，此外还有在统计中常用的数学函数、查找函数等。

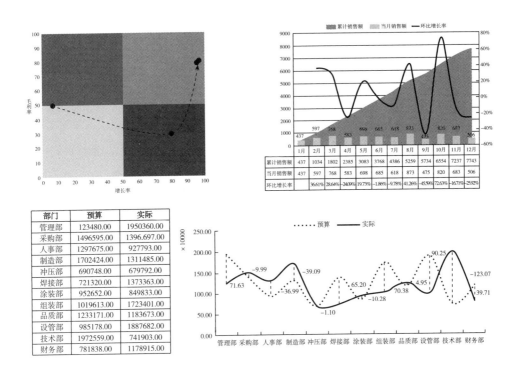

部门	预算	实际
管理部	123480.00	1950360.00
采购部	1496595.00	1396.697.00
人事部	1297675.00	927793.00
制造部	1702424.00	1311485.00
冲压部	690748.00	679792.00
焊接部	721320.00	1373363.00
涂装部	952652.00	849833.00
组装部	1019613.00	1723401.00
品质部	1233171.00	1183673.00
设管部	985178.00	1887682.00
技术部	1972559.00	741903.00
财务部	781838.00	1178915.00

图 10 - 3　Excel 绘制的精美商业图表

图 10 - 4　Excel 插入函数对话框

下面介绍一些常用的统计函数：

1. AVEDEV

用途：返回一组数据与其平均值的绝对偏差的平均值，该函数可以评测数据（例如学生的某科考试成绩）的离散度。

2. AVERAGE

用途：计算所有参数的算术平均值。

3. AVERAGEA

用途：计算参数清单中数值的平均值。它与 AVERAGE 函数的区别在于不仅数字计算，而且文本和逻辑值（如 TRUE 和 FALSE）也参与计算。

4. BETADIST

用途：返回 Beta 分布累积函数的函数值。Beta 分布累积函数通常用于研究样本集合中某些事物的发生和变化情况。

5. BETAINV

用途：返回 beta 分布累积函数的逆函数值。

6. BINOMDIST

用途：返回一元二次项式分布的概率值。BINOMDIST 函数适用于固定次数的独立实验，实验的结果只包含成功或失败二种情况，且成功的概率在实验期间固定不变。

7. CHIDIST

用途：返回 $C2$ 分布的单尾概率。$C2$ 分布与 $C2$ 检验相关。使用 $C2$ 检验可以比较观察值和期望值。

8. CHIINV

用途：返回 $C2$ 分布单尾概率的逆函数。

9. CHITEST

用途：返回相关性检验值，即返回 $C2$ 分布的统计值和相应的自由度，可使用 $C2$ 检验确定假设值是否被实验所证实。

10. CONFIDENCE

用途：返回总体平均值的置信区间，它是样本平均值任意一侧的区域。例如，某班学生参加考试，依照给定的置信度，可以确定该次考试的最低和最高分数。

11. CORREL

用途：返回单元格区域 Array1 和 Array2 之间的相关系数。它可以确定两个不同事物之间的关系，例如，检测学生的物理与数学学习成绩之间是否关联。

12. COUNT

用途：返回数字参数的个数。它可以统计数组或单元格区域中含有数字的单元格个数。

13. COUNTA

用途：返回参数组中非空值的数目。利用函数 COUNTA 可以计算数组或单元格区域中数据项的个数。

14. COUNTBLANK

用途：计算某个单元格区域中空白单元格的数目。

15. COUNTIF

用途：计算区域中满足给定条件的单元格的个数。

16. COVAR

用途：返回协方差，即每对数据点的偏差乘积的平均数。利用协方差可以研究两个数据集合之间的关系。

17. CRITBINOM

用途：返回使累积二项式分布大于等于临界值的最小值，其结果可以用于质量检验。

18. DEVSQ

用途：返回数据点与各自样本平均值的偏差的平方和。

19. EXPONDIST

用途：返回指数分布。该函数可以建立事件之间的时间间隔模型，如估计银行自动取款机支付一次现金所花费的时间，从而确定此过程最长持续一分钟的发生概率。

20. FDIST

用途：返回 F 概率分布，它可以确定两个数据系列是否存在变化程度上的不同。

21. FINV

用途：返回 F 概率分布的逆函数值，即 F 分布的临界值。

22. FISHER

用途：返回点 X 的 Fisher 变换。

23. FORECAST

用途：根据一条线性回归拟合线返回一个预测值。使用此函数可以对未来销售额、库存需求或消费趋势进行预测。

24. GEOMEAN

用途：返回正数数组或数据区域的几何平均值。

25. GROWTH

用途：给定的数据预测指数增长值。

26. INTERCEPT

用途：利用已知的 x 值与 y 值计算直线与 y 轴的截距。

27. MAX

用途：返回数据集中的最大数值。

28. MIN

用途：返回给定参数表中的最小值。

29. MODE

用途：返回在某一数组或数据区域中的众数。

30. STDEVP

用途：返回整个样本总体的标准偏差。

31. VAR

用途：估算样本方差。

32. VARPA

用途：计算样本总体的方差。

（四）数据分析功能

要从大量的数据中获取信息，仅仅依靠计算是不够的，还需要利用某种思路和方法进行科学分析。数据分析也是 Excel 在统计中的一项重要功能。在进行复杂的统计分析时，利用现成的数据分析工具，可以节省很多时间。这些分析工具为建立复杂的统计和计量分析工作带来极大的方便。当我们运行"开发工具"——"加载项"后，选择"分析数据库"，在"数据"选项卡下会出现"数据分析"子菜单，单击它就可以完成以下统计计算，如图 10 - 5 所示。

图 10 - 5 "数据分析"对话框

（五）宏与 VBA 功能

利用 Excel 宏语言功能，用户可以将经常操作的全过程记录下来，并将此过程用简单的组合按键或工具保存起来。这样，在下一次操作中，只需按下所定义的宏功能的相应按键或工具按钮即可，而不必重复整个过程。

第二节　Excel 在统计中的具体应用

一、Excel 在统计图表中的应用

图表显示资料具有形象生动、一目了然的特点，通过图表可以很方便地观察到数量之

间的对比关系、总体的结构特征以及变化发展趋势等。在统计分析中常用的统计图形有柱形图、直方图、折线图、饼图、条形图等。下面用具体实例来说明 Excel 中柱形图和折线图的制作。

（一）用"图表"选项组绘制统计图

【例 10 - 1】 根据"店面销售统计"资料制作统计，店面销售统计如表 10 - 1 所示。

表 10 - 1 店面销售统计

店面销售统计				
产品	第一季度	第二季度	第三季度	第四季度
运动鞋	5622	3677	1732	6987
篮球	2333	5462	8591	11720
短裤	2345	3218	15450	5422
运动衫	2357	974	2313	3652

（1）创建工作簿。将店面销售原始资料输入到 Excel 中，如图 10 - 6 所示。

	A	B	C	D	E
1	店面销售统计				
2	产品	第一季度	第二季度	第三季度	第四季度
3	运动鞋	5622	3677	1732	6987
4	篮球	2333	5462	8591	11720
5	短裤	2345	3218	15450	5422
6	运动衫	2357	974	2313	3652

图 10 - 6 店面销售统计数值表

（2）选中工作表 A2：E6 区域，点击"插入"选项卡"图表"选项组中的"柱形图"，选择"二维柱形图"中的"簇状柱形图"，如图 10 - 7 所示。

（3）选中制作好的图表，单击"布局"选项卡，可以添加"图表标题""坐标轴标题"和"数据标签"。最后，得到如图 10 - 8 的图形。

（二）使用"直方图"工具分组并绘制统计图

【例 10 - 2】 某市某月 50 户居民购买日用品支出资料如图 10 - 9 所示（单位：元）。对其按 800 ~ 900、900 ~ 1000、1000 ~ 1100、1100 ~ 1200、1200 ~ 1300、1300 ~ 1400、1400 ~ 1500、1500 ~ 1600、1600 以上分为 9 个组。

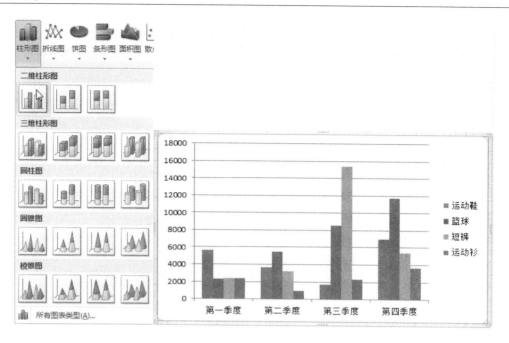

图 10-7　"图表向导的图表类型"对话框

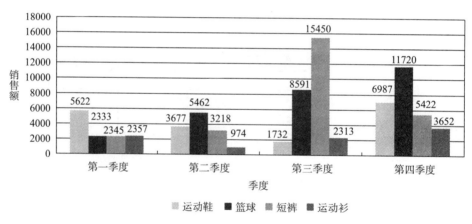

图 10-8　店面销售情况

1125	887	1225	830	1650
1580	1080	1234	889	1160
1320	1200	1345	940	1430
1380	1360	1570	1070	1260
1310	1420	1680	1320	1010
1270	1580	1426	1550	1080
1250	922	1664	1450	1160
877	844	1550	1321	1230
832	1050	1227	1522	1360
1530	1212	1340	1188	1425

图 10-9　某市某月居民购买日用品支出情况

（1）在 Excel 中制作本例的原始数据要求单列，确认数据的范围，对数据进行排序，如图 10－10 所示。

（2）在右侧输入数据接收序列。所谓"数据接收序列"，就是分段统计的数据间隔，该区域包含一组可选的用来定义接收区域的边界值。需要注意的是，Excel 是按照左开右闭的方式对落在各区间的数据进行频数统计的，所以本例中各组上限值设定为 899、999、1099、1199、1299、1399、1499、1599、1699，并按升序排列，如图 10－11 所示。

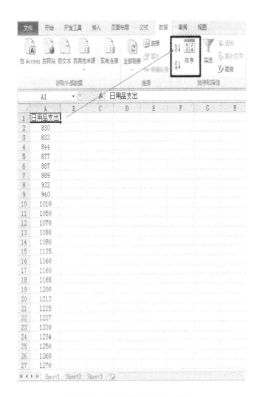

图 10－10　数据手工录入　　　　　　图 10－11　数据升序排列

（3）选择"数据"选项卡——"数据分析"（如无"数据分析"，需添加"开发工具"选项卡后，单击"加载项"——"分析数据库"，如图 10－12 所示，单击确定后，"数据分析"就会出现在"数据"选项卡下，如图 10－13 所示）。

（4）单击"数据分析"——"直方图"后，出现"直方图"对话框，依次设置：

输入区域：A2：A51（日用品支出列）；

接受区域：B2：B10（分组列）；

标志：如果输入区域的第一行或第一列中包含标志项，请选中此复选框；如果输入区域没有标志选，请清除此复选框，Excel 将在输出表中生成合适的数据标志；

输出选项：如果选择"输出区域"，则新对象直接插入当前表格中；

柏拉图：选中"柏拉图"复选框，此复选框可在输出表中按降序来显示数据；如果此复选框被清除，Excel 将只按升序来显示数据并省略最右边包含排序数据的三列数据；

累计百分率：若选择"累计百分率"，则会在直方图上叠加累计频率曲线。

所有选项如图 10－14 所示。

图 10 – 12　　"数据分析"对话框

图 10 – 13　　"数据"选项对话框

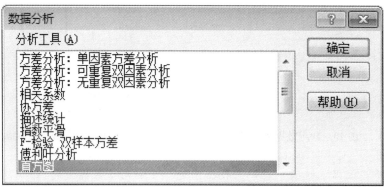

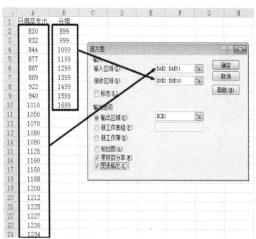

图 10 – 14　　"数据分析"直方图对话框

（5）输入完毕后，单击"确定"，即可生成相应的直方图，如图 10 – 15 所示。

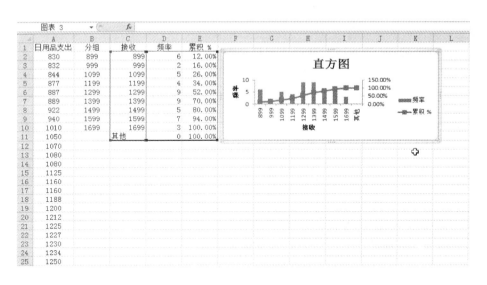

图 10 – 15 直方图频数分布结果

（6）这张图还需要做比较大的调整。主要是横坐标、纵坐标的标题，柱形图的间隔，以及各种数据的字体、字号等。如图中的"频率"实际是"频数"，"累计/%"实际是"累计频率/%"。系列框中的"频率"和"累计/%"须单击鼠标右键选择"选择数据"进行修改。同时为了达到柱形图之间的无缝连接、紧密排列，需要双击柱形区域，就出现"设置数据系列格式"对话框，需要将其中的"系列选项"——"分类间距"调整为"0"。其余细节，请按照常规方法进行调整，这里不再赘述。调整后的直方图如图 10 – 16 所示。

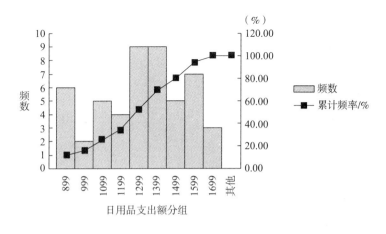

图 10 – 16 标准直方图

二、Excel 在统计分析中的应用

统计分析，首先需要对统计数据本身有一个总体的了解，这对选用统计分析方法、做出正确的统计结果非常重要。一般的统计分析结果都包含一些常见的数据的描述结果。对数据进行描述统计，其结果一般分为两类：一种是数据集中的情形，这称为集中指标，主要包括平均数、众数和中位数等；另一种是数据分散的情形，称为变异指标，主要包括范围四分位距、方差、标准差和标准差系数。

【例 10 - 3】 宏达工厂工人生产产品数量统计资料如表 10 - 2 所示，现对产品数量做统计分析。

表 10 - 2　宏达工厂产品数量统计资料　　　　　　　　单位：个

工号	产品数量	工号	产品数量	工号	产品数量	工号	产品数量
0501	45	0515	44	0529	66	0543	68
0502	50	0516	21	0530	88	0544	54
0503	34	0517	64	0531	62	0545	37
0504	56	0518	35	0532	27	0546	46
0505	46	0519	58	0533	51	0547	57
0506	62	0520	51	0534	47	0548	42
0507	44	0521	41	0535	57	0549	65
0508	43	0522	31	0536	49	0550	46
0509	50	0523	63	0537	22	0551	44
0510	55	0524	50	0538	59	0552	55
0511	66	0525	60	0539	64	0553	47
0512	67	0526	53	0540	62	0554	29
0513	57	0527	52	0541	45	0555	37
0514	54	0528	62	0542	41	0556	58

（1）制作单列数据，选中工作表数据区域的任一单元格，单击"数据"选项卡——"数据分析"子菜单，选择"描述统计"项，如图 10 - 17 所示。

图 10 - 17　"数据分析"对话框

（2）出现"描述统计"对话框，对话框内各选项的含义如下：

输入区域：B2：B57（产品数量列）。

分组方式：选择"逐列"（输入区域中的数据是按行还是按列）。

标志位于第一行：如果输入区域的第一行中包含标志项（变量名），则选中"标志位于第一行"复选框；如果输入区域的第一列中包含标志项，则选中"标志位于第一列"复选框；如果输入区域没有标志项，则不勾选此项，Excel 将在输出表中生成适宜的数据标志。

输出区域：D2（在此框中可填写输出结果左上角单元格地址，用以控制输出结果的存放位置）。

新工作表组：单击此选项，可在当前工作簿中插入新工作表，并由新工作表的 A1 单元格开始存放计算结果。如果需要给新工作表命名，则在右侧编辑框中输入名称。

新工作簿：单击此选项，可创建一新工作簿，并在新工作簿的新工作表中存放计算结果。

汇总统计：指定输出表中生成下列统计结果，则选中此复选框。

平均数置信度：95（若需要输出由样本均值推断总体均值的置信区间，则选中此复选框，然后在右侧的编辑框中输入所要使用的置信度）。

第 K 大/小值：1，1（如果需要在输出表的某一行中包含每个区域的数据的第 K 大/小值，则选中此复选框，然后在右侧的编辑框中输入 K 的数值）。

"描述统计"对话框如图 10 - 18 所示。

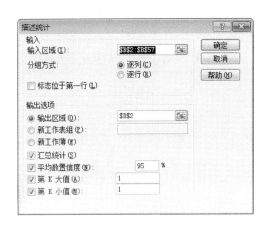

图 10 - 18　"描述统计"对话框

（3）统计结果如图 10 - 19 所示。

三、Excel 在动态数列中的应用

进行动态数列分析，需要计算动态分析指标和进行动态数列趋势分析。动态分析指标

	A	B	C	D	E
1	工号	产品数量			
2	0501	45		列1	
3	0502	50			
4	0503	34		平均	50.69642857
5	0504	56		标准误差	1.687216959
6	0505	46		中位数	51
7	0506	62		众数	62
8	0507	44		标准差	12.6259756
9	0508	43		方差	159.4152597
10	0509	50		峰度	0.669227054
11	0510	55		偏度	-0.113298039
12	0511	66		区域	67
13	0512	67		最小值	21
14	0513	57		最大值	88
15	0514	54		求和	2839
16	0515	44		观测数	56
17	0516	21		最大(1)	88
18	0517	64		最小(1)	21
19	0518	35		置信度(95	3.381258345
20	0519	58			
21	0520	51			
22	0521	41			
23	0522	31			
24	0523	63			
25	0524	50			

图 10－19　描述统计输出结果

用 Excel 中的一般统计函数就可以求得，动态数列趋势分析用 Excel 中专门的数据分析工具即可解决。

下面介绍 Excel 计算动态数列水平指标：

【例 10－4】　根据某省 2012～2017 年工业总产值和年末人口数资料，如表 10－3 所示用 Excel 计算该省这几年平均工业总产值和平均人口数。

表 10－3　某省工业总产值和年末人口数

年份	2012	2013	2014	2015	2016	2017
工业总产值/亿元	5660	7011	8800	9745	11877	11960
年末人口数/千万人	2.03	2.22	2.31	2.29	2.28	2.30

（1）要用 Excel 计算相关动态分析指标，需要把数据输入到 Excel 工作表中，如图 10－20 所示。

	A	B	C	D	E	F	G	H
1	某省工业总产值和年末人口数							
2	年份	2012	2013	2014	2015	2016	2017	平均发展水平
3	工业总产值/亿元	5660	7011	8800	9745	11877	11960	
4	年末人口数/千万人	2.03	2.22	2.31	2.29	2.28	2.30	
5								

图 10－20　用 Excel 计算平均发展水平

（2）图 10－20 中的“工业总产值”数列是时期数列。计算时期数列的平均发展水平，一般采用简单算术平均法，因此用 Excel 中的"AVERAGE"函数计算。单击 H3 单元格，在输入法为英文状态下（Excel 中输入公式和函数要在输入法为英文状态下输入才有效，下同）输入"=AVERAGE（B3：G3）"，按回车键得到返回值 9175.50 亿元，即某省 2012～2017 年平均工业总产值为 9175.50 亿元。如图 10-21 所示。

（3）图 10-20 中"年末人口数"数列是间隔相等的时点数列，故用"首末折半法"公式。单击 H4 单元格，输入"=SUM（B4/2，C4，D4，E4，F4，G4/2）/（6-1）"，按回车键得出结果 2.25，即某省 2012～2017 年末平均人口数为 2.25 千万。如图 10-21 所示。

| | H4 | | f_x | =SUM(B4/2,C4,D4,E4,F4,G4/2)/(6-1) | | | | |

	A	B	C	D	E	F	G	H
1	某省工业总产值和年末人口数							
2	年份	2012	2013	2014	2015	2016	2017	平均发展水平
3	工业总产值/亿元	5660	7011	8800	9745	11877	11960	9175.50
4	年末人口数/千万人	2.03	2.22	2.31	2.29	2.28	2.30	2.25
5								

图 10-21 用 Excel 表计算平均发展水平资料及结果

【例 10-5】承【例 10-4】，用 Excel 计算工业总产值逐期增长量、累计增长量和平均增长量。

（1）将图 10-21 中的年份和工业总产值按列录入到 Excel 中，如图 10-22 所示。

	A	B	C	D
1	年份	工业总产值/亿元	逐期增长量/亿元	累计增长量/亿元
2	2012	5660		
3	2013	7011		
4	2014	8800		
5	2015	9745		
6	2016	11877		
7	2017	11960		
8				

图 10-22 用 Excel 计算逐期增长量累计增长量和年均增长量

（2）单击 C3 单元格，输入"=B3-B2"，按回车键得到 2012 年的逐期增长量为 1351 亿元，利用 Excel 自动填充功能，鼠标停留在 C3 单元格右下角呈"+"时按住鼠标左键不放向下拖至 C7 放开，即可得到 2013～2017 年的逐期增长量，如图 10-23 所示。

（3）单击 D3 单元格，输入"=B3-5660"，按回车键得到 2012 年的累计增长量为 1351 亿元，同理，用填充柄功能得到 2013～2017 年的累计增长量。

计算出各期增长量后，用 Excel 中的 AVERAGE 函数可以得到平均增长量。单击 C8 单元格，输入"=AVERAGE（C3：C7）"，按回车键即可得到某省工业总产值的平均增长量为 1260 亿元。如图 10-23 所示。

	A	B	C	D
1	年份	工业总产值/亿元	逐期增长量/亿元	累计增长量/亿元
2	2012	5660	—	—
3	2013	7011	1351	1351
4	2014	8800	1789	3140
5	2015	9745	945	4085
6	2016	11877	2132	6217
7	2017	11960	83	6300
8	平均增长量		1260	

图 10 - 23　用 Excel 计算逐期增长量、累计增长量和平均增长量资料及结果

【例 10 - 6】承【例 10 - 5】，用 Excel 计算发展速度和增长速度。

（1）单击 E3 单元格，输入 "= B3/B2 * 100"，按回车键得到 2012 年的环比发展速度 123.87%，然后利用填充柄功能得到 2013 ~ 2017 年的环比发展速度（见图 10 - 24 中 E 列数据）。

（2）单击 F3 单元格，输入 "= B3/5660 * 100"，按回车键得到 2012 年的定基发展速度 144.98%，然后利用填充柄功能得到 2013 ~ 2017 年的定基发展速度（见图 10 - 24 中 F 列数据）。

（3）单击 G3 单元格，输入 "= E3 - 100"，按回车键得到 2012 年的环比增长速度 23.87%，然后利用填充柄功能得到 2013 ~ 2017 年的环比增长速度（见图 10 - 24 中 G 列数据）。

（4）单击 H3 单元格，输入 "= F3 - 100"，按回车键得到 2012 年的定基增长速度 23.87%，然后利用填充柄功能得到 2013 ~ 2017 年的定基增长速度（见图 10 - 24 中 H 列数据）。

（5）单击 E8 单元格，输入 "= GEOMEAN（E3：E7）"，按回车键得到该省 2012 ~ 2017 年工业总产值平均发展速度 116.14% 和平均增长速度 16.14%，如图 10 - 24 所示。

	A	B	C	D	E	F	G	H
1	年份	工业总产值/亿元	逐期增长量/亿元	累计增长量/亿元	环比发展速度/%	定基发展速度/%	环比增长速度/%	定基增长速度/%
2	2012	5660	—	—	—	—	—	—
3	2013	7011	1351	1351	123.87	123.87	23.87	23.87
4	2014	8800	1789	3140	125.52	155.48	25.52	55.48
5	2015	9745	945	4085	110.74	172.17	10.74	72.17
6	2016	11877	2132	6217	121.88	209.84	21.88	109.84
7	2017	11960	83	6300	100.70	211.31	0.70	111.31
8	平均增长量		1260	平均发展速度	116.14	平均增长速度	16.14	

图 10 - 24　用 Excel 计算发展速度、增长速度和平均发展速度资料及结果

四、Excel 在指数分析中的应用

Excel 中没有专门的指数函数,因此只能通过构造公式来实现指数的计算和分析。

【例 10 – 7】 图 10 – 25 是某工厂 A、B、C 三种产品的生产情况,用 Excel 计算三种产品的产量综合指数和单位成本综合指数。

	A	B	C	D	E	F
1	产品	计量单位	基期单位成本p_0	基期产量q_0	报告期单位成本p_1	报告期产量q_1
2	A	万件	8	30	6	31
3	B	万件	12	18	10	20
4	C	万吨	22	10	20	12

图 10 – 25 用 Excel 计算总指数资料

(1) 计算各产品的 p_0q_0。在 G2 单元格中输入 " = C2 * D2",并自动填充到 G4 单元格。

(2) 计算各产品的 p_0q_1。在 H2 单元格中输入 " = C2 * F2",并自动填充到 H4 单元格。

(3) 计算各产品的 p_1q_1。在 I2 单元格中输入 " = E2 * F2",并自动填充到 I4 单元格。

(4) 计算 $\sum p_0q_0$、$\sum p_0q_1$ 和 $\sum p_1q_1$。选中 G5 单元格,单击"开始"选项卡——"编辑"选项组——"自动求和",得到 $\sum p_0q_0$。同理,在 H5、I5 中得到 $\sum p_0q_1$ 和 $\sum p_1q_1$。

(5) 计算生产量和单位成本综合指数。生产量综合指数 $\overline{K}_q = \sum p_0q_1 / \sum p_0q_0$,在 D6 中输入 " = H5/G5";单位成本综合指数 $\overline{K}_p = \sum p_1q_1 / \sum p_0q_1$,在 F6 中输入 " = I5/H5"。

最终计算结果如图 10 – 26 所示。

	A	B	C	D	E	F	G	H	I
1	产品	计量单位	基期单位成本p_0	基期产量q_0	报告期单位成本p_1	报告期产量q_1	p_0q_0	p_0q_1	p_1q_1
2	A	万件	8	30	6	31	240	248	186
3	B	万件	12	18	10	20	216	240	200
4	C	万吨	22	10	20	12	220	264	240
5	合计						676	752	626
6			生产量综合指数	1.11	单位成本综合指数	0.83			

图 10 – 26 用 Excel 计算总指数资料及结果

五、Excel 在抽样推断中的应用

抽样推断是按照科学的原理和计算，从若干单位组成的事物总体中，抽取部分样本单位来进行调查，用所得到的样本指标的数据推断总体。

【例 10 – 8】承本章【例 10 – 1】。工厂拟对总体进行抽样调查，随机抽取 20 位工人作为调查样本。为了保证随机性，利用 Excel 进行操作。

（1）打开原始数据表格，对这 56 个总体单位进行编号为 1 ~ 56，如图 10 – 27 所示。

	A	B	C
1	工号	产品数量	编号
2	0501	45	1
3	0502	50	2
4	0503	34	3
5	0504	56	4
6	0505	46	5
7	0506	62	6
8	0507	44	7
9	0508	43	8
10	0509	50	9
11	0510	55	10
12	0511	66	11
13	0512	67	12
14	0513	57	13
15	0514	54	14
16	0515	44	15
17	0516	21	16
18	0517	64	17
19	0518	35	18
20	0519	58	19
21	0520	51	20
22	0521	41	21
23	0522	31	22
24	0523	63	23
25	0524	50	24
26	0525	60	25

图 10 – 27　总体各单位编号

（2）单击"数据"选项卡——"数据分析"——"抽样"对话框，依次输入，如图 10 – 28 所示。

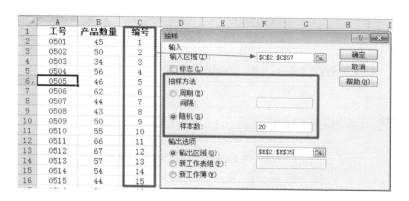

图 10 – 28　"数据分析"对话框

最终的样本结果有随机性，在这里就不展示了。

【例 10 - 9】 承【例 10 - 8】，假定该工厂工人生产的产品数量服从正态分布，那么从所有工人里面随机抽 20 名工人作为样本，试以 95% 置信水平估计该工厂工人生产产品数量的置信区间。

（1）随机抽取 20 名工人生产的产品数量作为样本数据，用 AVERAGE 函数和 STDEVP 函数来计算样本平均数和标准差（样本数据不同，结果也不尽相同）。

（2）单击"公式"——"插入函数"——"统计函数"，选择 CONFIDENCE 函数，第一个参数（临界值 α）为 0.05，第二个参数（标准差）为 11.31，第三个参数（样本容量）为 20，Excel 给出极限误差的估计值为 4.96。由此可知，在可靠性为 95% 的情况下，可以认为该工厂工人生产产品数量的置信区间为 50 ± 4.96。如图 10 - 29 所示。

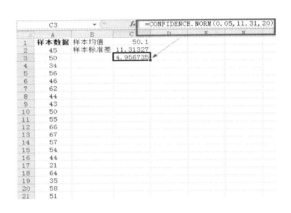

图 10 - 29　"统计函数"对话框

六、Excel 在相关与回归分析中的应用

相关分析和回归分析是研究社会经济现象之间相互关系的统计分析方法。统计上，一般是通过编制相关表、绘制相关图和计算相关系数来判断和确定相关关系的表现形态和密切程度的。回归分析方法则是通过经济现象的相关分析，建立因变量和自变量之间的统计模型，已研究各变量之间彼此作用和影响的关系。

【例 10 - 10】　下面是 7 个地区 2017 年人均国内生产总值（GDP）和人均消费水平的统计数据如表 10 - 4 所示。

表 10 - 4　人均 GDP 和人均消费水平资料

地区	人均 GDP/元	人均消费水平/元
A 地区	22460	7326
B 地区	11226	4490
C 地区	34547	11546

续表

地区	人均 GDP/元	人均消费水平/元
D 地区	4851	2396
E 地区	5444	2208
F 地区	2662	1608
G 地区	4549	2035

要求：（1）人均 GDP 作自变量，人均消费水平作因变量，绘制散点图。

（2）计算两个变量之间的线性相关系数，说明两个变量之间的关系强度。

（3）求出估计的回归方程。

用 Excel 实现如上要求步骤如下：

第一步，散点图的绘制。将数据输入到 Excel 表中，选择相关区域，单击"插入"选项卡——"图表"选项组——"散点图"，选择第一个散点图后，Excel 会自动生成，添加坐标轴标题和图表标题即可得到图如 10 - 30 所示。

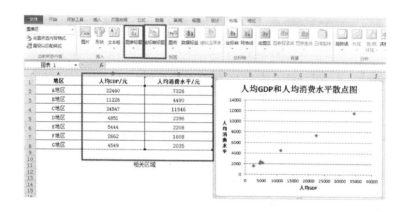

图 10 - 30 散点图数据分布结果

第二步，计算相关系数。单击数据区域的任一单元格，选择"数据"选项卡——"数据分析"——"相关系数"，填写"相关系数"对话框，如图 10 - 31 所示，单击"确定"，得到各个变量的相关关系矩阵，结果如图 10 - 32 所示。

图 10 - 31 相关系数对话框

D	E	F
	列 1	列 2
列 1	1	
列 2	0.998128	1

图 10 – 32 相关系数结果

由矩阵可知变量之间的相关系数为 0.998，所以可以判断变量之间存在着很强的线性关系。

第三步，求出回归方程。

(1) 单击数据区域，选择"数据"选项卡——"数据分析"——"回归"，录入相应数据（显著性水平为 0.05），如图 10 – 33 所示。

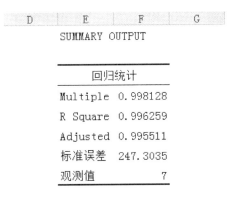

图 10 – 33 "数据分析"对话框

(2) 单击"确定"，回归分析的结果就产生了。此结果由三张表构成，第一张表是"回归统计表"，如图 10 – 34 所示。此表告诉我们相关系数 $r = 0.998$，测定系数 $r^2 = 0.996$，估计标准误差 Se = 247.3035。

D	E	F	G
SUMMARY OUTPUT			
	回归统计		
Multiple	0.998128		
R Square	0.996259		
Adjusted	0.995511		
标准误差	247.3035		
观测值	7		

图 10 – 34 Excel 回归分析结果

（3）第二张表是"方差分析表"，如表 10 - 5 所示。通过该表，得到自由度（DF）、离差平方和（SS）、均方差（MS）、回归（分析）平方和、残差平方和及总离差平方和等统计指标，根据这些指标可进一步得到 F 统计量和 F 的显著水平（Significance）。

表 10 - 5　方差分析

方差分析					
	DF	SS	MS	F	Significance
回归分析	1	81444969	81444969	1331.692	2.90942E - 07
残差	5	305795	61159.01		
总计	6	81750764			

（4）第三张表是"回归系数表"，如表 10 - 6 所示。根据表中数据可知，回归方程截距项的估计值为 734.693，斜率的估计值为 0.309，可得出回归方程 $y = 734.693 + 0.309x$。

表 10 - 6　Excel 回归分析结果

	Coefficien	标准误差	回系数 - Stat	P - Value	Lover95%	Upper95%	下限 95.02	上限 95.0%
Intercept	734.6928	139.5403	5.265094	0.003285	375.9930526	1093.393	375.9931	1093.393
X Variabl	0.308683	0.008459	36.49236	2.91E - 07	0.286938627	0.330427	0.286939	0.330427

参 考 文 献

[1] 莫日达. 中国古代统计思想史. 北京：中国统计出版社，2004 年.

[2] 黄良文. 统计学原理. 北京：北方交通大学出版社，2002 年.

[3] 黄良文. 社会经济统计学原理. 第 1 版，中国统计出版社，1996 年.

[4] 卢淑华. 社会统计学. 第 1 版，北京大学出版社，2005 年.

[5] 蒋萍. 社会统计学. 第 1 版，中国统计出版社，2001 年.

[6] 袁方. 社会统计学. 第 1 版，中国统计出版社，1998 年.

[7] 刘思峰、吴和成、菅利荣. 应用统计学. 第 1 版，高等教育出版社，2007 年.

[8] 李勇. 统计学原理. 第 1 版，西南财经大学出版社，2004 年.

[9] 胡世强、周立、许虹. 统计学原理. 第 1 版，西南财经大学出版社，2007 年.

[10] 贾俊平. 统计学. 中国人民大学，2007 年.

[11] 陆菊春. 应用统计学. 武汉大学出版社，2007 年.

[12] 于涛. 社会经济统计学原理. 第 1 版，武汉大学出版社，1992 年.

[13] 李惠村、莫日达. 中国统计史. 第 1 版，中国统计出版社，1993 年.

[14] 郝大海. 社会调查研究方法. 第 1 版，中国人民大学出版社，2005 年.

[15] 邱东. 国民经济统计学. 第 1 版，东北财经大学出版社，2001 年.

[16] 钱伯海. 国民经济统计学. 第 1 版，中国统计出版社，2000 年.

[17] 杨灿. 国民经济统计学. 第 1 版，科学出版社，2008 年.

[18] 杨灿. 国民经济统计学——国民经济核算原理. 第 1 版，科学出版社，2015 年.

[19] 顾美君. 统计基础与实务. 中国财富出版社，2012 年.

[20] ［美］萨尔金德（Salkind，N. J. ）. 爱上统计学. 史玲玲译，重庆大学出版社，2008 年.

[21] 杜智敏. 抽样调查与 SPSS 应用. 第 1 版，电子工业出版社，2010 年.

[22] 杜子芳. 抽样技术及其应用. 清华大学出版社，2005 年.

[23] 曾五一、肖红叶. 统计学导论. 第二版，科学出版社，2013 年.

[24] 国家统计局. 中国统计年鉴. 中国统计出版社，2015 年.

[25] 内蒙古统计局. 内蒙古统计年鉴. 内蒙古统计局编辑出版，2015 年.

［26］中国统计网，http：//www. 8sta. com/.

［27］统计新视野，http：//www. qstat. net/.

［28］中国统计先锋，http：//cnstat. net.

［29］统计生活馆，http：//home. kimo. com. tw/g894730/.